가정폭력의 원인과 해결방법

경영학박사 노 순 규 저

> **감사의 말씀**
>
> 노순규 원장의 123권째 저서 '가정폭력의 원인과 해결방법'을 저희 연구원에 강의를 의뢰하여 주신 전국의 시도교육청, 교육연수원 교육담당자님께 감사드리며 아울러 서울시교육연수원(교육관련 노동법의 이해), 부산시교육연수원(교원.공무원노조의 이해), 울산시교육연수원(공무원노조의 이해), 충남교육연수원(공무원 노사관계의 발전방안), 경남공무원교육원(단체교섭 및 단체협약 체결사례), 대구시교육연수원(리더십과 갈등관리), 경기도교육청(갈등관리와 교원의 역할), 충북단재교육연수원(교원능력개발평가의 필요성과 성공기법), 강원도교육연수원(학교소식과 갈등관리), 경북교육연수원(공무원 노동조합의 역할과 발전방안), 인천시교육연수원(교원단체와 노사관계), 광주시교육연수원(교육관련 노동법의 이해), 경남교육연수원(교원단체의 이해), 전남교육연수원(학교의 갈등관리와 해결기법), 전북교육연수원(커뮤니케이션의 기법과 효과), 경북교육청(학교의 갈등사례와 해결방법), 제주탐라교육원 및 제주도공무원교육원(갈등의 원인과 해결방법), 대전시공무원연수원(갈등의 유형과 해결방법), 공무원 인재개발원, 강원도공무원교육원, 전북공무원교육원, 경남공무원교육원, 충남공무원교육원, 부산시공무원교육원, 한국기술교육대학교 노동행정연수원(환경변화관리와 리더십), 강원대학교 교육대학원 교육연수원의 교육담당자님께 감사드립니다.

한국기업경영연구원

머 리 말

　가정폭력은 가정 구성원 사이의 신체적, 정신적, 재산상의 피해를 수반하는 행위를 말하며 가정 구성원 사이의 모든 폭력을 포괄하고 있다.
　즉, 남편의 아내에 대한 폭력, 자녀의 부모에 대한 폭력, 형제간의 폭력, 아내의 남편에 대한 폭력 등 가족간의 폭력 등 모두를 망라한다.
　가정폭력의 범주는 직접적인 폭행, 상해, 상습범, 유기, 명예훼손, 협박, 감금, 체포, 학대, 아동혹사 등과 어울려 언어적 폭력(폭언) 및 의심과 같은 정신적 폭력도 포함된다. 보건복지부의 보고에 따르면 남편의 61%가 결혼 이후 한번 이상 아내에 대한 구타 경험이 있으며 한국형사정책연구원의 조사에서는 남편의 50.5%가 결혼 이후 한번 이상 아내를 구타한 경험이 있는 것으로 밝혀졌다. 이는 미국보다 2배 이상 많고, 재미교포보다도 1.5배, 홍콩보다는 3배 가까운 발생률이다. 남편에 의한 아내구타가 15.6%, 아내에 의한 남편구타가 3.5%, 상호폭력이 12.3%에 달했다. 부부싸움이 잇따라 발생하는 가운데 전문가들은 가정불화나 부부싸움을 가족내 문제로 치부하고 공개를 금기시하는 사회적 분위기와 인식이 부부싸움을 '죽음'으로까지 내모는 주요한 원인이라고 분석한다. 전문적인 치유나 상담을 받아 초기에 해결될 수 있는 문제가 주변의 무관심과 방치속에 계속 쌓여가면서 감정에 치우친 두 당사자가 직접 부딪히다 보니 극단적인 방법까지 치닫게 되는 것이다. 사단법인 한국여성의전화가 집계한 자료에 따르면 2010년 남편에 의해 목숨을 잃은 아내의 수는 최소 57명에 이르는 것으로 조사됐다. 한편 "아버지가 돌아가실 때까지 영원히 어느 곳에 감금해두고 싶어요." 아버지의 음주폭력에 시달려온 심모군(16)이 최근 알코올중독정보센터(www.neuropsychiatry.co.kr) 상담실에 올린 충격적인 글이다. 아버지가 거의 매일 술주정을 하며 자신과 동생, 어머니를 마구 때려 더이상 가족으로 함께 살 수 없다고 심군은 호소했다. 강원도아동보호전문기관에 따르면 지난 한해 동안 집계된 아동학대 피해사례는 모두 298건으로 전년(2010년) 285건에 비해 4.7%(13건) 증가했다. 지난 한해 도내에서 발생한 아동학대 피해사례를 살펴보면 방임이 1999건(33.4%)으로 가장 많았고, 중복학대 91건(30.4%), 정서학대 52건(17.5%), 신체학대 47건(15.8%), 성학대 8건(2.7%), 유기 1건(0.3%)의 순으로 나타났다. 특히 신체학대 피해를 받은 아동들의 경우 상습적 폭력으로 인한 공격적 성향으로 타인에게 2차 피해를 가할 우려가 높기 때문에 이를 사전에 예방할 대책마련의 필요성이 강조되고 있다. 그리고 우리사회가 고령화 사회로 변하면서 발생하는 특성 중의 하나는 신체적으로나 정신적으로 가족을 비롯한 타인에게 의존하는 노인인구의 증가이다. 노인의 기능적 수준과 학대유형에 따라서 노인학대 해결방안이 다르지만 노인학대가 발생하는 차별적인 환경개선을 위해서 노인을 위한 교육이나 노화과정에 관한 교육의 필요성, 재정적 지원 등을 강조했다. 이주여성 생활실태 들여다보니, 절반 가까운 44%가 언어폭력 경험, 한국으로 시집온 몽골인 A(35)씨는 결혼생활 4년동안 생활비는 커녕 용돈 한푼 받지못했다. 시어머니는 결혼초부터 "못사는 나라에서 왔고 한국말도 못한다"며 무시하고 폭언을 퍼부었다. 막상 A씨가 한국어를 배우려고 하면 "여자는 살림만 잘하면 된다"며 보는 책을 빼앗아 찢기도 했다. 결혼이주여성들의 '가정내 인권침해'가 심각한 것으로 나타나 정부 차원의 개선노력이 시급하다는 목소리가 커지고 있다.

한권의 책이 출간되어 나오는 데는 많은 분들의 도움이 필요할 것이다. 그동안 저희 연구원으로 강의를 의뢰해 주신 전국의 시.도 교육연수원, 공무원교육원, 한국기술대학교 노동행정연수원, 서울시교육연수원, 부산시교육연수원, 울산시교육연수원, 대구시교육연수원, 경기도교육청, 충남교육연수원, 충북단재교육연수원, 경북교육연수원, 인천시교육연수원, 광주시교육연수원, 강원도교육연수원, 제주도탐라교육연수원, 경북교육청, 강원도공무원교육원, 제주도공무원교육원, 광주광역시 공무원교육원, 대전광역시 공무원교육원, 강원대학교 교육대학원 교육담당자님께 이 기회를 빌어 진심으로 감사드린다. 특히 본 저서의 기획 및 출판에 헌신하신 전승용 선생님께 감사말씀을 드리고 개원 23주년을 맞고 내조자 아내 '박순옥', 아들 '노지훈(현대백화점)', 며느리 '김수향(캐나다대사관)'에게 항상 고마움을 표한다.

2012년 5월 30일

저자 노 순 규 드림

목 차

제1장 가정폭력의 개념과 유형 ········· 15
1. 가정폭력의 사전적 개념 ········· 15
2. 가정폭력의 의의 ········· 16
   1) 가정폭력의 개념 ········· 16
   2) 가정폭력의 특징 ········· 16
   3) 가정폭력에 대한 잘못된 통념 ········· 16
      (1) 맞을 짓을 했으니까 맞는다. ········· 16
      (2) 시간이 지나면 또는 아이를 낳으면 나아질 것이다. ········· 17
      (3) 때린 후에는 당연히 미안해 할 것이다. ········· 17
      (4) 애들을 봐서라도 참고 산다. ········· 17
      (5) 가정폭력은 집안의 문제이며 남이 알면 부끄러운 일이다. ········· 17
   4) 가정폭력 예방지침 ········· 17
   5) 가정폭력 대처법 ········· 18
      (1) 무엇보다 가정의 불화가 생겼을 때 대화로서 해결하는 것이 가장 중요하다. ········· 18
      (2) 위급할 경우에 피신할 곳이 있는지, 그리고 주위에 도움을 요청할 사람이 있는지 알아 보아야 한다. ········· 18
      (3) 폭력이 일어났을 때 즉시 112나 파출소로 신고하도록 한다. ········· 18
      (4) 가정폭력에 시달리는 여성의 경우와 보호 ········· 19
3. 가정폭력의 법적 처벌 ········· 19
4. 가정폭력의 다양한 유형 ········· 20
   1) 가정폭력의 정의 ········· 20
   2) 가정폭력의 유형 ········· 20
      (1) 신체적 학대 ········· 20
      (2) 성적 학대 ········· 20
      (3) 심리적 학대 ········· 21
      (4) 경제적 학대 ········· 21
5. 가정폭력의 빈도 ········· 21
   1) 부부폭력 ········· 21
   2) 아동학대 ········· 22
   3) 노인학대 ········· 23

6. 가정폭력의 다양한 원인 ··· 24
   1) 생물학적 요인 ··· 25
   2) 심리적 요인 ··· 25
      (1) 성격과 가정폭력 ····································· 25
      (2) 의처증과 의부증 ····································· 28
      (3) 어린 시절의 폭력경험 ······························ 29
      (4) 기타의 우울증과 같은 정신장애나 성격장애 ········ 29
      (5) 피해자의 요인 ··· 29
   3) 사회적 요인 ··· 30
      (1) 가부장적 사회제도 ··································· 30
      (2) 사회적 스트레스 ····································· 31
      (3) 결손가정 ··· 32
      (4) 사회경제적 상태 ····································· 32
7. 가정폭력, 알고 대처하기 ····································· 33
   1) 가정폭력의 심각성 ······································· 33
   2) 결혼생활 최대의 적은 가정폭력 ······················· 34
   3) 가정폭력의 원인과 파장 ································ 34
      (1) 술이나 약에 의존하려 하는 경향이 있다. ········ 35
      (2) 아내에 대해서 늘 비판적이다. ····················· 35
      (3) 의처증의 증세가 있다. ······························ 36
      (4) 남편은 하늘이다. ···································· 36
      (5) 지나치게 까다롭다. ·································· 36
      (6) 자신의 폭력을 정당화한다. ························ 36
      (7) 폭력은 폭력을 낳는다. ······························ 37
   4) 피해자 대처방법 ·· 38
8. 가정폭력에 대한 국가책임성과 여성인권운동의 역할 ········ 39
9. 가정폭력 관련 유머 ·· 41
   1) 가정폭력과 관련된 유머 ································ 41
   2) 가정폭력, 학교폭력, 사회폭력 ························· 42
   3) 가정폭력의 피해자 ······································· 42
   4) PMI의 도미니카 공화국 폭력의 순환끊기 지원 ······ 42
10. 가정폭력의 초기대응이 중요 ································ 43
11. 온몸 폭행 멍자국, 대전 여성팬 '패닉상태' ·············· 45

12. 의정부시, 가정폭력 및 성매매 예방교육 실시 ············· 46
13. 가정폭력 상담 ··· 47
14. 가정폭력으로 엄청난 고통에 시달림 ······················· 48
15. 광주광역시, 가정폭력 가족보호시설 개소 ············· 51
16. 가정폭력 특례법 위반 첫 사례 경찰이 위반 ········· 52
17. 가정폭력에 대한 처벌 문의 ····································· 54
　　1) 가정폭력 처벌이 가능한 대상자 ························ 55
　　2) 피해자의 임시조치 신청 및 청구 ····················· 55
　　3) 관련법령 ··· 56
18. 가해자의 주민등록표 열람·교부 제한 등 ············· 56
　　1) 피해자에 대한 불이익처분의 금지 ··················· 56
　　2) 국민임대주택 우선 입주권 부여 및 그 밖의 지원 ··· 56
　　3) 인쇄체크 가해자의 주민등록표 열람·교부 제한 ····· 57
　　4) 인쇄체크 피해자에 대한 불이익처분의 금지 ····· 58
　　5) 주거지원사업 ·· 58
　　6) 임대조건 ··· 59
　　7) 입주자 선정 ·· 59
　　8) 입주신청 ··· 59
　　9) 퇴거 등 ··· 60
　　10) 인쇄체크 국민임대주택 우선 입주권 부여 ······· 61
　　11) 국민임내수택의 우선 입주권 부여 대상자 ······· 61
　　12) 우선 공급대상 국민임대주택 ·························· 61
　　13) 피해자 ··· 62
　　　(1) 시·군·구청장의 확인 ································· 62
　　　(2) 보호시설·주거지원시설 ································ 62
　　　(3) 시·군·구청장의 발급 ································· 62
19. 가정폭력 여전히 심각·상담건수 급증 ···················· 63
　　1) 가정폭력 증가추세 ··· 63
　　2) 가정폭력에 대한 사법처리는 미미 ··················· 63
　　3) 가정폭력 대책 ··· 64
20. '가정폭력' 흉폭 잔인화 ··· 65
21. 매맞는 아내 줄고, 매맞는 남편 늘고 ···················· 66
22. 가정폭력 '흉포화·고령화', 경찰청 유형분석 ········· 66
23. 가정폭력은 곧 범죄 ·· 68

24. 가정폭력이 있으면 여자가 해결 ……………………………… 71
25. 경찰, 가정폭력 안방까지 들어가 조사 ……………………… 72
26. 가정폭력 용인하는 통념 변해야 …………………………… 73
27. 대구경찰, 폭력남편 '긴급임시조치' 첫 발동 ……………… 75
28. 경찰청 케어팀, 심리상담외 편의 기능도 맡아야 ………… 76
29. 가정폭력 대응에 대한 희소식 ……………………………… 79

제2장 부부폭력의 원인과 해결방법 ………………… 81
1. 가정폭력 '쉬쉬'하면 더 큰 불행 닥쳐 ……………………… 81
    1) 서로간의 이해부족이 가장 큰 문제 ………………… 82
    2) 상담을 통해 해결가능 ………………………………… 82
2. "지난해 가정폭력의 절반은 정서적 폭력" ………………… 83
3. 가정폭력 및 여성폭력에 대한 바른 사법처리 요구 ……… 87
4. "내가 죽어야 끝날까 혹은 죽여야 끝날까" ……………… 88
    1) 칼로 물베기가 칼로 살베기 …………………………… 88
    2) 가정불화 공개해야 …………………………………… 90
5. 아내와 북어는 때려야? "폭력은 무조건 안된다!" ……… 90
    1) 고통받는 여성, 사법처리 될 때까지 기다려야 하나? … 91
    2) 무료소송이 가능한 가정법률상담소 ………………… 93
    3) 이혼 후 양육비를 주지 않는다면? …………………… 93
    4) 법률구조 제도 ………………………………………… 94
6. 가정폭력, 제발 도와주세요. ………………………………… 95
7. 박상민 격분증후군, 아내 상습폭행으로 이어졌나? ……… 96
8. 가정폭력 상담내용과 사례 ………………………………… 97
9. 가정폭력 피해자 보호 및 가해자를 위한 지원운영사례 … 98
    1) 쉼터(Shelter)의 역할 …………………………………… 99
    2) 부산여성의전화, 쉼터 개소 …………………………… 99
    3) 쉼터 개입 프로그램 …………………………………… 100
    4) 민들레 모임 …………………………………………… 101
    5) 쉼터에 대한 선행연구 ………………………………… 101
10. 매맞는 남편의 실태 ………………………………………… 102
11. 감금 등 가정폭력은 인권문제 ……………………………… 103
12. 올해 60세가 되는 예비할머니 ……………………………… 105
13. 가정폭력 근절방법 ………………………………………… 109

14. 가정폭력에 관한 우수도서 1: 부끄러움과 가정폭력 ·········· 110
15. 가정폭력에 관한 우수도서 2: 가정폭력 남성 치유모델 ·········· 112
16. 남편 폭력성, 참고 넘어가야 하나 ·········· 115
17. "300달러 내면 온라인 인생 지워드립니다" ·········· 121
18. 가정폭력이 부른 부부간 '황혼의 비극' 실태 ·········· 123
  1) 백년해로의 의미 ·········· 123
  2) 말다툼끝 흉기 ·········· 123
  3) 흉기로 찌르고 수석으로 내리치고 살벌한 부부싸움 ·········· 124
  4) 가정불화 공개해야 ·········· 125
19. 미국 "매맞는 아내 25%, 5명 중 1명 성폭행" 집안인권 '깜깜' ·········· 126
20. 가정폭력 사례분석 연구(가정폭력 및 아동학대 가족) ·········· 128
  1) 서론 ·········· 128
  2) 사례개요 및 사정 ·········· 128
  3) 가족사정 ·········· 130
  4) 클라이언트의 강점에 대한 사정 ·········· 131
  5) 문제규명 ·········· 131
  6) 개입과정 ·········· 132
  7) 사례분석 ·········· 132
    (1) 1회 상담(2003년 3월 0일), 면담내용 ·········· 132
    (2) 2회 상담(2003년 6월 0일), 면담내용 ·········· 134
  8) 결론 ·········· 138
21. 가정폭력 남편 흉기 살해 40대 주부 '영장' ·········· 139
22. 가정폭력 상담사례 ·········· 140
23. 부산 서부경찰서, 가정폭력 남편 첫 '직권 격리조치' ·········· 146
24. 흉폭화 및 잔인해진 가정폭력, 흉기사용 비율 증가 ·········· 147
25. 가정폭력에 의한 임시조치 증가세 ·········· 149
26. 여성폭력 손놓은 정부, 피살자 통계도 없어 ·········· 149
27. 내 눈을 의심하게 만든 경악스러운 경찰발표 ·········· 151
28. 경기침체 '울화', 가정폭력으로 변하고 있다 ·········· 153
29. 가정폭력이 맞나요? ·········· 155
30. "그 놈의 술 때문에", 가정폭력 원인 1위는 술 ·········· 158
31. 가정폭력 강력범죄화 추세 ·········· 159
32. 지긋지긋한 폭력남편 살해한 아내 ·········· 160

33. 횡성지역의 가정폭력 심각 ·· 161
34. 가정폭력 피해자 '입소제한' 고민 해결 ································· 161
35. '배우자의 외도' 때문에 이혼 ·· 163
36. 가정폭력의 잘못된 통념 ··· 164
   1) 가정폭력의 잘못된 통념 ··· 164
     (1) 부부싸움은 칼로 물 베기다? ·· 164
     (2) 맞을 짓을 했으니까 맞는다? ·· 164
     (3) 가정폭력은 흔히 있을 수 있는 일이다? ···················· 164
     (4) 가정폭력은 가난한 집안에서 많이 일어난다? ·········· 165
     (5) 남자는 남자답게, 여자는 여자답게 길러야 한다? ··· 165
     (6) 맞고 사는 사람에게 문제가 있다? ······························ 165
     (7) 가정폭력자는 성격이상자나 알콜중독자다? ············· 165
     (8) 가정에서 일어난 일은 남이 간섭할 일이 아니다? · 166
   2) 연구자료를 통해 본 아내폭력과 다른 폭력과의 연관성 ··· 166
37. 흉포해지는 가정폭력, 흉기 사용 증가 ································ 167
38. 서울 여성폭력 상담 5년새 2배 증가, 상담소 '태부족' ····· 168
39. 아랫집의 가정폭력 어떻게 해야 할까 ································ 169
40. '가정폭력 이혼' 김미화, 교수와 재혼 ································· 170
41. 가정폭력 - 학대에 고통받는 가장들 크게 증가 ·············· 172
42. 음주상태면 가정폭력도 면죄? ·· 173
   1) 대물림되는 가정폭력의 원인 1위는 음주 ························ 174
   2) 음주와 가정폭력은 악순환 모델 ······································· 174
   3) 해외의 가정폭력 예방 공익 포스터 ································· 175
43. 가정폭력 남편살해 여성에 '외상 후 스트레스 장애' 첫 인정 ······ 176
44. "365일 중 360일 맞고 산, 엄마의 29년은 악몽" ············· 177
45. 가정폭력 점점 흉폭화, 칼·골프채 사용률 증가 ················ 179
46. 가정폭력 피해자 보호·초기 대응 강화 ································ 181
47. 폭언하는 남편 ··· 182
48. 가정폭력 어떻게 대처해야 할까. ··· 183
49. 매일 술먹는 사람은 가정폭력을 한다는 것은 오류 ········· 185

제3장 자녀폭력의 사례와 내용 ··· 187
  1. 정책 따라잡기, 경기도 그곳에 살고 싶다 ························· 187

2. 김정민 "친아버지 가정폭력, 이젠 원망 안해요!" ······················· 196
3. 가정폭력, 너를 고발한다 ··· 197
4. 가정폭력에 대한 법적 처리 ·· 200
5. 가정폭력과 자녀폭력을 없애주세요 ·· 202
6. 안양시, 여성친화도시사업 본격 추진 ······································· 207
7. "드라마나 학교서 있었던 일, 시시콜콜한 것도 얘기해라" ······ 208
8. 의정부경찰서 '감성치안' 그들을 만나면 아~한다 ··················· 209
   1) 민원인을 위한 감동치안 ·· 209
   2) 의정부서 가능지구대 우창혁 경장 ·· 210
   3) 의정부서 신곡지구대 이치운 경장과 김병순 순경 ············· 211
   4) 실종수사팀, 반드시 찾겠습니다! ·· 211
9. 끊이지 않는 가정학대 아이들 운다 ·· 212
10. 청소년 금연·금주 나선 김영주 대성그룹 부회장 자매 ········· 213
11. 종교폭력과 가정폭력 예방법 ··· 215
12. 10세 이상 남아 동반 가정폭력피해자 보호시설 확대 ·········· 216
13. 입양아 뇌사, 알고보니 양어머니 학대 때문 ··························· 217
14. 가정폭력의 사례 ·· 218
15. 가정폭력범은 체포를 안하나 ··· 222
16. 가정폭력 참다못한 대학생 아들이 아버지 살해 ···················· 225
17. "부모폭력을 본 경험은 학교폭력 이어져" ······························· 226
18. 아버지와 아들의 화해 ··· 227
19. 집단내 소통 부재 '폭력거악' 키운다 ·· 228
20. 가정폭력이라기 보다는 아빠의 머리와 가슴이 아픈 것 ······· 231
    1) 아빠의 폭력성과 상담 ·· 231
    2) 상담요구에 대한 답변 ·· 233
21. 두 가정의 '살인미수' ·· 235
22. "결손가정 청소년 보호책 아쉽다" ·· 237
23. 아동학대 가해자 80%가 '친부모' ·· 238
24. 때리고, 성폭행 당하고, 학대에 신음하는 입양아이들 ·········· 238

제4장 노인학대의 실태와 해결 ························· 242

1. 남동생의 가정폭력 ··· 242
2. 아버지 수갑채워 폭행, 30대 패륜아들 검거 ····························· 246

3. 고령화 사회와 노인학대 ········· 246
  1) 노인학대의 개요 ········· 246
  2) 고령화 사회와 노인학대 ········· 248
  3) 노인학대 발생빈도 보고의 문제점 ········· 249
  4) 노인학대의 정의와 범주 ········· 253
  5) 노인학대의 영향 ········· 255
  6) 시설기관에서의 노인학대 ········· 256
  7) 노인학대 가해자와 피해자 특성 ········· 258
  8) 노인학대의 해결방안 및 예방책 ········· 259
4. 미국과 일본의 노인학대 : 노인학대의 배경을 중심으로 ········· 267
  1) 연구의 목적 ········· 267
  2) 미국에서의 노인학대 ········· 268
    (1) 역사적 배경 ········· 268
    (2) 노인학대에 대한 연방정부의 인식 ········· 268
    (3) 1987년 미국노인복지법에 관한 개정안 ········· 270
    (4) 노인학대에 대한 국가기관의 설립 ········· 271
  3) 문제의 범위와 성격 ········· 273
    (1) 노인학대의 정의 ········· 273
    (2) 문제의 범위 ········· 274
  4) 노인학대를 다루는 주 정부차원의 활동 ········· 277
    (1) 노인학대에 관한 주법 ········· 277
    (2) 표준화된 노인학대에 관한 정의의 부족 ········· 278
    (3) 주 정부 보고에 관한 요건들 ········· 279
    (4) 성인보호서비스 프로그램 ········· 279
  5) 노인학대의 감소방법 ········· 280
    (1) 지역사회내에서 문제에 대한 인식이 향상됨 ········· 280
    (2) 개선된 노인학대 보고접수체계 ········· 281
    (3) 지역사회내에서 기관사이의 조화가 증대됨 ········· 281
5. 일본에서의 노인학대 ········· 282
  1) 노인학대의 배경 ········· 282
  2) 노인학대법과 프로그램 ········· 282
  3) 노인학대에 대한 연구 ········· 283
  4) 노인학대의 예방과 치료프로그램 ········· 284
6. 2010년 노인여가활동 경연대회, '건강한 문화생활 실천' ········· 285

1) 평택남부노인복지관에서 한국무용을 선보이는 아우름 한국무용팀 ·········· 285
2) 노(老)노(NO)프로젝트, 노인권익 보호 ································ 286
7. 노인학대의 심각한 사례 ·· 289
1) 92세 할머니, 며느리에게 구타당해 피 흘림 ···························· 289
2) 씻지도 않고, 남의 도움을 거부하는 할머니 ···························· 289
8. 우리 주변에서 일어나고 있는 노인학대에 대해 관심갖기 ············· 292
9. 노인학대의 유형 ·· 294
10. 출산율 감소로 인해 나타나는 노인문제를 해결하는 방법 ············ 296
1) 노인에 대한 가족부양은 이미 한계에 직면 ···························· 296
2) 노인수발보험의 필요성 ··· 296
11. 노인복지시설과 여가프로그램 ··· 297
1) 노인복지시설 ·· 297
(1) 노인복지시설의 확충 ··· 297
(2) 생활보호대상노인에 대한 소득지원 확대 ······················· 297
(3) 경로연금제도의 도입 ··· 298
(4) 취업알선 ··· 298
(5) 노인 공동작업장 확대 ··· 298
2) 노인건강 측면 ··· 299
(1) 노인보건의료사업의 확대 ·· 299
(2) 재가복지서비스의 확대 ·· 300
3) 여가프로그램의 개발 ··· 300
4) 노인복지 정책의 수립 및 집행 ······································· 301
12. "네가 모셔라" 어버이날 가족간 칼부림 '참극' ·························· 302

제5장 다문화가정의 가정폭력 실태와 해결 ······················· 303

1. 그녀가 떠날 때 – 모두가 그녀를 구타 ···································· 303
2. 시어머니께 모국음식 드리자 "개밥" ·· 304
1) 다문화가정, 가정폭력에 무방비 ·· 304
2) 일상화된 언어폭력에 상처받아 ··· 305
3) 외출금지는 다반사, 감금·폭행도 자행 ································ 307
3. 부부불화와 생활고 취약, 다문화가정 대책시급 ·························· 307
4. 소통불화·가정폭력으로 이어진 불행 ······································ 309
1) 위기의 다문화가정 ·· 309
2) 다문화가정 자녀 2세들도 어려움을 겪기는 마찬가지 ·············· 311

5. 한국주소 가진 외국인 국내 이혼청구 가능 ·········· 311
  1) 국제이혼소송의 재판관할권 ·········· 311
  2) 국제이혼에 적용되는 법 ·········· 312
  3) 중국법상 이혼 ·········· 312
    (1) 협의이혼(자원이혼) ·········· 312
    (2) 재판상 이혼(소송이혼, 판결이혼) ·········· 314
6. 가정폭력 피해자, 배우자 도움없이 영주권 신청 가능 ·········· 315
  1) 여성에 대한 폭력의 법률적 의미 ·········· 315
  2) 가정폭력 피해 남성도 영주권 자가신청 가능 ·········· 316
  3) 피해 여성의 영주권 신청 자격 ·········· 316
  4) 가정폭력 피해 아동과 부모도 영주권 독자 신청 가능 ·········· 317
  5) 영주권의 자가신청(Self-Petition) 절차 ·········· 317
  6) 이민국 제출 증빙서류 ·········· 318
  7) 이혼 후에도 영주권 독자 신청 가능 ·········· 319
  8) 영주권 취득 이후 ·········· 320
7. 결혼이주여성의 삶과 인권 ·········· 321
8. 다문화가족지원센터 임한나 팀장 "함께 하는 사회 만든다" ·········· 323
9. 농촌 결혼이주여성 16% "가정폭력 경험" ·········· 326

부록: 가정폭력범죄의 처벌 등에 관한 특례법 ·········· 327
제1장 총칙 〈개정 2011.4.12〉 ·········· 327
제2장 가정보호사건 〈개정 2011.4.12〉 ·········· 328
  제1절 통칙 〈개정 2011.4.12〉 ·········· 328
  제2절 조사·심리 〈개정 2011.4.12〉 ·········· 333
  제3절 보호처분 〈개정 2011.4.12〉 ·········· 339
  제4절 항고와 재항고 〈개정 2011.4.12〉 ·········· 341
제3장 피해자보호명령 〈신설 2011.7.25〉 ·········· 342
제4장 민사처리에 관한 특례 〈개정 2011.4.12, 2011.7.25〉 ·········· 344
제5장 삭제〈개정 2011.4.12, 2011.7.25〉 ·········· 345

제1장 가정폭력의 개념과 유형

1. 가정폭력의 사전적 개념

가정폭력을 사전적 의미로 살펴보면 다음과 같다.
 (1) 가정안에서 가족간에 일어나는 폭력
 (2) 자식에 대한 부모의 폭력, 부모에 대한 자식의 폭력, 부부 사이의 폭력 등

좀더 자세히 살펴 보면 가정폭력의 형태분석 및 상위어로서의 가정폭력은 가정, 폭력의 검색결과이며 가정안에서 또 가족간에 일어나는 폭력을 의미한다. 그에는 자식에 대한 부모의 폭력, 부모에 대한 자식의 폭력, 부부 사이의 폭력 등이 있다. 가정폭력을 근절하기 위해서는 무엇보다도 가정폭력에 대한 전통적인 관점에서 벗어나 이에 대한 새로운 시각을 가져야 한다. 또한 가정폭력의 피해자들은 법의 테두리안에서 보호되어야 한다. 유의어로서 가정내 폭력의 예문으로서 그 집 아들은 가정폭력을 일삼고 행패를 부리더니 결국은 개백정으로 전락했다는 것 등이다.

요컨대 가정폭력은 가정에서 부부나 부모자식 등 가족 사이에서 일어나는 폭력행위로서 때로는 부모의 지나친 훈육과 체벌 역시 가정폭력으로 간주될 수 있다.[1][2]

---

1) 자료제공: 고려대 한국어대사전, 고려대 민족문화연구원, 2009.10.09, 1억 어절 규모의 한국어 데이터베이스를 기반으로 편찬한 최초의 한국어대사전
2) http://dic.daum.net/word/view.do?wordid=kkw000002469&q=%EA%B0%80%EC%A0%95%ED%8F%AD%EB%A0%A5(2012.3.31)

2. 가정폭력의 의의

1) 가정폭력의 개념

가정폭력은 가정 구성원 사이의 신체적, 정신적, 재산상의 피해를 수반하는 행위를 말하며 가정 구성원 사이의 모든 폭력을 포괄하고 있다.

즉, 남편의 아내에 대한 폭력, 자녀의 부모에 대한 폭력, 형제간의 폭력, 아내의 남편에 대한 폭력 등 가족간의 폭력 등 모두를 망라한다.

가정폭력의 범주는 직접적인 폭행, 상해, 상습범, 유기, 명예훼손, 협박, 감금, 체포, 학대, 아동혹사 등과 어울려 언어적 폭력(폭언) 및 의심과 같은 정신적 폭력도 포함된다.

2) 가정폭력의 특징

(1) 가정폭력은 장기적이고 반복적으로 행하여진다.

(2) 시간이 지나갈수록 폭력의 유형이 다양화되고 그 정도가 심화된다.

(3) 아내에 대한 폭력은 자녀 혹은 친정식구에 대한 폭력으로 이어질 수 있다.

(4) 지속적으로 가정폭력에 시달리게 되면 신체적 손상은 물론이고, '외상 후 스트레스 장애' 등 정신질환에 시달리게 되며, 폭력에 대한 공포와 학습된 무력감에 젖어 가정폭력으로부터 탈출하는 것이 거의 불가능하다고 믿게 된다.

(5) 가정폭력을 당한 사람은 자기의 존엄성이 약해지기 때문에 독립할 정신적 능력을 결여하고 폭력적인 가정에 안주하게 된다.

(6) 가정폭력의 피해자는 폭력으로 받는 정신적 스트레스를 해소하지 못하여 다른 범죄로써 이를 해결하려 하는 경향이 있다.

3) 가정폭력에 대한 잘못된 통념

(1) 맞을 짓을 했으니까 맞는다.

세상에는 그 누구도 잘못을 했다고 해서 폭력에 의해 임의적으로 처벌받아야 할 이유가 없다. 폭력은 범죄행위이다. 따라서 어떠한 경우에도 폭력은 묵인될 수 없다.

　　(2) 시간이 지나면 또는 아이를 낳으면 나아질 것이다.

　가정폭력은 반복적이며 습관적인 양상을 보인다. 폭력적인 습관은 자녀가 생겼다고 해서 쉽게 사라지지 않으며 오히려 자녀에게까지 폭력을 행사하는 경우가 많다.

　　(3) 때린 후에는 당연히 미안해 할 것이다.

　가정은 정으로 얽혀있는 집단이기 때문에 서로의 잘못에 대하여 관대할 수 밖에 없다. 그래서 아무리 심한 폭력이라도 '미안해'라는 말에 쉽게 용서를 하게 된다. 그러나 폭력에 대해 이러한 소극적인 대응은 습관적이고 반복적인 폭력을 야기할 뿐이다.

　　(4) 애들을 봐서라도 참고 산다.

　청소년 비행의 원인은 대부분 가정불화에서 시작된다. 연구결과에 따르면 이혼 등의 결손가정보다 폭력적인 가정에서 자란 아이들이 더 많은 범죄를 저지른다고 보고되고 있다. 폭력적인 가정은 아이에게 실제로 폭력의 고통을 경험하게 하고, 이러한 고통은 비행으로 이어지게 된다.

　　(5) 가정폭력은 집안의 문제이며 남이 알면 부끄러운 일이다.

　가정폭력은 흉악한 범죄이며 누구든지 범죄의 피해자가 될 수 있다. 범죄의 피해자가 되었다고 해서 부끄러워할 이유는 없다. 오히려 그는 보호를 받아야 할 것이다.

4) 가정폭력 예방지침

　　(1) 어떤 상황에서라도 폭력은 사용하지 말자.
　　(2) 자녀들에게 매를 들기 전에 다시한번 더 생각하자.
　　(3) 평소 폭력적인 말과 행동을 삼가자.
　　(4) 남이 폭력을 사용하는 것을 보면 제지하자.
　　(5) 가까운 경찰서와 가정폭력 상담기관의 전화번호를 메모해 두자.
　　(6) 심각한 폭력이 일어나는 위기상황인 경우 바로 경찰에 신고하자.

(7) 경찰은 가정폭력 신고가 들어오면 즉각 출동해야 한다.

(8) 의사나 간호사는 가정폭력 피해자를 위한 적절한 조치를 취해주어야 한다(진단서 확보, 피해자 보호, 상담기관과 연계 등).

(9) 가정내 폭력을 호소하는 가족이나 친구에게 상담기관을 안내해 주어야 한다.

(10) 가족간의 대화를 통해 서로를 존중하고 이해하도록 노력해야 한다.

5) 가정폭력 대처법

(1) 무엇보다 가정의 불화가 생겼을 때 대화로서 해결하는 것이 가장 중요하다.

상대방과 대화가 잘 이루어지지 않는다면 나에게 문제가 있는 것이 아닌지 그 이유를 잘 생각해 보고 내가 먼저 문제해결을 위해 노력해 보아야 한다.

- 그러나 불화가 폭력으로 번지게 되고 폭력이 상습적으로 발생하게 된다면 이에 대해서는 단호하고 적극적으로 대처하는 자세가 필요하다.

(2) 위급할 경우에 피신할 곳이 있는지, 그리고 주위에 도움을 요청할 사람이 있는지 알아 보아야 한다.

- 위급하여 피신할 경우, 당분간의 생활비를 마련하여 피신하여야 한다.
- 자녀문제에 관한 대책을 미리 강구하여 두어야 한다.

(3) 폭력이 일어났을 때 즉시 112나 파출소로 신고하도록 한다.

- 구타를 당했을 때는 상처의 진단서를 끊어두고, 날짜를 적어서 맞은 곳의 사진을 찍어 두도록 한다. 그것은 후에 중요한 증거가 된다.
- 가정폭력을 경험한 경우 더 심각한 폭력으로 보복당할까 두려워 경찰에 신고를 하지 못하는 경우가 상당히 많다.

그러나 경찰은 가해자를 피해자로부터 격리시키는 임시조치를 신청할 수 있으며 또한 폭력 등의 범죄를 범한 자가 피해자의 고소, 고발이나 진술, 증언 또는 자료 제출한 것에 대해 보복하기 위해 범죄를 범하거나 피해자가 고소, 고발, 진술, 증언 또는 자료제출을 하지 못하게 하는 경우, 「특정범죄가중처벌관한법률」 제5조의 9에 의해 가중 처벌을 받게된다.

(4) 가정폭력에 시달리는 여성의 경우와 보호

'여성의 쉼터'와 '모자일시보호시설'있으며 폭력으로부터 벗어나 변화를 시도할 수 있는 시간적 여유와 수단을 제공받을 수 있다.[3]

3. 가정폭력의 법적 처벌

가정에서 부부나 부모자식 등 가족 사이에 일어나는 폭력행위로서[4] 부모의 지나친 훈육과 체벌 역시 가정폭력으로 간주될 수 있다. 가정폭력은 흔히 언어폭력, 신체폭력을 수반하며 가해자는 주로 아버지인 경우가 많다. 특히 가해자가 알코올 중독이나 의처증같은 기질적 특성을 가질 때 폭력의 정도가 심해지는 것으로 나타난다. 이럴 경우 자녀들은 어린 나이부터 폭력을 피해 집을 나가게 되며 폭력의 후유증은 적응장애, 행동장애, 정신장애 등으로 나타나 인격형성에 막대한 영향을 준다. 가정폭력은 대개 학교폭력으로 전이되면서 사회문제가 된다. 한국에서는 1997년에 가정폭력방지법의 제정 및 실행에 들어갔지만 아직도 가정폭력을 범죄로 인식하지 않고 가정에서 일어나는 사적인 갈등 정도로 치부하는 사회의 인식이 가정폭력을 해소하는 데 가장 큰 걸림돌이 되고 있는 실정이다. 가정폭력 문제의 해소를 위해서는 가정폭력에 대한 인식의 변화를 위한 의식교육과 홍보를 강화하고, 경찰·검찰 의료기관의 관계자 교육을 강화하는 한편 서비스 연계체제의 강화도 필요하다. 한편 자녀가 나이든 부모를 구타하거나 살해하는 사례도 연달아 발생하고 있는데, 기존의 윤리와 가치관이 붕괴하면서 들어선 황금만능의 배금주의

---

[3] http://mojawon.or.kr/sub4-1.php(2012.3.31)
[4] 브리태니커

가 주요 원인으로 지적되고 있다. 날이 갈수록 가정폭력의 정도가 심해지는 상황이므로 사회적 인식이 전환되어야 함은 물론 법적으로 가해자에게 좀더 엄격한 처벌이 필요하다.[5]

4. 가정폭력의 다양한 유형

1) 가정폭력의 정의

가정폭력은 어쩌다가 발생하는 즉, 자신의 감정을 통제하지 못해 일어나는 우발적인 상황이 아닌, 의도적인 행위이다. 희생자에게 공포를 불러일으키고 그 모든 것을 통제하려는 계획된 행위이다. 대부분의 구타행위는 자신의 배우자를 직접 통제하기 위한 규칙들을 만들어 낸다.

2) 가정폭력의 유형

가정폭력은 현재나 과거의 배우자, 여자친구 혹은 남자친구, 동거자, 가족 구성원을 대상으로 가해지는 신체적, 성적, 심리적, 경제적 학대 또는 위협상황을 말한다. 그 대상에 따라서는 배우자 학대와 아동 학대로 구분된다.

(1) 신체적 학대

발로 차고, 때리고, 멱살을 잡고, 칼이나 총, 망치 등의 무기를 사용해 위협하고, 뺨을 때리고, 주먹으로 구타하고, 밀치고, 머리카락을 잡아당기고, 층계나 바닥으로 밀쳐 넘어뜨리고, 희생자를 향해 뭔가를 집어던져 위협하는 모든 행위들이 법에서 정의한 가정폭력에 해당한다. 희생자의 옷을 찢는다거나 희생자의 개인용품 등을 부수는 등의 위협행위들처럼 희생자의 소유물을 파괴해서 희생자에게 신체적 상해를 받을 수 있다고 생각하게끔 하는 행위도 포함된다.

(2) 성적 학대

---

5) http://100.daum.net/encyclopedia/view.do?docid=rts02g030(2012.3.31)

희생자가 원치 않는 성관계를 강요하거나 싫어하는 성행위를 강요할 때를 말한다.

(3) 심리적 학대

희생자가 언제라도 당장 신체적인 위협을 당할 수 있다는 불안과 공포감을 조장하는 일체의 행위와 언사를 말한다. 폭력을 행사하겠다는 협박행위, 모욕적인 언사는 물론, "죽여 버리겠어", "나를 떠나면 너를 가만 두지 않아", "다른 사람에게 말하면 죽여 버려" 같은 말도 해당된다.

(4) 경제적 학대

희생자가 번 모든 월급을 빼앗아가거나 집밖에서 일하는 노동행위 자체를 허락하지 않는 것, 생필품 구입, 가계운영 등의 모든 가정의 경제행위로부터 배제하는 행위를 말한다.

아동에게 가해지는 폭력은 아동에게 멍이나 매의 흔적을 남기게 되는 경우도 포함된다. 성적으로 가해지는 여타의 폭행도 물론이다. 아동학대를 신고하는 경우, 피해아동이 반드시 폭행 당사자나 부모 자녀의 관계일 필요는 없다.[6]

5. 가정폭력의 빈도

1) 부부폭력

과거 보건복지부의 보고에 따르면 남편의 61%가 결혼 이후 한번 이상 아내에 대한 구타경험이 있으며 한국형사정책연구원의 조사에서는 남편의 50.5%가 결혼 이후 한번 이상 아내를 구타한 경험이 있는 것으로 밝혀졌다.[7] 전국 900만가구 중 약 200만가구에서 지난 1년간 적어도 한번 이상의 가정폭력이 발생했다고 할 수 있다.[8] 우리나라 부부 중

---

6) http://portal.citysoup.ca/NR/exeres/4E4B8C76-4993-40DC-A8B5-1A2F8F85F099.htm(2012.3.31)
7) 언론 기사를 통해 본 가정폭력 통계 자료
8) 통계자료, 전남대학교 의과대학 정신과학교실 / 전남대학교병원 정신과 소아청소년 정

34.1%가 1년에 적어도 한차례 이상의 폭력을 경험하고 있다는 연구 결과도 있는데, 이는 미국보다 2배 이상 많고, 재미교포보다도 1.5배, 홍콩보다는 3배 가까운 발생률이다. 남편에 의한 아내구타가 15.6%, 아내에 의한 남편구타가 3.5%, 상호폭력이 12.3%에 달했다. 발로 차거나 주먹으로 때리기, 혁대, 몽둥이, 골프채 등의 물건으로 구타, 사정없이 구타, 흉기로 위협하거나 때리기 등 '심각한' 폭력을 휘두른 경우가 남편이 7.9%, 아내가 2.8%, 쌍방은 1.6%로 보고된다.

2) 아동학대

자녀에 대한 체벌은 72%. 미·일의 두배, 근친강간 경험도 3.7%[9] 학교에서의 폭력 못지 않게 가정에서 일어나는 신체적 학대와 성적 학대 등 이른바 아동학대가 갈수록 심각해지고 있어 실질적인 대책마련이 시급한 실정이다. 소아정신과 의사들은 이와같은 아동학대가 대부분 근친간에 이루어져 실상이 숨겨지고 있을 뿐 매우 심각한 수준이라고 말한다. 지난해 4월20일 오후 2시 여섯살된 서울 P초등학교 1년 김모군이 양호교사와 함께 서울대 의료사회사업실에 들어섰다. 다리가 부러진 김군은 학교에서 간단한 응급처치를 받은 상태여서 곧바로 응급실로 옮겨졌다. 치료받고 있는 동안 양호교사는 "이 아이가 평상시에도 온몸에 멍이 자주 들고 뼈가 부러진 적도 있었다"면서 "바늘에 찔린 자국 등이 발견되는가 하면 귀를 물어뜯긴 자국이 보이기도 해 엄마를 호출, 이유를 물었으나 「모른다」는 대답 뿐이었다"고 병원담당자에게 설명했다. 치과의사인 아버지(당시 41)의 상습적 폭력에 의해 홍모(당시 10세)양이 사망하는 사건이 발생하기도 했다. 또한 당시 12살 된 홍양의 오빠도 아버지의 폭력에 의해 한쪽 고환이 이미 망가진 상태인 것이 확인되기도 했다.

이같은 아동에 대한 신체·성적 학대의 많은 경우가 가정안에서 자행되

신건강클리닉, 최영
9) 중앙일보 1996.7.1.

고 있는데도 불구하고 학대받는 아이를 보호할 실질적 방법이 없다는데 문제의 심각성이 있다. 소아청소년 정신의학회지에 따르면 「심하게 매를 맞아본 적이 있다」는 청소년이 1986년 조사에서는 66.2%였으나 1992년에는 96.4%나 됐다. 이후에는 조사조차 한 적이 없다. 또 다른 조사에서는 「자녀가 잘못했을 때 체벌을 하는가」라는 물음에 72%의 어머니가 그렇다고 대답했다. 이것은 태국 23%, 미국 26%, 일본 33%, 영국 28%, 프랑스 30%에 비하면 엄청나게 높은 수치다. 아동학대의 25% 정도를 차지하는 성적학대의 경우는 더욱 심각한 지경이다. 서울대병원 의료사회사업실의 박혜영 선임사회복지사는 『과거 입에 올리기조차 부끄러울 정도의 가정내 성적학대가 주로 부녀간에 이루어졌던 것에 비해 최근 들어서는 모자간의 근친강간도 급격히 늘어나고 있는 실정』이라고 개탄한다. 청소년 의학회지(1995년 6월호)에 발표된 국내 청소년 1천7백명을 대상으로 한 조사에서 근친강간의 경험이 있는 청소년이 3.7%나 됐다.

지난해 산부인과소아과응급실 담당의사들을 대상으로 한 조사에서는 응답자의 53%가 근친이나 잘아는 어른에 의해 강간당한 아동을 치료한 경험이 있다고 대답했다. 1995년의 자료를 보면 미국에서 아동학대가 급증, 해마다 최소한 2천명 이상이 사망하고 14만2천여명이 중상을 입는 것으로 밝혀졌다.

3) 노인학대

존속학대, 노부모가 병들어 「짐」되면 구박[10] 폭행·밥안주기 등 양태도 다양하다. 드러나는 것만도 월 80여건, 경로사상 강조보다 제도적 대안 마련을, "용돈 안준다고 부모에 주먹질" "아버지 상습폭행, 패륜 40대 구속" "패륜범죄 잇따라, 며느리가 시어머니 폭행" "모자가 70대 가장을 감금" 등. 잊을만하면 신문 사회면을 장식하는 노인(존속)학대·폭행사건의 제목들이다. 그러나 매스컴에 보도되거나 법적으로 처리되는 이같은

---

10) 세계일보 1996.7.31.

사건은 극히 한정돼 있다. 가정의 울타리안에서 일상적으로 벌어지는 학대피해는 의외로 광범위하면서도 그 성격상 밖으로 드러나지 않는 게 특징이기 때문이다. 대검찰청 자료에 따르면 존속살해의 경우 1993년에 41건, 1994년에 32건이 발생했으며 존속상해 및 폭행은 1993년에 950건, 1994년에 954건 등 월 평균 80여건씩 일어나고 있다. 노인들에 대한 학대는 신체적인 폭력·폭행, 감금, 부양거부, 식사제공 거부, 신경안정제 강제주입, 무관심 등 다양한 양태로 나타난다. 이러한 현상은 아동학대보다 더 은폐되기 쉽다. 1994년 한국형사정책연구원이 서울시에 거주하는 60세 이상의 노인 593명을 대상으로 조사한 바에 따르면 26.5%가 학대받은 경험이 있었고 이중 여성이 66.7%로 나타났다. 이들은 돌봐주는 사람으로부터 없어져 주었으면 하는 느낌을 받았다(17.3%), 폭언이나 모욕을 받은 적이 있다(17%), 2~3일 동안 혼자 내버려둔 적이 있다(14.8%), 부양을 꺼려해서 거처를 여러 번 옮긴 적이 있다(14.6%)고 응답했다. 학대에 대한 반응으로는 그냥 참거나(3.1%), 아는 사람에게 하소연하는 경우(60.6%)가 대부분이었으며 상담전화에 도움 요청(22.8%), 화를 내거나 상대방을 나무람(12.6%), 경찰 신고(0.8%) 등 적극적인 대응은 상대적으로 적었다. 학대의 원인에 대해서는 자신이 무능력하기 때문(53.8%)이라고 생각하는 경우가 가장 많았으며, 상대방의 부도덕(20.8%)이나 전반적인 사회풍토(19.2%) 때문이라고 생각하는 경우도 적지 않았다.[11][12]

6. 가정폭력의 다양한 원인

생물학적, 심리적, 사회적 요인 등의 변수로 나누어 본 가정폭력의 원인은 다음과 같을 것을 들 수 있다.[13]

---

11) 의료현장에서의 가정폭력, HOME - 자료실 - 상담실
12) http://drchoi.pe.kr/famvio3.htm(2012.3.31)
13) ethnos44 2009.05.20 09:41 26, 조회 5,286 가정 폭력의 원인

1) 생물학적 요인

공격적 성향을 증가시키고, 충동을 조절하는 능력에 문제가 초래되는 경우 폭력행동이 증가할 수 있다. 유전적인 폭력성, 간질발작, 뇌졸중, 교통사고로 인한 두부손상, 알코올중독, 약물중독이나 금단상태 등 생물학적인 요인이 원인이 되기도 한다.[14] 서울 서대문경찰서는 5일 서울 종로구 A씨(49·회사원)를 신설된 가정폭력범죄 처벌 등에 관한 특례법 위반혐의로 구속했다. 경찰에 따르면 A씨는 지난 4일 새벽 술에 취해 집으로 돌아와 이유없이 부인 B씨의 머리채를 잡고 발로 복부와 다리를 마구 때렸으며, 이를 말리던 아들(22)의 얼굴을 주먹으로 때린 혐의를 받고 있다. 부인 B씨는 경찰에 낸 고소장에서 『29년전 결혼한 이래 3남매를 키우면서 파출부, 화장품외판원, 생선장사 등으로 힘겹게 살아왔지만 매일 술을 마시고 폭행을 일삼는 남편 때문에 항상 눈이 퍼렇게 멍들곤 했다』고 토로했다.

2) 심리적 요인

(1) 성격과 가정폭력[15]

미국 워싱턴대학 심리학과 교수 자콥슨 박사는 최근 동료교수인 고트먼 박사와 함께 201쌍의 부부를 대상으로 지난 10년동안 수행해온 폭력적인 결혼생활에 관한 연구결과를 '남자가 여자에게 폭력을 휘두를 때'라는 제목의 책으로 펴내 세간의 관심을 모으고 있다.

"코브라는 소리없이 다가가서 한동안 노려보다가 먹이감을 덮친다. 반면 맹수는 주위 눈치를 볼 것 없이 달려들며 한번 물었다하면 놔주질 않는 특성을 갖고 있다." 그들은 여자를 구타하는 남자를 동물에 비유하여 크게 코브라형과 맹수형으로 분류하고 있다. 그리고 폭력을 휘두르는 남자가 어떤 형이냐에 따라 여자가 받는 고통의 정도와 둘 사이의 관계

---

14) 가정폭력범 구속/술먹고 아내 구타 세계일보 1998.7.6
15) 문화일보 1998.3.28.

정리가 큰 차이를 빚는다고 주장한다. 자콥슨 박사는 "맹수형의 남자들은 그런대로 괜찮은 사람들인데 밀접한 사이가 되면 변한다. 오 제이 심슨은 대표적인 맹수형이다. 맹수형은 사랑하는 사람에게만 비행을 저지르는데 그것은 지나치게 의존적인 감정과 포기의 두려움 때문이다. 질투심이 지나치게 많은 남편과 남자친구가 대개 맹수형에 속한다"고 말한다. 사실 심슨은 그의 전부인 니콜 브라운과 여자친구 로널드 골드먼의 살해혐의로 구속됐다가 1995년에 무죄를 선고받았다. 하지만 항소심에서 다시 유죄판결을 받은 바 있다. 맹수형은 여자의 일거일동을 살핀다. 여자가 조금만 이상한 언행을 해도 배신감을 느끼며 화를 쉽게 낸다.

더욱이 화가 치밀어 폭력을 휘두를 때는 이성을 곧잘 잃어버린다. 반면 코브라형은 반사회적 이상성격자일 경우가 많다. 코브라형은 냉정하며 계산적이다. 반사회적이고 범죄적인 특성을 갖고 있으며 염세적인 행동을 하는 것으로 나타났다. 코브라형은 보스가 되어 제멋대로 하고 모든 사람들, 특히 아내와 여자친구가 알아주기를 원하는 병적인 욕구에서 폭력을 저지른다. 코브라형은 자신의 권위가 도전을 받았다고 생각하면 즉각 잔인하게 공격한다. 아내에게 칼이나 총 등으로 위협도 한다. 더욱이 친구와 친척들을 비롯해 직장동료들 그리고 심지어 낯선 사람들과 애완용동물에게까지 공격적이다. 예를 들면 아내가 말을 잘 듣지 않을 때 경고성으로 아내가 아끼는 고양이까지 서슴지 않고 죽일만큼 잔인하다는 것이다.

코브라형은 때에 따라 감정을 억제할 줄 안다. 경찰이 구타당한 여자의 구조요청으로 코브라형의 폭력현장에 나타날 때, 흥분해서 횡설수설하는 여자의 말보다 침착한 코브라형의 말을 더 믿고 오히려 피해자인 여자를 체포해간 사례도 있다고 한다. 인디애나대학 심리학자인 아미 홀츠워드 문래교수는 폭력자들의 유형과 배경을 이해하면 가정폭력사태를 미연에 방지할 수 있을 뿐만 아니라 더욱 효과적인 해결방법을 마련할 수 있다"고 말한다. 심리학자들은 기존의 방법과 법체계로는 가정폭력범들을 효과적으로 다스릴 수가 없고 통계와 사회적 통념을 기초로 하는 새로운 사회적 징벌체계를 세워야 한다고 주장한다. 실제로 매년 200만명에서 400만명의 아내들이 남편에게 심하게 구타당하고 있으며 살해된 여자의 절반 가량이 남편, 전남편, 남자친구 혹은 헤어진 남자친구에게 당한 것으로 조사됐다. 반면 아내나 여자친구 등에 의해 살해된 남자는 6%에 불과한 것으로 나타났다. 또 현재까지 가정폭력사태의 6분의 1 정도만 경찰에 신고됐고, 신고된 폭력범의 6%만 법의 심판을 받았다. 자콥슨 박사는 "이제까지 이용해온 폭력범 정신치료 프로그램은 별로 효과가 없었다. 특히 코브라형의 폭력범들은 판사와 치료사들을 어렵지 않게 속이고 그 프로그램을 빠져나올 수가 있었다. 만약 폭력범들을 무조건 중죄로 다스려 감옥살이를 시킬 정도로 폭력에 관한 법을 엄격하게 만든다면 폭력에 시달리는 여자의 수가 현격하게 줄어들 것"이라고 말한다.

이와 관련하여 미시간대학 사회학과 대학원의 대니얼 손더즈 박사는 기존의 치료프로그램은 아직 미숙하다. 어떤 방법이 어떤 부류의 폭력범에게 얼마나 효과가 있는지는 아직까지 연구 중"이라며 그린 프로그램뿐만 아니라 고발, 체포, 구금 등을 모두 함께 활용해야 성과가 있을 것이라고 조언한다. 자콥슨 박사는 "상당수의 부부는 간혹 떼민다든지 베개를 던지는 등의 경미한 싸움을 하지만 폭력적인 관계로까지 악화되는 일은 드물다"며 "폭력은 단순한 물리적 공격이 아니다. 그것에는 상대방을 제압하고 통제하며 복종시키려는 의도가 숨어있다"고 경고한다. 그는 또 "남자가 폭력적인 부부의 절반 정도는 여자도 폭력을 행사하지만 대체로 자기방어적이다. 오 제이 심슨같은 맹수형 남자들은 오히려 자신들이 폭력의 희생자라고 주장한다. 반면 코브라형은 자신이 가해자임을 부정하려 들지 않으며 개의치 않는다"고 말한다. 코브라형과 맹수형은 자라난 환경부터 다르다. 코브라형은 대개가 폭력적이고도 처참한 어린시절을 보냈고 범죄기록이 있으며 알코올과 마약을 하는 것으로 나타났다.

이에 비해 맹수형은 범죄기록은 적지만 어머니를 구타하는 아버지를 둔 경우가 많았다. 그리고 폭력범들은 여자가 도망가면 끝까지 쫓아가 더욱 심하게 구타하는 특성이 있다. 그럼에도 불구하고 연구대상이 됐던 부부중 65%가 5년만에 폭력적인 남자의 손아귀에서 빠져나왔다. 도망에 성공했던 한 여자는 "살해될 수 있다는 두려움도 있었으나 지옥같은 생활을 계속하느니 차라리 죽는 것이 낫다는 마음으로 도망쳤다"고 고백했다. 이밖에 여자들은 폭력범과 헤어진 후 새로운 가정을 꾸릴 때 남편의 폭력을 유발시키는 언행을 거의 하지 않는 것으로 조사됐다. 연구팀은 "폭력범들은 결코 스스로 폭력을 멈추지 않는다"는 결론을 내렸다.

폭력범들은 아내들을 복종시키기 위해서 물리적 폭력을 할 수 없는 상황에서는 언어폭력이라도 한다. 이에 대해 자콥슨 박사는 "감정적인 욕설은 상대방의 자존심을 상하게 하고 마음을 비천하게 만들기 때문에 물리적인 폭력보다 타격이 더 클 수도 있다"고 지적했다.

(2) 의처증과 의부증

세탁업을 운영하는 김씨 가정은 편할 날이 없다. 그래서 부인은 현재 이혼준비를 하고 있다. 물론 남편이 절대 안된다고 하지만 부인은 이미 마음의 문을 닫아 걸었다.16) 문제는 부인이 너무 미인이라는 데서 시작되었다. 소도시에서 과수원과 농토가 많은 지역 유지의 딸로 태어난 부인은 어릴 때부터 대접받고 살다가 대학동창인 남편을 만나게 되었다. 남편의 자상한 모습에 반하여 부모가 반대하는 것을 뿌리치고 가난한 농부의 아들과 결혼하여 일부 재산을 친정에서 상속받아 남부럽지 않게 살았다. 김씨 부인은 결혼초부터 사업을 시작해서 지금은 크게 번창시켰고, 남편은 이것저것 손을 대다가 10년전부터는 세탁소를 운영했다. 그런데 김씨는 아내에게 관심이 지나쳐서 의처증이 생겼고 정신적 학대를 하기 시작했다. 외출도 시간별로 보고해야 하고, 부부동반 모임에서 들

---

16) 남편의 의처증 날로 심각 세계일보 1996.10.9.

은 사소한 농담을 가지고도 집에 와서는 『솔직하게 대답하라』며 괴롭힌다. 더러는 폭행도 하고, 옷과 몸을 검사하는 등 의처증 증세는 나날이 심각해지는데 주변에는 오직 관심많은 남편으로만 여겨 김씨 부인은 어디에다 하소연도 못하고 지낸다. 그의 큰딸이 언제부터인가 이상한 성격이 생겼다며 얼마전에 상담소를 찾아왔다. 그 무서운 폭행과 학대에도 자녀들 때문에 감수했는데 딸이 집에 들어오기 싫어하고, 집에 오면 말없이 자기 방에 들어 가서는 문을 꼭 잠근다는 것이다. 부인의 말에 따르면 남편의 폭언이나 정신적 학대를 목격한 아이들이 정신적 상처를 입어 문제가 생긴 것 같다는 것이다. 그런데도 남편의 태도에는 변화가 없으니 이혼하겠다는 김씨 부인에게 어떤 도움을 주어야 할지 그저 막막하다. 정신과에 한번 가보자고 말하여 남편에게 폭행을 당하고 외출도 하지 못한 채 몰래 상담소에 전화하며 우는 김씨 부인의 딱한 사정이 가슴을 저미게 한다.

(3) 어린 시절의 폭력경험
(4) 기타의 우울증과 같은 정신장애나 성격장애
(5) 피해자의 요인

가정폭력 예속화에 해당하는 아내가 많다.[17)]
어린 시절 가정폭력을 경험했거나 건강상태가 나쁠수록, 경제력과 사회능력이 낮을수록 노예화하는 경향이 강하다』는 연구결과가 나왔다. 한양대 대학원 의학과 문경서씨는 「여성의전화」에 상담해온 여성 등 1백 40명을 대상으로 연구한 박사학위논문 「구타당하는 아내의 무기력, 자아강도 및 자아기능에 관한 연구」에서 이같이 밝혔다. 문씨는 먼저 아내의 아버지가 어머니를 구타한 빈도가 높을수록, 아내가 어린 시절 부모로부터 구타당한 경험이 많을수록 이혼을 결심하지 못하고 폭력에 예속되는 경향이 강하다고 지적했다. 결국 폭력가정에서 자란 아내가 남편의

---

17) 조선일보 1994.3.4.

구타를 계속 받을 때 무기력해지는 정도가 심하고 자아강도와 자아기능이 더 많이 손상된다는 것이다. 아내의 경제력과 사회능력도 중요한 변수다.

교육수준, 경제적 능력이 강할수록 폭력남편에게서 독립하려는 경향이 강하다는 것이다. 이런 경향은 맞벌이부부에게서 강하게 나타났다. 또 남편의 경제적 사회적 능력이 높을 때도 비슷한 결과를 보였다.

남편의 수입과 사회적 지위가 높을수록 아내의 예속 정도는 낮은 반면, 남편의 재산이나 직업이 없을 경우 길들여지는 정도가 심했다. 이밖에 문씨는 자녀의 수가 많고 결혼기간이 길수록 남편의 구타 빈도가 많고, 구타정도가 심할수록, 구타기간이 길고 상처가 심할수록 예속이 심해진다고 밝혔다.

3) 사회적 요인

(1) 가부장적 사회제도

가족시스템에서의 가부장제가 가정폭력의 직접적 원인이기보다는 왜곡된 가부장적인 가족구조가 가족갈등과 가정폭력을 심화시키는 요인으로 작용한다. 가정폭력을 없애기 위해서는 배우자 구타나 자녀구타와 같은 폭력에 대해 잘못된 행동을 교정하거나 가정내 갈등을 해결하고 질서를 유지하는 것이 필요하다. 연구결과에 따르면 부부권력구조의 유형에 따른 가정폭력 유발비율은 남성 우위형인 경우 33%, 여성 우위형인 경우 17%, 권력독립형인 경우 16%, 남녀평등형인 경우 12%로 나타나고 있다.[18] 유교이념의 근간인 가부장적 가정윤리와 여성관이 성폭력과 가정폭력 증가의 요인으로 작용하고 있다는 주장이 나왔다. 한국, 중국, 일본, 대만 등 동아시아 7개국 민간여성단체(NGO) 대표들이 참석한 가운데 개최된 「동아시아 여성포럼」(22~24일)에서 각국 대표들은 『여성에 대한 폭력은 유교의 영향을 받아온 동아시아 지역에서 특히 심하다』

---

18) 세계일보 1996.8.28.

고 지적하고,『여성에게는 정절 이데올로기를 강요하고 남성의 성에 대해서는 상당한 자유를 허용하는 유교적 성문화가 성폭력 상습범을 양산하고 있다』고 주장했다. 이는 가부장적 봉건윤리에 의해 남성중심의 성행위 관습이 정착되면서 여성의 몸은 유리그릇 같아서 한번 깨지면 그만이라는 남성중심의 순결관을 뿌리내리게 됐다는 것이다.

따라서 성폭력을 폭력범죄가 아닌 남성의 성충동에 의해 일어나는 우발범죄로 보게 되고 성폭력 피해여성은 순결을 잃은 것으로 간주된다.

이러한 유교이념은 현재 한국의 법철학에도 그대로 반영되고 있는데, 성폭력특별법에 성폭력을「정조에 관한 죄」로 규정하고 있는 것이 좋은 예다. 가정폭력 역시 '가정을 다스리는 방편으로 있을 수 있다'는 사회적 통념으로 나타나고 있다. 가족구성원간의 문제는 가장이 다스려야 한다는 가부장적 유교이념은 가정을 남이 함부로 침범해서는 안되는 영역으로 규정함으로써 가정폭력에 대한 사회적 개입을 차단하는 장애요소로 작용한다. 가정내 아동구타를 교육적인 체벌이나 훈육을 위한 폭언 정도로 인식하게 만들고 있다는 것이다. 우리사회의 이런 통념은 남편의 구타로 상해를 입은 아내가 경찰에 보호를 요청해도 부부문제로 치부하여 관여조차 하지 않는 결과를 낳고 있다. 유교이념은 가정폭력 피해여성에게도 적지 않은 영향을 미치고 있는 것으로 드러났다. 가부장적 사회에서 성장한 많은 여성들은 자신이 해야 할 일은 가정을 지키며 남편을 내조하고 아이들을 돌보는 데 있다고 생각한다. 따라서 폭력을 견디다 못해 집을 나왔을 경우에도 가정을 지키지 못했다는 심한 죄책감과「맞을 짓을 했으니까 맞았겠지」라는 주위사람들의 따가운 시선에 시달리게 된다.

(2) 사회적 스트레스

스트레스를 많이 느끼는 가장일수록 가정폭력을 돌발적인 분노 표출 방법으로 또는 단기간의 문제해결수단으로 이용하는 경우가 많다. 스트레스가 높을 때는 35-38%, 중간인 경우 17-18%, 낮은 경우에는 2-8%가

폭력을 행사하는 것으로 나타났다.

(3) 결손가정

결손가정 아동의 16%가 가정폭력에 시달리고 결손가정은 '가출원인의' 최다를 차지한다.[19] 결손가정의 21.6%가 아버지와 어머니의 알코올중독으로 어려움을 겪고 있으며 성폭행이나 구타 등의 가정폭력을 경험한 경우도 16.1%에 해당되는 것으로 나타났다. 또 응답자의 61.3%가 부모의 관심과 사랑이 가장 필요한 시기인 미취학 아동기부터 초등학교 시절에 결손가정이 된 것으로 나타났다. 이와 같은 사실은 최근 강명순 빈민여성교육선교원장이 전국 빈민공단농어촌지역 65가정의 자녀 1백99명을 대상으로 실시한 '빈곤결손위기 가정사례조사'에서 나타난 것이다.

강원장은 "부모중의 한 분이 돌아가셨거나 가출을 한 경우와 부모님이 다 계셔도 빈곤과 열등감으로 가정폭력이 빈번한 가정이 결손가정"이라고 정의했다. 사례조사에 의하면 결손발생의 원인은 어머니 혹은 아버지가 가출한 경우가 46명(23.1%), 부모사망 이후 빈곤과 2차 결손상황이 전개되는 경우 38명(9.1%)에 이른다. 또 가출원인을 세분해 보면 어머니의 가출이 41명으로 아버지의 가출 5명보다 8.2배나 높다. 그러나 전체적으로 아버지의 알코올중독, 도박, 외도, 가정폭력, 무책임하고 무능력한 원인 때문에 자녀양육에 부적합한 가정이 99명(49.7%), 어머니의 가출이나 외도 및 사망으로 발생된 결손가정이 41명(20.6%)인 것으로 볼 때 아버지로 인한 경우가 2.4배나 많은 것으로 드러났다. 결손가정의 어린이 청소년의 문제행동은 대부분 부정적인 사고, 사회성과 자신감 결여, 학습부진, 경제적 빈곤에 따른 나쁜 습관(도둑질, 거짓말, 의존심) 등으로 한 아이당 1.8개의 문제행동을 가지고 있는 것으로 나타났다.

(4) 사회경제적 상태

낮은 사회경제적 수준의 가정에서 폭력이 많지만, 실제로는 상류나 하

---

19) 국민일보 1998.4.18.

류의 사회경제적 상태를 막론하고 가정폭력이 발생한다는 것을 명심해야 한다. 교수남편을 둔 탤런트 아내가 폭행에 대해 기소한 사례가 있다.[20] 즉, 결혼한 이후 잦은 가정불화를 겪어오다 인기 탤런트 겸 라디오 DJ인 부인 O씨(40)를 심하게 때린 E대학 K교수(44)가 폭력행위 등 처벌에 관한 법률위반 혐의로 불구속 기소됐다. 서울지검 형사6부는 1일 "남편 K씨는 6월 서울 종로구 구기동 자택에서 과거 남자관계를 묻는 질문에 부인 O씨가 기분 나쁜 투로 대답한다며 마구 때려 전치 12주의 상처를 입힌 혐의"라고 기소이유를 설명했다.[21]

7. 가정폭력, 알고 대처하기
1) 가정폭력의 심각성

만약 여러분 자신이나 주변 친구의 가정에서 폭력이 반복된다면 어떻게 할 것인가? 캐나다로 이민온 주부로서 자녀들이 지켜보는 앞에서 남편에게 계속 구타를 당하는 상황이라면, 추후에 어떤 일이 있을 수 있을까? 가정은 모든 가족 구성원들간에 사랑이 오고 가는 장소여야 마땅하지만, 점점 가정폭력의 근원지로 불리워지고 있다. 이런 상황하에서는 폭력이 난무하는 가정을 떠나, 안전한 쉼터로 재빨리 거처를 옮겨야 한다. 믿기 어렵겠지만 가정폭력의 발생건수는 점점 늘고 있다. 한 유아는 그의 조부모들과 함께 시간을 보낸 후에 심한 멍자국이 발견되어 신고된 바 있는가 하면, 약물 복용자이지만 법정에서는 공동양육권이 인정된 한 아버지는 이제 3살인 친딸을 성폭행한 것으로 밝혀졌다. 문제는 어떻게 대응해야 할지 모른 채, 그저 참는 것이 최선의 길이라고 생각되는 데 있다. 결혼관계에 있어서 한번 배우자가 폭행을 당하고 나면, 폭력은

---

20) 동아일보 1998.9.2
21) http://kin.naver.com/knowhow/detail.nhn?d1id=5&dirId=5&docId=520327&qb= 6rCA7KCV7Y+t66ClIOybkOyduA==&enc=utf8&section=kin&rank=1&search_sort =0&spq=0&pid=gGfkiU5Y7udsssoPeSlssc--344152&sid=T4SbWPJKhE8AAANeFo0(2012.4.11)

멈추지 않고 계속되며 오히려 반복되다가 더 심각해진다. 설상가상으로 가족구성원에게 일어난 가정폭력은 주기를 삼아 반복되다가 그 세대에서 그치지 않고 다음 아들 딸 세대로 이어진다. 가정폭력, 과연 어떻게 대응해야 할까.22)

2) 결혼생활 최대의 적은 가정폭력

다음 지식의 '고민상담' 을 통해서 글쓴이에게 의뢰가 들어온 30대 주부의 가정폭력에 대해 이야기를 하려고 한다. 비록 글쓴이가 가정문제를 전문적으로 다루는 전문가는 아니지만, 그동안 관련서적을 통해서 얻은 지식과 경험을 토대로 가능하면 좋은 해결책을 얻는데 보탬이 되고자 이렇게 글을 쓰게 됐다. 아직도 많은 부부들이 가정폭력으로 고통받고 있다. 이는 건강한 사회를 만드는 걸림돌이며, 가족 구성원 모두를 심각한 정신적 피해자로 만드는 결과를 초래하게 된다.23) 우리나라 부부 중 34.1%가 1년에 적어도 한 차례 이상의 부부폭력을 경험하고 있으며, 이는 미국의 2배 이상, 재미교포보다 1.5배, 홍콩 일본보다 2~3배에 달하는 발생률이다. 가정폭력은 가족 구성원 중의 한 사람이 다른 가족에게 계획적이고 반복적, 의도적으로 물리적인 힘을 사용하거나 정신적 학대를 통하여 심각한 신체적, 정신적 손상과 고통을 주는 행위를 말한다. 가정폭력은 신체적 폭력에 국한하여 생각하는 경우가 많지만 신체적 폭력, 성폭력, 정서적 학대, 그리고 유기 등이 모두 해당된다. 가정폭력은 가해자와 피해자 뿐만 아니라 가족 구성원 모두가 행복하고 건강한 가정생활을 영위할 수 없게 만든다. 즉, 가족 모두가 피해자가 되는 것이다.

3) 가정폭력의 원인과 파장

우리는 TV를 통해서 부부 사이에 발생하는 폭력으로 인해서 한 가정이 겪는 피해사례들을 접하게 된다. 그러한 사례들을 보면서 당사자는

---

22) In case of witnessing domestic violence
23) 2009/10/31 00:24, 가정폭력, 어떻게 대처해야 하나요?건강과 사랑 이야기, By 얄개, With (19) Comments

얼마나 큰 마음의 상처를 받았을지 안타까울 따름이다. 부부관계란 무엇인가? 그것은 인간이 느낄 수 있는 모든 감정이 담겨져 있는 복잡한 관계라고 생각한다. 특히 갈등의 골이 깊어진 경우에는 가장 사랑했던 사람이 가장 증오스러운 존재가 되기도 한다. 그러한 과정에서 배우자에 대한 미움, 분노, 증오, 배신감 등 온갖 나쁜 감정들을 느끼게 되는 것이다. 분노를 동반한 공격성은 크게 두 가지로 나눌 수 있다. 하나는 자신이 원하는 것을 얻기 위한 폭력이고, 두번째는 감정을 억제하지 못해서 발생하는 폭력이다. 후자의 경우는 상담이나 마인드 컨트롤, 관계개선 등을 통해서 치유가 가능하다. 하지만 전자의 경우는 복잡한 원인에 의해 폭력성이 발생한다고 볼 수 있다. 자신이 원하는 것을 얻기 위한 폭력의 경우, 가장 중요한 사실은 폭력을 사용하고 나서 죄책감을 느끼지 못한다는 것이다. 일을 저지르고 나서는 "미안하다", "잘못했다", "다시는 안그러겠다" 라고 뉘우치는 척 하지만 사실은 더욱 깊은 대화를 나누다보면 상대방이 잘못했기 때문에 자신이 폭력을 사용할 수 밖에 없었다는 정당성을 내세운다. 한마디로 자신의 행동에 아무런 문제가 없다고 여기는데 더 큰 문제점이 있는 것이다.

전자와 같이 폭력을 사용하는 남편들의 경우 공통적인 특징이 있는데 그 내용에는 다음과 같은 것이 있다.

(1) 술이나 약에 의존하려 하는 경향이 있다.

평상시 온순하고 다정한 사람이라도 술이나 약의 기운을 빌어 자신의 내면에 잠재되어 있는 폭력성을 드러내는 것이다.

(2) 아내에 대해서 늘 비판적이다.

부부싸움의 기술에서 주장하는 것은 배우자를 비판하는 것은 해결책이 될 수 없다. 오히려 이 경우 배우자의 모든 것이 못마땅하고 부정적이다. 심지어 처갓집 식구들까지도 비판의 대상이 된다.

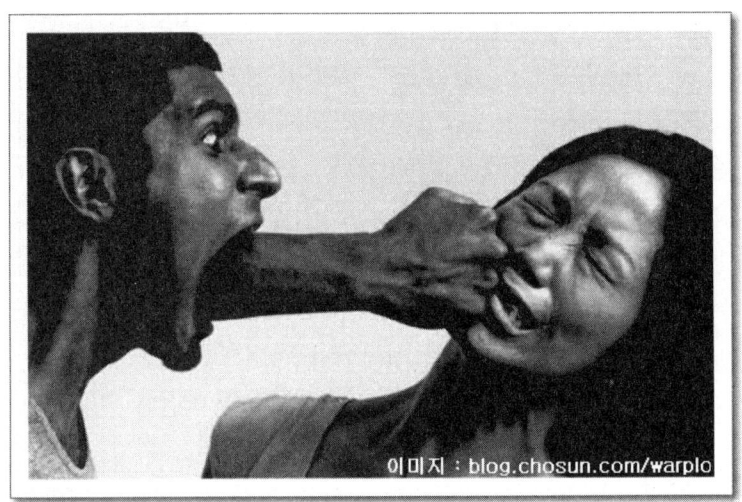

자료: http://kousa.tistory.com/416(2012.3.31)

　(3) 의처증의 증세가 있다.

　아내를 너무 사랑하기 때문에 다른 사람과 어울리는 것을 참을 수 없다. 특히 이성의 경우, 그 증세는 극에 달한다. 사사건건 의심의 눈초리로 아내를 대하고 일거수 일투족을 감시한다.

　(4) 남편은 하늘이다.

　가정폭력을 행사하는 남성은 '남성 우월주의적' 성향이 강하다. 아내는 무조건 남편 말에 복종해야 되고, 남편을 하늘처럼 떠받들며 공경해야 한다.

　(5) 지나치게 까다롭다.

　아내의 살림살이부터 아이들의 용돈마저도 일일이 확인하고 참견한다. 극히 제한적인 범위내에서만 사용을 허락하는 경우가 많다.

　(6) 자신의 폭력을 정당화한다.

　자기가 배우자에게 폭력을 사용한 것을 부인하며 설령 인정하더라도 자신의 폭력을 정당화한다는 점이다. 모든 잘못은 아내에게 있다고 한다.

(7) 폭력은 폭력을 낳는다.

폭력남편의 대부분은 과거 가정폭력을 경험한 사람들이라고 한다. 어쩌면 이들도 피해자의 한사람이다. 과거 자신의 아버지에게서 배운 행동이라는 것이다.

가정폭력사건발생처리절차

가정폭력사건발생 → 신고/고소  응급조치
검찰에 임시조치신청

↓ 조사후 송치

 검찰청
① 불기소처분으로 사건종결
② 형사사건으로 법원에 공소제기 법원(재판 후 판결)
③ 가정보호사건으로 법원에 송치

↓ 법원에 임시조치 청구

 법원
임시조치 결정
(검찰의청구에 의하거나 사건송치 후 법원의 직권
으로 하는 두가지 경우 있음)

조사/심리 *불처분결정
*보호처분

자료: http://kousa.tistory.com/416(2012.3.31)

가정폭력은 대물림된다. 폭력을 행사하는 남편의 70% 이상이 어렸을 때 아버지가 어머니를 때리는 것을 보고자란 폭력가정 출신이라는 점에서 아이 세대에도 가정폭력이 이어질 수 있다. 아들은 폭력남편이 될 가능성이 높고 딸의 경우는 남성혐오증, 남성기피증을 보일 수 있다. 많은

부부들이 상대방의 공격성 때문에 굉장히 괴로워하고 두려움을 느낀다.
  그래서 상대방에게 '제발 때리지 말라'고 말하는데, 그게 또 공격적인 방식으로 표현된다. 악순환이 반복되는 것이다. 우선 남편의 폭력성을 해소시키기 위해서는 사회적 개입이 반드시 필요하다. 또한 전문가의 도움으로 이러한 문제를 쉽게 해결할 수 있다고 한다. 지속적인 부부치료를 통해 갈등을 조절하는 법을 배우면 폭력을 없어지게 할 수 있다고 전문가들은 말하고 있다. 하지만 성격장애적인 측면이 있는 경우 법적, 제도적 장치를 통해 해결하는 것이 나을 수도 있을 것이다. 우리나라의 가정폭력에 대한 실태와 심각성을 보면서 보다 강력한 법적인 제도가 확립되야 할 시점이라고 생각한다. 가정폭력은 한 사람만의 문제로 끝나는 것이 아니다. 왜냐하면 또다른 제2의, 제3의 피해자가 양성되기 때문이다.

4) 피해자 대처방법

(1) 당신과 자녀의 안전이 가장 중요하다. 일단 피하는 것이 좋다.

(2) 초기에 단호하게 냉정한 태도로 대화를 나누고 재발방지 약속을 받는다.

(3) 두려움은 또 다른 폭력을 부를 수 있다. 당당한 자세와 태도를 갖는다.

(4) 당신에게 잘못이 있더라도 그 잘못과 폭력은 전혀 별개의 문제임을 명심한다.

(5) 현재의 상황보다 10년, 20년 후의 당신과 자녀를 생각하고 행동한다.

(6) 구타에 대한 증거를 확보한다. 폭력을 받은 사진이나 진단서를 준비한다.

(7) 상습적일 때에는 이환과 고소를 포함한 강경한 태도를 보인다.

(8) 여성단체, 상담소, 쉼터, 경찰을 이용한다.

(9) 경제적 독립을 위해 노력한다.

(10) 변호사의 자문을 받아 이혼을 고려해 본다.
(11) 전문가와 상담을 한다.

여성긴급전화 1366 : www.1366.or.kr/ 상담전화 : (국번없이) 1366
한국가정법률상담소 : www.lawhome.or.kr/ 상담전화 : 1644-7077
새롬가정폭력상담소 : www.welcomehome.or.kr/[24)25)]

8. 가정폭력에 대한 국가책임성과 여성인권운동의 역할

한국여성의전화연합은 서울에서 "가정폭력에 대한 국가책임성과 여성인권운동의 역할"에 대하여 국제심포지움을 개최하였다. 먼저 "여성폭력에 대한 국가의 책임:국제적 기준"에 대하여 신혜수 여성차별철폐위원이 주제발제를 하였다. 이어서 박영란 강남대 교수의 사회로 몽골, 중국, 필리핀, 홍콩, 일본, 한국 등 6개국의 국가책임성 현황과 여성운동이 소개되었다. 각국에서 가정폭력은 공통적인 문제이나 국가책임성 실현의 정도는 차이가 있음을 알 수 있었다.

박영란 교수는 각 국가의 공통점을 다음과 같이 정리하였다.

(1) 가정폭력추빙운동과 법제화를 주도하고 있는 것은 여성단체 즉, NGO라는 것

(2) 가정폭력을 범죄로 인정하든 안하든 국가책임성 실현의 주요한 도구는 법제화라는 것

(3) 여성폭력은 빈곤문제와 밀접한 관계가 있다는 것

(4) 효과적으로 가정폭력을 근절하기 위해서는 예방운동이 꼭 필요

---

24) [관련글]
　　[사랑의 법칙] - 부부(연인)사이에 꼭 필요한 5가지
　　[사랑의 법칙] - 한 가정을 구한 어머니 이야기
　　[사랑의 법칙] - 부부싸움에도 기술이 필요하다
　　[사랑의 법칙] - 부부갈등은 다른 것에 있다
　　[사랑의 법칙] - 부부생활, 조이고 닦고 기름쳐야 되는 이유
25) http://kousa.tistory.com/416(2012.3.31)

하다는 것

　(5) 법제도에 대한 모니터링이 꼭 필요하다는 것 등이다.

　또한 주제의 각론에 대한 워크숍이 진행되었는데 좀더 구체적인 것을 살펴보면 다음과 같다.

　(1) 여성주의 상담
　(2) 데이트폭력
　(3) 이주여성
　(4) 학교예방교육
　(5) 가정폭력에 대처하는 지역사회의 역할 등 5개 소주제로 진행되었다. 위 주제에 대한 내용을 살펴보면 다음과 같다.

　(1) 여성주의 상담 워크숍에는 중국, 일본, 한국이 참여하였다. 상담자의 가치관이 상담에 영향을 미치는 문제와 전통상담과 여성주의 상담의 갈등이 제기되었다. 그러나 가정폭력상담에 있어서 여성주의 상담원리가 매우 유효하고 앞으로 더욱 개발하고 확대시켜야 한다고 의견을 모았다.

　(2) 데이트폭력 워크숍에는 일본과 한국이 참가하였다. 데이트폭력에 대해 어떻게 정의하는지 소개되었고, 이 부분에서의 국가책임성이 미약하다는 인식을 함께 하였다. 또한 데이트폭력을 추방하기 위해서 청소년을 대상으로 한 예방교육, 성평등교육을 활성화시킬 것에 합의하였다.

　(3) 이주여성 워크숍에는 몽골, 필리핀, 한국, 일본이 참가하였다. 송출국과 유입국의 결혼이주여성의 현실과 문제점들이 소개되었고, 이 문제를 해결하기 위해서는 연대가 아주 중요하다고 강조되었다.

　(4) 학교폭력 예방교육 워크숍에는 일본과 한국이 참가하였다. 각국의 정책과 정보를 공유할 수 있는 네트워크가 제안되었고 가정폭력, 성폭력, 성매매 등 여성폭력을 통합하여 예방교육이 진행되어야 한다고 강조되었다.

　(5) 가정폭력에 대처하는 지역사회의 역할 워크숍에는 일본, 중국, 필

리핀, 한국이 참가하였다. 특히 여성단체와 지역사회의 협력모델이 자세히 소개되었다. 가정폭력의 근절을 위해서는 NGO와 지역사회의 역할분담이 제대로 이루어져야 할 것이다.26)

9. 가정폭력 관련 유머

1) 가정폭력과 관련된 유머

인터넷에서 이런 말을 본 적이 있다.

Q ; 세계에서 가장 위험한 곳은 어디인가?

A ; 개개인의 집이다. 왜냐하면 가정폭력의 부상 및 사망률은 웬만한 전쟁터의 군인의 사망률 및 부상률보다 높기 때문이다.27)

과장과 우스개가 틀림없이 섞였지만, 100% 순전히 뻥은 아니다. http://drchoi.pe.kr/famvio3.htm 페이지를 보면, 현재 우리 나라에서(외국도 심각하긴 마찬가지지만) 가정폭력 문제가 얼마나 심각한지 잘 알 수 있다. 통계 하나만 인용하겠다.

2003년 3월에서 2005년 10월까지 2년 7개월동안 이라크전 미군 사망자수는 대략 2000명인네, 위 링크에서 보면 미국의 가정폭력 희생자는 사망 연간 2000명 이상(통계방법에 따라 1500~5000명), 중상 10만명 이상이다. 대상자가 많긴 하지만, 중상자까지 합치면 진짜 저 우스개가 '우스개'만은 아니라는 생각이 든다. 가정폭력으로 인한 최대의 희생자는 여자와 아이들이다. 참고로 남편이 아내에게 맞는 경우도 무시 못하지만 빈도는 많이 잡아도 1/5 이하이다. 아이들은 성적 학대라는 또 다른 고문에 시달린다. 국가별 비교로는 위 링크 페이지에도 있듯이 우리나라는 다른 나라들보다 현저히 아이들에 대한 체벌에 대한 용인 정도가 높다.

미국은 다소 사생활 침해가 아닌가 싶을 정도로 아이에게 손대는 것

---

26) 정리: 박인혜 상임대표(한국여성의전화연합), 이기옥 2009-02-27 11:29
27) Critics about news by 어부 2006/09/06 14:05 fischer.egloos.com/2679155

을 들키면 바로 신고가 들어갈 정도라고 하며 리더스 다이제스트에서 본 바로는 소아과 병원 등에서 아동폭력 의심이 가는 경우 예외가 없다. 아동폭력 판단 지침도 다 있다고 한다.

우리나라는 현재 그렇지 못하며 소아과 병원에서 의심이 가는 경우에도 신고를 하더라도 사후처리방법이 없다. 이런 상황과 일반적인 체벌에 대한 관념이 특히 아동폭력을 부추기는 셈이다. 맞고 자란 아이가 후에 자기 자식을 폭행할 가능성이 매우 높다는 것을 감안하면 한국의 가정폭력 문제 중 특히 아동폭력 문제는 지금보다 더 많이 관심을 가져야 할 이유가 충분하다.[28]

2) 가정폭력, 학교폭력, 사회폭력

가정폭력을 읽다가 생각이 나서 요즘 AZN으로 한국드라마를 보는데 재미붙였는데 (김삼순은 끝나고 지금은 풀하우스 방영중) 오랫만에 드라마를 보고 있으니 참 한국은 폭력적이라는 생각이 문득, 김삼순만 해도 그랬는데 엄마(김자옥)가 툭하면 딸들을 때리고 (손으로도 때리고 파리채로도 때리고) 김삼순은 후배인 채리를 툭하면 때린다.[29][30]

3) 가정폭력의 피해자

가정폭력은 여성에게 가해지는 폭력 중에서도 가장 흔한 유형이다. 이 문제는 전 세계, 사회 모든 부문에 영향을 미친다. 여성만 피해를 입는 것은 아니다. 폭력적인 가정에서 자란 어린이는 정신적 상처를 입으며, 그 영향이 평생을 따라다니는 경우가 많다. 연구에 따르면 미성년 학대와 가정폭력이 같은 가정에서 일어나는 경우가 많은 것으로 밝혀졌다.

4) PMI의 도미니카 공화국 폭력의 순환끊기 지원

교육과 요법을 통해 유죄선고를 받은 가정폭력 공격자를 치료한다. 필립모리스 인터내셔널(PMI)은 가정폭력을 근절하기 위한 활동에 최초로

---

28) TrackbackURL : http://fischer.egloos.com/tb/2679155
29) 2006/09/06 22:06 #
30) http://fischer.egloos.com/2679155(2012.3.31)

동참한 기업 중의 하나이다. PMI는 1996년에 미국 최초로 가정폭력에 관한 연례 기업회의를 조직하고 주관한 바 있다. 1998년에는 당시 모기업이던 알트리아(Altria)가 희망의 문(Doors of Hope)이라는 기부금 조성 활동을 위해 가정폭력방지를 위한 전국 네트워크(National Network to End Domestic Violence)에 참여하기도 했다. 미국내 가정폭력 방지를 위한 기업참여 프로그램 중 최대규모인 이 기금은 전국에서 쉼터, 법률서비스, 긴급 재정지원 및 미성년 보호활동을 지원하고 있다. 현재 필립모리스 인터내셔널은 가정폭력에 대한 주의를 환기하고 가정폭력을 예방하며 피해자를 보호하고 가정폭력 피해자의 재활을 돕는 등 다양한 프로그램을 지원하고 있다. PMI는 쉼터, 상담 및 의료지원을 제공하는 한편 피해자의 생활력 및 자존감 회복을 돕고 있다. PMI가 전 세계적으로 지원하고 있는 프로그램의 몇 가지 예는 다음과 같다. 도미니카 공화국에서는 유죄선고를 받은 폭력적 공격자가 여성과 어린이를 학대하는 패턴을 끊도록 지원하기 위한 혁신적인 프로그램을 지원한다. 일본에서는 희생 여성 및 어린이를 위해 상처난 삶을 개선하는 데 도움을 줄 수 있는 긴급전화, 상담, 쉼터, 인식제고 캠페인 및 재정적 지입 등 다양한 활동에 자금을 지원한다. 프랑스에서는 가정폭력 피해자와 어린이들을 위한 안전한 피난처와 상담을 제공하고 있는 쉼터 및 복지센터를 개선하도록 지원했다.

운영본부가 있는 스위스에서는 여러가지 프로그램을 후원한다.[31]

10. 가정폭력의 초기대응이 중요

가정폭력은 특별한 사람들에게만 일어나는 새삼스러운 일이 아니다. 외부로 도움을 청하기 전까지는 아무도 그들의 고통을 모를 수 있다. 바깥에 드러나는 가정폭력은 그야말로 빙산의 일각일 수 있다. 극단적인

---

31) http://www.pmi.com/ko_kr/responsibility/our_charitable_giving_program/five_key_giving_areas/domestic_violence/pages/domestic_violence.aspx(2012.3.31)

경우 자살이나 살인사건이 일어나기도 한다.[32] 가정폭력으로 이혼법정에 서는 여성 10명 가운데 6명 정도가 40대 이상의 중년이라는 조사결과가 나왔다. 연령분포를 보면 가해자는 40~50대가 64.9%로 최다였고 30대 22.7%, 60대 이상 6% 등 순이었다. 피해자는 30~40대가 63.7%로 가장 많았다. 보통 10년 이상 결혼생활을 하고, 상습적인 폭력에 시달리다 참다못해 이혼소송에 이르게 된 것으로 분석됐다. 가정폭력 사건에서 여성에 대한 폭력의 심각성은 여전하다. 아내학대에 이어 남편학대 4.1%, 노인학대 1.3%, 아동학대 0.4% 등의 순으로 나타났다. 가정폭력의 주요 원인을 보면 가정불화가 45.9%로 가장 많았고 음주 23.6%, 성격차이 15.8% 등의 순으로 나타났다. 남편이 아내를 폭행하는 심각한 이유는 사회적으로 여전히 가부장적 요소가 남아 있기도 하고, 집안 문제에 대해서는 집안에서 해결하는 것이라는 고정관념이 깊기 때문이다.

그리고 아내는 남편이며, 아이 아빠라는 점 때문에 신고나 처벌을 하기가 여성 입장에서는 쉽지 않아서 가정폭력을 부추긴다. 또한 부부가 이혼할 경우 여성들의 경제적 자립이 어렵기 때문에 참고 사는 경우도 많다. 폭력에 자주 노출되다 보면 아내들도 훈련이 되어 대응할 수 있는 힘을 잃고 실수라면서 넘어갈 경우 폭력의 강도가 높아지고 빈도도 잦아진다. 폭력은 나 혼자의 문제가 아니라 신속하게 초기에 신고해서 도움을 받아 '폭력의 악순환' 고리를 끊어야 한다.

세상에서 가장 소중하고 따뜻해야 할 보금자리는 가정이다. 건강한 사회, 행복한 사회는 당연히 우리 가정에서부터 시작된다. 가정폭력 문제가 심각한 이유는 범죄의 양상이 그 당대에서만 끝나는 것이 아니라 대물림되는 경우가 많기 때문이다. 가정폭력의 악순환을 끊기 위해서는 우리 사회가 이를 범죄로 규정하고 단호히 대응하는 시스템을 마련해야

---

32) 출처 : 연합뉴스, [2011-08-16 14:39] 송고,
http://app.yonhapnews.co.kr/YNA/Basic/article/Press/YIBW_showPress.aspx?contents_id=RPR20110816019500353

한다. 아울러 이웃들간에도 이런 가정폭력을 보았을 경우 즉시 신고하고, 사법적인 판단을 받게끔 사회적 분위기가 만들어져야만 남편의 폭력을 점차 줄여나갈 수 있을 것이다. 가정폭력은 이미 한국 사회에 만연해 있는 사회적 문제이며 여성과 남성의 불평등한 사회적 관계가 지속되는 한, 폭력을 막을 사회적 시스템을 마련하지 못해 지속될 문제다. 폭력으로 인한 몸과 마음의 상처를 치유할 수 있는 의료적 지원 등 법적, 제도적 지원을 해야 할 것이다.33)34)

11. 온몸 폭행 멍자국, 대전 여성팬 '패닉상태'

지난 24일 인천-대전 서포터스간 집단 폭력사태의 몸살이 계속되고 있다.35) 당시 인천축구전용경기장을 찾았던 대전의 한 여성팬이 인천의 남성팬으로부터 별다른 이유없이 폭행을 당했다는 내용이다. 이 여성은 30일 한 축구 커뮤니티 게시판을 통해 증거사진과 고소글을 게재했다.

이 여성팬은 '축구가 좋아서, 대전 시티즌이 좋아서 경기를 보러 갔고 선수들이 경기에 져서 고개를 푹 숙이고 서포터스석으로 오기에 용기내라고 박수쳐 준 죄밖에 없다'고 했다. 이어 '두루미(인천 마스코트)를 폭행하지도 않았는데 내가 왜 맞아야 하고, 왜 고통을 받아야 하는지 모르겠다'고 토로했다. 이 여성팬은 억울하다고 강조했다. '폭행이 얼마나 심했던지 인천팬들이나 경찰이 문제의 서포터를 뜯어 말렸을 정도다. 나를 폭행한 서포터는 이후 인천 구호를 외치고 응원가를 불렀다'고 적었다.

폭행을 당한 뒤 심각한 후유증에 시달리고 있다고 한다. 여성팬은 '남

---

33) 법무법인 가족(대표변호사 엄경천), www.familylaw.co.kr 대표전화 : 02)3477-2522, 출처 : 연합뉴스, [2011-08-16 14:39] 송고, http://app.yonhapnews.co.kr/YNA/Basic/article/Press/YIBW_showPress.aspx?contents_id=RPR20110816019500353
34) http://blog.daum.net/family8506/40(2012.3.31)
35) 기사전송 2012-03-30 17:59 최종수정 2012-03-30 18:18관심지수36관심지수 상세정보, 스포츠 기사, 사진캡쳐=국내 축구 커뮤니티 게시판

자만 봐도 그날의 악몽이 떠오른다. 성격상 억울한 일을 당하면 잠을 못 자는데 그렇게 폭력을 당한 게 처음이라 패닉 상태'라고 설명했다.

여성팬은 자신의 몸 곳곳에 난 멍자국을 사진으로 찍어 올렸다. 오른손 등 부위가 벌겋게 부풀어 올랐고, 양쪽 무릎과 오른쪽 다리 허벅지 아래 부분 등에 시퍼렇게 멍이 들어 있다. 여성팬은 '병원에서 누구한테 맞았느냐, 가정폭력을 당했느냐는 질문까지 받아야 했다.

너무 무서워 지난 토요일부터 지금까지 병원에 다녀온 것 외에는 나서지 못했다. 병원에서 3주 진단을 받았지만 머리가 어지럽고 남자에게 맞은 게 처음이라 정신과 병원에 좀 다녀야 할 것 같다'고 했다. 여성팬은 '날 때린 사람의 얼굴을 잘 알고 있다. 마음을 추스르고 나서 고소할 계획'이라고 밝혔다.36)37)

12. 의정부시, 가정폭력 및 성매매 예방교육 실시

의정부시는 아동과 여성이 행복한 여성친화도시 조성의 일환으로 오는 9일 의정부중학교를 시작으로 10월까지 관내 미취학 아동 및 청소년, 생활시설 거주자, 군인, 일반주민 등 14,500명을 대상으로 찾아가는 가정 성폭력 및 성매매 예방교육을 실시한다.38) 이번 예방교육은 체계적이고 전문적인 교육을 실시하기 위해 의정부장애인성폭력상담소를 비롯한 5개기관과 협약을 체결해 실시하며 성(性)에 대한 소중함을 일깨우는 것으로 시작해 어린이 유괴와 실종, 가정폭력, 성폭력예방과 대처방법, 성매매에 대한 인식전환 등을 주제로 교육 대상자의 눈높이에 맞춰 실시하게 돼 건강한 가족기능 향상 및 올바른 성문화 정착에 기여할 것으로 예상된다. 가족여성과 김인숙 과장은 "아동과 여성들이 각종 폭력의 위험에 노출되지 않도록 우리 모두가 노력해야 하며, 지속적인 예방교육을

---

36) 김진회 기자 manu35@sportschosun.com, 스포츠조선
37) http://sports.news.nate.com/view/20120330n24075(2012. 3. 31)
38) 2012년04월05일 15시48분, [내외일보=경기] 황민호 기자

통해 밝고 안전한 사회분위기 조성을 위하여 노력하겠다"고 말했다.[39)40)]

13. 가정폭력 상담

저는 어렸을 때부터 32살이 될 때까지 가정폭력에 시달렸습니다.[41)] 바로 우리 친오빠가 때리기전에 창문이며 모든 문을 잠그고 몇시간이 지나도 멈출줄 모릅니다. 한번은 낮에 야간에 일하고 아침에 자는데 전화선으로 목졸라 죽이려고 하고 밥먹다가 숟가락를 세워서 머리도 몇방 꿰맸습니다. 어금니도 거의 없는 상태구요. 여자는 3일에 한번씩 맞아야 한다면서 이유없는 폭력과 돈을 요구합니다. 저에게 언니가 있는데 설날 때 제사 끝내고 만원 달라고 해서 안줬는데 발로 입술을 차고 항아리로 머리로 때려서 기절을 해서 정신이 잠깐 잃었어요. 119에 실려 병원에서 몇방울 꿰매었습니다. 예전에 제가 맞을 때 경찰에 신고를 해도 소용이 없고 오빠는 경찰에 신고를 했다며 원망을 하며 가정폭력은 경범죄라며 밖에서 소변 보다 걸린거랑 똑같다며 무시하며 오히려 더 합니다. 지금은 엄마랑 언니는 찜질방에 피신해 있는 상태구요.[42)]

365일 24시간 힘께하는 청소년사이버상담센터입니다. 님의 글 잘 보았습니다. 어렸을 때부터 친오빠에게 신체적으로 폭력을 당하면서 목숨의 위험까지도 겪을 정도로 맞아서 두려움이 많을듯 합니다. 그런데다가 경찰에 신고해도 경범죄에 해당하는 처벌만 받고 오빠가 나오기 때문에 신고해도 별 소용이 없다는 생각을 가질 수도 있을듯 합니다. 하지만 오빠는 폭력중독에 걸려있을 정도로 대화보다는 무조건 행동으로 다른 사람을 때리는 경향이 있는듯 합니다. 술을 먹고 때리는지 언제 어떤 이유로 때리는지에 대해서 자세한 것은 알 수 없지만 이런 구체적인 오빠의

---

39) 황민호 기자 (nw1004@naewoeilbo.com)
40) http://naewoeilbo.com/detail.php?number=17601(2012.4.6)
41) 샐리공주(homm****) | 2012-01-24 23:48 | 조회 158 | 답변 2
42) cyber1388, 활동분야 : 고민상담

행동을 살펴본 후에 상담을 받는 것이 중요합니다. 가정폭력 신고는 112나 1366으로 전화신고를 하거나 가까운 파출소, 경찰서, 검찰청, 가정폭력상담소 등으로 전화 또는 직접 찾아가 신고하면 됩니다. 그리고 지금까지 어떻게 생활했는지를 알리고 오빠가 상담소에서 상담이라도 받을 수 있는 조치를 취해야 합니다. 그리고 오빠가 때려서 신체의료적 치료가 필요할 때에는 119에 신고하여 응급구조대를 요청하면 됩니다. 님의 오빠가 조금씩 나아져서 폭력을 행사 안하기를 바랍니다.[43]

오빠와 한집에 같이 살고 있다면, 오빠와 떨어져서 사는 것이 좋겠습니다. 지금으로서는 어떠한 방법이 없는 것 같습니다. 그동안 오빠가 때려서 병원에 갔다면 진단서를 경찰서 혹은 지구대에 가지고 가셔서 폭행으로 고소할 수 있습니다. 그리고 법원에서 접근금지 신청을 하시면 됩니다.[44][45]

14. 가정폭력으로 엄청난 고통에 시달림

안녕하세요. 2010년 3월에 가정폭력문제로 질문했을 때 답변해주셨는데 감사합니다.[46] 그 때 기록보고 지금까지 끝내지 못한 심각한 상황을 이제 어떻게든 끝내보려고 그 방법을 구하려고 합니다. 자식을 죽음으로 협박하고 엄마를 찾아라, 엄마를 데려와라, 엄마앞에서 미친척 해라 등을 말하면서 엄마를 붙잡아두려는 심각한 정신질환을 그 사람은 절대 인정하지 않습니다. 거기다 더욱 심각한 것은 사는 집이 경매로 낙찰되었고 그것도 모두 부부의 문제가 만들어낸 결과였습니다. 진작에 집을

---

43) 청소년 사이버 상담센터 컴슬러 드림. 2012-01-25 01:20, 천지수 김도사 | 답변 5440 | 채택률 69%, 활동분야 : 가정문제 (3위) | 운세,사주 (3위)
44) 2012-01-25 04:23, 질문자 한마디(샐리공주님)
45) http://k.daum.net/qna/view.html?category_id=QPF&qid=4ncyZ&q=%B0%A1%C1%A4%C6%F8%B7%C2&srchid=NKS4ncyZ(2012.3.31)
46) 비공개 | 2011-01-25 12:04 | 조회 953 | 답변 5, 엑스퍼트 친정 오라버니 님께 한 1:1질문 입니다.

팔 생각도 안하고 그냥 속수무책으로 살더니 결국 이렇게 되게 만들었습니다. 집 팔 생각은 안하고 엄마에 대한 집착에 미쳐서 자식에 가정폭력을 행사하고 위협하는 수준이 말도 못합니다. 폭언은 기본이고 물건을 깨는 것도 기본입니다. 거기다 그 폭언의 협박수준은 당장 안나가면 죽여버리겠다는 수준인데 어느 누가 그 협박을 들으며 벌벌 떨지 않겠나요. 지금 저도 마찬가지지만 우울증을 앓고 치료받고 있는 제 동생이 그 나쁜 가장이라는 사람에게 그 고통을 당하고 있습니다. 울고 싶어도 울지못할 정도로 한이 꽉 맺혀 정신이 돌아버리기 일보 직전입니다. 이런 상황에서 제가 해줄 수있는게 없다는게 너무 슬픕니다. 제가 끼어들 때마다 그 위협이 저에게까지 퍼져서 항상 경찰이 왔습니다. 자식에게 보호조치가 시급히 필요한데 엄마는 매일 술마시고 나가고 그 가장이란 사람을 접근금지 하고 싶어도 그쪽 친가사람들이 모두 뭘 먹고 살거냐며 가장을 그런 식으로 하면 어떡하냐고 난리를 치는데, 고통받는 것은 안중에도 없이 뭘먹고 살거냐는 소리만하며 협박 아닌 협박을 합니다. 어떡하면 좋습니까. 어떡하면 되는건가요. 제발 도와주세요.

　답변으로서 빨리 가정폭력상담소를 찾아가세요. 가정폭력은 여러 사람을 불행하게 하는 악마입니다. 근본적인 해결책이 필요합니다. 요새는 소득이 없고 살기 곤란한 가정을 국가가 보살핍니다. 기초생계비로 최소한의 생활은 가능하도록 도와줍니다.[47]

　가정폭력은 유전이고 대물림되는 고질병이고 인간의 가장 원시적인 모습입니다. 빨리 악의 터널에서 빠져나오세요. 법에는 한계가 있읍니다. 악의 근원으로부터 멀어지세요. 위 상담소 및 가정법률상담소를 찾아서 하루 빨리 현명한 방안을 찾아 행복하게 사시길 바랍니다.[48]

　여동생의 어려움을 해결하고 싶은데 어떻게 하면 좋을지 몰라 글을 올리셨네요. 우선 동생분과 아이들이 안전한 곳으로 피하셔서 안정을 되

---

47) 남양골 ｜ 답변 44 ｜ 채택률 52.9%
48) 2011-01-26 12:52, 사하가폭(sy8***) ｜ 답변 2 ｜ 채택률 100%

찾는 것이 시급해보입니다. 국번없이 1366으로 연락하셔서 가정폭력피해자 쉼터에 들어가고 싶다고 상담을 받으셔야 합니다.

그곳에서 이후에 어떻게 하면 동생분이 가정폭력을 행사하는 여동생의 남편에게서 안전하게 생활할 수 있는 방법을 상담하실 수 있습니다.

두 분의 힘으로는 해결이 어려워보입니다. 가까운 상담소에서 두 분을 도와드릴 수 있으니 꼭 방문하시길 바랍니다.

안녕하세요. 마산청소년종합지원센터입니다.[49] 시간이 지나가면 해결되는 상처도 있지만 시간이 지날수록 더욱 깊어지는 상처도 있습니다.

가정폭력이 대표적이라고 볼 수 있는데요. 당사자도 힘들고 옆에서 어떻게 해주지 못하는 언니의 마음도 얼마나 답답하고 고통스러울까 미뤄 짐작이 됩니다. 당장의 생계도 굉장히 중요할 수 있지만 지금은 무엇보다도 동생과 조카의 건강과 안위가 중요한 상황이라고 봅니다. 힘들지만 어려운 결정을 하루라도 빨리 내려야 할 때가 아닌가 싶습니다.

접근금지 뿐만 아니라 가정보호사건으로 가정폭력을 조치하여 생계에 크게 지장을 주지 않으면서 교정을 하는 방법도 있으며 여동생과 조카는 보호시설로 입소를 하여 지내게 할 수도 있습니다. 물론, 모든 방법이 또 하나의 힘든 고통이 될 수 있으나 지금보다는 좀더 나아지는 방법이라면 한번 용기를 내 봄이 어떨까 싶습니다. 요즘은 가정폭력피해자를 무료로 도와주는 곳이 많이 있습니다. 한국가정법률상담소는 경우에 따라 재판이혼을 무료로 도와주기도 하며 법률구조공단, 가정폭력상담소 등 다양한 곳에서 힘없는 여성들을 위해 힘쓰고 있기에 동생분의 거주지와 가까운 곳에 가셔서 상담을 먼저 받아보는 것은 어떨까 합니다. 어쩌면 정보만 가득 드리고 실질적인 도움이 되지 못하는 것 같아 죄송한 마음이 듭니다. 하지만 무엇보다도 본인 이외에는 어느 누구도 대신 움직이며 이를 해결해드릴 수가 없어서 저희도 이렇게 정보만 제공하게

---

49) 2011-01-27 11:17, 마산청소년센터, 활동분야 : 고민상담

되네요. 무엇보다 지켜보는 가족분들이 그 자리를 잘 지켜주셔야 동생분도 힘을 낼 수 있다는 것을 잊지 마시고 힘내시기 바랍니다.50) 참 마음이 아프네요. 가정폭력으로서 단순히 폭력보다 아이들을 볼모로 삼고 악하게 괴롭히고 마음을 지치게 하고 미래가 안보이는 그런 이도저도 할 수 없을 때 집을 나갈 수도 없을 때 동생이나 자식들 때문에 과거 저의 상황과 많이 닮아있네요. 자식들을 보며 악한 상황에서도 하루하루 힘내면서 사세요. 아이들이 자라면 엄마 마음을 알아줄 것입니다.51)

15. 광주광역시, 가정폭력 가족보호시설 개소

광주시(시장 강운태)는 28일 오후 2시 YWCA가정상담센터에서 YWCA 관계자 및 관계 공무원 등이 참석한 가운데 가정폭력피해자가 가족단위로 생활할 수 있도록 독립된 주거공간을 갖춘 가족보호시설 개소식을 갖는다고 밝혔다.52) 지난해 7월 여성가족부 공모사업에 선정돼 국비 525백만원을 지원받아 지난 15일 준공된 'YWCA 가정폭력 가족보호시설'은 공동생활이 어려운 10세 이상 남아를 동반한 가정폭력피해자가 우선 입소대상이며, 동빈자녀가 없는 가성쏙력피해자도 입소가 가능하다.

새롭게 문을 연 가족보호시설은 749m^2 규모로 기존시설을 리모델링해 가족단위로 분리된 방 12개와 함께 치료실 및 상담실, 프로그램실 등을 갖추고 입소자들의 생활안정과 자립을 지원하게 된다. 이밖에도 광주시는 지난달 여성가족부에서 공모한 주거지원사업 운영기관으로 선정돼 폭력피해 여성들과 그 가족들이 생활할 수 있는 주거공간으로 매입임대주택 10호를 확보하고, 20~30세대의 입주를 지원할 계획이다. 광주시 최연주 여성청소년가족정책관은 "10세 이상 남아를 동반한 피해자들은 공

---

50) 2011-01-27 14:26 , 우산(hero******) | 답변 1 | 채택률 100%
51) http://k.daum.net/qna/view.html?category_id=QPF&qid=4Pxr6&q=%B0%A1%C1%A4%C6%F8%B7%C2&srchid=NKS4Pxr6(2012.3.31)
52) 뉴스와이어 | 입력 2012.03.27 14:28(광주=뉴스와이어)

동생활에의 어려움이 많았다"며, "독립된 주거공간 제공으로 심리적 정서적 안정은 물론 퇴소 후 자립에도 큰 도움이 될 것으로 본다"고 말했다. 광주광역시청은 150만 시민을 위해 봉사하는 기관으로서 2010년부터 강운태 시장이 시정을 이끌어오고 있다. 강운태 시장은 행복한 창조도시 광주를 만들겠다는 시정 목표 아래 전국 지자체 최초로 매주 '시민과의 만남의 날' 운영으로 소통행정을 실현해오고 있다. 광주시의 3대 시정방향은 민주인권 평화도시, 인본문화 예술도시, 첨단과학산업도시 건설이다. 의병활동, 학생독립운동, 5·18민주화 운동을 소중한 자산으로 활용해 UN인권도시 지정을 추진중이며, 5조3천억원을 투자해 아시아문화중심도시를 조성하고 있다. 또한 소상공인 지원을 확대하고 광주R&D 특구 지정을 계기로 첨단과학산업도시로 발전하기 위한 기반을 구축하고 있다.[53]

16. 가정폭력 특례법 위반 첫 사례 경찰이 위반

가정폭력 범죄의 처벌 등에 관한 특례법이 개정된 이래 이를 위반한 사례가 2011년 12월 경찰에 의해 발생하였다.[54] 법치국가인 대한민국에서 법을 준수하고 집행해야 할 경찰이 가장 최근 개정된 이 법을 위반한 정도가 아니라, 무시한 본 사건은 경찰의 중징계로 이어져야 한다고 본다. 경찰은 가정폭력 문제로 발생한 본 사건을 처리하는 과정에서 가정폭력 특례법에 의거 피해자인 소녀와 가해자인 부모를 분리하여야 함에도 불구하고 경찰차에 동승시켜 지구대로 연행한 것은 가정폭력 특례법 제5조 1항에 위배되는 것이다. 또한 피해자가 원하는 곳으로 이송하지 않고 지구대에 6시간동안 구금한 것은 가정폭력 특례법 제5조 2항에 위배되는 것이다. 위법을 위반할 시 1년 이하의 징역 또는 500만원 이하의

---

53) http://media.daum.net/press/view.html?cateid=1065&newsid=20120327142820117&p=newswire(2012.3.31)
54) 개기자 (dog****), 주소복사 조회 984 2011.12.16 16:19

벌금형에 처해진다. 경찰이라고 할지라도 법을 위반한 사건이므로 벌금형 또는 징역형이 선고되어야 할것이다.

〈참고〉 가정폭력범죄의 처벌에 관한 특례법

제5조(가정폭력범죄에 대한 응급조치) 진행중인 가정폭력범죄에 대하여 신고를 받은 사법경찰관리는 즉시 현장에 나가서 다음 각 호의 조치를 하여야 한다.

1. 폭력행위의 제지, 가정폭력행위자·피해자의 분리 및 범죄수사
2. 피해자를 가정폭력관련 상담소 또는 보호시설로 인도(피해자가 동의한 경우만 해당한다)

또한 경찰관 직무집행법 제3조 2항에 의거 경찰이 지구대로 연행하였다고 하나 당해인이 동행요구를 거절하였을 경우 연행할 수 없음에도 범죄인으로 취급 강제 연행한 것 또한 본 항에 위배되는 것이다. 경찰관 직무집행법 제4조 1항 2에는 당해인의 거절시 경찰관서에 연행하여 보호조치를 할 수 없다고 명시되어 있다. 그러나 경찰은 당해인의 거부의사에도 무력으로 소녀를 강제 연행하여 6시간동안 구금하였다. 이것은 심각한 직권남용이며 범죄행위에 해당한다. 법을 위반한 부전시구대 경찰에게 1년 이하의 징역 또는 구금에 처해야 할 것이다.

〈참고〉 경찰관직무집행법

제3조(불심검문)

②그 장소에서 제1항의 질문을 하는 것이 당해인에게 불리하거나 교통의 방해가 된다고 인정되는 때에는 질문하기 위하여 부근의 경찰서·지구대·파출소 또는 출장소(이하 "경찰관서"라 하되, 지방해양경찰관서를 포함한다)에 동행할 것을 요구할 수 있다. 이 경우 당해인은 경찰관의 동행요구를 거절할 수 있다.

제4조(보호조치 등)

① 경찰관은 수상한 거동 기타 주위의 사정을 합리적으로 판단하여 다음 각호의 1에 해당함이 명백하며 응급의 구호를 요한다고 믿을만한

상당한 이유가 있는 자를 발견한 때에는 보건의료기관 또는 공공구호기관에 긴급구호를 요청하거나 경찰관서에 보호하는 등 적당한 조치를 할 수 있다.<개정 1988.12.31>

  1. 정신착란 또는 술취한 상태로 인하여 자기 또는 타인의 생명·신체와 재산에 위해를 미칠 우려가 있는 자와 자살을 기도하는 자

  2. 미아·병자·부상자 등으로서 적당한 보호자가 없으며 응급의 구호를 요한다고 인정되는 자. 다만, 당해인이 이를 거절하는 경우에는 예외로 한다.

경찰의 비리 문제로 시끄러웠던 한해이다. 경찰은 개혁의지를 피력해 왔음에도 본 사건을 통해 경찰의 비리와 권력형 범죄는 일개 지구대에까지 그 뿌리가 뻗어 내려가 있다. 범죄인이 아닌 일반시민을 경찰의 공권력을 동원(전경까지 동원해 시민들을 강제해산시킨 일)해 범죄자로 몰고 강제구금한 일은 이 소녀의 일 뿐만이 아닐 것이다. 이러한 경찰 비리와 공권력의 남용을 묵과하면 어떠한 공권력의 재앙이 우리에게 닥칠지 알 수 없다. 경찰도 죄를 지으면 법의 판결을 받아야 할 때이다. 부산경찰서는 징계위원회를 소집하고 해당 경관에 대해 중징계를 명령하고 파면시켜야 한다. 검찰은 해당경관에 대해 고소장을 제출하고 법원 판결에 의해 징역형 또는 벌금형에 처해야 한다.[55]

17. 가정폭력에 대한 처벌 문의

안녕하세요. 가정폭력 신고 대상자 및 처벌 절차에 대해 문의합니다. 바쁘시더라도 답변 부탁드립니다.[56] 국민신문고에서 제공해주신 질문과 답변입니다.[57] 먼저 국민신문고를 통하여 저희 경찰서를 방문해 주서서

---

55) http://bbs3.agora.media.daum.net/gaia/do/story/read?bbsId=S103&articleId=162574(2012.3.31)
56) [고소,고발,범죄수사,수사행정,주요사례] 가정 폭력 처벌 문의(경기 군포), 국민신문고 | 2011-12-09 11:25 | 조회 41 | 답변 1

감사합니다. 현재 가정폭력은 가정폭력범죄의 처벌 등에 관한 특례법을 기준으로 처벌이 가능합니다.

1) 가정폭력 처벌이 가능한 대상자

(1) 배우자(사실상 혼인관계에 있는 자) 또는 배우자 관계에 있었던 자

(2) 자기 또는 배우자와 직계존비속 관계(사실상의 양친자 관계를 포함)에 있거나 있었던 자

(3) 계부모와 자의 관계 또는 적모와 서자의 관계에 있거나 있었던 자

(4) 동거하는 친족관계에 있는 자 등

폭력에 관한 처벌 근거는 형법상 상해, 폭행, 학대, 아동혹사 등이 처벌 가능하고 가정폭력범죄의 처벌 등에 관한 특례법을 근거로도 처벌 가능합니다. 만약 긴박한 상황일 경우 직접 또는 타인이 112로 신고해 주시면 경찰관이 출동하여 피해자의 처벌 의사 및 부상 정도에 따라 수사하게 되며 몸에 상처가 없어도 폭력이 있었으면 형사적 책임으로 처벌을 할 수 있습니다. 피해자의 가정폭력범죄가 재발할 우려가 있다고 판단되면 검사는 직권 또는 사법경찰관의 신청에 의해 법원에 아래와 같이 임시조치를 청구 가능합니다.

2) 피해자의 임시조치 신청 및 청구

(1) 피해자 또는 가정 구성원의 주거 또는 점유하는 방실로부터의 퇴거 등 격리

(2) 피해자 또는 가정 구성원의 주거, 직장 등에서 100미터 이내 접근금지 조치

(3) 피해자 또는 가정 구성원에 대한 전기통신을 이용한 접근금지

(4) 경찰관서 유치장 또는 구치소에의 유치 등

더불어 사법처리는 피해자가 직접 또는 법정 대리인 고소도 가능합니다. 더 자세한 사항을 문의하고 싶으시면 사이버경찰청(신고민원포털),

---

57) 경찰청, 활동분야 : 국민신문고, 본인소개 : 경찰청, http://www.epeople.go.kr

국민신문고 등에 민원을 접수시켜 주시면 해당경찰관서에 신속히 배정하여 성심껏 처리될 수 있도록 하겠습니다. 감사합니다.

3) 관련법령

(1) 가정폭력범죄의 처벌 등에 관한 특례법 제1조(목적), 가정폭력범죄의 처벌 등에 관한 특례법 제29조(임시조치)
(2) 가정폭력범죄의 처벌 등에 관한 특례법 제2조(정의)
(3) 가정폭력범죄의 처벌 등에 관한 특례법 제4조(신고의무 등)
(4) 가정폭력범죄의 처벌 등에 관한 특례법 제5조(가정폭력범죄에 대한 응급조치)
(5) 가정폭력범죄의 처벌 등에 관한 특례법 제8조의2(긴급임시조치)
4) 작성부서
경찰청 경기도지방경찰청 군포경찰서 청문감사관58)59)

18. 가해자의 주민등록표 열람 · 교부 제한 등

1) 피해자에 대한 불이익처분의 금지

가정폭력 피해여성에 대한 임대주택 지원(여성가족부, 「2011년 여성·아동권익증진사업 운영지침」 제5편 가정폭력방지 및 피해자 보호사업 운영지침, Ⅸ. 폭력피해여성 주거지원사업 및 「2011년 폭력피해여성 주거지원사업 지침」 참고)

2) 국민임대주택 우선 입주권 부여 및 그 밖의 지원

가정폭력 피해자와 가해자가 주소를 달리하는 경우 신청에 의하여 피해자 본인과 세대원의 주민등록표의 열람 또는 등·초본의 교부를 제한하게 할 수 있습니다. 피해자를 고용하고 있는 자는 누구든지 「가정폭력범

---

58) [가정폭력피해자] 가정폭력의 개념 Q&A더보기, 2011-12-09 11:25
59) http://k.daum.net/qna/view.html?category_id=QFE005&qid=4lYie&q=%B0%A1%C1%A4%C6%F8%B7%C2+%BB%E7%B7%CA&srchid=NKS4lYie(2012.3.31)

죄의 처벌 등에 관한 특례법」에 따른 가정폭력 범죄와 관련하여 피해자를 해고하거나 그 밖의 불이익을 주어서는 안됩니다. 가정폭력 피해여성과 그 가족들은 공동생활가정(그룹홈) 형태로 생활할 수 있는 저가의 임대주택을 지원받을 수 있습니다.

3) 인쇄체크 가해자의 주민등록표 열람 · 교부 제한

주민등록표의 열람 또는 등본·초본의 교부 제한 신청

- 가정폭력 피해자(이하 "피해자"라 함)는 가해자가 본인과 주민등록지를 달리하는 경우 세대주의 배우자·직계혈족·배우자의 직계혈족 또는 직계혈족의 배우자 중에서 대상자를 지정하여 시장(특별시장·광역시장은 제외하고, 특별자치도지사는 포함)·군수 또는 구청장(자치구의 구청장을 말함)에게 본인과 세대원의 주민등록표의 열람 또는 등본·초본의 교부를 제한하도록 신청할 수 있습니다(「주민등록법」 제29조제6항).

- 가정폭력 피해자는 위 주민등록표의 열람 또는 등·초본 교부 제한 신청을 하려면 시장·군수 또는 구청장에게 주민등록증·여권·운전면허증이나 그 밖에 행정안전부 장관이 정하는 신분증명서를 제시하고 신청서 및 다음 중 어느 하나에 해당하는 증거서류를 제출하여야 합니다(「주민등록법 시행령」제19조제1항, 제47조의2, 「주민등록법 시행규칙」제13조의2 및 별지 제14조의3 서식).

1. 「가정폭력방지 및 피해자보호 등에 관한 법률」제7조에 따라 설치된 가정폭력피해자 보호시설의 장이 발급한 가정폭력피해자 보호시설 입소확인서

2. 「검찰사건사무규칙」제60조 제1항에 따른 고소·고발사건처분결과통지서

3. 「검찰사건사무규칙」제72조 제4항에 따른 사건처분결과증명서

- 시장·군수 또는 구청장(자치구가 아닌 구의 구청장 포함)이나 읍·면·동장 또는 출장소장(이하 '열람 또는 등·초본 교부기관의 장'이라 함)은

제한신청이 있는 경우 제한대상자에게 피해자의 주민등록표 열람을 하지 못하게 하거나 등본·초본을 발급하지 아니할 수 있습니다. 이 경우 그 사유를 제한대상자에게 서면으로 알려야 합니다(「주민등록법」제29조제7항).

- 이혼한 자와 같은 세대를 구성하지 않은 그 직계비속이 이혼한 자의 주민등록표의 열람 또는 등·초본의 교부를 신청한 경우에는 열람 또는 등본·초본 교부기관의 장은 주민등록표 초본만을 열람하게 하거나 교부할 수 있습니다(「주민등록법」제29조제8항).

4) 인쇄체크 피해자에 대한 불이익처분의 금지

피해자를 고용하고 있는 자는 누구든지 「가정폭력범죄의 처벌 등에 관한 특례법」에 따른 가정폭력범죄와 관련하여 피해자를 해고하거나 그 밖의 불이익을 주어서는 안됩니다(「가정폭력방지 및 피해자보호 등에 관한 법률」제4조의5). 인쇄체크 가정폭력 피해 여성에 대한 임대주택 지원(여성가족부, 「2011년 여성·아동권익증진사업 운영지침」제5편 가정폭력방지 및 피해자 보호사업 운영지침, IX. 폭력피해여성 주거지원사업 및 「2011년 폭력피해여성 주거지원사업 지침」참고)

5) 주거지원사업

- 여성가족부에서는 국토해양부에서 '주거복지사업'으로 매입한 임대주택 중 일부를 별도 물량으로 확보하여, 가정폭력·성폭력 피해여성과 그 가족들이 공동생활가정(그룹 홈) 형태로 생활할 수 있도록 저가(초기 입주금 70만원 이내, 월 임대료는 통상 인근 영구임대아파트 관리비 수준)에 임대하고 있습니다.

- 2008년 서울특별시와 부산광역시에서 시범 실시하였고, 2009년에는 3개 지역(인천광역시, 강원도 원주시, 충청북도 청주시)을 추가하여 전국 5개 지역으로 확대 실시하고 있습니다.

- 임대실적 및 임대수요를 고려하여 연차적으로 확대 추진하여 2013

년까지 160호를 계획하고 있습니다.

6) 임대조건
- 임대기간은 2년이 원칙이며, 1차에 한해 2년 연장 가능합니다.
- 입주방식은 임대주택 1호당 2가구 이상 입주를 원칙으로 하며, 임대보증금은 면제됩니다. 다만, 입주시 호당 입주자 부담금(70만원 이내)을 1회 납부하고 퇴거시 되돌려받습니다.

7) 입주자 선정
- 입주자 선정기준
· 가정폭력 피해 여성으로 자립·자활을 원하며 의지가 있는 사람
· 장기보호시설 입주자, 이주여성도 입주대상자에 포함됩니다(단, 이주여성의 경우 불법체류자는 제외)
- 입주 우선순위
· 1순위: 보호시설에 3개월 이상 입소한 피해자, 만 10세 이상 남자아동을 동반하여 보호시설 입소가 곤란한 사람(보호시설장의 추천을 받은 사람에 한함)
· 2순위: 보호시설에 3개월 미만 입소한 피해자
· 3순위: 보호시설 미입소 피해자
※ 입주 우선순위 결정에 있어 보호시설 입소 기준은 현재 입소해 있는지 이미 퇴소했는지를 구분하지 않습니다.
- 우선순위를 기준으로 입주자선정위원회에서 취업 여부, 자격증 소지 여부 등 자립가능성과 남아 동반 입주 여부, 동반 아동 수, 동거가족 중 장애인 포함 여부 등 주거지원 필요성을 감안하여 최종 입주 순위를 결정합니다.

8) 입주신청
- 임대주택에 입주하려는 가정폭력 피해여성은 임대주택 사업을 하는 각 지역의 운영기관에서 실시하는 입주자 모집공고에 따른 해당 운영기

관의 장에게 입주신청을 해야 합니다.
　- 입주신청시 구비서류
　· 폭력 피해여성 주거지원 신청서(「2011년 폭력피해여성 주거지원사업 지침」별지 제1호서식)
　· 보호시설 입소 확인서(보호시설 입소 중인 자 또는 입소경험이 있는 자에 한함)
　· 가정폭력 보호시설의 장의 추천서(만 10세 이상 미성년자 남자 자녀를 동반하여 보호시설 입소가 곤란한 자는 반드시 구비해야 하며, 그 밖의 자는 구비서류에서 제외할 수 있음)
　· 가정폭력 피해사실 확인서(가정폭력 관련 상담소에서 발급한 확인서, 보호시설 입소확인서 미제출자에 한함)
　· 신분증
　· 주민등록표등본
　· 그 밖에 입주 대상자에 해당함을 증명할 수 있는 서류

9) 퇴거 등

　- 운영기관은 임대기간 만료 2개월전에 입주자에게 퇴거일자를 고지해야 합니다.
　- 운영기관은 입주자가 다음의 어느 하나에 해당하여 주거지원을 계속함이 적절하지 않다고 판단되는 경우 입주자선정위원회의 심의를 거쳐 계약을 해제하거나 해지할 수 있습니다.
　· 허위 또는 부정한 수단으로 주거지원 약정을 체결한 경우
　· 관리비를 3개월 이상 납부하지 않은 경우
　· 주거지원기간 개시일로부터 1개월 이내에 입주하지 않은 경우
　· 지원주택을 전대하거나 임차권을 양도하는 경우
　· 그 밖에 입주자가 자립의지가 없거나 주거지원 약정서에 정한 사항을 위반하는 등 주거지원을 계속하는 것이 적절하지 않다고 판단되는

경우

10) 인쇄체크 국민임대주택 우선 입주권 부여
　국가와 지방자치단체는 가정폭력 피해자의 보호·지원을 위하여 가정폭력 피해자에게 국민임대주택 우선 입주권을 주고 있습니다(「가정폭력방지 및 피해자보호 등에 관한 법률」제4조제1항제3호 및 제8조의5).

11) 국민임대주택의 우선 입주권 부여 대상자
- 국민임대주택의 우선 입주권 부여 대상자는 「주택공급에 관한 규칙」제32조 제1항부터 제3항까지의 무주택세대주이고 소득기준의 입주자격을 충족하면서 다음의 어느 하나에 해당하는 사람입니다(「주택공급에 관한 규칙」제32조제5항제6호 및 「가정폭력방지 및 피해자보호 등에 관한 법률 시행령」제4조의2).
  · 보호시설에 6개월 이상 입소한 피해자로서 그 퇴소일부터 2년 이상 지나지 않은 사람(「가정폭력방지 및 피해자보호 등에 관한 법률」제7조의4제3호에 따라 퇴소한 사람은 제외함)
  · 여성가족부 장관이 지원하는 피해자를 위한 주거지원시설에 2년 이상 입수한 피해자로서 그 퇴거일부터 2년이 지나지 않은 사람(거짓이나 그 밖의 부정한 방법으로 입주하여 퇴거하게 된 사람은 제외함)

12) 우선 공급대상 국민임대주택
- 우선 공급대상인 국민임대주택은 국가·지방자치단체·한국토지주택공사 또는 지방공사가 건설하는 「임대주택법」제16조 제1항 제2호에 따른 건설임대주택입니다(「주택공급에 관한 규칙」제32조 제1항).
　국민임대주택 입주 신청에 필요한 증거서류 및 신청·발급 절차(여성가족부, 가정폭력피해자 임대주택 부여관련 지침 참고)
- 국민임대주택 입주 신청에 필요한 증거서류
  · 국민임대주택 입주 신청시 다음 중 어느 하나의 서류가 필요합니다.
  · 가정폭력피해자 보호시설에 6개월 이상 입소확인서

· 여성가족부의 「폭력피해여성 주거지원사업」의 주거지원시설(폭력피해여성 주거지원사업으로 그룹홈을 말함)에 2년 이상 입주사실확인서
- 증거서류 신청·발급 절차

13) 피해자

피해자가 입소·입주한 사실이 있는 가정폭력피해자 보호시설이나 여성가족부 장관이 지원하는 주거지원시설(그룹홈)이 소재하는 관할 시·군·구청장에게 가정폭력피해자보호시설(주거지원시설) 입소확인서 발급신청서를 작성하여 신청합니다.

(1) 시 · 군 · 구청장의 확인

가정폭력피해자보호시설[주거지원시설] 입소확인서 발급신청서를 접수한 시·군·구청장은 해당 보호시설 또는 주거지원시설에 신청서의 내용을 확인 또는 확인요청을 합니다.

(2) 보호시설 · 주거지원시설

시·군·구청장의 확인 요청에 따라 관련서류를 확인한 후 가정폭력피해자보호시설(주거지원시설) 입소(입주)확인서를 작성하여 시·군·구에 제출합니다.

(3) 시 · 군 · 구청장의 발급

보호시설의 장 또는 주거지원시설의 장의 확인서 내용을 관련보고서류 등과 확인하여 최종 검토 후 가정폭력피해자보호시설(주거지원시설) 입소(입주)확인서를 가정폭력피해자에게 발급합니다.

위의 정보는 2012년 02월 15일 기준으로 작성된 것입니다. 생활법령정보는 국민이 실생활에 필요한 법령을 쉽게 찾아보고 이해할 수 있도록 제공하고 있습니다. 따라서 생활법령정보는 법적 효력을 갖는 유권해석(결정, 판단)의 근거가 되지 않고, 각종 신고, 불복청구 등의 증거자료로서의 효력은 없습니다. 구체적인 법령에 대한 질의는 담당기관이나 국민신문고에 문의하시기 바랍니다.[60]

19. 가정폭력 여전히 심각 · 상담건수 급증

여성부 발표, 매년 50% 이상 증가[61] 지난 1998년 가정폭력범죄처벌 특례법 실시로 가정폭력에 대한 처벌이 크게 강화된 이후에도 가정폭력 상담건수가 크게 늘어나는 등 가정폭력이 줄지 않고 있는 것으로 나타났다. 특히 가정폭력사범 처리건수는 실제 발생하고 있는 가정폭력 사례에 비해 훨씬 적어, 가정폭력을 범죄행위로 신고할 수 있게 한 가정폭력범죄 특례법 시행에도 불구하고 여전히 가정폭력이 '사생활 문제'로 인식되는 경향이 강한 것으로 드러났다.

1) 가정폭력 증가추세

12일 여성부에 따르면 지난 1999년부터 2001년까지 전국가정폭력 상담소에 접수된 가정폭력 상담건수는 지난 1999년 4만1천497건에서 2000년 7만5천723건, 2001년 11만4천612건 등 매년 50% 이상의 큰 폭으로 늘어났다. 또 이중 신체적 폭력이 1999년의 경우 66.4%, 2000년 55.0%, 2001년 58.8%를 각각 차지, 정서적 학대나 경제적 학대 등 다른 유형에 비해 압도적으로 많은 것으로 나타났다. 실제로 11일 하루에만도 서울 구로구 모 빌라 3층 김모(43.노동)씨 집에서 아내 이모(42)씨가 남편의 폭력을 피해 뛰어 내렸다가 남편이 제때 병원으로 옮기지 않고 방치하는 바람에 숨졌고, 장애인인 자신을 무시한다는 이유로 아내를 때려 숨지게한 뒤 암매장한 박모(59)씨가 경찰에 검거되는 등 아내들이 가정폭력으로 목숨까지 잃은 사례가 잇따랐다.

2) 가정폭력에 대한 사법처리는 미미

가정폭력의 폭력성 정도가 심각한데 비해 상담사례가 실제 고소.고발 등 사법처리로 이어진 것은 1999년 1.9%, 2000년 1.8%, 2001년 2.6%에

---

60) http://oneclick.law.go.kr/CSP/CnpClsMain.laf?csmSeq=252&ccfNo=3&cciNo=1&cnpClsNo=7(2012.3.31)
61) 편집 2003.02.12(수) 14:27

불과했다. 또 같은 기간 경찰에 신고된 가정폭력건수도 상담건수의 10~20% 안팎인 1999년 1만1천850건, 2000년 1만2천983건, 2001년 1만4천583건에 그쳤다. 이같이 상담건수가 크게 증가하는데 반해 사법당국 신고건수가 적은 것은 여성들이 사법처리의 실효성에 대해 의구심을 갖고 있을 뿐 아니라, 피해자인 여성들이 '가정이 깨지는데 대한 우려'로 인해 가정폭력을 법적으로 해결하기를 꺼리는 성향 때문으로 풀이된다. 개그우먼 이경실(36)씨의 경우도 야구 방망이로 맞아 갈비뼈가 부러지는 중상을 입고 입원했으나 가해자인 남편이 긴급체포돼 폭력행위 등 처벌에 관한 법률 위반혐의로 구속영장이 신청된 것은 사건 발생 사흘이 지난 뒤였다. 경찰은 이에 대해 "사건 초기 경찰이 이씨측과 접촉했지만 이씨측에서 남편 처리문제에 대해 생각할 시간을 달라고 요청해 경찰로서도 어쩔 수 없었다"고 말했다. 경찰은 "가정폭력범죄 특례법이 신고를 받고 출동한 경찰이 사건을 처리하지 않으면 직무유기죄를 구성한다고 규정하고 있지만, 피해자인 아내가 남편의 처벌을 꺼릴 경우 경찰이 피해자 요청을 무시하고 법대로만 처리할 수 없는 애로가 있다"고 해명했다.

3) 가정폭력 대책

이문자 서울여성의전화 여성인권상담소장은 "여성들이 아직까지 형사처벌에는 소극적인 면이 있는데다 폭력사실을 신고해도 경찰이 '둘이 잘 해결하라'며 무마해 버리는 사례가 여전하다"고 지적했다. 이 소장은 "경찰 등 사법당국의 가정폭력 대응방식이 더욱 적극적으로 바뀌는 동시에 '폭력은 어떤 경우에도 용납할 수 없다'는 여성 자신들의 의식변화도 시급하다"고 말했다. 이향숙 서울 1366 여성긴급전화 대표는 "여성들의 지위는 날로 향상되는데 비해 남성들의 가부장적 의식이 이를 따라오지 못하는 결과 가정폭력이 줄지 않고 있다"고 진단했다. 이 대표는 "특히 사회 전반에 폭력문화가 만연한 결과 여성들조차 주변에서 가정폭력을 목격해도 '남의 가정사', '맞을 짓을 했겠지'라며 지나치는 경우가 많은데 자기 일이 아니더라도 신고하는 등 바깥에도 눈을 돌리고 참여의식을 향상시킬 필요가 있다"고 밝혔다.62)63)

20. '가정폭력' 흉폭 잔인화

흉기를 사용하는 가정폭력이 늘어나는 등 갈수록 흉폭화되고 잔인해지고 있는 것으로 나타났다. 한국가정법률상담소는 지난해 서울가정법원·서울중앙지검·인천지검으로부터 상담위탁 보호처분 혹은 상담조건부 기소유예처분을 받은 가정폭력 행위자 55명을 분석한 결과에 따르면 칼이나 도끼와 같이 위험한 흉기로 위협한 경우가 23.6%(13명)로 조사됐다. 위험한 흉기를 사용해 다치게 한 경우도 25.5%(14명)에 달했다. 이는 2010년도(13.3%·10명)에 비해 2배 가까이 증가한 수치다. 폭력을 행사하는 원인은 가부장적 사고 등 성격차이(31%·26건)가 1위로 뽑혔다. 부부간 불신과 음주(각 21.4%·각각 18건), 경제갈등(17.9%·15건) 등이 뒤를 이었다. 또 폭력을 휘두른 행위자는 남성이 87.3%(48명), 여성이 12.7%(7명)로 분석됐다. 남편이 아내에게 폭력을 휘두른 경우(81.9%·45명)가 압도적으로 많았다. 연령별로는 40대(47.3%·26명)가, 교육정도별로는 전문대졸 이상(41.8%·23명)이, 직업별로는 회사원(34.5%·19명)이 가장 많았다.

경제상태별로는 월수입이 200만원 이상 300만원 미만(30.9%·17명)이 1위였다. 혼인 기간으로 살펴볼 때는 10~20년이 30.9%(17명), 5~10년과 5년 미만이 각각 16.4%(9명)로 나타났다. 가정에서 벌어지는 폭력은 가부장적 사고 등 성격차이(31%·26건)에서 비롯된 경우가 가장 높은 비율을 차지했다. 한국가정법률상담소 관계자는 "가정폭력의 예방과 재발 방지를 위해서는 폭력이 발생했을 때 공권력이 신속하고 강력하게 개입될 수 있도록 법적 제도 장치가 필요하다"며 "가정폭력 행위자가 보다 빨리

---

62) (서울/연합뉴스)
63) http://legacy.www.hani.co.kr/section-005100032/2003/02/0051000322003021
21427764.html(2012.3.31)

상담 프로그램에 위탁될 수 있도록 해야 한다"고 강조했다. 64)65)

21. 매맞는 아내 줄고, 매맞는 남편 늘고

아내를 대상으로 이뤄지던 가정폭력이 남편이나 노인 친족 등으로 그 대상이 다양화되고 있는 것으로 나타났다. 경찰청이 발표한 지난해 가정폭력사건에 대한 유형별 분석 결과를 보면 전체 11471건의 가정폭력 가운데 아내학대는 전년에 비해 422건이 줄어든 반면 남편학대는 23건, 노인학대는 55건, 동거 친족 학대는 230건이 각각 늘어났다. 또 흉기나 둔기를 이용해 폭행한 사례도 전년도에 비해 170건이 증가하는 등 점차 강력범죄화되고 있는 것으로 조사됐다. 이에 따라 전치 2주 이상 심각한 상해를 입은 피해자도 전년도에 비해 60건이 증가했다.66)67)

22. 가정폭력 '흉포화·고령화', 경찰청 유형분석

부산 괴정동에 사는 송모(78·여)씨가 지난 22일 자신의 손으로 술에 취해 행패부리는 친딸(43)을 목졸라 숨지게 했다. 송씨는 알코올 중독자인 딸에게 10여년간 폭행당해왔다.68) 같은 달 10일 대구에선 자신의 아내를 흉기로 위협하고 사제 수갑까지 채워 폭행한 강모(41)씨가 구속됐다. 또 지난해 말 충남 천안에 거주하는 박모(45)씨는 부부싸움하던 중 아내를 공기총으로 쏴 중태에 빠뜨리기도 했다. 가정폭력이 흉포화되고 있다. 맨손으로 때리는 단순폭력은 다소 줄었으나 흉기, 둔기를 사용하거나 감금·협박하는 사례는 늘고 있다.

---

64) 〈사회〉 2012/04/12
65) http://www.jeonmae.co.kr/helper/news_view.php?idx=507015(2012.4.14)
66) CBS사회부 권민철 기자 twinpine@cbs.co.kr, 대한민국 중심언론 CBS 뉴스FM98.1 / 음악FM93.9 / TV CH 412, CBS 노컷뉴스(www.nocutnews.co.kr)
67) http://www.dubuweb.com/web/news/read.php?ctgr=60200000&ncd=424641&ndate=20070201&np=3759(2012.4.14)
68) 운영자 | 조회 360 |추천 0 | 2007.02.25. 23:43

가정폭력 수단 유형						(단위:명)
구 분	단순폭력	흉기사용	감 금	협박·모욕	재물손괴	합 계
2005년	1만817	1115	14	160	669	1만2775
2006년	1만595	1285	27	264	666	1만2837

가정폭력 피해 상황					(단위:명)
구 분	상해없음	전치 2주 이하	전치 2~4주	전치 1개월 이상	합 계
2005년	7601	4401	706	67	1만2775
2006년	7829	4175	770	63	1만2837

* 경찰에 검거된 가해자 기준 (자료:경찰청)

자료: http://cafe.daum.net/family1009/Wdk/54?docid=13HKI|Wdk|54|20070226080454&srchid=IIMnynoK00#A20070201190407.588.0.jpg(2012.4.14)

경찰청이 발표한 '2006년 가정폭력사건 유형별 분석 결과'에 따르면 가정폭력 사범은 2005년 1만2775명에서 지난해 1만2837명으로 0.5% 증가했다. 이 가운데 단순폭력 가해자는 2005년 1만817명에서 지난해 1만595명으로 감소했지만 흉기·둔기 등을 사용해 폭행한 사례는 1115명에서 1285명으로 15.2% 증가했다. 또 피해자를 감금한 경우는 14명에서 27명으로 92.9% 늘었고 협박·모욕 사범은 160명에서 264명으로 65.0% 증가했다. 이에 따라 전치 2주 이상 피해를 입힌 가정폭력 사범이 2005년 773명에서 지난해 833명으로 늘었다.

전치 1개월 이상의 심각한 상해를 입힌 가해자도 67명이었다. 특히 가정폭력 전과 3범 이상의 상습가해자는 158명에서 183명으로 증가했다.

가해자의 연령별 분포를 보면 60대 이상이 370명에서 470명으로, 유형별로도 노인학대가 178건에서 233건으로 각각 증가해 가해자와 피해자 모두 고령화 경향을 보였다. 가정폭력이 강력범죄화함에도 가해자 구속률은 오히려 떨어지고 있다. 2002년 전체 사범 1만5127명 중에서 586명(3.8%)이 구속됐지만 2003년 1만6787명 가운데 496명(2.9%), 2004년 1만3969명 중 329명(2.3%), 2005년 1만2775명 가운데 181명(1.4%)으로 줄었다. 지난해엔 1만2837명 중 0.9%인 113명만 구속됐다. 경찰청 관계자는 "가정폭력이 누적화·상습화하면서 폭행유형도 강력범죄화하는 추세"라며 "가해자의 행동양식을 바꾸도록 돕는 정부정책 및 피해자에 대한 의료·법률 지원 강화, 현장 경찰관이 적극 조치할 수 있는 권한 확보 등이 필요하다"고 말했다.[69]

23. 가정폭력은 곧 범죄

어제 늦은밤 가정폭력에 대해서 보다가 감히 한말씀 드릴까합니다.[70] 가정폭력은 곧 범죄입니다. 남의 물건을 훔치든가, 살인을 한다든가 즉, 내가 아닌 타인에게 피해를 주거나 상해를 입히거나 그럴 경우에만 범죄가 성립되는 것이 아닙니다. 눈에 보이는 것들만이 범죄가 아니라는 것입니다. 가정폭력은 제2의 범죄를 낳는다는 것 많이 아실거예요. 맞고 사는 엄마를 본 딸이 나중에도 맞고 사는 확률이 높고 때리는 아버지를 본 아들이 나중에 그렇게 될 확률이 높다는 것, 한번씩 들어들 본 말일 꺼예요.

12년전인가 11년전인가 울집에도 그런 남자가 있었습니다. 울 아이들 6살, 9살이었을 때이지 싶은데 지금은 20대가 넘어섰습니다. 둘째가 고등 2학년입니다. 울집의 그 남자 술이 웬수였습니다. 사람은 악의가 없고 단순 무식한 과라서 남들이 이용을 잘합니다. 술먹는 날은 일주일에 4번 이상이었고 그나마 안먹는 날은 그냥 지쳐서 자거나 사무실에 가서 놀기만 하는 정말 무능력에 책임감 상실의 가장으로서 남자로서의 상상을 초월한 정신세계를 가진 남자였습니다. 지금에서야 정신세계가 이상하니 어떻니 이런말 하지만 그 당시에는 무섭고 이 상황이 병이 걸려서 그런줄 알았습니다. 허허허, 울아이들 11시까지 아빠가 퇴근하지 않으면

---

69) http://cafe.daum.net/family1009/Wdk/54?docid=13HKl|Wdk|54|20070226080454&srchid=IIMnynoK00#A20070201190407.588.0.jpg(2012.4.14)
70) 분홍꼬무신 (tob***), 조회 39 2012.04.19 10:26

옷도 갈아 입지 않구 잡니다. 여차하면 튀어야 하니까요. 이불속에서 둘이서 혹 엄마가 아빠 땜에 도망갈까봐 걱정하곤 하는 아이들입니다. 참 다행인 것은 전 너무나 아이들에 대한 부모의 도리만큼은 만땅충전된 엄마입니다. 제가 품어 제속으로 출산한 그 아이들, 부모 잘못만난 죄를 대물림하면 안되잖아요. 가정폭력이 난무할 때 경찰아저씨들 큰 도움이 안됩니다. 아이들에게 공포감을 조성하고 갈데가 없는 우리가 지구대 의자에 앉아서 밤을 새기도 하고 도망다니다가 달리는 경찰차를 막아서 아이들과 함부로 경찰차를 타보기도 하였구요. 여관도 이웃집도 한번 두번이지 아이들 데리고 자주 가지도 못하겠더라구요. 경찰은 꼭 사건이 일어나야만 움직이는 직업인지요. 사건이 일어나기전에는 절대로 수습이나 보호같은건 안되는 직업인가 봅니다. 제발로 찾아가서 지구대(그당시 파출소)에서 아이들 부둥켜 안고 졸거나 피해있는 장소를 빌려주는 정도만 하지 절대 사건이 일어나기전에 미연에 방지하는 일은 안하더라구요.

일단은 시어른께 보고를 하고 아이들을 두고 제가 잠시 집을 나가는게 맞을까요? 요청을 하니 지금까지 방관만 하던 시부모님, 당신내 아들을(남편) 데리고 가더군요. 그러면 뭐합니까? 술 먹으면 또 쳐들어와 다 깨부수고 공포분위기 조성하는데요. 그 어느날, 그날도 동생과 엄마가 아빠로부터 위험해지니 큰아이가 이웃집으로 도망가 112에 신고를 했답니다.

허걱!!!경찰이 바로 출두했습니다. 112에 아이가 울면서 도와달라하니 관할 파출소아저씨들 긴급으로 달려와 벌거벗고 온 집안을 쑥대밭을 만들고 있는 남편 손에 수갑을 채우더군요. 작은아이 화분에 머리맞아 이웃사람들이 응급실 데려가고(화분도 무기가 된다는거, 한동안 식물을 못 키웠습니다). 이런걸 두고 난리법석이라 하지 않겠습니까? 텔레비젼에서만 보던거 당신을 폭력 뭐뭐 하면서 현장에서 체포한다. 당신은 묵비권을 행사할 수 있으며, 이런걸 들었습니다. 아이들이 그꼬라지 안봐서 그나마 다행입니다. 이 상황까지 되어도 이혼은 안됩니다. 그때 경찰관 아저씨들 엄청 위대해보였습니다. 저보고 그러대요. 아이들 둘이 잘키우시라고, 이 상황을 10년동안 보고 자라면 그걸 그대로 배운다고요. 정신이 번쩍 들었습니다. 방법을 알아야했습니다. 일단은 안쳐들어오니까 그냥 지냈습니다. 어찌되었나 알아보니 구치소라는델 갔다더라구요. 재판도 받는다데요. 예전에도 비슷한 일이 있었는데 나중에 아마도 벌금형을 받은 것 같습니다만 그 당시는 그게 중요한게 아니었습니다. 우리는 해방된 민족이 되어 지냈어요. 편하게, 재미있게 우습지 않아요? 그런데 편한 맘 드는게 저도 이상했지만 나름대로 해방된 맘으로 지냈습니다. 1년 뒤엔가 누군가가 아이아빠를 봤다는 소문과 더불어 또 불안감이 슬슬 치밀어오더군요. 아이앞에서 약한 엄마의 모습은 못보여주고 어찌할 바를 모르고 있는데 또 쳐들어 와서 창문을 부수고 피범벅질하는 짓을 반복하더군요. 가정법원에 이혼소송제기했습니다. 수중에 돈이 어디있을까마는 이웃집에서 십시일반으로 도와주었습니다. 저보구 아이들 키우라며 격려도 해주었구요. 재판도중에 와서 깨부수면 사진찍어서 형사고발하구, 그 형사 고발 3번인가 되니 자동적으로 접근금지명령이 떨어지더군요. 민사재판이 2년인가 걸린거 같습니다 모든게 자료 싸움입니다. 증거 싸움입니다. 직장다니며 우리 아이들과 그 상황을 다 감당했습니다. 오랜 재판끝에 2004년 정식이혼되었구요. 위자료 주기 싫어서 아이들 달라하는거 까짓거 포기하고 아이들 데리고 왔습니다. 친권까지 달라했습니다. 그 남자 친권이 뭔지도 모르고 다 넘겨주었습니다. 다자란 울 아이들 이쁘고 바르게 자랐습니다(남들이 그런 말 자주합니다).

품성이 저보다 더 이쁩니다(제가 장담하건데). 나이 들어서 아빠라고 인사 다닙니다(제가 그러라고 시킵니다). 아이들 생일이 열 번 이상이 지나가버려도 또 입학식 졸업식을 몇번이나 하여도 하나 챙길 줄 모르는 그 인간이 얼마전 자기 생일이라고 아이들에게 말한답니다. 자기 생일이라고 아이들에게 오라한답니다요. 이쁜 제가 뭐라하겠습니까? 선물

사서 다녀오라고 합니다. 중요한 것은 저야 어른이라서 상처라면 상처인 이 상황을 극복할 수 있지만 그것을 어린 나이에 겪은 울 아이들, 자라나면서 절대 아빠험담같은 것 안했습니다. 망각의 은사가 넘쳐나길 기도하면서요. 기억하고 또 다짐하다보면 머리속에 남을까봐요. 그냥 아이들에게 이런 가정도 있고 저런 가정도 있고 이런 식으로 가르쳤습니다. 진짜 이쁘게 건강하게 바르게 자라있어요.

자식 잘되었단 말은 죽을 때 남들이 하겠지요? 현재는 이렇게 자라나고 있습니다. 아이들 아빠 만나고 와서 아빠는 재혼했다가 또 이혼했다 합니다. 여전히 술도 한답니다. 여전하답니다. 그래서 터울을 두고 봐야 할 것 같다고 합니다. 맘같아선 만나지 말라고 타이르고 싶지만 진리를 (그 인간이 아빠라는거) 거부할 순 없지않습니까요. 슬그머니 그럽니다.

엄마랑 합칠 생각이 있던 것 같다고. 조심하라고 저보고 타일러줍니다. 절대 아빠랑 같이 살지는 말자고 강조도 해주었습니다. 가정폭력은 곧 범죄입니다. 범죄로부터 자신과 아이를 지켜야 합니다. 그것이 부모의 도리이며 제2의 범죄를 막는 길입니다. 그때 자료 수집에(증거) 동참(?)하여 주셨던 분들, 이웃들, 부부동반모임가족들 넘 감사드립니다. 님들 덕분에 저 울아들 열심히 돌봤습니다.[71]

24. 가정폭력이 있으면 여자가 해결

가정폭력 사연 올리면서 엄마 불쌍한 얘기 등등 올리면 갑갑해 옵니다.[72] 다 남편탓, 다 남편으로 인한 일이 맞다고 해도 남편이 해결 안해줍니다. 부부지간의 일인만큼 다른 사람도 해결 안해줍니다. 자식들 때리고 패고 맞고 정신적으론 더 피폐해져서 아들은 커서 똑같은 개놈이 될 확률이 80%는 되며 딸은 자존감없이 어디 후레자식 만나서 또 맞고

---

71) http://bbs3.agora.media.daum.net/gaia/do/story/read?bbsId=S103&articleId=182116(2012.4.21)
72) 괜찮은녀자 (sol7****), 조회 711, 2012.04.19 14:53

살 확률이 80%는 되는데도! 그 자식들은 어리고 세상을 모르니 역시 해결 안해줍니다. 해결방법은 당신에게 밖에 없어요! 돈벌고 애키우고 할 거 다하면서 제발 좀 미련퉁이처럼 맞고 또 자식들한테 피해 끼치면서 살지 마세요. 남편이 구제 불능이다 싶으면 참고 사는건 미덕이 아니고 악입니다. 당신은 희생한다고 쳐도 자식들은 뭡니까? 제발 구제불능 남편들은 신고하고 대한민국 경찰이 제대로 처리 안해주면 이혼소송 걸어서 이혼이라도 하세요. 이혼도 못하겠으면 애들 데리고 멀리 멀리 도망가서 살아요. 개도 맞고는 안삽니다. 인간으로 태어나서 왜 그런 취급을 받으면서 남편이라고 모시고 사는지?73)

25. 경찰, 가정폭력 안방까지 들어가 조사

가해자 문 열어주지 않아도 상황 판단 후 현장조사 가능. 여성부, 6월 2일부터 시행74) 앞으로 가정폭력을 신고하면 출동한 경찰이 직접 현장에 들어가 조사한 후 응급·긴급임시 조치를 취하게 된다. 여성가족부는 이러한 내용을 담은 개정 '가정폭력 방지 및 피해자 보호 등에 관한 법률'이 5월 2일부터 시행될 예정이라고 27일 밝혔다. 그동안 가정폭력은 현장에 경찰이 출동해도 상황이 이미 끝나버린 경우가 많았다. 가정폭력을 부부싸움 정도로 가볍게 생각하는 경향이 높고, 경찰이 적극 개입할 수 있는 법적·제도적 뒷받침이 미흡해 사건초기 경찰의 개입이 적극적이지 않았던 탓이다. 가해자가 자발적으로 문을 열어주지 않으면 경찰이 가해자의 말만 듣고 돌아와 자칫 더 큰 피해를 불러올 수 있다는 게 여성부의 설명이다. 하지만 이번 법률의 개정으로 가해자가 문을 열어주지 않아도 경찰이 상황을 판단해 현장에 들어가 조사한 후 적절한 대처를

---

73) http://bbs3.agora.media.daum.net/gaia/do/story/read?bbsId=S103&articleId=182201(2012.4.21)
74) 세계일보 | 입력 2012.04.27 19:03 | 수정 2012.04.27 23:20, 세계일보 & Segye.com.

할 수 있게 된 것이다. 또 이번 제도개선으로 가정폭력사건 신고를 받고 현장에 출동한 경찰은 사건현장에 출입하여 피해자의 안전을 확보하고, 폭력피해 상태 등을 조사하여 보다 적극적으로 응급조치를 취할 수 있게 됐다. 여성가족부가 발표한 2010년 가정폭력 실태조사 결과에 따르면 가정폭력을 가정내 문제로 의식한다는 사람은 응답자의 절반 이상을 넘어섰고(51.1%), 외부에 도움을 요청하지 않는 경우도 62.7%로 높았다.

반면 한국의 가정폭력 평균 지속기간은 11년2개월이며 피해자 두 명 중 한 명(48.2%)은 10년 이상 가정폭력을 경험한 것으로 조사돼 경찰의 개입이 시급한 것으로 나타났다. 여성부는 "경찰의 현장출입·조사권은 지난해 10월 도입된 경찰의 긴급임시조치권과 법원의 피해자보호명령제와 함께 가정폭력에 대한 경찰의 개입이 한층 강화돼 피해자의 인권을 확보하고 사건초기 피해자를 보호하는 데 크게 기여할 것"이라고 기대했다.[75][76]

26. 가정폭력 용인하는 통념 변해야

가정폭력에 대한 경찰 등 법집행 기관의 개입 근거가 강화되고 있다. 과거에는 국가기관이 가정폭력을 가정 내부에서 해결해야 할 일로 치부하고 개입하기를 꺼렸다. 그러나 최근들어 가정폭력이 사회문제라는 의식이 커지면서 국가기관이 적극 개입하는 쪽으로 법이 바뀌고 있는 것이다. 여성가족부는 경찰이 가정폭력이 신고된 집에 강제로 들어갈 수 있도록 하는 '가정폭력방지 및 피해자보호 등에 관한 법률' 개정안이 다음달 2일부터 시행된다고 밝혔다. 이에따라 가정폭력 신고를 받고 출동한 경찰관은 부부싸움 중인 가해자가 문을 열어주지 않아도 강제로 출입문을 열고 들어가 피해자를 보호할 수 있게 됐다. 경찰은 이미 지난해

---

75) 김은진 기자 jisland@segye.com
76) http://media.daum.net/society/newsview?newsid=20120427190311332(2012.4.27)

10월26일부터 시행된 가정폭력범죄의 처벌 등에 관한 특례법에 따라 부부싸움 신고를 받고 출동한 일선 경찰관이 현장에서 직권으로 당사자들을 격리할 수 있는 권한을 갖고 있다. 이 법에 따르면 경찰관은 가정폭력 범죄가 재발할 우려가 있거나 긴급을 요한다고 판단하는 경우 퇴거 등 격리조치, 100m이내 접근금지, 휴대전화나 이메일 등 전기통신 이용 금지 조치 등을 직권으로 취할 수 있다.[77] 경찰이 부부싸움이 벌어지고 있는 개인주택에 강제로 들어갈 수 있는 법적인 근거는 점점 더 강화되는 추세다. 원래 경찰은 수색영장이 없어도 개인주택에 강제로 들어갈 수 있는 법적근거가 있다. 경찰관 직무집행법 7조는 "경찰관은...인명·신체 또는 재산에 대한 위해가 절박한 때에 그 위해를 방지하거나 피해자를 구조하기 위하여... 타인의 토지·건물 또는 선차 내에 출입할 수 있다"고 돼 있다. 부부싸움이라도 생명에 대한 위협을 감지했을 때에는 개인주택을 수색할 수도 있는 것이다. 그러나 경찰은 가정폭력에 대해서는 집무집행법에 명시된 권한을 행사하기를 꺼려왔다. 가정폭력은 남의 집 안일이기 때문에 개입하지 않는 것이 좋다는 오래된 통념 때문이었다.

  그런 통념은 이제 법으로 깨지고 있다. 지난해 시행된 가정폭력범죄의 처벌 등에 관한 특례법에 이어 다음달 시행되는 '가정폭력방지 및 피해자보호 등에 관한 법률' 개정안은 가정폭력에 대한 경찰의 명확한 개입 근거가 되고 있다. 이제는 경찰이 가정폭력에 적극 개입하는 시대가 된 것이다. 물론 경찰관도 관련 법에 따라 가정폭력에 개입할 때 가정의 프라이버시를 어느 정도 존중하는 등 운용의 묘를 살리는 것이 중요할 것이다. 그동안 가정폭력으로 생명을 잃는 피해자들에 대한 보도는 안타깝게도 꾸준히 나왔다. 특히 국제결혼으로 한국에 와서 거주하는 외국출신 여성들에 대한 가정폭력은 큰 사회문제가 됐다. 흉기를 이용한 가정폭력도 늘어나고 있다. 한국가정법률상담소가 지난해 서울가정법원 등에서

---

77) 연합시론, 기사입력 2012-04-29 16:26, (서울=연합뉴스)

상담위탁 보호처분 혹은 상담조건부 기소유예처분을 받은 가정폭력 행위자 55명을 분석한 통계에 따르면 흉기로 가족을 위협하거나 다치게 하는 경우가 25.5%에 달했다. 이는 2010년 13.3%보다 두 배 가까이 늘어난 수치다. 가정폭력을 줄이기 위해서는 가족이라도 폭력은 용납되지 않는다는 의식을 국민 모두가 공유하는 것이 중요하다. 여성가족부는 가정폭력에 대한 국민의 인식을 바꾸는 것이 무엇보다 중요하다고 보고 TV 등을 통해 가정폭력 예방 홍보 동영상을 송출하고 여러 매체를 통한 공익광고 및 자막광고를 지속적으로 내보내기로 했다고 한다. 또 경찰청과 협조해 지난해부터 실시하고 있는 수사관계자 대상의 가정폭력사건 인식개선과 초기대응 강화를 위한 '양성평등 인권의식 교육'을 확대해 나가기로 했다고 한다. 정부의 이같은 노력으로 가정폭력이 줄어들기를 기대한다.[78]

27. 대구경찰, 폭력남편 '긴급임시조치' 첫 발동

부인에게 폭력을 휘두른 30대 남성에게 부인의 주거지 접근을 금지하는 '긴급임시조치'가 대구에서 처음으로 발동됐다.[79] 대구지방경찰청은 8일 가정폭력범죄의 처벌 등에 관한 특례법에 따라 가정폭력 행위자에 대해 긴급임시조치를 했다고 밝혔다. 경찰에 따르면 무태파출소는 지난 3일 오전 11시께 자신의 집에서 가재도구를 부수고, 부인에게 폭력을 휘두른 남편 A씨(35)를 폭력행위 등 혐의로 입건했다. 아울러 A씨가 예전에도 가정폭력을 일삼아 온 전력이 있어 또 다시 폭력을 휘두를 위험성이 크다고 판단, A씨의 부인의 요청을 받아들여 A씨가 부인의 주거지로부터 퇴거하고, 100m이내 접근을 못하도록 긴급임시조치를 내려 남편

---

78) http://news.naver.com/main/read.nhn?mode=LSD&mid=sec&sid1=102&oid=001&aid=0005597950(2012.5.12)
79) 기사입력 2012-05-08 11:57 | 최종수정 2012-05-08 12:01, 【대구=뉴시스】최창현 기자

의 가정폭력으로부터 부인을 보호했다. 긴급임시조치는 가정폭력 특례법에 규정된 '임시조치'가 법원의 결정이 날 때까지 통상 수일의 시간이 걸려 가정폭력에 즉각적이고, 효과적으로 대처하기 어려운 현실을 감안, 지난해 10월 도입된 제도이다. 가정폭력 현장에 출동한 경찰관이 가정폭력범죄가 재발할 우려가 있고 긴급을 요한다고 판단할 경우 가해자를 피해자로부터 퇴거 등 격리시키고, 100m이내 접근을 막을 수 있으며, 전기통신을 이용한 접근도 금지할 수 있다. 경찰은 가정폭력범죄 현장에 신고를 받고 출동한 경찰관이 집안에 출입하여 조사할 수 있는 권한이 부여된만큼 앞으로 가정폭력사건에 대해 적극적으로 개입, 피해자 보호에 만전을 기한다는 방침이다.[80][81]

28. 경찰청 케어팀, 심리상담외 편의 기능도 맡아야

장애인이 피해자가 되어 경찰서에 출두하여 진술을 하거나 피의자 또는 참고인이 되어 조사를 받을 경우가 있다.[82] 시각장애인의 경우, 조서를 볼 수 없으므로 가장 신뢰하는 동행자를 통하여 조서를 읽어주고, 서명을 하고, 동행자가 있어 확인하였다는 것을 기록으로 남길 수 있다.

청각 장애인은 수화통역사를 제공하여 의사소통의 문제를 해결할 수 있다. 지적장애인이나 발달장애인, 정신장애인의 경우 의사소통 능력이 현저히 낮은 경우나 진술의 일관성이 없는 경우가 발생할 수 있다. 이런 경우 경찰이 오히려 가해자편을 들어주어 가해자가 무혐의나 가벼운 형사범으로서 가중처벌을 피하도록 하는 경우가 허다하다.

지적 장애인의 경우, 성폭행을 당한 사건이라면 강제성이 있었는지 증명하기가 매우 곤란하다. 가해자가 부인할 경우라면 합의가 있었다고 우

---

80) chc@newsis.com, 뉴시스통신사
81) http://news.naver.com/main/read.nhn?mode=LSD&mid=sec&sid1=102&oid=003&aid=0004487588(2012.5.12)
82) 에이블뉴스, 기사작성일 : 2012-03-27 12:53:22, 경기경찰청 피해자심리상담요원의 상담, 시인환

기면 저항하지 않은 것이 문제가 된다. 이럴 경우 저항 능력이 없다고 판단하지 않고, 신체적으로 문제가 없는데 저항하지 않았으므로 범죄가 성립되지 않는 것으로 처리될 수 있기 때문이다. '아동·청소년 성보호에 관한 법률'에는 법률조력인을 둘 수 있는 근거 조항이 있어 평택지청에서 최초로 그러한 조치가 있었다고 한다. 조력인은 고소장 작성을 조력해주거나, 의견서를 제출하고, 상담이나 자문을 해줄 수 있으며, 조사 과정에 참여하고, 증거보전 절차를 지원하는 일을 한다고 한다. 이러한 행위는 변호사에게 위임하여 행해지므로, 법률적 도움을 받을 수 있을 것이다. 그러나 장애인의 특성을 고려한 정당한 편의제공에는 미치지 못할 경우가 발생한다. 경찰청에는 케어팀이 있어 피해자 상담전문요원이 있다. 심리학사 이상의 자격증 소지자가 경사로 경찰직에 입문하여 6개월간의 체력훈련을 받고 배치되는 것으로, 필기시험이 면제되며 실기와 서류전형, 적성검사, 체력검사, 면접 등을 보게 된다. 피해자 심리전문요원은 수사상황을 설명해 주고 연락처를 남겨 네트워크를 형성한 다음, 사건 종결 후 심리적 변화를 봐 가면서 도움을 주게 된다. 상담센터의 상담사에 대한 거부감을 없애기 위해 심리적 안정을 자연스럽게 기다려 스스로 도움을 요청하도록 한다는 점과 도움이 필요한 경우 손을 내밀 수 있도록 수사기관내에 상담센터가 있다는 것이 특징이다. 그러나 이들 역시 장애에 대한 이해는 부족할 것이다. 현재 35명이 전국에 배치되어 있으며, 이들의 도움을 받은 자가 4천명에 이른다. 현재 아동성폭력 신고 및 상담은 전국 해바라기아동센터(10곳)와 원스톱지원센터(16곳)로 분리돼 있다. 그러나 주로 해바라기아동센터가 사건을 전담하는 실정이다.

원스톱센터는 여성·가정폭력에 대한 치료를 주로 하고 있어 아동사건에만 집중할 수 없는 구조다. 원스톱센터의 경우 지난해 방문인원 1만 74명 중 13세 미만 성폭력 피해자가 1091명이었다. 원스톱센터에는 여경을 비롯해 상담사,·사회복지사 자격증을 갖춘 간호사가 1명씩 상주한다. 그러나 이 중 소아정신과와 연계되어 있는 곳은 서울 경찰병원과 보라매병원, 수원 아주대병원 등 3곳 뿐이다. 장애인 전문인력이 여기에도 필요하다. 피해자 진술은 경찰 여성청소년계가, 수사는 형사계가 맡고 있는 이원적 구조도 문제다. 경찰 진술단계에서부터 강압적인 진술을 강요하거나 합의 종용, 신원노출 등 2차 피해를 호소하는 경우가 많다고 한다. 해바라기아동센터에 따르면 상담자 중 이런 피해를 호소한 비율은 전체 상담자 가운데 20% 정도나 된다. 경찰과 법원의 수사전문인력을 양성하는 것도 시급한 과제다. 현재 경찰은 경찰수사연수원 주관으로 1년에 6~9차례, 검찰은 법무연수원에서 1년에 한번 관련교육을 진행하고 있다. 아동성폭력 피해자 진술의 특징과 의미, 피해 아동의 특성, 효과적인 조사기술 등을 교육한다. 경찰은 피해 아동의 진술 능력을 입증하는 전문성을 높이기 위해 올해 범죄심리사 1급(한국심리학회 인증) 소지자 등 대학원생 위주로 구성된 행동분석 진술전문인력 23명을 투입했다. 그러면 장애인에 대한 인적 서비스를 할 수 있는 구조는 무엇인가?

특수교사나 장애인 전문인력이 경찰공무원 자리에 배치하는 것이 가장 이상적일 것이다. 장애에 대한 지식, 법률에 대한 지식, 심리학에 대한 지식을 모두 필요로 하는데 적합한 직업군을 새로 만들 수 있다면 가장 좋겠지만, 그렇지 않다면 피해자 심리전문요원에게 맡겨야 할 것이다.

먼저 경찰과 검찰의 연수과정에 장애의 이해와 장애인 심리, 장애인 피해자의 수사과정에서의 편의제공 기법 등을 가르쳐야 한다. 그리고 가장 약자를 범한 처벌을 받도록 수사기준을 만들어야 한다. 집중력이 부족하거나, 일관성있는 진술을 할 수 없거나, 의사소통 능력이 부족하여도 범죄행위를 밝혀낼 수 있는 시스템도 필요하다. 단순히 일반적 수사행정의 편의성으로 장애인의 문제를 단순화하거나 억울하게 당하고도 항변하지 못하도록 해서는 안된다. 사회적 안전망과 약자의 보호, 그리고 재발방지를 위해서라도 장애인의 인권은 보호되어야 하며, 진술능력이 없다고 하면 그것을 끌어내는 기법을 동원하기 위한 전문가를 양성해야 한다. 이외에도 수사당국은 법률적 지원과 치료적 심리요원의 투입

과 수사과정에서의 진술능력을 높이기 위한 편의제공에 대한 대책도 강구하여야 할 것이다.[83]

29. 가정폭력 대응에 대한 희소식

　가정폭력을 당해도 호소할 곳이 없던 사람들에게 가정폭력에 대한 희소식이 있어서 알려드리려고 합니다.[84] 가정을 파괴하는 가정폭력 이제 그만. 가정폭력을 당하여 경찰에 신고하여도 부부싸움이다, 알아서 해결하겠다는 식으로 문을 열어 주지 않으면 가정폭력 신고를 받고도 그냥 돌아가야 했던 경찰. 이제는 경찰이 가정폭력에 적극적으로 개입하여 가정폭력 피해자를 보호할 수 있도록 법률안 개정에는 가정폭력 가해자의 동의없이도 경찰이 가정폭력 현장에 문을 열고 들어가 피해자의 안전을 살피는 등의 조사를 할 수 있다. 지금까지는 가정폭력 피해 여성이 경찰에 신고를 해도 가해자인 남편의 동의가 없으면 가정폭력에 대해 강제조치를 할 수 없어서 보복피해로 이어졌으나 앞으로는 가정폭력에 대해 경찰이 적극적으로 개입할 수 있다. 심각한 가정폭력 상황이라고 판단될 때는 가정폭력 기해자를 바로 집 밖으로 내보내고 가정폭력피해자 100m 이내 접근금지 할 수 있다. 가정폭력 피해자 보호할 수 있어 좋아! 좋아! 여성가족부는 수사관계자 대상의 가정폭력사건 인식개선과 가정폭력 초

---

83) http://www.ablenews.co.kr/News/NewsContent.aspx?CategoryCode=0006&NewsCode=000620120327095304999365(2012.5.12)

84) 가정폭력 신고,이혼 비공개 질문 19건 질문마감률53.3% 2012.04.07 01:52 Mobile 0, 답변 3 조회 902 반복적으로 이루어지는 가정폭력이라면 매우심각하군요. 막말하고 욕하고 그런건 증거라 볼 수 없습니다. 지구대경찰이 와도 소용없지요. 법에서는 상해죄가 있습니다. 아버님의 폭력은 고칠 필요가 있군요. 무료법률구조공단을이용해 보세요 kykyso9115. 법무법인 조율의 정진 변호사입니다. 욕설로는 폭력신고는 안되지만 이혼 및 위자료 청구의 사유는 될 수 있습니다.가정폭력 신고,이혼 비공개 질문 19건　질문마감률53.3%　2012.04.07　01:52　Mobile　0　http://kin.naver.com/qna/detail.nhn?d1id=6&dirId=60204&docId=149072701&qb=6rCA7KCV7Y+t66Cl7Iug6rOg&enc=utf8&section=kin&rank=1&search_sort=0&spq=0&pid=gI3h6F5Y7uVssaI%2BZCRssc--010088&sid=T63SdkaarU8AAD1zXKI(2012.5.12)

기대응 강화를 위한 '양성평등 인권의식 교육'을 확대한다.

  가정폭력에 대한 인식개선이 중요, 가정폭력없는 행복한 사회 등에 대해 지상파TV, 케이블TV, 지하철, KTX를 통한 가정폭력 예방 홍보 동영상을 송출한다. 전국 전광판을 통한 공익광고와 시.군.구 및 경찰서의 LED 모니터를 통한 자막광고를 지속적으로 실시한다고 하니 가정폭력 없는 웃음꽃피는 행복한 사회가 하루속히 오기를 바란다. 가정폭력 때문에 우는 사람이 없는 웃음이 가득한 행복한 사회가 되었으면 좋겠다. 관련 기사보러가기는 다음과 같다.
http://news.naver.com/main/read.nhn?mode=LSD&mid=sec&sid1=102&oid=052&aid=0000404881&viewType=pc,
http://www.urisuwon.com/sub_read.html?uid=18995[85][86]

---

85) [출처] [가정폭력] 가정폭력, 가정폭력의 대한 희소식ㅣ작성자 행복한사람
86) http://blog.naver.com/scjloveju?Redirect=Log&logNo=70137159154(2012.5.12)

제2장 부부폭력의 원인과 해결방법

1. 가정폭력 '쉬쉬'하면 더 큰 불행 닥쳐

 허수진 검사에게 듣는 '가정폭력 해결법', 부부간 터놓고 대화, 불씨 없애야, 제3자 도움이 결정적 역할을 할 때도 '범죄 피해자 지원센터' 노크해 볼만[87] 2003년 3월, 개그우먼 이경실씨가 이혼했다. 남편의 가정폭력이 원인이었다. 2004년 9월에는 탤런트 최진실씨가 이혼했다. 역시 남편의 가정폭력이 큰 원인 제공을 했다. 연예인들의 사생활이나 TV 드라마에서 자주 등장하는 가정폭력, 하지만 남의 일일까? 경기지방경찰청에 따르면 2005년 경기도 지역에서 발생한 가정폭력건수는 총 2365건, 2006년에는 총 2588건, 올해에는 5월 31일 기준 총 1188건이다. 가정폭력의 원인은 무엇이며 해결법에는 어떤 것들이 있을까? 수원지방검찰청 안산지청 소년·가정폭력상담소에서 가성쏙력 사건을 총괄하고 있는 허수진(여·34·사시 44회) 검사로부터 몇 가지 사례와 해결방안 등을 들어보았다. 수원지검 안산지청은 2003년 7월부터 소년사건·가정폭력사건을 전담하는 상담실을 마련하고 20명의 전문상담사를 배치해 1일 4명이 교대 근무토록 하고 있다. 허 검사는 가정폭력 소송당사자가 상담을 통해 개선이 가능한 경우 상담을 성실하게 받는 조건으로 기소유예를 받을 수 있도록 유도하는 역할을 맡고 있다. 이 경우 의무적으로 받아야 하는 상담시간은 40시간이며, 안산지역의 경우 안산시내 가톨릭 여성상담소, 라블리 가정폭력·성폭력 상담소, 안산 시민의 모임 시민참여복지회 등 세 군데 전문상담소가 전담하고 있다.

---

87) 곽아람 기자 aramu@chosun.com

1) 서로간의 이해부족이 가장 큰 문제

허 검사에 따르면 안산지청의 가정폭력 상담사건은 2004년 61건, 2005년 115건, 2006년 257건으로 급격히 증가하는 추세다. 가정폭력의 이유에는 여러가지가 있지만 남편의 외도가 가장 큰 원인이다. 남편의 외도사실을 알게 된 부인이 남편을 추궁하다가 싸움을 하게 되고, 그 과정에서 남편이 폭력을 행사하게 된다는 것이다. 그밖에 금전적인 문제, 남편의 폭음, 고부갈등 등 다양한 원인들이 있다. 허수진 검사는 가정폭력 피해자 및 피의자들의 가장 큰 문제로 서로간에 대한 이해가 부족하다는 것을 꼽는다. 제3자가 보기에는 충분히 해결 가능한 문제이지만 부부간에 대화 자체를 하지 않아 갈등을 풀 기회가 없다는 것이다. "남편이 젊을 때 춤바람이 났다는 이유로 10년간 대화도 안하고 산 부부가 있었어요. 그 후에 남편이 또 바람을 피우자 폭력사건이 일어났죠. 불만이 있으면 묵히지 않고 대화를 통해 풀어갔어야 하는데 말이죠." 가정폭력의 특성상 '집안 문제'라는 이유로 당사자들이 외부로 드러내기를 꺼려해 더욱 더 상습적으로 되풀이 되는 것도 문제다. 허 검사는 "가정폭력이 꼭 남성만의 문제는 아니다"며 "상담소 업무를 맡게 되면서 아내의 가정에 대한 이해와 남편에 대한 배려도 중요하다는 것을 깨달았다"고 말했다.

2) 상담을 통해 해결가능

허 검사는 "사이가 좋지 않아 매일 싸우던 부부가 가정폭력 문제가 사건화가 되는 바람에 상담을 받게 된 것을 계기로 잘살게 되는 경우가 많다"며 "개별면담, 집단상담 등 여러가지 프로그램이 개설돼 있지만 최근에는 피해자와 피의자가 함께 교육받도록 하는 추세"라고 말했다. 식당을 운영해 생계를 이끌어가고 있는 아내를 술만 마시면 폭행하던 남편이 안산지청 상담소의 권유로 알콜 중독프로그램에 참여한 후 식당일을 도우며 술을 끊기 위해 노력하기도 하고, 한국 남성과 재혼한 중국교포 여성이 전 남편과의 사이에서 낳은 딸과의 문제로 남편의 폭력에 시달리다가 상담을 받은 후 전 가족의 관계가 개선된 경우도 있다.

■ 가정폭력 상담이 가능한 곳

지역	전화번호 (031)
수원지역 범죄 피해자 지원센터	211-0266
안산·광명·시흥 범죄 피해자 지원센터	475-3310
성남·광주·하남 범죄 피해자 지원센터	715-0090
평택·안성 범죄 피해자 지원센터	656-2828
여주지역 범죄 피해자 지원센터	886-6500

자료: http://news.chosun.com/site/data/html_dir/2007/06/17/2007061700337.html (2012.4.1)

허 검사는 가정폭력에 시달리지만 경찰에 신고하는 것이 두렵다면 전국에 있는 법무부 산하 '범죄피해자 지원센터'의 도움을 받기를 권했다.
이곳에서는 가정폭력 피해자들의 상담도 받고 있지만 이를 아는 사람들은 거의 없다. '범죄피해자 지원센터'를 직접 찾아가는 것이 불편하다면 전화로도 얼마든지 무료상담이 가능하다. 허 검사는 "가정폭력의 경우 당사자들끼리 해결하는 것도 좋겠지만 전문적인 기관을 통해 제3자의 조언을 들어보는 것이 도움이 된다"며 "주말에 개설된 상담 프로그램도 많으니 이벤트 삼아 부부가 손을 꼭잡고 가서 함께 상담을 받는다면 얼마든지 화목한 가정을 되찾을 수 있을 것"이라고 말했다.[88)89)]

2. "지난해 가정폭력의 절반은 정서적 폭력"

가정폭력 피해를 호소하는 여성 중 절반은 '정서적 폭력'을 겪은 것으로 나타났다. 욕설이나 인격을 모독하는 언어폭력, 방임 등의 정서적 폭력은 신체적 폭력만큼 심각한 문제를 보이는 것으로 드러났다.[90)]

---

88) 입력 : 2007.06.17 22:32
89) http://news.chosun.com/site/data/html_dir/2007/06/17/2007061700337.html (2012.4.1)

자료: 한국여성의전화

자료: http://kr.news.yahoo.com/service/news/shellview.htm?articleid=201204052
3514574647&linkid=4&newssetid=1352(2012.4.6)

---

90) [세계일보] 2012년 04월 05일(목) 오후 11:51

또 남편이나 애인으로부터 살해된 여성들은 지난해에만 최소 65명에 달했다. 5일 한국여성의전화는 지난해 서울지역에서 접수된 가정폭력 상담 830건을 분석한 바에 따르면 '정서적 폭력'이 47.7%로 가장 높은 비중을 차지했다. 뒤이어 신체 폭력(37.4%), 경제적 폭력(8.8%), 성적 폭력(6.1%) 순이었다. 가해자와 피해자 관계를 살펴보면 남편에 의한 아내 폭력이 86.2%로 가장 많았다. 다음으로 내연관계(3.2%), 친부모(3%), 자녀(2.1%)에 의한 폭력 순이었다. 피해자들의 결혼 유지기간은 10년 이상이 73.1%였고, 그중 20년 이상인 경우도 33.7%에 달했다. 결혼 초기인 1년 미만은 9.3%, 5년 미만은 17.6%였다. 송란희 한국여성의전화 사무처장은 "결혼 10년, 20년 때 가정폭력이 갑자기 일어나는 게 아니라 대부분 결혼초기부터 발생한 것이므로 이 기간을 피해지속기간으로 봐도 무방하다"며 "가정폭력에 대한 사회적 개입이 더디다는 것을 방증하는 것"이라고 말했다. 피해여성들은 가정폭력을 겪고난 후 우울감(28.4%)을 가장 크게 느꼈다고 답했으며 자존감 상실(18.7%), 무력감(13.3%)을 겪었다는 응답이 뒤를 이었다. 자해나 자살을 기도했다는 응답도 1.6% 있었다.

가해자의 학력분포를 보면 대졸 이상이 72%로 가장 높았다. 한국여성의전화측은 가정폭력이 주로 학력이 낮은 계층에서 발생한다는 사회적 통념이 잘못된 것임을 보여주는 것이라고 설명했다.[91] 이 단체는 또 지난해 언론에 보도된 사건을 토대로 남편이나 애인에게 살해된 여성수는 최소 65명으로 나타났으며, 살해미수에 그친 사건도 19건에 달한다고 밝혔다.

폭력을 견디다 못해 남편을 죽이거나, 죽이려고 한 여성도 14명이나 됐다. 단체측은 우리 사회에 아직 가정폭력이나 데이트폭력에 의한 살해를 파악하는 공식적인 통계가 없다며, 이같은 범죄대책을 마련하기 위해

---

91) http://kr.news.yahoo.com/service/news/shellview.htm?articleid=2012040523514574647&linkid=4&newssetid=1352(2012.4.6)

국가가 나서서 현황을 파악할 필요가 있다고 주장했다.[92][93] 여성가족부는 10세 이상 남아를 동반한 가정폭력피해자가 보다 편리하게 보호시설에 입소하여 보호를 받을 수 있도록 가족보호시설을 지난 해 8개소 지정에 이어 올해 3월말 전국 5개 지역에 추가 지정하였다. 2011년에는 8개소(수도권 1, 충청권 1, 영남권 3, 호남권 2, 제주권 1)를 지정하고, 2012년도에는 5개소(수도권 1, 충청권 2, 호남권 2)를 추가 설치하여 전국적으로 점차 확대 설치·운영한다. 보호시설입소자들이 대부분 여성이어서, 그동안 10세 이상 남아를 동반한 가정폭력피해자는 동반 남아와 함께 보호시설에서 생활하는 것이 어려워 일부 남자 아이는 어머니와 떨어져 청소년 쉼터 등에서 지내야만 했다. 가족보호시설은 일반 보호시설과 달리 피해자들에게 가족단위로 분리된 주거공간(목욕실, 화장실 등)을 제공하고, 쾌적한 주거시설이 되도록 1인당 9.9㎡ 이상(기존보호시설 6.6㎡)을 시설 설치기준으로 권장하고 있으며, 10세 이상 남아를 동반한 가정폭력피해자에게 우선순위를 부여하고 있다. 사업지원 예산은 개소당 신축 또는 리모델링 설치비 300백만원(지방비 50% 포함)을 지원하며 지원조건으로 가족보호시설을 설치·운영하고자 하는 사회복지법인 또는 비영리법인이 시설설치에 따른 시설부지를 확보해야 한다. 사업 신청절차는 가족보호시설을 설치·운영하고자 하는 사회복지법인 또는 비영리법인이 시·군·구를 거쳐 시·도에 사업을 신청하고, 해당 시·도는 1차 심사 후 1개소를 선정하여 여성가족부에 신청토록 하였다. 강월구 여성가족부 권익증진국장은 "가정폭력피해자 일반보호시설은 10세 이상 남아를 동반한 어머니들의 입소에 어려움이 있어 가족보호시설을 설치하게 되었다. 최근 사회환경변화로 가정폭력 피해자들의 시설이용 욕구도 높아짐에 따라, 이들의 만족도를 제고하기 위해 전국의 일반보호시설을 점차

---

92) 김효실 기자 hsk@segye.com, 세계일보 & Segye.com
93) http://kr.news.yahoo.com/service/news/shellview.htm?articleid=20120405235
    14574647&linkid=4&newssetid=1352

가족보호시설 수준으로 향상해 나아갈 계획이다"고 밝혔다.94)95)

3. 가정폭력 및 여성폭력에 대한 바른 사법처리 요구

한국여성의전화 여성폭력 철폐 위한 정책제안서 발표, 한국여성의전화는 5일 19대 총선을 앞두고 총선 정책제안서를 발표했다. 여성의전화는 "가정폭력, 성폭력, 성매매 등 여성에 대한 폭력은 인권침해를 넘어 사회적 범죄행위"라고 지적했다. 한국여성정책연구원에 따르면 가정폭력 피해자는 2009년 기준 368만명이며 생명에 위협을 받는 여성은 50만명에 달한다. 여성들이 폭력에 노출되는데도 여성폭력관련 예산은 법무부의 복권기금으로 편성돼 안정적인 재정조달이 어려운 상황이다. 여성의전화는 가정폭력, 가족정책, 여성폭력 등 모두 5개의 주제로 정책을 제안했다. 우선 가정폭력방지법 전면 개정, 성폭력 친고죄 폐지, 스토킹방지법 제정, 아내강간죄 명문화, 사회·경제적 사유 임신중절 허용 등을 촉구했다. 또 가정폭력 가해자 체포 우선제도 도입, 사법처리 실태 개선 등 가정폭력 범죄자에 대한 올바른 사법처리를 주문했다. 이와함께 여성폭력 피해자 지원체계 개편, 여성폭력 피해 재외국민지원체계 정비, 부부상담 처분금지 등을 기본과제로 들었다. 여성폭력 근절을 위한 통합 인권교육 의무화와 평등한 가족상을 반영한 정책수립도 촉구했다.

여성의전화는 "정책 모니터링을 꾸준히 하겠다"고 밝혔다.96)97)

---

94) 블로그는 댓글 및 트랙백 등을 통한 많은 분들의 참여를 환영합니다. 건전한 소통을 위하여 공지사항 내 "女행상자 블로그 댓글정책 " 을 참조해 주시면 감사하겠습니다.
95) http://blog.daum.net/moge-family/4960(2012.4.6)
96) 1180호 [사회] (2012-04-05), 이지원 / 여성신문 기자
(gkr2005@womennews.co.kr)
97) http://www.womennews.co.kr/news/53110(2012.4.6)

4. "내가 죽어야 끝날까 혹은 죽여야 끝날까"

1) 칼로 물베기가 칼로 살베기

'백년해로'는 이제 옛말이 된 듯하다. 자녀까지 모두 출가시키고 노년에 이혼하는 이른바 '황혼이혼'이 급증하고 있다. 겉으로는 아무런 일없이 살아왔지만 속으로는 절절 끓고 있는 부부들이 많다는 것이다. 최근 늘어나고 있는 황혼이혼의 배경에는 경제적인 이유도 있지만 가정폭력 문제가 가장 큰 이유로 나타나고 있다. 이런 가운데 최근 부부싸움끝에 아내가 남편을, 남편이 아내를 살해하는 사건이 종종 발생하고 있어 사회적 대책 마련이 시급해 보인다.[98] 지난 21일 서울 중랑경찰서는 부부싸움을 하던 중 화를 이기지 못하고 아내 권모(60)씨를 흉기로 찔러 살해한 혐의(살인)로 양모(61)씨를 구속했다고 밝혔다. 은퇴 후 수년간 직업이 없던 양씨는 권씨로부터 돈을 벌어 오지 못한다는 잔소리를 들어왔으며, 양씨는 자주 술에 취해 가정폭력을 일삼았다. 양씨는 이날도 만취한 상태에서 권씨가 돈 얘기를 꺼내 말다툼을 벌이다가 분을 이기지 못하고 부엌에 있던 흉기를 휘둘렀다. 양씨가 휘두른 흉기에 권씨는 수차례 찔려 숨졌으며 싸움을 말리던 아들도 다리에 중상을 입었다. 같은 날 서울 도봉구에서도 부부싸움을 하다가 아내를 흉기로 내리쳐 살해하려 한 혐의(살인)로 이모(52)씨가 구속됐다. 이씨는 지난 15일 오전 2시 30분께 서울 도봉구 도봉동 자택에서 아내 김모(49)씨와 말다툼을 벌이던 중 김씨가 이혼 얘기를 꺼내자 홧김에 베란다에 있던 장식용 수석을 들어 아내의 머리를 수차례 내리쳤다. 서울 노원구 상계백병원으로 후송된 김씨는 혼수상태로 중환자실에서 치료를 받다가 지난 21일 정오쯤 숨졌다.

지난 13일에는 경남 사천시에서는 아내가 늦게 귀가한다는 이유로 술에 취해 부부싸움을 하다가 부엌에 있던 식칼로 가슴을 찔러 살해한 60

---

[98] 한종해 기자 2012.03.29 09:35:18, [일요시사=한종해 기자]

대 남편이 경찰에 붙잡혔다. 사천경찰서에 따르면 정모(63)씨는 술에 취한 채 지난 12일 밤 12시5분경 자신의 집에서 평소 아내가 늦게 귀가한다는 이유로 부부싸움을 하던 중 부엌에 있던 길이 31cm 식칼로 찔러 살해한 혐의를 받고 있다. 아내를 당구 큐대로 찍어 살해한 사건도 발생했다. 지난 23일 경기 평택경찰서는 부부싸움을 하다 격분해 아내를 당구 큐대로 찍어 살해한 김모(65)씨에 대해 상해치사 혐의로 구속영장을 신청했다고 밝혔다. 경찰에 따르면 김씨는 지난 1월21일 오후 9시30분께 평택시 자택에서 아내 한모(59)씨가 평소 자주 술을 마시고 늦게 귀가한다는 이유로 부부싸움을 벌이다 격분해 당구 큐대로 한씨의 머리와 가슴 등을 수회 내리쳐 숨지게 한 혐의를 받고 있다. 김씨는 범행 다음날 119에 전화를 걸어 "사람이 죽은 것 같다"고 신고했고, 경찰에는 "전날 밤 아내와 술을 마셨는데 아내가 평소 지병이었던 저혈압으로 죽은 것 같다"고 진술했다. 하지만 경찰은 국립과학수사연구원의 부검 결과, 한씨의 몸에서 폭행 등 타살 정황이 발견됨에 따라 거짓말 탐지기 등을 동원해 김씨를 추궁한 끝에 범행 일체를 자백받았다. 흉기로 찌르고 수석으로 내리치고 살벌한 부부싸움, 부부싸움은 '칼로 물베기?' 이젠 '칼로 살베기'이다. 한편 아내가 남편을 살해한 사건도 잇따라 발생했다. 경기 남양주경찰서는 지난 5일 부부싸움끝에 남편을 살해한 A(61)씨에 대해 구속영장을 신청했다. 경찰에 따르면 A씨는 지난 3일 오후 6시30분께 남양주시 화도읍 자신의 집에서 술에 취해 들어온 남편 B(62)씨와 말다툼 및 몸싸움을 벌이다 고무호스로 목을 졸라 살해한 혐의를 받고 있다.

A씨는 경찰에서 "(남편이) 술을 마시고 상습적으로 폭력을 행사해 왔다"면서 "술에서 깨면 때릴 것 같아 범행을 저지르게 됐다"고 진술했다.

경기 시흥경찰서에는 지난 4일 부부싸움끝에 남편(56)을 둔기로 내리쳐 숨지게 한 아내(55)가 살인혐의로 붙잡히기도 했다. 한편 부인이 수면제를 먹고 잠이 들자 사망한 것으로 오인한 60대 남성이 극약을 마시고 숨져 주위를 안타깝게 한 일도 있었다. 지난 20일 전남 진도경찰서에 따르면 19일 오전 9시께 전남 진도군 조도면 C(69)씨 집에서 C씨와 부인 D(60)씨가 쓰러져 신음중인 것을 이웃주민이 발견 119구조대에 신고했다. 이들 부부는 긴급 출동한 전남도 소방헬기로 목포 한국병원으로 옮겨졌으나 남편은 숨졌다. 응급치료를 받은 부인 D씨는 다행히 생명에는 지장이 없으며 회복중인 것으로 알려졌다. 경찰은 C씨 집 방에서 농약병과 수면제가 발견된 점으로 미뤄 남편 C씨는 농약을 마시고 부인 D씨는 수면제를 복용한 것으로 보고 있다. 이에 따라 경찰은 부부싸움 뒤 부인 D씨가 수면제를 복용하고 잠들어 아침에 깨어나지 않자 숨진 것으로 오인한 남편 C씨가 이를 비관, 농약을 마시고 스스로 목숨을 끊은 것이 아닌가 보고 정확한 사망경위를 조사하고 있다.

2) 가정불화 공개해야

서로 죽고 죽이는 '칼로 살베기' 부부싸움이 잇따라 발생하는 가운데 전문가들은 가정불화나 부부싸움을 가족내 문제로 치부하고 공개를 금기시하는 사회적 분위기와 인식이 부부싸움을 '죽음'으로까지 내모는 주요한 원인이라고 분석한다. 전문적인 치유나 상담을 받아 초기에 해결될 수 있는 문제가 주변의 무관심과 방치속에 계속 쌓여가면서 감정에 치우친 두 당사자가 직접 부딪히다 보니 극단적인 방법까지 치닫게 되는 것이다. 한편 통계청의 2010년 이혼통계에 따르면 50세 이상 여성의 이혼건수는 2만900건으로 10년전인 2000년(7500건)에 비해 세 배 가까이 늘어났다. 사단법인 한국여성의전화가 집계한 자료에 따르면 2010년 남편에 의해 목숨을 잃은 아내의 수는 최소 57명에 이르는 것으로 조사됐다.[99]

5. 아내와 북어는 때려야? "폭력은 무조건 안된다!"

"으악!", "헉!", "와장창!", "우당탕탕!" 이웃집에서 이러한 고함소리, 비

---

99) http://www.ilyosisa.co.kr/news/article.html?no=17064&(2012.3.31)

명소리 등이 들린다. 여러분은 어떻게 하시겠습니까? 보통은 "부부싸움 하나보네.."라면서 넘어갑니다. 집에서 뿐 아니라 길에서 부부싸움을 하다가 남자가 여자를 끌고 가는 장면을 보고도 길에 있는 사람들이 그냥 쳐다보고만 있는 것을 보았습니다. 남의 가정사라고 치부를 해버리는 것이죠. 또, 남의 가정사에 끼어들면 안된다는 사고도 있습니다. 하지만 가정폭력은 누구든 신고할 수 있다는 사실을 아시나요? 가정폭력은 집안일이 아닙니다. 이는 엄연한 범죄입니다.

범죄를 누구나 신고할 수 있듯이 가정폭력도 범죄니 누구든 발견한 사람은 신고를 하고, 피해자를 보호해야 하는 것입니다. 가정폭력이란 무엇일까요? 가정에서 일어난 폭력을 대부분 가정폭력으로 정의합니다.

물리적인 폭력만이 가정폭력만은 아닙니다. 구체적으로 가정 구성원 사이의 신체적, 정신적 또는 재산상 피해를 수반하는 모든 행위를 뜻합니다. 폭행 외에도 유기, 학대, 감금, 협박, 모욕도 가정폭력입니다. 또 아동이나 노인에게 구걸을 시키는 행위도 가정폭력에 해당됩니다. 경찰이 개입하지 않는다고요? 예전에는 경찰에 가정폭력으로 신고를 하면 "가정일이니까 알아서 해결하세요."라는 답을 들었다는 이야기가 많았습니다. 하지만 이제 이는 부당한 처사로 신고했을 경우 바로 처리를 해야 합니다. 특히 가정폭력은 더욱 민감합니다. 경찰은 가정폭력 신고를 접수한 후 폭력행위의 제지, 가해자·가정폭력피해자의 분리 및 범죄수사, 피해자의 동의가 있는 경우 피해자에 대한 가정폭력 관련 상담소 또는 보호시설 인도, 긴급치료가 필요한 피해자의 의료기관 인도, 폭력행위의 재발시 임시조치를 신청할 수 있는 사실의 통보 등의 조처를 해야 합니다. 특히 피해자가 원하는 경우 여경에 의해 조사를 받을 수 있으니 이를 요구하셔도 됩니다.

1) 고통받는 여성, 사법처리될 때까지 기다려야 하나?

예전에 60대를 넘긴 할머니가 몇십년을 맞고 산 남편을 경찰에 신고하셨다는 뉴스를 본 적이 있습니다. 그 당시 회사의 부장님께서 "40년 이상 지금처럼 살았는데, 그냥 참고 살지."라고 이야기를 해 울분을 토했던 기억이 납니다. 40년이나 살았지만 얼마나 못견디겠으면 그 나이에 남편을 신고하고, 이혼을 요구하겠냐고 이야기를 한 저를 연로한 부장님은 이해를 못하시더라고요. 하지만 그 뒤 경찰조사를 받는 와중에도 그 남편은 계속 폭력을 행사했고 결국 그 남편은 접근금지조치가 내려졌습니다. 접근금지조치란 무엇일까요?

　가정폭력의 피해자 또는 그 법정대리인은 검사 또는 경찰에게 가해자에 대하여 피해자로부터 격리시키거나 접근금지 명령과 같은 임시조치의 청구 또는 그 신청을 요청할 수 있고, 판사는 가정보호사건의 원활한 조사심리 또는 피해자의 보호를 위하여 필요하다고 인정한 때 다음과 같은 임시조치를 할 수 있습니다. 가정폭력의 경우 다른 사건과 다르게 이혼이나 직접적인 처벌이 있을 때까지 피해자는 한 집에서 가해자를 보고 살아야 하는 고통이 있기 때문입니다. 이에 다음과 같은 조치를 내릴 수 있다고 합니다.

　① 피해자 또는 가정 구성원의 주거 또는 점유하는 방실로부터의 퇴거 등 격리
　② 피해자 또는 가정 구성원의 주거, 직장 등에서 100미터 이내의 접근금지
　③ 피해자 또는 가정 구성원에 대한 전기통신을 이용한 접근금지
　④ 의료기관이나 그 밖의 요양소에의 위탁
　⑤ 경찰서 유치장 또는 구치소에의 유치

　가정폭력은 「가정폭력범죄의 처벌 등에 관한 특례법」에 따라 상담, 긴급피난, 가정폭력 보호시설 입소 등의 보호 및 지원을 받을 수 있습니다.

　가정폭력피해자는 폭력으로 인한 피해회복을 위해 치료보호, 무료진료와 같은 의료지원, 아동의 주소지 외 지역학교로의 입학·전학 등 취학지원, 배상명령, 임대주택 주거지원 등의 지원을 받을 수 있습니다.

2) 무료소송이 가능한 가정법률상담소

실제로 가정폭력의 피해를 당하면서 조치를 취하지 못하는 여성, 이혼을 하고 싶어도 이혼을 해주지 않는 남편 때문에 이혼을 못하는 여성들이 있습니다. 소송이라도 하라고 하면 "돈이 없어서~"라고 답을 합니다.

하지만 이러한 가정폭력 피해여성을 위해 무료로 법률 및 소송을 지원하는 곳이 있으니 바로 가정법률상담소입니다. 전국의 많은 변호사들이 이곳에서 봉사활동을 하고 계셔서 무료변호를 지원하고 계신다고 합니다. 또 피해자 치료 등을 후원하는 전문상담사 등도 있어 이곳에서 가정폭력에 대한 실질적인 도움을 받을 수 있습니다. 저도 우연히 여의도에 외근을 나갔다가 알게 된 이곳은 가정폭력 피해여성을 위한 무료법률상담 및 변호사 지원 외에도 많은 일을 하고 있었습니다.

3) 이혼 후 양육비를 주지 않는다면?

이러한 경우 미성년 자녀의 양육비 청구 및 이행 확보 등도 무료로 도와줍니다. 그 외에도 가정폭력 피해여성을 위한 자조모임 등을 갖고 가정폭력 피해 후에도 행복하게 살아갈 수 있도록 도움을 주고, 결혼준비교육, 부부관계 향상을 위한 공개강좌, 결혼과 법에 대한 교육, 교사연수 등을 합니다. 그리고 지금까지 가족법 개선 등을 위해 힘을 쓴 곳도 이곳이더라고요. 또 다문화가정과 외국인을 위한 서비스 지원도 합니다.

○ 상담 안내전화 : 1644-7077(지방은 각 지부에서 면접상담, 예약 후 외국인을 위한 영어상담 가능)

○ 상담시간 :
  평 일 : 오전 10시 ~ 오후 5시 (접수 : 오후 4시까지)
  점심시간 : 오전 12시 30분 ~ 오후 1시 30분
  야간상담 : 매주 월요일 오후 6시 ~ 9시 (접수 : 오후 7시까지)

○ 상담 홈페이지 http://lawhome.or.kr 사이버상담실

○ 가정법률 지원센터 트위터 및 사이트 주소

트위터: http://twitter.com/#!/LegalAidCenter
http://www.lawhome.or.kr/law1/index.asp

4) 법률구조 제도

법률구조제도는 경제적으로 어렵거나 법을 모르기 때문에 법의 보호를 충분히 받지 못하는 국민들에게 법률상담, 변호사 또는 공익법무관에 의한 소송대리 및 형사변호 등의 법률적 지원을 함으로써 정당한 권리를 적법한 절차에 의하여 보호하고 국민의 기본적 인권을 옹호하는 법률분야의 사회복지제도입니다.(대한법률구조공단<www.klac.or.kr>)

▲ 폭력 예방교육 워크샵〈가정법률상담소〉
자료: http://blog.daum.net/loveacrc/5591(2012.3.31)

그 외에도 이곳에는 상담 및 법률 구조조정 사례가 제시되어 있습니다. 가출 후 17년만에 나타난 남편에 대한 이혼소송, 폭력시모에 대한 이혼소송, ADHD(과잉행동증후군) 자녀를 방치한 아버지에 대해 어머니가 친권자 및 양육자 변경을 요청한 사례 등 수 많은 가정폭력의 피해와 그 후 조치에 대해서 볼 수 있습니다.

"아내와 북어는 삼일에 한번씩은 때려야 한다."
"자식을 귀하여 여기면 매로 다스려야 한다."

가정내 폭력을 당연시 여기는 우리의 문화는 곳곳에 숨어 있습니다. 수백년을 가부장적으로 살아온 사회가 쉽게 바뀔 수는 없습니다. 하지만 이젠 남성 여성을 막론하고 모두가 폭력은 절대로 안된다는 사고방식을 가져야 합니다. 폭력을 휘두르는 아버지가 너무 싫었는데, 어느 순간 내가 똑같이 행동을 하는 것을 보고 기겁했다는 한 아들의 이야기처럼 폭력은 무서운 마약과 같아서 어느 순간 나도 모르게 내재화됩니다. 습관처럼 번져 가정폭력이 학교폭력과 사회폭력까지 부릅니다. 또 가족해체와 신체적 및 정신적으로 사람을 피폐하게 만듭니다. 행복한 가정이 모든 것의 시작이란 말은 하나도 그른 말이 아닙니다. 행복한 사회를 위한 첫 걸음, 그것은 바로 행복한 가정일 것입니다. 특히 우리 가정만 행복한 것이 아니라 사회 전체가 유기체처럼 행복해야 합니다. 따라서 다른 가정의 폭력과 불행 앞에 나몰라라 하는 일이 없는 사회가 되어야 할 것입니다.[100][101]

6. 가정폭력, 제발 도와주세요.

제발 도와주세요![102] 친구의 가족들을 도와주세요!! 남편이 알콜중독과 도박중독에 매일 폭행을 합니다. 두 아이의 엄마인 제 친구는 13년간 거의 매일 이러고 살고 있습니다. 며칠전엔 허리띠로 친구의 목을 졸라 기절까지 시켰습니다. 정말 믿을 수 없는 엽기적인 정신병자인 남편을 피해 오늘도 남편 술이 깨면 들어가겠다고 아이들과 잠깐 피해있습니다.

친구의 친정아빠는 어렸을 때 자살하셔서 안계시고 남동생도 개차반

---

[100] ※ 가정폭력에 대한 신고: 1366,112,119, 보건복지통합콜센터 129 및 파출소, 경찰서〈내용 출처 | 서울신문〉
[101] http://blog.daum.net/loveacrc/5591(2012.3.31)
[102] 작성자 송명희 조회수 264 E-MAIL pomimi88@nate.com

이라서 자기 엄마까지 폭행하는 아이라서 얘기도 못하고 시댁 시아버지도 작년에 자살하셔서 친구는 자기 남편도 자살할까봐 걱정을 합니다.

어렸을 때 충격이 남아 있어서 그런지 정말인지 어떻게 도와줘야 할지 모르겠습니다. 제발 도와주셔요. 제가 한국에 살고 있지는 않지만 자주 나오며, 이 친구 근처에 살고있는 친구가 얼마전 아이를 낳아서 저에게 부탁했는데 제가 컴맹에다 독수리타법이라 가능하다면 전화통화를 하고 싶습니다. 참고로 이 가여운 친구가 사는 곳은 서울시 강동구 천호동에 살고 있습니다. 이 가족이 행복하지는 못하지만 정상적인 가정이 될 수 있는 길을 알고 계신다면 조언 부탁드립니다. 꼭좀 부탁드릴께요!!

전 담주 월요일(11월 14일) 일본으로 들어갑니다만, "지임선"이라는 친구가 이 친구의 사정을 제일 잘 알고 있기 때문에 연락이 가능하다면 이리로 연락 부탁드릴께요. 제발 도와주세요.

위의 사항에 대한 답변: 지임선 친구분과 연락하여 연계해 드렸습니다.[103]

7. 박상민 격분증후군, 아내 상습폭행으로 이어졌나?

아내 한모(39) 씨를 폭행한 혐의로 배우 박상민(41)이 벌금형을 선고받은 가운데 과거 격분증후군 언급이 눈길을 끌고 있다.[104] 박상민은 지난 2월 종합편성채널 채널A '쇼킹'에서 SBS TV 드라마 '자이언트' 출연 전 정신과 치료를 받았던 사실을 털어놓았다. 박상민은 "외상 후 격분증후군 진단을 받았다. 상태가 심각해 일반인의 3배에 가까운 약을 복용해야 했다"고 밝혔다. 외상 후 울분장애라고도 부르는 외상 후 격분증후군(Posttraumatic Stress Disorder, PTED)은 신체적 손상이나 위협적인 상황에 직면한 뒤 나타나는 정신적 장애가 지속되는 증상을 의미한다. 어떤

---

103) http://yeosung21.or.kr/02_women/women01.html?mode=view&no=76(2012.3.31)
104) TV리포트 | 최민지 | 입력 2012.05.09 11:12 | 수정 2012.05.09 11:12

부당한 일을 겪은 후 그에 대한 증오와 분노를 느끼게 하는 것이 바로 이 증상인데 주로 해고, 이혼, 파산, 펀드손실, 가까운 이의 사망 불치병 진단처럼 충격적인 상황이 닥쳤을 때 주로 발생된다. 이 감정을 3개월 이상 다스리지 못하면 결국 방화, 자살, 폭력같은 극단적인 행동으로 이어지는 것이다. 이에 누리꾼들은 "박상민 격분증후군 때문에 그런가?" "박상민 격분증후군 그 때 정말 안타까웠는데" "박상민 격분증후군 정말 심각했구나" "박상민 격분증후군 지금 생각해도 뭔가 안타깝다" 등의 반응을 보였다.

한편 서울동부지법 형사3부(부장판사 김홍도)는 9일 아내에게 욕설을 하고 폭행한 혐의로 기소된 박상민에게 벌금 20만원을 선고했다. 재판부는 박상민의 상습폭행 등을 언급하며 피해자가 처벌을 원하고 있는 점을 고려했다고 양형 이유를 설명했다.[105][106]

8. 가정폭력 상담내용과 사례

지금의 남편과는 횟수로 4년째 동거중입니다. 저는 가슴을 눌리고 목이 졸린 상태에서 아무런 반항도 못한 재 무방비 상태로 맞아야했습니다.

술에 많이 취한 상태라지만 술김에 화가 나서 때린 것이라고는 볼 수 없는 상황입니다. 이쯤에서 끝내야 할 것 같은데, 지금까지 죽어라고 일만하고 얻은 건 빚 뿐입니다. 억울하고 분해서 살 수가 없습니다. 남편이 날 때리면서 했던 말을 하자면 사랑하니까, 너없음 못사니까, 평생 때려서라도 정신차리게 해줄꺼라고 하더군요. 이래도 살아야하나요? 해결책을 좀 가르쳐주세요. 차라리 혼자 벌어서 맘 편하게 살고 싶습니다.

저랑 사연이 너무나 같아 지난날을 보는 것 같네요. 저도 아들이 둘이고 애들엄마는 바람나서 이혼하고 어쩜 저랑 같은지요. 저도 짐승처럼

---

105) 사진=TV리포트 DB, 최민지 기자star@tvreport.co.kr
106) http://media.daum.net/entertain/enews/view?cateid=100030&newsid=20120509111217720&p=tvreport&t__nil_news=downtxt&nil_id=11(2012.5.9)

일만했고 남은 것은 아무 것도 없었어요. 저는 그런 세월을 10년 살았어요.107) 처음엔 진짜 사랑인가 하다가 다음에는 오기로 내가 그 삶을 고칠 수 있다고 믿다가 다음에는 네가 늙으면 보자 했는데 그것 또한 나의 오산이고 바보짓이더라고요. 저는 이혼주의자는 아니지만 그런 남편은 안돼요. 정말 안돼요. 가면 갈수록 폭력의 세기가 더 클 것이고 님께서 나중에는 무기력한 바보가 되요. 정말이예요. 벗어나세요. 그런 사람은 강하게 해야 해요. 꼭 벗어나세요. 여성의전화 정말 좋은 곳이예요. 저도 그곳의 도움을 받았거든요. 일단 상담받고 어서 벗어나세요. 아직 세상은 여자에게 호락호락 하지는 않지만 그래도 인간답게 살 수 있는 공간이예요.

꼭 벗어나세요. 세상에 좋은 분들이 참 많아요. 그리고 힘내세요. 얼마든지 이겨낼 수 있어요. 나이가 어떻게 되는지는 모르지만 힘내세요. 벗어나세요. 저랑 사연이 너무나 같아 지난날을 보는 것 같네요 저도 아들이 둘이고 애들 엄마는 바람나서 이혼하고 어쩜 저랑 같은지요.108)

현재 많이 힘든 상태이신듯한데 상담을 받아보시기를 권합니다. 상담은 02-2263-6464로 하시면 되고 지역이 서울이 아니신 경우에는 상담안내 메뉴에서 해당지역 상담번호를 확인하시고 해당지역에서 받으실 수 있습니다. 이메일상담을 원하실 경우에는 counsel@hotline.or.kr로 하시면 됩니다.109)

9. 가정폭력 피해자 보호 및 가해자를 위한 지원운영사례

가정폭력 피해자 보호 및 가해자를 위한 지원운영사례, 쉼터운영과 가해자를 위한 치료프로그램 운영사례를 들면 다음과 같다.

---

107) 원맘 2009-03-05 18:20
108) 관리자 2009-02-27 13:49
109) http://www.hotline.or.kr/kwh/bbs/board.php?bo_table=news&wr_id=9&sfl=&stx=&sst=wr_hit&sod=asc&sop=and&page=1(2012.3.31)

1) 쉼터(Shelter)의 역할

쉼터는 남편으로부터 구타당한 아내들이 폭력상황을 피하여 일시적으로 보호를 받을 수 있는 장소로서 미국에서는 'Abused Women's Shelter'라고 하며 학대받는 여성들의 보호소, 피난처란 의미를 가지고 있다. 배우자로부터 상습적으로 구타와 학대를 받으면 신체적인 상처 뿐만 아니라 정신적, 경제적, 성적으로도 멍이 들어 증오와 불안·좌절 및 긴장 등으로 인성이 파괴되었기 때문에 이러한 상처들을 회복할 안전한 장소가 필요하다. 쉼터의 역할은 상실된 자신을 찾아 한 독립된 인간으로서의 자신감과 자율성, 판단력을 회복하는데 그 목적이 있다. 이러한 목적을 달성하기 위해서는 상담조치, 의료조치, 법적 조치는 물론, 적절한 시설과 공간은 물론 동시에 도움이 될 수 있는 치료 및 교육프로그램 등이 있어야 한다.

2) 부산여성의전화, 쉼터 개소

부산여성의전화는 1990년 2월 1일 개소되어 여성고민에 대한 제반문제를 다루었으나 내담자의 60% 이상이 남편에 의한 상습적인 구타 및 학대문제를 호소해 옴에 따라 피해여성들의 필요에 의하여 1992년 3월 7일 쉼터를 개소하였다. 18평짜리 아파트를 얻어 상담소와 분리되도록 했으며, 1994년에는 50평짜리 단독주택으로 이사를 했고, 1999년 4월 8일 150평되는 동사무실을 개조하여 이사하였다(1층 상담소, 2층 쉼터, 3층 교육장).

상담소와 쉼터가 같은 건물에서 운영됨에 따라 보안장치로 CCTV 등을 설치해서 쉼터 이용자들의 불안을 들어주고 있다. 쉼터 이용자는 매년 평균 150명 이상이고 체류기간은 3개월이지만 상황에 따라 더 연장할 수 있다. 쉼터 이용자는 1999년 5월까지 1천명 이상이고 거의 상습적인 구타를 당하면서도 수년간을 참아온 여성들이다. 본 쉼터 이용자들에 대한 실태조사에 의하면 연령은 30대가 가장 많고, 교육수준은 대부분

고졸이며, 결혼 후 평균 한 달에 2회 이상 맞았으며, 그중 자녀도 구타하는 집계가 67%로 높게 나왔고, 거의 매일 때린다가 3%가 되었다. 구타 남편이 성장기에 부모나 가족으로부터 폭력을 당했다는 수치도 40%가 나와 폭력은 대물림이 된다는 것이 증명되고 있다. 이들이 구타 기간동안 취한 대처방법은 경찰에 신고한 경우가 15.7%이고, 가족이나 친지들과 상의했다가 64.3%이며, 쉼터를 찾은 경우가 41%, 상담기관에 가서 상담을 한 경우가 37%로 친척이나 쉼터 혹은 상담기관이 선호되고 있음을 알 수 있다. 이들이 바라는 것으로 쉼터가 해야 할 가장 중요한 일로는 첫째, 경제적 자립에 필요한 기술 등의 훈련이었고(55.7%) 둘째, 법률자문이었으며(35.6%) 셋째, 심리치료(구타남편도 포함)였고(31.5%) 넷째, 자녀와 함께 숙식을 제공받는 것이었다)(20%). 이 집계를 보면 구타남편을 떠나고 싶어도 앞으로 살아갈 생계문제가 가장 큰 걸림돌이 되고 있다. 현재 우리나라의 쉼터들은 이들이 바라는 첫번째 기대를 해결해 주지 못하므로 입소시에는 91.4%가 이혼하겠다는 결심을 보이나 외상이 치유되면 무거운 마음으로 다시 폭력가정으로 돌아가게 된다.

3) 쉼터 개입 프로그램

(1) 법률자문은 1995년 4월에 '여성평화를 위한 변호사모임'을 발족하여 매 월요일 저녁 6시~8시까지 14명의 변호사들이 순번대로 상담을 하고 있다. 내담자들이 많아 몇 주씩 기다릴 정도로 많이 이용하고 있다.

(2) 집단상담과 의식향상 훈련, 인간관계 훈련, 미술치료 등이 매주 진행되고 있으나 애로사항은 체류기간이 모두 다르므로 단계적인 상담을 진행하기가 어렵다. 따라서 단기체류자에겐 개인상담을 통해 내담자의 상황에 따라 심층적으로 진행해 나간다. 집단상담은 이용자 전원이 참석한 가운데 피해상황의 보편적 특성과 폭력상황의 일반적 기제, 사회·문화적 원인 및 관련성 등을 탐색한 후 극복방안을 공동으로 모색한다.

이에 따른 상담의 목표는 다음과 같다.

첫째, 아내구타 문제는 개인이나 가족 뿐만 아니고 사회문제이므로 이를 해결하기 위해서는 공통적으로 대처할 수 있는 마음가짐 즉, 공동체의식을 함양시킨다.

둘째, 상습적인 남편의 폭력을 묵인하거나 참고 산다는 것은 폭력을 더욱 조장하는데 기여한다는 것을 인식하게 하고 자신의 행복이 가족 모두의 행복이 될 수 있음을 깨닫게 한다.

셋째, 지속적인 구타로 손상된 자존감이나 자신감을 회복시켜주는데 있다.

위와같은 모든 상담과정은 여성학적 시각에서 문제의 성격과 원인을 규명하고 문제해결을 모색하는 것을 원칙으로 하고 있다.

4) 민들레 모임

부산여성의전화 민들레 모임은 쉼터를 거쳐간 피해자들이 2달에 한번 씩 모이는 추후 상담모임이다. 매번 약 20명~30명이 모이는데 주로 홀로서기 여성들 중심으로 모이고 있다. 성공사례와 실패사례를 발표하여 서로 마음을 교류하고 정보교환과 지지 등의 내용이 중심이 되고 있다.

5) 쉼터에 대한 선행연구

보우커스(Bowker's 1986)에 의하면 쉼터이용자(무작위 추출) 설문집계 결과 44%는 남편의 폭력이 감소 혹은 중지되었고, 12%는 어느 정도 효과가 있었고, 16%는 아주 조금 효과가 있었고, 22%는 전혀 효과가 없었다고 한다. 그러나 가정폭력에 대한 서비스 중 여성단체들이 제공하는 쉼터 서비스가 폭력을 감소시키는 순위로는 가장 높은 자리를 차지하였다.

선행연구들의 결과를 요약하면 다음과 같다.

① 적어도 3개월은 쉼터에 머물러야 학습된 무기력에 변화가 일어난다. 6개월에서 1년을 머물면 영구적으로 변화가 가능하다(Bowker's 1985 : Gurney. 1987).

② 쉼터는 제소자에 대한 지침이 있어야 한다(Walker. 1979 : Bowker.

1985 : Whipple 1985).

③ 안전과 휴식기간이 정해져 있어야 한다(Schechter. 1982 : Traicoff. 1982 : Bowker. 1985).

④ 동료들의 지지와 동료상담이 효과적이다(Bowker. 1986).

⑤ 의료와 심리적 개입이 있어야 한다(Ryback. 1986).

⑥ 법적·재정적 보조를 주어야 한다(Ryback. 1986).

⑦ 가치 명료화나 의식향상에 대한 교육이 필요하다(Ferraro. 1983 : Smiley. 1985).

⑧ 위생과 건강에 대한 교육과 영양을 취하게 하고 자녀를 돌볼 수 있도록 해준다(Jaffee. 1986 : Rhodes. 1986 : Gross. 1987 : Hughes. 1988).[110]

10. 매맞는 남편의 실태

네 사람의 남자가 병원에 입원해 있었다. 50대 남자가 하소연했다.[111] "나이 50이 넘어 꼬박꼬박 월급 타서 집에 가져오는 사람이 그리 많나요? 그래서 봉급날 아침 반찬 투정하다가 마누라한테 얻어맞아 입원하게 됐지요." 그러자 60대 남자가 "나는 마누라가 주면 주는대로 먹지 반찬투정은 아예 안해요." "그럼 왜 입원했어요?"하고 묻자 "마누라가 화장하기에 어디 가려고 그러느냐고 물어봤다고 이 모양이 됐지요." 그 때 70대 남자가 "나는 반찬투정도 안하고, 마누라가 나가든 들어오든 묻지도 따지지도 않거든요. 그런데 저녁에 자다가 목이 말라 물마시고 들어오다가 마누라와 눈이 마주쳤는데 무슨 음흉한 생각하느냐고 하면서 나를 이렇게 두들겨 패놓더라고요." 듣고 있던 80대 남자는 힘없이 한다는 말이 "당신들은 나보다 낫소. 나는 아침에 눈떴다고 두들겨 맞았거든요." 웃자고 하는 이야기지만, 어쩐지 마음 한편에서는 찬바람이 일만큼

---

110) http://blog.yahoo.com/_4TPC7LOPXYNHOMFJOXNIVZHDVE/articles/531376 (2012.4.1)
111) 승인 2012년 03월 05일 거제신문 ok@geojenews.co.kr

서글퍼진다. 과거 2006년도 통계에서는 매맞는 아내가 30%, 매맞는 남편은 13%라고 발표했다. 지금은 그 때보다 많았으면 많았지 결코 줄었을 리는 없다. 2011년 국정감사 자료에 매맞는 남편이 최근 5년간 1,834건인데, 아내한테 매맞은 것이 쪽 팔려서 신고를 안한 수를 합하면 더 많을 게 뻔하다. 매맞는 남편이 노인이나 아동학대수보다 많다. 신고된 가운데 서울 영등포의 A씨의 경우 아내의 허락없이 딸을 데리고 처가에 갔다왔다고 빗자루와 스테인리스 냄비로 폭행을 당해 아내가 입건된 일이 있고, 서울 중구 B씨는 늦게 귀가해서 밥달라고 했다가 폭행을 당한 사례도 있다. 지난해 국정감사 자료를 분석하면 재미난 특징을 보이는데 남편을 때리는 드센 아내의 숫자가 그동안 전남지역이 높았지만, 요즘은 강원지역이 1위 자리를 추월한 것으로 밝혀졌다. 또한 같은 충청지역 중에도 충남은 신고건수가 많은 반면, 충북은 거의 없어 가장 순한 아내가 모인 지역으로 꼽혔다.[112]

11. 감금 등 가정폭력은 인권문제

강제개종교육피해자연대(강피연), 50여일째 감금된 박모씨 석방집회 계속, 광주서 한해동안 70여건 발생, 심각한 사회문제[113] 폭력과 감금 등의 불법적인 행위가 종교와 가정이라는 울타리내에서 행해졌다는 이유로 신속한 구제를 받지 못하는 사건이 잇따르고 있어 대책이 시급하다. 광주·전남 강제개종교육피해자연대(강피연)는 지난 6일 이후 가정폭력에 의해 50여일째 감금된 광주시 남구 박모씨(27·여)씨의 석방을 촉구하며 남부경찰서 인근 이마트 사거리에서 현수막을 내걸고 시위를 벌이고 있다. 강피연에 따르면 남부경찰서는 현재 가정폭력에 의해 감금된 박모씨 사건을 신고받아 수사중에 있다. 남부경찰서는 박씨가 감금에서

---

112) 거제신문(http://www.geojenews.co.kr)
113) 입력시간 : 2011. 09. 16. 00:00

벗어나고 싶다는 의사를 밝히고 있으나 사건이 부모와 종교적 갈등 및 가족이 개입되었다는 이유로 적극적인 개입을 하지 않은 채 장기 감금 상태를 방치하고 있다는 것이다.

박씨 감금사건은 남부서에 이첩되기 전에 양림파출소에 박씨의 지인 신고로 접수됐고 파출소 경찰관이 감금 현장에 찾아가 피해자 박씨와 가족을 지구대로 데려와 조사했다. 피해자 박씨는 오랜 감금으로 안정을 취하고 싶다며 쉼터로 가겠다고 의사를 밝혔으나 가족의 반대를 확인한 파출소는 잠깐 조사 후 다시 집으로 돌려보내져 지금까지 감금상황에 있다는 것이다. 당시 파출소 경찰에 따르면 피해자 박씨가 정신과 약을 먹고 있었고, 보호자가 있는 상황이기에 집에 돌려보낼 수밖에 없었다고 밝히고 있다. 그러나 피해자로부터 직접 피해상황을 들었던 동료 이승일 씨는 정신과 약도 피해자 박씨가 의식이 없을 때 본인과 상관없이 부모에 의해 지어졌던 것이며, 심지어 원룸에서 감금 당시 목이 졸려 기절까지 하여 병원에까지 실려가야 했다는 것이다. 이에 시위 현장에 나온 강피연 대표인 최지혜(31·여)씨에 따르면 "아무리 가족내에서 벌어진 종교적 갈등이라도 대화를 벗어난 감금, 납치는 이미 심각한 가정폭력이며, 인권문제로 봐야 한다"고 당국의 행태에 강하게 반발했다. 강피연의 한 회원은 "사건을 조사하는 경찰에서는 가정문제, 종교문제로 방치할 것이 아니라 무엇보다도 피해자의 인권을 우선하여 피해 당사자의 의사대로 보호조치되어야 한다"고 호소하고 있다.

강피연은 자체 조사한 실태에 따르면 한 해 동안 광주에서 벌어지는 이같은 인권피해가 약 60~70건에 달한 것으로 파악되고 있으며 국가와 언론, 시민들의 관심과 보호 노력이 절실하다고 강조하고 있다.[114] 강제개종교육이란 종교의 자유가 보장된 우리나라에서 종교와 교파가 다르다는 이유로 개종목사와 가족에 의해 피해자가 납치, 감금되어 원치 않

---

114) 이장준 시민기자

는 개종을 강요당하는 일이다.

〈게시자 의견〉

강제개종은 인류의 씨를 말린다. 모두 피해사실을 공유하고 알려야 한다.115)116)

12. 올해 60세가 되는 예비할머니

어릴적 저는 아버지의 심한 주사를 보며 늘 아버지가 죽어 없었으면 얼마나 좋을까. 엄마는 왜 저렇게 늘 당하고만 사실까? 많은 생각으로 참으로 우울한 청년기를 보내야만 했습니다. 이제와서 생각해보면 그래도 그런 시기를 절망만 느끼지 않고 내가 할 수 있는 모든 것에 최선을 다해 열심으로 살아온 시간들이 있어 나름대로 오늘의 이 시간들이 있지않나 여깁니다. 나냥이님 술을 먹지 않은 남친을 만나시고 경제력을 가져 보시길 권해봅니다. 살아가는데 부모와의 연결이 끊어져도 될 나이(?) 여자나이 32, 꺾이는 시기지만 살아온 시기만큼 어릴 때보다 판단력은 훨씬 나아졌네요. 아직은 그래도 부모와 동생을 외면하기보다는 같이 이 어려움을 해결해 나가고 싶어요. 건강하세요. 동생도 자기의 문제점을 알고 고치려고 노력을 해야 됩니다. 술 취해서 저지르는 짓을 동영상으로 찍어서 보여주세요. 아버지의 술주정, 폭언, 폭행이 증오스럽지 않더냐. 그런데 너는 아버지보다 더 심한 사람이 되어 가서 누나로서 안타

---

115) 출처: 강제개종교육피해자연대 (http://cafe.daum.net/jinwar 공동대표 박상익, 장주영), 목사에 의한 5세 여아의 무자비한 아동학대와 종교세뇌, 개종강요 중단 5천만 서명운동(목사, 애엄마, 애할머니, 어린이집 원장에 의한 일년 365일, 하루 24시간 감금폭행, 종교세뇌, 방치, 따돌림, 친부 이간질 -〉 인격장애, 정신분열, 정서불안), http://bbs2.agora.media.daum.net/gaia/do/kin/read?sortKey=depth&bbsId=K153&searchValue=&searchKey=&articleId=110051&pageIndex=1 (클릭 서명), 종교사회개혁시민연대 후원(대표 한극동 http://cafe.daum.net/lidan), 강제개종교육피해자연대 후원(http://cafe.daum.net/jinwar 대표 박상익 장주영)
116) http://bbs2.agora.media.daum.net/gaia/do/kin/read?bbsId=K153&articleId=114508(2012.3.31)

깝다고 술을 끊고 심리치료나 운동으로 심신을 다스리라고 하세요.[117]
 저도 몰랐는데 어제 물어보니, 예전에 누가 동영상 촬영을 해서 본적이 있다고 합니다. 동생 스스로도 그 충격을 받고도 똑같은 실수를 하니 무척 괴로운가봐요. 스스로의 의지로는 절대 해결이 안된다는 걸 깨달았네요. 답변 고맙습니다.[118] 냐냥이님의 고통을 충분히 이해를 합니다. 저도 님처럼 술먹고 폭력적인 집안에서 자라서 그 마음에 이해한다는 뜻입니다. 그래서 전 성인이 되어도 절대로 술과 담배는 입에 되지 않습니다.
 술이 사람의 이성을 상실하게 폭력을 유발시키는 원인이 되지만 근본적으로 술핑계로 가족을 폭행하고 폭언을 일삼는 행동을 면제부를 주는 셈국이죠. 우리나라의 술문화가 근본적으로 잘못되었습니다. 냐냥이 동생분도 술을 드신 후 누나인 냐냥이님에게도 행패를 부릴 수가 있습니다. 또한 냐냥이님이 남친과 헤어지셨다고 하는데 이는 냐냥이님이 본인이 가해자 입장으로 돌변할 수도 있다는 뜻입니다. 즉, 자식을 낳게 되면 선우익국 자식을 가학적으로 학대를 할 수가 있다는 뜻입니다. 그러니 냐냥이님이 결혼을 망설일 수도 있고 그 남친도 자신의 환경이 님과 같아서 폭력적인 행위를 할까 두려워서 헤어진듯 합니다. 인간의 폭력성은 학습되는 경우가 굉장히 많습니다. 어릴 적의 학습이 성인이 되어서도 그것을 벗어나기 위해서 또 다른 연약한 존재인 여자나 자식을 폭력적으로 학대하는 대물림 현상이 많다는 뜻입니다. 이는 자신이 어릴적에 받은 상처를 벗어나기 위한 정신심리학적으로 방어기제의 작용이라고 합니다. 자신을 보호하기 위해서 다른 사람을 학대해야 하는 악순환이 된다는 뜻입니다.[119] 냐냥이님의 아버지도 어릴 적에 부모로부터 학대를 받아서 지금 자식에게도 그런 습태를 보여주는 겁니다. 이런 악순환을 우선 끊으려면 술을 일단 끊어야 합니다. 그리고 책을 많이 읽어보라

---

117) 2012.03.04. 피쑤
118) 2012.03.03. 냐냥이
119) 2012.03.04. 선우익국

고 권해드립니다. 특히 좋은 소설류의 책을 어릴적부터 전 읽어 마음의 위안을 삼고 자랐습니다. 이런 책이 없었다면 전 아마도 동생분처럼 술먹고 폭력적이고 폭언을 일삼는 사람이 되어 있을겁니다. 지금도 서점에 가면 좋은 책이 발간됩니다. 좋은 책을 읽으면서 어릴적 마음의 상처를 다독이면서 감정을 다스리고 순환하는 법을 배우는 것이 좋습니다.[120]

우선 냐냥이님이 그 폭력적인 모습을 보여주는 동생분과는 일정의 거리를 두시길 바랍니다. 폭력적인 문화에 계속 노출되시면 냐냥이님도 그렇게 자신도 모르게 폭력적인 가해자가 됩니다. 냐냥이님은 마음의 상처를 깊게 받으셨습니다. 아마 꿈에서도 가위에 눌린 꿈이나 아버지의 폭력을 피해 달아나시는 꿈을 수도 없이 꾸었을 것입니다. 또한 누군가가 술주정을 부리거나 폭력을 행사하면 가슴이 두근두근거리고 심장의 박동이 크게 작용하는 경험을 하실겁니다. 이게 다 어릴적의 아버지로부터 받은 마음의 상처가 고스란히 지금 성인이 되어서도 남아있다는 뜻입니다. 만일 남친을 사귀게 된다면 술을 먹지 않는 분을 선택하시길 권해드립니다. 그리고 항상 마음의 양식을 충만하실 수 있도록 감동을 주고 사랑을 주는 책을 골라서 스스로 마음의 안정을 찾으시길 바랍니다.

인간의 삶에서는 고통과 인내가 필요할 때가 있습니다. 냐냥이님도 그런 고통속의 삶에서 헤어나오지 못하고 지금 여기서 자신의 심정을 토로하시는 것 같습니다. 사람은 마음먹기에 달려있습니다. 스스로 좋은 생각을 하시고 긍정적인 사고 그리고 나를 다스리는 법을 아신다면 인생의 아름다움을 느끼실겁니다. 김대중 선생님이 그랬습니다. 그래도 인생은 살아보니 아름답더라고, 역사는 진보하더라 please cheer up~! 어제 가족회의를 해서 알콜상담 받아보기로 했어요. 술먹고 난동부릴 때의 동생은 사람이라고 할 수 없었지만, 그래도 또 정신차리고 나서 자기가 그런 행동을 했다고 기억을 하나도 못하고 눈물만 흘리는 동생을 보니 마

---

120) 2012.03.03. 선우익국

음이 너무 아프네요. 치료받으면 나을 거라는 희망을 가지고 다시 용기 내어 열심히 살아보려구요. 답변 너무너무 감사드려요. 님도 그 힘든 시간들을 이겨내셨다니, 또 실천하면서 사신다니 참 용기있고 장한 사람이네요. 늘 건강하시고 행복하세요.[121] 냐냥이님의 말 정말 공감이 가네요. 늘 쫓기는 꿈과 떨어져 죽는 꿈을 꿨어요. 조금만 큰 소리가 나면 깜짝깜짝 놀라고, 드라마나 영화에서의 잔인한 장면은 절대 볼 수도 없죠. 그 리얼함에 몸서리를 치고는 합니다. 그래서 저도 좋은 책의 도움을 많이 받았어요. 좋은 말과 현명한 행동의 실천 등 마음의 상처를 책으로 치유하고는 했죠. 또 전 여자인지라 술을 마셔도 절제가 되고 때로는 유쾌해지기도 해서 술 자체를 증오하거나 혐오하지는 않아요. 그래서 술에 대한 원망보다 술을 절제하지 못하고 괴로움의 돌파구나 폭력의 수단으로 이용하는 사람들을 싫어하게 되었죠. 토닥토닥, 냐냥이님도 힘내세요. 세상에 다 그런 사람만 존재하는 것은 아니예요. 다만, 선택할 수 없는 환경에 놓여지게 된거고 어린 나이에 어쩔 수 없었던거죠. 자신을 너무 구석으로 몰아가진 마세요. 좋은 분 만나셔서 행복하게 살길 진심으로 바라겠습니다. 그리고 가정폭력에 노출된 아이들은 커서도 그런 성향이 나타날 수 있다고 신문에서 읽은 것 같아요. 동생분 술이 문제라면 그 술을 끊게 하기 위해서 각고의 노력이 필요할지도 모르겠습니다. 정말 나중에 아무도 남지 않는 상황까지 가지 않기를 바라며 힘냅시다! 홧팅![122] 고맙습니다. 세상에 좋은 사람이 더 많다는 거 알아요. 어제까지만 해도 우울한 마음과 극단적인 생각이 더 컸는데 위로받고 다시 용기 내어 열심히 살아볼께요. 님도 건승하시기 바랍니다.[123][124]

---

121) 2012.03.03, 냐냥이
122) 2012.03.04, 흠흠
123) 2012.03.03, 냐냥이
124) http://bbs3.agora.media.daum.net/gaia/do/story/read?bbsId=S102&articleId =513953(2012.3.31)

13. 가정폭력 근절방법

가정폭력이 심각한 지경이다. 아니, 위험한 수준에 이르고 있어 대책마련이 더욱 절실하다. (사)전주여성의전화가 발표한 '전북도 가정폭력 실태현황 보고서' 따르면 전체 응답자 788명중 599명인 76%가 최근 1년 사이에 배우자로부터 폭력을 경험했다.125) 가정폭력 실태조사는 여성가족부가 3년마다 실시하지만 전북도민을 대상으로 하는 조사는 거의 이뤄지지 않고 있는 실정인만큼 그 충격이 더하다. 모욕감, 탓, 강요 등 정서적 학대(70.3%)를 가장 많이 경험한 것으로 나타났으며, 다음으로 욕설, 위협, 소리지르기와 같은 언어적 폭력도 455명(57.7%)이 경험했다.

배우자의 신체적 학대와 관련해서는 '사정없이 녹초가 되게 때렸다'에 응답한 남성은 7.3%, 여성은 4.3%였으며, 성적학대와 관련하여 '동의 없이 성관계를 강요했다'의 문항에 173명(28.8%)의 여성이 답했다. 가정폭력이 발생하는 가정의 부부관계 특성으로서 공통적인 것은 부부간의 애정적 유대와 결속력이 약하고 의사소통에 문제가 있어 역기능적인 대화패턴이 나타난다. 성생활이 원만하지 못하고 남편이 부인에 대해 열등감을 가지며 부인을 무시하는 경향이 많고 아내 역시 남편을 무시한다.

특히 가정폭력은 부부간, 부모자녀간, 형제간에 발생하는 구타나 언어적, 심리적 학대, 성적폭력을 포함한다. 가정폭력 중에 가장 대표적인 것은 부부간의 폭력이고 특히 남편의 아내에 대한 폭력이 대부분을 차지한다. 남편의 아내에 대한 폭력은 전통적으로 가정내 부부간의 사적인 문제로서 폭력이 아닌 부부싸움으로 여겨져왔고 아내를 통제하는 수단으로 이용되었다. 따라서 그동안의 여성운동에도 불구하고 여전히 가정폭력은 사회문화적으로 용납되어왔다. '부부싸움은 칼로 물베기', '아내가 맞을 짓을 하니까 맞지'라는 말이 통용되고 가정내 폭력은 아내의 잘

---

125) [사설]가정폭력을 근절하자. 2011년 12월 11일 (일) 새전북신문
APSUN@sjbnews.com

못으로 돌리며 남에게 말하기 어려운 부끄럽고 수치스러운 일로 여기고 은폐되어온 경향이 있다. 가정폭력은 다음 세대에도 전수되어 자녀세대의 가정폭력으로 이어질 수 있고 가족원의 인간다운 삶을 박탈하고 가족공동체를 깨뜨리는 결과를 가져오며, 가족원간 범죄와 사회문제를 일으키는 요인이 되고 있다. 이에 정부는 가정폭력을 사회적 범죄로 규정하고 피해자 보호를 위해 지난 1997년 관련 법률을 제정하였으나 아직도 가정폭력을 한 개인 또는 가정의 문제로만 생각하는 의식이 강해 가정폭력사건 발생시 미온적으로 대응한 결과, 피해자에 대한 보호와 지원이 소홀하고 가정폭력범죄가 사라지지 않고 있다. 가정폭력은 지속적으로 반복되면서 심화되어 가족해체 등을 가져오는 심각한 사회문제로서 가정내에서 폭력을 목격한 자녀 등에게 대대로 전승되는 악순환 과정인 만큼 우리 세대가 반드시 해결해야 할 과제다.[126]

14. 가정폭력에 관한 우수도서 1: 부끄러움과 가정폭력

우리나라에서는 전체 가정 중 약 30%가 부부싸움 도중에 신체적 폭력을 경험한다. 이것은 미국이나 일본보다 2~3배 정도 높은 비율인데, 우리나라의 가정폭력은 시간이 지나도 줄어들지 않고 계속되고 있다. 특히 많은 아내가 남편으로부터 신체적 폭력을 당하면서 고통속에 살아가고 있다.[127] 그런데 이러한 현상이 비단 우리나라내에서만 일어나는 것은 아니다. 미국으로 이민을 가서 생활하는 한국 가정에서도 동일한 현상이

---

126) http://www.sjbnews.com/news/articleView.html?idxno=387686(2012.4.6)
127) 저자 : 김병오, 1953년 경남 충무 출생, 부산대학교 영문학과(B.A 문학사), 캐나다 Regent College(M. Div 목회학 석사), 미국 Princeton Theological Seminary(Th.M. 신학석사, 목회신학 전공), 미국 Drew University(M.Phil, 철학석사, Ph.D 철학박사, 심리와 종교 및 목회와 상담 전공)를 졸업했다. 영남신학대학 전임강사를 거쳐, 현재 백석대학교 기독교상담학과 교수로 재직 중이다. 저서로는 [부끄러움과 폭력], [영혼과 우울증], [중독을 치유하는 영성] 등이 있고, 역서로는 [영성 신학], [부부상담] 등이 있다.

일어나고 있다. 다양한 민족이 살고 있는 미국에서도 특히 한국 가정의 아내폭력 비율이 높다는 것은 이미 잘 알려진 사실이다. 한국의 남성이 다른 나라의 남성보다 더 폭력적이라고 볼 수는 없다. 그런데 왜 다른 나라의 남편보다 한국의 남편이 아내에게 폭력을 더 자주 행사하는 것인가?

이 저서는 이 물음에 대한 탐구라 할 수 있다. 해당 저서의 필자는 부끄러움을 중시하는 우리의 체면문화에서 그 이유를 찾았다. 어머니와의 융합된 관계속에서 양육된 한국의 사내아이는 병리적인 부끄러움을 지닌 채 성장한다. 그리고 결혼을 한 후에 아내가 남편의 체면을 상하게 할 경우, 그들의 병리적인 부끄러움은 쉽게 폭력으로 표출되는 것이다.

이 책은 특히 대상관계론적 관점에서, 아내에게 폭력을 행사하는 한국 남편이 어떻게 병리적인 부끄러움을 지니게 되고 신체적 폭력을 행사하게 되는지를 보여 준다. 또한 이러한 문제를 극복한 성숙한 남성상은 어떠한 것인지도 함께 제시한다.

〈저서 목차〉
1. 한국인의 체면과 부끄러움에 대한 심리: 그 사회적 이해
 유교사회에서 얼굴의 의미
 한국인의 부끄러움과 죄책감의 본질
 한국 사회에서 부끄러움의 기능
2. 한국 남편의 폭력성을 유발하는 병리적 부끄러움의 기원: 한국 어머니와 사내아이의 관계를 중심으로
 가부장사회에서 성 구조의 불균형
 한국 자녀양육의 실제
 필드-의존적 사람과 부끄러움
3. 아내를 때리는 한국 남편의 유형과 폭력의 문화적 요인 및 행위
 아내를 때리는 한국 남편의 세 가지 유형
 아내폭력의 한국문화적 요인

아내폭력의 단계
  4. 한국인의 성숙한 남성상
   남성주도적 문화를 허무는 일
   여성적 원리의 수용: 남성과 여성의 상호보완성을 이해한다는 것
   성숙한 남성이 되는 길128)

15. 가정폭력에 관한 우수도서 2: 가정폭력 남성 치유모델

 한국에서는 평균 열 가정 중, 세 가정에서 부부폭력이 발생하였고 있다. 이런 가정폭력은 기독교인 가정이라고 해서 크게 다르지 않다. 가정폭력의 악순환속에 살아가는 수많은 여성들과 아이들이 공포와 고통, 수치심과 자기모멸감 가운데 신음하며 도움의 손길을 찾고 있지만, 경찰에 신고해도 사생활 문제로 치부하는 경향 때문에 결국에는 살인과 자살 또는 가출과 이혼으로 이어지고 있다. 특히 교회의 잘못된 신학과 성경해석이 가부장 문화와 손을 잡고 여성들을 더욱 큰 고통과 죽음으로 몰아넣고 있는 실정이다. 이처럼 심각한 현실에도 불구하고 대부분의 목회자는 이 문제에 대해 관심이 없거나, 관심이 있어도 어떻게 대처해야 좋을지를 모르고 있다. 또한 가정폭력 문제를 다룬 저서들 가운데 폭력남성 치유를 위해 교회가 해야 할 일을 다룬 책은 매우 드물다. 이 저서는 폭력가정이 진정한 화해를 이루는 데 교회가 도울 방법을 제시한다.129)

---

128) http://www.11st.co.kr/product/SellerProductDetail.tmall?method=getSellerProductDetail&prdNo=342863057(2012.4.8)
129) 저자: 데이비드 리빙스톤, 펜실비니아 주 이리에 소재한 머스허스트 대학의 종교학부 교수이다. 내쉬빌 가정폭력상담소에서 구타자들을 상담한 현장경험을 통해 공동체 치유 프로그램을 개발하였다. 그는 이 책에서 가정폭력 남성에 대해 과연 교회는 어떻게 대처해야 하는가를 묻고 있다. 아이들 때문에라도 참고 사는 것이 '아내로서의 십자가를 지는 것'이며, 무조건 화해함으로써 혼인을 유지하는 것이 '하느님의 뜻'인가? 폭력의 심리적 역학은 무엇이며, 폭력의 습관을 끊는 책임적 화해는 어떻게 가능한가? 이처럼 불가능해 보이는 용서와 화해의 과정에서 교회는 무엇을 할 수 있고, 무엇을 해야 하는가? 이 책은 저자의 오랜 현장경험을 바탕으로 가정폭력 남성

〈책 목차〉
옮긴이의 말
서문
1. 우리 사회의 폭력 남성 : 가정폭력의 역학
   화해라는 말의 모호성
   폭력쓰는 남성 만나기 : 혐오와 희망
   가정폭력을 행사하는 남성의 치유작업
   가정폭력의 역학
   가정폭력의 순환단계
   완력과 통제
   치유의 가능성
2. 신비한 인간 중심을 파괴하는 폭력
   폭력남성에게 미치는 문화적 영향
   남성은 본래 폭력적인 존재인가
   수압모델
   지라르의 폭력해석
   준비 완료된 쥐덫 모델
   성별과 폭력
   미디어와 폭력
   건설적 폭력 또는 파괴적 폭력으로 보는 해석
   죄와 벌 : 건설적 폭력이냐, 파괴적 폭력이냐?
   폭력이 보여주는 경고들
3. 기독교는 불난 집에 기름 끼얹는 격?
   혼인에 대한 고전적 상징
   호세아의 혼인

들에 대해 목회자와 교회 공동체가 해야 할 일에 초점을 맞추고 있다. 저서로는 [가정폭력 남성 치유모델]이 있다.

기독교적 혼인 해석의 역사
　　　아내들이여 복종할지니라
　　　혼인한 부부사이의 강간 문제
　　　신정론 문제
　　　희망의 상징인 혼인
　　　하느님 이미지들
　　　지배 통제하는 하느님
　　　전지 무소부재한 하느님
　　　그리스도안에서 보는 하느님의 연약성
　4. 화해 : 남성폭력을 다루기 위한 모델
　　　화해의 성서적 논리
　　　초기 기독교 전통의 화해
　　　토마스 아퀴나스의 화해 해석
　　　통회
　　　고백
　　　속죄
　　　면죄
　5. 화해 : 가정폭력에 대한 책임있는 접근
　　　흉터 : 폭력 이해를 위한 중요한 은유
　　　개인 치유 : 개인영역안의 화해
　　　통회 : 다른 사람 인정
　　　고백, 속죄 그리고 면죄
　　　대인관계 영역의 치유
　　　공동체 치유 : 화해의 사회적 차원
　　　화해의 변증법
　부록
　　　1. 파트너를 죽일지도 모르는 신호

2. 책임 지우기
3. 남성 교육그룹의 통제행동 기록일지
4. 웨사이트 목록

주

Selected Bibliography

옮긴이와 부록
1. 가정폭력, 알고 계시지요?
2. 가정폭력을 방지하기 위해 교회가 할 수 있는 일들
3. 가정폭력 이해와 돌봄 목회지침
참고도서130)

16. 남편 폭력성, 참고 넘어가야 하나

지금 결혼한지는 1년 반 정도 되었고요. 돌 정도된 아들 하나 있습니다. 저는 25살, 신랑은 32살입니다.131) 처음부터 얘기하면 너무 길어서 본론만 얘기할께요. 남편이랑 4년 연애하고 애가 먼저 생겨서 결혼하게 되었는데요. 연애 때도 남편이 폭력성이 조금 보이긴했지만(핸드폰을 던진다든가, 벽을 친다거나) 저한테는 너무 잘했거든요. 저희 친정에도 너무 잘하구. 정말 능력도 없고 허풍도 심하고 보잘 것 없었지만 정말 성격 하나는 정말 좋아서 그거 하나보고 결혼했습니다. 근데 정말 결혼하고 사람이 어쩜 이렇게 180도 달라지는지. 어느 순간부터 싸울 때마다 욕을 하기 시작하더니 매번 싸울 때마다 욕을 하더라구요, 싸울 때 항상 저희 아들이 있어서 제가 항상 제발 애가있으니까 욕은 하지 말라고 얘기해도 제 말은 듣지도 않더라구요. 그때부터 시작되더니 어느 날은 남편이 술먹고 들어왔는데 저랑 말다툼을 하게되었어요. 근데 아이가 겁을

---

130) http://www.11st.co.kr/product/SellerProductDetail.tmall?method=getSellerProductDetail&prdNo=284233035(2012.4.8)
131) 2011.11.04 15:21

먹었는지 울더라구요. 그런 아이한테 리모컨을 던졌어요. 다행히 빚겨서 맞지는 안았지만 정말 놀랬습니다. 저도 그 모습에 너무 화가나서 남편한테 똑같이 던져줬어요. 그랬더니 벌떡 일어나더니 저를 때릴려고 하는거에요. 너무 놀라고 무서웠습니다. 그런 저랑 아이보고 둘다 꺼지랍니다.

그때가 새벽 2시였어요. 그래서 대충 짐을 싸고 친정으로 갔어요. 정말 놀라고 무서워서 이혼 생각을 하고 있었는데 친정에서 몇일 지내다보니 아이도 있고 이혼은 안되겠다 싶었구요. 남편이 전화와서 없던 일로 하고 잘지내보자하고 다시 집으로 들어갔어요(근데 이때 남편이 잘못했다고 하거나 그런게 없었습니다. 저도 그때 왜 그걸 그냥 넘어가줬나 지금 너무 후회되네요.).

그 일이 있고서도 자주 싸우고 싸울 때마다 욕하는건 있었지만 그때 같은 일은 없어서 그 일을 까맣게 있고 살고 있었습니다. 그런데 몇일전에 또 싸우게 되었는데 또 욕하면서 이번엔 절 때릴려고 하더라구요. 다 가오면서 수저를 들고 있던 팔을 올리더니 "씨발 니깟거 별 것도 아니야"이러면서요 정말 사람 욱하니까 눈빛이 달라지더군요. 정말 전 아 진짜 맞는구나라는 공포감을 느꼈어요. 전 그때 아이를 안고 있었습니다. 그래서 제가 지금 때릴려고 한거냐고 난 때리는건 절대 용서못한다고 했더니 언제든 자기는 여자라도 잘못했다고 생각되면 때릴거랍니다. 말문이 막히고 어이가 없었지만 무서웠어요. 괜히 건들였다가 큰일날까싶어서 처음 일은 술을 먹었을 때라 술먹어서 감정조절이 안되었겠지라고 생각할 수 있지만 이번엔 술도 안먹고 맨정신이었는데 이런 행동을 하더라구요. 이혼하자고 했더니 이혼은 절대로 안해준데요. 그래서 그러면 서로 앞으로 싸울일 만들지 않게 아이에 관한 일 아니면 서로 말걸지 말고 서로 하는거에 신경쓰지 말고 살자고 했어요. 저도 시댁에 안가고 남편도 저희 친정 안오고 그냥 각자살되 이혼만은 안하기로, 그리고 지금 4일째 정말 말도 안섞고 서로 대화도 안합니다. 아이에 관한 것만 문자로 주고받을 정도구요. 남편은 맨날 술먹고 늦게 들어오고 집에서 잠만

자고 나가는 수준이에요. 제일 중요한건 자기가 그렇게 해놓고 때릴려고는 했지만 절 때리지 않았기 때문에 자기는 잘못한게 없다고 생각한데요. 그리고 지금도 자기가 더 화가났다는 식으로 행동하고 저한테 사과조차 안합니다. 자기가 한일에 대해 잘못을 전혀 몰라요. 휴~ 이 상황에서 어떻게 해야될지도 모르겠어요. 전 이미 남편한테 정도 없고 마음이 떠난 상태라 이혼을 하고 싶은데 이혼은 안해준다고 하고. 또 같이 이해하고 넘어가자니 저렇게 자기 잘못도 모르는 사람을 어떻게 이해하고 넘어가나 싶고. 아이가 있어 이혼은 쉽게 결정도 못하겠구요. 지금은 별거중입니다.

 따로 살진 않지만 각방을 쓰고 말전혀 안섞고 그러고 있어요. 결혼전에 시아버지가 폭력성이 좀 있다는 건 알고 있었지만 결혼후에 그게 조금이 아니고 심하다는걸 알게 되었어요. 시어머니한테 제가 있는데도 아무렇지 않게 욕을 하시고 뭐 물건 남아나는게 없다고 하더라구요. 예전엔 시어머니가 시아버지한테 맞으셔서 앞니도 부러지신 적이 있다고, 결혼하고 알았어요. 저희 남편이 그걸 아무렇지 않게 얘기하더라구요. 웃으면서 시댁환경을 보면 남자는 하늘, 여자는 땅, 이런 옛날 생긱을 갖고 계세요. 시아버지가 항상 어머니가 맞아도 잘못해서 맞았다고 생각하고 살았나봐요. 자기 아버지가 잘못되었다는 것을 모르더라구요. 정말 가정환경을 무시못하나 봅니다.

 저는 지금 남편만 봐도 무서워요. 혹시나 욱해서 무슨 일을 저지르는건 아닌지, 이러다 싸우게 되면 정말 맞는건 아닌지 무섭습니다. 전 정말 이혼하고 싶은데 아이 때문에도 그렇고 그리고 저희 친정은 이 일을 알고 계시지만 이혼은 하지 말라고 하시는데. 지금 제 상황이라면 어떻게 하시겠어요? 이혼하는게 맞는건가요? 폭력성 정말 안고쳐지나요? 조언좀 해주세요. 정말 이혼하고 혼자 애 키우고 살기 힘든가요? 지금은 전업주부지만, 제 원래 직업은 4대보험이 되는 직장에 적어도 월 150만원 정도는 벌 수 있거든요. 그리고 몇일 있으면 시댁제사에요. 근데 지금 시대에선 저희 상황 모르고 계시는데, 그래도 제가 제사에 가야되는 지요. 이 밑으로 리플이 줄줄 있는데 다 못퍼오고 일부만 퍼왔어요. 말은 다들 못하지만 이런 일이 많다는 사실이 슬프군요. 리플을 읽어보니까 '난 절대 결혼못하겠다'라고 하시는 분들 많으신데요. 저희 엄마를 예로 들자면, 저희 엄마는 어렸을 때 그리고 집이 가난할 때 학대는 아니었지만 할머님께 많이 맞았다고 하시더군요. 그 뒤 이모 태어나고 집이 덜 가난해지고 엄마 나이 들면서 맞지 않았구요. 그 뒤 결혼하시고 저랑 동생 낳았습니다. 저희 엄만 이전에 맞았던 기억이 있어서 저와 제 동생한테 '절대 안때리고 키우겠다'고 결심하셨어요. 그래서 저도 저희 동생도 엄마한테 거의 안맞고 살아왔었구요. 심지어 제가 이전에 가출도 하고 엄마 속 많이 긁었는데도 야단안치시고 절대 때리지 않으셨습니다. 자신의 마음먹기에 따라 자신의 자식을 어떻게 대하고 어떻게 키우는지는 얼마든지 바꿀 수 있습니다. 요즈음 세상도 많이 좋아져서 가정내 폭력에 대해 많은 상담센터가 있고 도움을 줄 수 있는 곳도 많이 늘었을 거예요. 꼭 자신이 맞고 살아서, 맞고 산걸 봐와서 결혼안하겠다고 하시기보다는, 좀더 생각을 해보시는 게 어떨지요.[132] 근데 진짜 부모를 보면 자식이 보인다. 가정환경이 왜 중요한데 난 저 아이가 걱정돼. 딸은 모르겠는데 아들들은 아버지 빼다 닮더라. 더 크기 전에 조치를 취하는 게 좋을듯하다. 아이의 미래를 위해서 가정폭력은 되물림이야 진짜. 아 안타까워. 나도 아빠 때문에 결혼생각 접었어. 엄마처럼 살게 될까봐.[133]

나도 어렸을 때 엄마 맞는 것 보면서 자라서 아빠가 없어졌으면 좋겠다고 생각까지 했었어. 차라리 이혼하라고 말했었는데 지금은 내가 컸기도 하고 아빠가 많이 유해져서 싸움 나서 손 올라오면 아빠한테 이거 가정폭력이라고 아빠라도 용서할 수 없는거라고 신고할꺼라고 딱 잘라 말해[134] 우리 아빠도 술마시면 무지 날뛰고 욕하고 물건 던진다. 진심으로

---

132) 출처:안방 TV가 빛나는 밤에, 글쓴이 : 엘비나
133) 역변-나=0 2011.11.18. 12:37

나 아빠 알코올센터 보낼 생각이야.135) 아휴 우리 오빠는 결혼못하겠다. 아빠가 폭력성이 있어서, 울 오빠도 나 때리는 경향있다. 집도 수급자여서 돈도 없고 아휴 불쌍하다. 진짜 그래도 울아빠 지금은 좀 괜찮다.136). 우리아빠는 진심 화나면 물건 다 부시고 그랬다. 엄마는 말리고.

나랑 동생은 무서워서 문닫고 자는 척만 했어. 진짜 아빠 기분 안좋다는 연락만 받으면 옷에 오줌 지릴 정도로 무서워했어. 지금이야 나도 머리가 크고 따로 살고 해서 그럴 걱정은 없었는데 이게 커도 트라우마가 생기더라.137) 나도 우리 아빠 미운 적 많다. 여기다 다 쓸 수는 없지만 능력도 없으면서 자존심 세우고 엄마한테 지랄하는거 꼴보기 싫어 진짜.

누가 보면 삼성 임원급이라도 되서, 그 정도 돈벌어 오면서 유세 떠는 줄 알거야 아마..ㅋㅋ 진짜 꼴같지도 않은 경우 많이 봤지..ㅎㅎ 솔직히 우리엄마쪽이 돈만 많았어도 당장 이혼했을거야.. 쥐꼬리만한 월급으로 아내랑 자식들 고생시켜 가면서 없는 자존심 세우는거 보면 아빠로서 능력받고 싶으면 아빠다운 모습을 보여줬음 좋겠다. 맨날 권위적으로 하지 말고138) 진짜 가정폭력 부모싸움 이런게 애들한테 얼마나 안좋은건데 참고산다는 사람들 이해가 안간다. 난 진짜 엄마아빠 싸울 때 하루하루가 지옥이었어. 아빠가 중3 때 딱한번 엄마를 때리고 칼로 찌른다고 방문부수고, 나 겨우 중3 때고 내동생 중1 때 그때 정말 하루하루가 지옥이였다. 아빠 술먹고 온다고, 그러면 집안에 있는 가위나 칼 다 옷장 안에 숨겨놓고 눈치보고 엄마 아빠 말소리만 나도 심장이 뛰고 아빠만 봐도 온몸이 후들후들 떨리고 다리가 풀려서 서있을 수가 없었다. 그날 이후로 아빠가 다시 엄마한테 손댄 적은 없지만 술 먹으면 욱하는 것 땜에 우리가 말린 적이 많다.

---

134) 바핑 2011.11.18. 12:39
135) 앵경잽이 2011.11.18. 12:58
136) 다같이울랄라 2011.11.18. 13:10
137) 브루노 마스 2011.11.18. 13:31
138) 진꽈니 2011.11.18. 17:06

나랑 내 동생이 없었음 폭력이 이어져왔겠지. 잊으려고 아무리 노력해도 절대 잊혀지지가 않는다.[139] 내 남동생은 나중에 아빠 늙으면 버릴거라는 말도 했다. 그 정도로 어린 나이에 충격이였다. 지금은 군대가고 아빠도 많이 변해서 동생이 좋아하려고 노력하는데 그래도 나랑 내동생은 어릴 적 그 트라우마에서 벗어날 수가 없다.[140] 우리 엄마는 KBS 드라마에나 나올 법한 인생을 사신 분이다. 엄마를 낳다가 외할머니가 돌아가셨고, 홀아버지 밑에서 크셨다. 그 당시 엄마 집은 중산층 정도여서 충분히 지원만 해줬어도, 우리 엄마 학구열이 높아서 공부 잘했었을 것이다. 하지만 여자가 무슨 공부냐고 외쳐대는 꼴통 생각을 가지고 계셨던 외할아버지는 엄마가 초등학교 졸업하자마자 다른 곳으로 수양딸로 보내버리고, 식모로 보내버렸다. 그 때마다 엄마는 경찰의 힘, 그 당시 사람들의 정 덕분에 집으로 다시 돌아올 수 있었다. 물론 폭력도 장난 아니었다. 엄마가 초등학교 졸업하자마자 외할아버지는 새부인을 집안으로 들였다. 그 자식들도 함께.[141] 당연한 말이지만 더더욱 우리 엄마는 외할아버지의 폭력과 계모의 괴롭힘으로 하루하루를 힘들게 살아갔다. 그 전까지는 우리 엄마의 엄마의 엄마 즉, 엄마 기준으로는 외할머니가 살아계셔서 그럭저럭 하루하루 살아갈 수 있었는데, 마침 외할머니도 돌아가신거다. 결국 핍박받는 생활을 더 이상 참지 못하시고 엄마는 17살의 나이로 홀로 서울로 상경하셨다. 그리고 한강의 기적의 어두운 외면이라 불리는 1평짜리 공간에서 미싱을 돌리시면서 노동을 착취당하셨다. 미싱 이외에는 제대로 앉아있는 시간이 없고, 조금만 쉬었다고만 하면 대장급인 여자가 가위를 집어던지는 바람에 20시간 이상을 서서 일을 해야했고 그게 하지정맥류가 되버렸다.[142] 아직도 다리에 하지정

---

139) 고앵욱양애취니너 2011.11.18. 17:08
140) 고앵욱양애취니너 2011.11.18. 17:11
141) 김선배 2011.11.18. 23:40
142) 김선배 2011.11.18. 23:44

맥류가 있고, 그러다가 세번째 공장의 급식실 아주머니가 우리 엄마의 딱한 상황을 알고 우리 엄마를 자기 자식으로 거둬주셨다. 그게 현 외조부모들이시다. 물론 호적은 건드리지 않았다. 난 진짜 외할아버지를 보진 못했지만, 여기 댓글들 읽고 우리 엄마도 정말 힘들었겠구나라고 생각을 했다. 그리고 아이러니하게도 내 아버지 또한 물건 집어던지고, 의심병 돋고, 지금은 이혼하셨다. 우리 엄마는 죽어서도 제대로 눈 못감을 것이다. 난 엄마없는 세상은 상상도 못하는데, 엄마는 엄마가 없는 상태도 아빠란 사람한테 인간만도 못한 취급받고 살았으니, 우리 엄마가 너무 불쌍해. 그리고 나도 아빠같은 사람만날까봐 무섭다.143) 나만 맞고 사는게 아니구나. 우리집도 아빠는 술먹고 들어오면 엄마랑 항상 욕섞어가며 말다툼하고 손찌검까지 하는데, 엄마도 아빠가 엄마에게 했던 그대로 나에게 온갖 욕설을 해가며 자기 화에 못이겨 손이 올라갈 때가 참많아. 그런 모습보면서 나도 나중에 부모가 되서 저렇게 될까 겁나기도 해.

그래서 평소에 교육관련 다큐같은걸 자주 보는데 항상 보면서 그런 생각을 해. 부모들이 조금만 자녀교육에 관심갖고 아이들 키운다면 우리 나라는 많이 변하지 않을까.144)145)

17. "300달러 내면 온라인 인생 지워드립니다"

미국선 '디지털 장의사' 성행146) '잊혀질 권리'를 선언한 외국, 스페인 정부는 지난해 3월 구글에 80여건의 기사를 삭제하라는 명령을 내렸다.

소송을 낸 사람들은 인터넷 검색도구를 통해 자신의 집주소가 검색되는 것에 불만을 품은 가정폭력의 희생자부터 대학 시절 체포됐던 경력이 시간이 흘러도 인터넷에 남아있는 중년 여성까지 다양했다. 그들은 법

---

143) 김선배 2011.11.18. 23:49
144) 생명과학의신비 2012.01.31. 09:18
145) http://cafe.daum.net/subdued20club/ReHf/102924?docid=1IHuH|ReHf|102924|20111117220915&q=%B0%A1%C1%A4%C6%F8%B7%C2(2012.3.31)
146) 중앙일보 원문 기사전송 2012-04-07 00:32 최종수정 2012-04-07 06:31

정 공방끝에 '잊혀질 권리'를 쟁취했다. 독일에서는 살인죄로 형기를 모두 마치고 나온 시민들이 온라인 백과사전인 위키피디아(Wikipedia)를 상대로 소송을 제기했다. 자신의 이름이 들어간 기사를 삭제해 달라는 것.

독일 법정은 "원고들은 이미 죗값을 치렀으며 범죄자에게도 프라이버시와 혼자 남겨질 권리(a right to be left alone)가 있다"며 원고의 손을 들어주었다.

'잊혀질 권리'를 제도에 반영하기 위한 움직임은 유럽에서 특히 활발하다. 이미 법제화 단계에 들어선지 오래다. 유럽연합(EU)은 '잊혀질 권리'를 법으로 보장하는 정보보호법 개정안을 추진하고 있다. 지난 1월 발표된 개정안에 따르면 소비자가 개인정보 삭제를 요청하면 업체는 완전히 삭제해야 한다. 소비자가 페이스북에 올린 자신의 정보를 구글 등 다른 사이트로 옮기고 싶다면, 데이터를 통째 옮기는 것도 허용해야 한다. '데이터 주권'에 대한 보장이다. 업체가 법을 위반할 경우 50만유로 (약 7억5700만원)의 벌금이 부과된다. 기업 연매출의 1%까지 벌금을 낼 수도 있다. 온라인업체 라이프인슈어드닷컴(www.lifeensured.com)은 "온라인 인생을 지워드린다"며 손님을 끈다. 정보의 장례식을 치르는 이른바 '디지털 장의업체'이다. 세상을 떠난 사람들이 생전 인터넷에 남긴 흔적들을 청소하면서 돈을 번다. 300달러(약 34만원)를 내고 가입한 회원이 죽으면 '인터넷 장례 절차'에 들어간다. 회원의 사망신고가 접수되면 인터넷 정보를 어떻게 처리할지에 대해 적은 유언을 확인한다. 이어 '흔적 지우기'에 들어간다. 페이스북 등에 올려둔 사진을 삭제하는 것은 물론 회원이 다른 사람 페이지에 남긴 댓글까지도 일일이 찾아 지워준다.

생전에 가입해둔 사이트를 통해 데이트 신청이 올 경우엔 '저한테 관심을 보여주신건 감사하지만 전 이미 천사가 되었답니다'라고 자동으로 응답해 주는 서비스도 있다. 표현의 자유라는 기본권을 중시하는 미국의 문화와 '잊혀질 권리'에 대한 시민들의 인권 의식이 찾아낸 일종의 타협책인 셈이다.[147)148)]

18. 가정폭력이 부른 부부간 '황혼의 비극' 실태

1) 백년해로의 의미

'백년해로'는 이제 옛말이 된 듯하다. 자녀까지 모두 출가시키고 노년에 이혼하는 이른바 '황혼이혼'이 급증하고 있다. 겉으로는 아무 일없이 살아왔지만 속으로는 부글부글 끓고 있는 부부들이 많다는 것이다. 최근 늘어나고 있는 황혼이혼의 배경에는 경제적인 이유도 있지만 가정폭력 문제가 가장 큰 이유로 나타나고 있다. 이런 가운데 최근 부부싸움끝에 아내가 남편을, 남편이 아내를 살해하는 사건이 종종 발생하고 있어 사회적 대책마련이 시급해 보인다.[149] 지난 21일 서울 중랑경찰서는 부부싸움을 하던 중 화를 이기지 못하고 아내 권모(60)씨를 흉기로 찔러 살해한 혐의(살인)로 양모(61)씨를 구속했다고 밝혔다. 은퇴 후 수년간 직업이 없던 양씨는 권씨로부터 돈을 벌어 오지 못한다는 잔소리를 들어왔으며, 양씨는 자주 술에 취해 가정폭력을 일삼았다. 양씨는 이날도 만취한 상태에서 권씨가 돈 얘기를 꺼내 말다툼을 벌이다가 분을 이기지 못하고 부엌에 있던 흉기를 휘둘렀다.

2) 말다툼끝 흉기

양씨가 휘두른 흉기에 권씨는 수차례 찔려 숨졌으며 싸움을 말리던 아들도 다리에 중상을 입었다. 같은 날 서울 도봉구에서도 부부싸움을 하다가 아내를 흉기로 내리쳐 살해하려 한 혐의(살인)로 이모(52)씨가 구속됐다. 이씨는 지난 15일 오전 2시30분께 서울 도봉구 도봉동 자택에서 아내 김모(49)씨와 말다툼을 벌이던 중 김씨가 이혼 얘기를 꺼내자 홧김에 베란다에 있던 장식용 수석을 들어 아내의 머리를 수차례 내리

---

147) JTBC 성화선 기자, ▶기자 블로그
http://blog.joinsmsn.com/center/v2010/power_reporter.asp, 중앙일보 & Jcube Interactive Inc.
148) http://news.nate.com/view/20120407n00228(2012.4.7)
149) 2012-04-03 16:02:58

쳤다. 서울 노원구 상계백병원으로 후송된 김씨는 혼수상태로 중환자실에서 치료를 받다가 지난 21일 정오쯤 숨졌다.

　지난 13일에는 경남 사천시에서는 아내가 늦게 귀가한다는 이유로 술에 취해 부부싸움을 하다가 부엌에 있던 식칼로 가슴을 찔러 살해한 60대 남편이 경찰에 붙잡혔다. 사천경찰서에 따르면 정모(63)씨는 술에 취한 채 지난 12일 밤 12시5분경 자신의 집에서 평소 아내가 늦게 귀가한다는 이유로 부부싸움을 하던 중 부엌에 있던 길이 31cm 식칼로 찔러 살해한 혐의를 받고 있다. 아내를 당구 큐대로 찍어 살해한 사건도 발생했다. 지난 23일 경기 평택경찰서는 부부싸움을 하다 격분해 아내를 당구 큐대로 찍어 살해한 김모(65)씨에 대해 상해치사 혐의로 구속영장을 신청했다고 밝혔다. 경찰에 따르면 김씨는 지난 1월21일 오후 9시30분께 평택시 자택에서 아내 한모(59)시가 평소 자주 술을 마시고 늦게 귀가한다는 이유로 부부싸움을 벌이다 격분해 당구 큐대로 한씨의 머리와 가슴 등을 수회 내리쳐 숨지게 한 혐의를 받고 있다. 김씨는 범행 다음날 119에 전화를 걸어 "사람이 죽은 것 같다"고 신고했고, 경찰에는 "전날 밤 아내와 술을 마셨는데 아내가 평소 지병이었던 저혈압으로 죽은 것 같다"고 진술했다. 하지만 경찰은 국립과학수사연구원의 부검 결과, 한씨의 몸에서 폭행 등 타살 정황이 발견됨에 따라 거짓말 탐지기 등을 동원해 김씨를 추궁한 끝에 범행 일체를 자백받았다.

3) 흉기로 찌르고 수석으로 내리치고 살벌한 부부싸움

　부부싸움은 '칼로 물베기?' 이젠 '칼로 살베기'. 한편 아내가 남편을 살해한 사건도 잇따라 발생했다. 경기 남양주경찰서는 지난 5일 부부싸움 끝에 남편을 살해한 A(61)씨에 대해 구속영장을 신청했다. 경찰에 따르면 A씨는 지난 3일 오후 6시30분께 남양주시 화도읍 자신의 집에서 술에 취해 들어온 남편 B(62)씨와 말다툼 및 몸싸움을 벌이다 고무호스로 목을 졸라 살해한 혐의를 받고 있다. A씨는 경찰에서 "(남편이) 술을 마시고 상습적으로 폭력을 행사해 왔다"면서 "술에서 깨면 또 때릴 것 같아 범행을 저지르게 됐다"고 진술했다.

경기 시흥경찰서에는 지난 4일 부부싸움 끝에 남편(56)을 둔기로 내리쳐 숨지게 한 아내(55)가 살인혐의로 붙잡히기도 했다. 한편 부인이 수면제를 먹고 잠이 들자 사망한 것으로 오인한 60대 남성이 극약을 마시고 숨져 주위를 안타깝게 한 일도 있었다. 지난 20일 전남 진도경찰서에 따르면 19일 오전 9시께 전남 진도군 조도면 C(69)씨 집에서 C씨와 부인 D(60)씨가 쓰러져 신음 중인 것을 이웃 주민이 발견 119구조대에 신고했다. 이들 부부는 긴급 출동한 전남도 소방헬기로 목포 한국병원으로 옮겨졌으나 남편은 숨졌다. 응급치료를 받은 부인 D씨는 다행히 생명에는 지장이 없으며 회복 중인 것으로 알려졌다. 경찰은 C씨 집 방에서 농약병과 수면제가 발견된 점으로 미뤄 남편 C씨는 농약을 마시고 부인 D씨는 수면제를 복용한 것으로 보고 있다. 이에 따라 경찰은 부부싸움 뒤 부인 D씨가 수면제를 복용하고 잠들어 아침에 깨어나지 않자 숨진 것으로 오인한 남편 C씨가 이를 비관, 농약을 마시고 스스로 목숨을 끊은 것이 아닌가 보고 정확한 사망경위를 조사하고 있다.

4) 가정불화 공개해야

서로 죽고 죽이는 '칼로 살베기' 부부싸움이 잇따라 발생하는 가운데 전문가들은 가정불화나 부부싸움을 가족내 문제로 치부하고 공개를 금기시하는 사회적 분위기와 인식이 부부싸움을 '죽음'으로까지 내모는 주요한 원인이라고 분석한다. 전문적인 치유나 상담을 받아 초기에 해결될 수 있는 문제가 주변의 무관심과 방치속에 계속 쌓여가면서 감정에 치우친 두 당사자가 직접 부딪히다 보니 극단적인 방법까지 치닫게 되는 것이다. 한편 통계청의 2010년 이혼통계에 따르면 50세 이상 여성의 이혼건수는 2만900건으로 10년전인 2000년(7500건)에 비해 세배 가까이 늘어났다. 사단법인 한국여성의전화가 집계한 자료에 따르면 2010년 남

편에 의해 목숨을 잃은 아내의 수는 최소 57명에 이르는 것으로 조사됐다.150)151)

19. 미국 "매맞는 아내 25%, 5명 중 1명 성폭행" 집안인권 '깜깜'

미국 여성 5명 중 1명은 성폭행 피해 경험이 있는 것으로 조사됐다. 또 4명 중 1명은 배우자에게 구타당한 적이 있는 것으로 조사돼 미국내 성폭행과 가정폭력 실태가 기존에 알려진 것보다 훨씬 심각한 수준인 것으로 파악됐다. 미국 질병통제예방센터(CDC)는 14일(현지시간) 전국의 여성 9086명, 남성 7421명을 대상으로 지난해 무작위 심층 전화조사를 실시한 결과 성폭행 피해를 당한 적이 있다는 여성 응답자가 18.3%에 달했다고 발표했다. 특히 피해자의 51%는 전·현 배우자 및 파트너 등 '가까운 성적 상대'에게 공격을 당했다고 대답했다. 40.8%는 이들을 제외한 '아는 사람'에게 성폭행을 당했다고 말했다. 또한 80%가 25세 이전에 성폭행을 당한 것으로 조사됐으며, 10세 이전에 피해를 입은 여성도 12%나 됐다.

남성도 성폭행과 가정폭력 피해자의 예외가 아니었다. 7명 중 1명(14%)은 배우자로부터 심각한 폭력을 경험한 것으로 조사됐고, 71명 중 1명(1.4%)은 성폭행을 당했다고 응답했다.

성폭행 피해자 중 27%는 10세 이전에 피해를 당한 것으로 나타나 여성에 비해 상대적으로 어린 나이에 성폭행 피해를 경험한 것으로 나타났다. CDC의 이번 조사는 미국 법무연구소와 국방부의 지원을 얻어 실시됐으며, 성폭행 실태에 관한 광범위한 첫 연구결과로 주목받고 있다.

---

150) 한종해 기자(han1028@ilyosisa.co.kr), 헤이맨뉴스제휴/일요시사 (www.ilyosisa.co.kr), 시사세태/연예전문 헤이맨뉴스(www.heymannews.com), 기사제보 및 보도자료 (heymantoday@paran.com), 출처 : 디시뉴스, 기사링크 : http://www.dcnews.in/news_list.php?code=repo2&id=647227
151) http://www.dcnews.in/news_list.php?code=repo2&id=647227(2012.4.8)

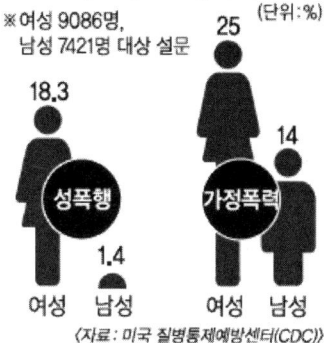

자료: http://www.seoul.co.kr/news/newsView.php?id=20111216023016(2012.4.12)

　캐슬린 시벨리우스 미 보건부 장관은 "이번 조사는 획기적인 것으로, 이러한 폭력이 수백만명의 미국인 삶에 얼마나 파괴적인 충격을 주고 있는지 분명히 보여주고 있다."고 말했다고 AFP통신이 보도했다. 그는 배우자에 의한 폭행 및 성폭행에 대한 전국조사를 지속적으로 실시하도록 오바마 대통령에게 건의할 것이라고 덧붙였다. 이번 조사를 통해 정부가 그동안 성폭행 실태를 제대로 파악하지 못하고 있었다는 비판도 일고 있다. CDC조사 결과 2009년에 성폭행을 당했다는 여성 응답자는 1%였다. 이에 따라 한 해에 130만명의 여성이 성폭행 피해를 입은 것으로 추정된다. 하지만 법무부가 지난해 발표한 범죄실태조사에선 18만 8380건의 성폭행 사례가 발생해 전년보다 24%가 줄어든 것으로 집계됐다. 일부 전문가는 이번 조사에서 성폭행 실태가 훨씬 심각한 것으로 드러난 것은 성폭행에 대한 정의와 조사방법이 다르기 때문일 수 있다고 지적했다.[152)153)]

---

152) 이순녀 기자 coral@seoul.co.kr, 2011-12-16 23면
153) http://www.seoul.co.kr/news/newsView.php?id=20111216023016(2012.4.12)

20. 가정폭력 사례분석 연구(가정폭력 및 아동학대 가족)

1) 서론

본 사례는 발표자가 30여회의 상담을 실시했으며, 현재도 상담중인 사례로 특별히 클라이언트 보호 및 비밀보장의 원칙에 어긋나지 않도록 하기 위하여 각별하게 신경을 썼다. 또한 상담내용을 모두 기록할 수 없으므로 가정폭력과 관련된 부분 중 2회의 상담기록을 제시하였다. 또한 본 사례는 가정폭력의 원인론적 접근과 의료적 관점을 통하여 사례분석을 시도하였다.[154]

2) 사례개요 및 사정

남편의 외도, 가정폭력, 음주, 시어머니의 학대로 정신증적 장애를 겪고 있는 딸의 갈등문제로 고민하다가 상담을 요청해왔다. 초등학교 5학년 딸과 함께 참여하였다.

(1) 가계도

가) 클라이언트

독실한 기독교인이다. 성격은 성실하고 모든 일에 절도가 있으며, 자신이 맡은 일에는 책임감이 강하다. 남편과 딸 사이에 중재자이면서 시어머니와 딸 사이에서도 언제나 중재자적 역할을 한다. 남편의 이중성격과 외도, 폭력 등으로 마음에 상처를 많이 받았다. 한때는 이혼도 생각했었다.

나) 시어머니

일찍이 홀로 되셔서 농사일을 하면서 자녀들을 양육하였다. 10여년전부터 둘째아들과 생활하면서 손주, 손녀를 양육하고 살림을 돕고 있으며, 근래에는 몸이 몹시 약해져서 늘 신경질적이다. 그리고 둘째 아들이 고시공부만 하다가 포기하고 45세가 되어도 결혼도 못하고 직업도 없이

---

154) 클라이언트 이름 : 박 ㅇㅇ, 생년월일 1967년 0월 0일, 나이 : 34세 접수 날짜 : 2003년 0월 0일

형제들 사업장에서 일을 하면서 생활하고 있으며, 근래에 와서는 카드빚을 갚지 못해서 독촉을 받아 어려움에 처하자 더욱 신경질적이고 그 스트레스를 손녀에게 풀고 있다.

다) 남편

학력은 고졸이며 자영업을 하고 있다. 평상시는 성실하고 절약형이다. 그러나 작은 일에도 감정의 굴곡이 심하며, 성격은 이중성을 강하게 나타내며, 다혈질이다. 외부에서의 스트레스를 가정에서 아내나 딸에게 풀며, 스트레스상황에서 술을 마시면 폭언, 폭력으로 가정을 공포분위기로 몰아간다. 주로 사용하는 의사소통은 일방적으로 자신의 말만하고 상대의 말은 듣지 않는다. 자녀양육에 있어서는 엄하고, 기분이 좋을 때와 마음이 상했을 때에 뚜렷한 이중성격을 드러낸다.

라) 딸

사춘기가 되면서 심각한 정신증적 장애증상이 나타나고 있으며 심한 짜증, 대인관계의 파괴, 대인기피증, 자살의 충동, 누군가를 죽이고 싶은 충동, 감정의 폭발 등으로 클라이언트를 매우 힘들게 하고 있다. 특히 할머니와의 갈등으로 할머니를 죽이고 싶다고 말한다.

고통스럽거나 어려운 일을 만나면 엄마와 함께 생활했던 어린 시절의 행동을 하며, 퇴행이라는 방어기재를 사용한다. 현재는 상담자의 의뢰로 00병원에서 정신과 치료를 받고 있다.

마) 아들

건강하고 착하다. 질문을 많이 하는 편이고, 할머니의 영향으로 어리광적이다. 누나는 할머니를 싫어하는 반면 아들은 할머니를 몹시 좋아한다.

바) 친정어머니

독실한 기독교 신자이면서 자녀문제에 있어서 언제나 인내하며 기다려 준다. 클라이언트가 어려움을 만나면 늘 지지하여 주고 신앙의 힘으로 문제를 해결하려고 한다. 외손녀딸의 정서적 지지자이다.

3) 가족사정

결혼초에는 단칸방에서 시작하여 현재는 남부럽지 않을 정도의 중산층 이상의 가정이 되었다. 클라이언트는 생활이 윤택해지면서 남편의 외도와 음주, 폭력 등으로 발생하는 남편과의 갈등문제와 부부가 함께 사업을 하는 이유로 자녀들을 어려서부터 시어머니가 양육하는 과정에서 할머니로부터 심한 정서적 학대를 받아서 정신증적 장애를 초래한 초등학교6학년 딸아이의 문제로 고통스러워했다. 남편이 술을 마시고 폭력을 행사하는 것은 뚜렷하게 시기적으로 구분을 할 수는 없으나 주로 저녁시간에 주기성을 띄고 있으며, 외도 역시 주기적으로 상대를 바꾸어가면서 문제를 야기하고 있다. 외도를 하고 아내에게 발각되면 심하게 화를 내고 술을 마시면서 폭력을 사용하든지, 자신이 몹시 외로우며, 자기를 버리지 말라고 부탁한다. 시어머니는 10년전부터 함께 생활하고 있는데 클라이언트와 그의 남편은 새벽 4시에 나가면 저녁 9시가 넘어야 집에 귀가하였다. 이러한 과정에서 클라이언트의 딸이 4세 때부터 시어머니에 의해서 양육되었다. 시어머니는 아들 선호사상이 깊어서 손주에게는 모든 사랑과 정성을 쏟는 반면 손녀에게는 모든 스트레스를 다 푸는 대상이 되었으며, 입에 담지 못할 욕설과 무시하는 언어 등으로 심한 학대가 자행되었으나 이러한 사실이 밝혀진 것은 딸이 사춘기에 접어들어 할머니와의 갈등관계가 드러나기 시작하면서 엄마에게 이러한 사실을 알리면서였다. 클라이언트가 상담을 요청한 당시 딸의 정신증적 장애는 심각하게 인식되었으며 남편의 외도와 폭력이 심하게 노출된 상태였다.

① 가족의 하위체계는 할머니와 손녀, 아버지와 딸, 부부체계에 있어서의 경계가 융통성이 결여되어있으며, 경직되어 지나치게 분리되어 있으므로 상호간에 관심이 없으며, 응집력이 낮아서 가족 하위체계에 있어서 상호간에 정서적 욕구에 반응하지 못하므로 고립감과 소외감을 느끼며 생활하고 있다.

② 가족내의 권력구조는 남편에 의한 단일 권력구조가 형성되어 있다. 이러한 권력구조의 유지를 위하여 잦은 폭력을 사용하였다.

③ 가족의 규칙은 일상생활에 대한 명시적인 규칙들은 융통성이 있었으나, 아빠가 감정이 상하여 있거나, 술을 마셨을 경우에는 자기 방에서 조용히 자신을 일을 하고 분위기를 조절해야 한다는 암시적 규칙에 있어서는 융통성이 결여되어 있었다.

④ 가족의 의사소통방식은 가족의 하위체계들 사이에서 언어적 수준과 비언어적 수준이 불일치하는 이중메시지를 사용하고 있었다.

4) 클라이언트의 강점에 대한 사정

① 클라이언트의 강점은 독실한 기독교인으로서 남편과의 갈등과 정신증적 장애로 인한 딸의 문제를 가지고 있었지만 언제나 기도에 힘쓰며 신앙의 힘으로 문제가 발생하여도 그 위기를 잘 넘기며 가정을 지키고 있었다.

② 클라이언트는 남편과 함께 사업을 하면서 사업현장에서 남편 못지않은 위치와 사업능력을 갖추고 있으며 경제적인 권한도 어느 정도 가지고 있었다.

③ 클라이언트의 개인적인 자질과 특성으로는 변화에 대한 동기부여가 확실하고, 언제나 긍정적인 태도와 책임감, 친화력, 깊이 있는 신앙심 등 가정이 회복되고 남편의 폭력이 치료되며, 딸이 건강해질 것이라는 강한 신념을 가지고 있다.

④ 클라이언트 주변에는 함께 기도해주며 힘이 되어주는 신앙공동체와 그를 지지해 주고 어려울 때 대화의 대상이 되어주는 친정어머니가 지지집단으로 있었다.

5) 문제규명

(1) 남편의 외도와 심각한 정서적·언어적·행위적 폭력
(2) 초등학교 6학년 딸의 정신증적 장애의 심각성

(3) 시어머니의 손녀딸에 대한 언어폭력 및 학대

(4) 이상과 같은 문제로 인한 스트레스로 마음과 육체가 지쳐있는 클라이언트의 고통

6) 개입과정

(1) 개입의 초점 및 치료목표

가) 남편의 외도와 심각한 정신증적·언어적·행위적 폭력에서 오는 부부하위체계와 부모자녀 하위체계내의 심한 정서적 불안의 감소

나) 부모역할 기술의 습득

다) 역기능적 의사소통을 저하시키고 기능적 의사소통기술의 습득을 돕는 훈련

라) 딸의 낮은 자존감의 회복

마) 부부문제, 자녀문제, 고부간의 문제를 개입함에 있어 강점관점에 초점을 두고 문제해결을 시도하였다.

7) 사례분석

상담을 위한 면접은 30여 차례에 이르렀다. 그러나 페퍼에서는 2회 상담내용을 다루고자 한다. 상담의 횟수 사이에 많은 공간이 있으나 편의상 상담횟수를 1회, 2회, 3회로 정하였다.

(1) 1회 상담(2003년 3월 0일), 면담내용

남편의 외도문제로 상담을 요청했다. 남편의 외도를 클라이언트가 인지하자 처음에는 조심하며, 미안해하고, 변명을 하였으나, 클라이언트는 남편이 물건을 하러 장거리를 가는 날이면 상대를 차에 태우고 다니는 것을 알고서 주의를 준다든지 전화로 확인을 하게 되면 남편은 나쁜 감정을 드러내고 화를 냈다고 하였다. 끝났다, 이제는 다시 안만난다 등으로 위기를 모면하곤 하였으며 또한 아내 몰래 상대를 만나서 밤을 새우고 새벽에 들어오는 날이면 하루 종일 기분이 좋아서 아내에게 아부를 하고 아내의 이름을 부르며 00없으면 못산다, 당신이 너무 예쁘다 등으

로 아내에게 혼란을 주었는데 그때마다 클라이언트는 남편의 말을 믿었다고 한다. 그러다 우연히 상대를 만나고 있는 남편을 목격하게 되었다.

그 후 아내의 단속으로 상대를 만나지 못하면 술을 마시고 들어와서 가정을 공포분위기로 몰아가고 물건을 부수며, 아내에게 "너는 너무 똑똑하고 완전해서 숨이 막힌다"고 하며, 아내를 구타한다고 한다고 하였다. 그러다 맑은 정신이 되면 진심으로 사과를 하고 나는 외로운 사람이다.

나를 버리지 말아 달라, 당신이 나를 버리면 나는 죽는다, 당신이 원하는 것 뭐든지 다 해주겠다, 전 재산도 모두 당신 앞으로 옮겨 놓겠다, 나를 도와 달라고 애원하며, 아내의 마음을 잡으려고 애를 쓴다고 했다.

그리고 클라이언트에게 좀 더 상냥하고 포근해 주기를 주문한다고 하였다. 그럴 때면 참기를 잘했다고 생각이 되나 다시 음주와 폭력을 사용할 때면 클라이언트는 이혼하고 재산을 분할받아 아이들과 살고 싶다고 하였다. 클라이언트는 상담자가 관찰하기에 항상 체계적이고 질서가 있고, 흐트러짐이 없는 성품이나, 클라이언트의 남편은 일이나 사업에는 성실하고 경제적인 면에서도 물질관리를 잘하는 편이다. 그러나 그 외에는 자유롭고, 놀기를 좋아하고, 남의 말을 잘듣고, 상당히 다혈질이다.

가) 분석

가해자 분석: 가해자의 폭력행위를 좌절공격 이론적 접근으로 분석한다. 그는 본인이 의도한 바 외도하는 과정에서 상대를 만나는 것을 방해를 받게되었을 때 아내에게 폭력을 행하고 있었다.

피해자 분석: 피해자는 교환이론적 접근으로 분석한다. 클라이언트는 남편이 폭력을 사용할 당시는 고통스럽고 불안해 하지만 폭력 후 남편이 적극적으로 잘해주며 일시적으로 변화되는 태도에서 보상을 얻고 있었으며 이를 용인하므로 남편의 반복적인 폭력상태를 유지하게 하였다.

나) 대응현황(상담자의 코멘트 및 클라이언트의 대응행동)

1회 상담의 문제는 남편의 외도와 폭력이다. 상담자는 클라이언트로 하여금 남편의 외도를 중단하고 방지하기 위한 해결책으로 브레인스토

밍을 소개했다. 상담자와 상담을 통해서 클라이언트가 찾아낸 해결책으로는 남편의 외도를 방지하기 위해서 남편이 원하는 부부생활 즉, 좀더 정서적으로 부드럽고 상냥하게 남편을 대하고, 피곤하고 힘들다고 혼자 잠들어 버리는 일들을 자제하겠다고 했다. 또한 폭력의 예방을 위해서 평상시에 남편과 대화의 문을 열고 남편이 왜 술을 마시는지, 그리고 폭력은 아내에게 외관상으로나 마음에 많은 상처를 준다는 사실들에 대하여 많은 대화를 하도록 노력하겠다고 했다. 상담자는 클라이언트에게 건강한 부부생활과 성생활에 대한 자료들을 제시해 주고, 부부의 성생활이 부끄럽거나 불편한 것이 아니라 아름답고 합법적인 권리라고 말해 주고 사티어(satir)의 이론에 입각하여 역기능적 의사소통과 기능적인 의사소통방법을 이야기하였다. 그리고 다음에 올 때는 남편과의 부부생활과 대화내용을 기록해서 가지고 올 것을 과제로 제시하였다.

(2) 2회 상담(2003년 6월 0일), 면담내용

교회에서 기도회를 마치고 권사님들과 대화를 하고 있는데 클라이언트로 하여금 다급한 목소리로 전화가 왔다. "저 지금 죽을 것 같아요. 00아빠가 목조이고 벽돌 던지고..." 전화가 끊어졌다. 심장이 멈추는 것 같았다. 초조한 몇 분의 시간이 지나고 상담자는 클라이언트의 핸드폰으로 전화를 걸었다. 얼마 후 남편이 몹시 흥분된 목소리로 전화를 받았다.

지금 옆에 없다는 소리와 함께 전화를 끊었다. 순간 사고가 났구나하는 위기감이 돌았고 경찰에 신고해야겠다는 생각에 전화기를 잡는 순간 전화벨이 울렸다. "저에요" 울음과 두려움으로 음성이 경직되어 있었다.

도망 나와서 지나가는 차를 세워서 얻어 타고 핸드폰을 빌려서 통화를 하고 있으며, 가게옆에서 남편의 행동을 지켜보고 있다고 했다. "어떻게 해요. 00아빠가 집에 가면 00가 위험해요. 모두 죽인데요." 공포에 질린 목소리로 울며 소리를 질렀다. 상담자는 주위에 도움을 받을만한 사람이 있느냐고 물었더니 남편의 친구가 있다고 했다. 그럼 빨리 그곳에 연락해서 도움을 청하라고 하고 나는 클라이언트의 집에 가서 그녀의 딸을 피신시키겠다고 하고 전화를 끊었다. 두 분의 권사님과 의논을 하고 모 권사님의 차량으로 딸아이를 데리러 가기로 결정하고 움직이려고 하는데 다시 전화가 왔다. 남편친구가 왔으니 집에 가지 말고 클라이언트에게 와달라는 것이다. 억수같이 쏟아지는 비속을 모 집사님과 정신없이 달려갔다. 클라이언트가 있는 곳은 걸어서 7-8분의 거리였다. 우산으로 앞을 가리고 클라이언트를 찾으니 남편친구의 차속에서 손짓을 하였다. 함께 차를 타고 남편의 행동을 주시하며 상담을 하였다. 시어머니와 클라이언트의 딸과의 갈등이 확산되자 시누들이 개입을 하면서 남편이 알게 되었다. 그 과정에서 남편이 딸아이를 죽이겠다며 술을 먹고 클라이언트에게 먼저 폭력을 행사하고 집으로 가서 모두 죽인다고 행패를 부리고 있었다. 차량밖에서 남편의 친구가 문을 열고 말했다. 친구집으로 데려가려고 하지만 안가겠다고 고집을 부리고 있으나 함께 온 다른 친구가 설득하고 있으니 염려하지 말라고 했다.

잠시 후 남편이 집에 가서 옷을 갈아입고 가자고 했다며 친구가 왔다. 우리는 남편의 눈을 피하여 차에서 내린 후 친구와 클라이언트 부부가 차에 타는 것을 보고 집으로 돌아왔다. 집에 걸어서 돌아와 보니 우리아이가 나오면서 00에게서 무섭다고 두 번이나 전화가 왔었다고 했다. 그때 시간이 밤 12시가 넘어 있었다. 바로 클라이언트의 딸에게 전화를 걸었더니 집에서 나와서 시내 모처에서 길거리를 방황하고 있었다. 아이를 데리러 나가려고 준비를 하는데 클라이언트로부터 전화가 왔다. 남편이 집에 도착하자 친구들에게 옷을 갈아입고 나오겠다며 차에서 기다리라고 하고 집에 들어서면서 집안물건을 부수며 폭력을 쓰고 딸아이를 죽이겠다고 찾았으며, 모두 죽이겠다고 어머니에게 가자 어머니는 죽이라고 악을 쓰며 대들어 아들의 감정을 더욱 격양되어 어머니 목을 조이고 구타를 하는 중에 클라이언트는 딸을 밖으로 내어 보냈다며, 딸이 어디에 있는지 행방을 찾아달라고 했다. 경찰에 신고하자고 했더니 클라이언트가 이미 경찰에 신고를 했다며, 딸을 먼저 찾아달라며 말을 잊지 못했다. 상담자는 이 사건을 알고 있는 모 권사님에게 전화를 걸어서 도움을 청하였다. 권사님이 차량을 가지고 와서 함께 아이를 찾은 후 가지고 간 담요로 몸을 싸고 차에 태워서 집으로 왔다. 손과 발을 씻기고 우리아이들의 잠옷으로 갈아입힌 후 안정을 취하도록 조치를 하였으나 아이는 반복적으로 강박장애와 "엄마가 뒤에서 뛰어가라고 했다"며 환청을 듣고 있었고, 현실을 인지하게 되면서 아빠가 자신을 죽이러 찾아온다며, 잠자리에 들지 못하고 심한 불안장애를 호소하고 있었다. 다른 곳으로 가고싶다고 했다. 상담자는 아이에게 집의 구조를 설명하며 창문은 모두 방범창이 되어있고, 대문과 현관을 모두 잠기어 있으며, 아빠는 00가 이 곳에 있는 것을 모르고 계시다고 말했지만 아이의 불안은 계속되었다.

아빠는 자신을 찾다가 못찾으면 교회를 알기 때문에 이리로 올 것이니까 아빠가 모르는 집으로 가야한다고 했다. 그때 클라이언트에게 전화가 왔다. 경찰이 왔다가 아무 일도 아니라는 말을 듣고 갔으며, 남편은 친구들이 올라와 진정을 시켜서 거실에서 잠이 들었는데 깨어나면 또 행패를 부릴 것 같아서 남편친구에게 부탁을 하여 함께 있어줄 것을 부탁하였다고 했다며 딸에 대한 안부를 물었다. 전화를 바꾸어 주니 딸은 계속 무섭다고 하며, 엄마를 오라고 요청했다. 잠시 후 클라이언트가 와서 아이와 대화를 하였다. 아이는 아빠가 모르고 있는 과외선생님 집으로 가기를 원했다. 밤이 늦어서 모든 것이 불가능했으며, 클라이언트 또한 남편이 깨어나기 전에 집으로 돌아가야만 했으나 반복되는 아이의 불안으로 실례를 무릎쓰고 과외 선생님댁에 전화를 드렸더니 아이를 데려오라고 했다. 클라이언트는 딸을 데리고 갔다. 시간을 보니 밤 2시가 넘어있었다.

가) 분석

가해자 분석: 가해자의 폭력행위는 정신병리학적 이론의 접근으로 분석한다. 가해자의 폭력행위는 스트레스 상황에 돌입하면 알코올과 함께 주기적이며 순환적으로 일어나고 있다.

또한 가해자인 남편을 자원이론적 접근으로 분석한다. 그는 자신의 외도와 잦은 음주로 인하여 권위가 실추되면 아내와 자녀들에게 지배력 장악의 방법으로 학대와 폭력을 사용하였다. 폭력 후 가족들이 자신앞에서 위협을 느끼며 불안해하는 것을 자신의 권력의 회복으로 생각하고 그것이 인정되면 폭력행동을 모두 잊고 가족원들에게 극진한 대우와 선량한 아빠와 남편인 양 행동하다가 다시 자신의 과오나 스트레스상황에서 자신의 지위에 위협을 느낄 때(아내가 더욱 똑똑해 보이고 자신의 결점을 알고 있거나, 딸이 아빠에게 관심을 보이지 않고 순종하지 않는다고 느끼면) 알코올과 함께 학대 및 폭력행동을 반복한다.

피해자 분석: 클라이언트는 기능이론적 관점과 교환이론적 관점에서 분석한다. 그녀는 남편의 폭력행위시에는 죽음과 같은 공포와 불안 고통을 호소하다가도 폭력상태가 종결되면 모든 것을 잊고 신앙과 연관시켜서 자신을 성장시키기 위한 과정이며, 남편의 영혼을 구원하기 위한 과정이라고 생각한다. 즉, 남편의 폭력상태로 자신의 어리석음을 깨닫게 되고 더욱 기도의 필요성을 인식한다고 말하며, 이러한 파괴적인 과정없이는 남편이 하나님께 돌아오는 것이 더욱 어려울 것이라고 믿기에 어려움이 있어도 남편이 신앙으로 진정한 변화를 가져올 때까지 인내해야 한다고 생각하고 있다. 사실 이 사건 이후 남편은 주일예배에 참석하곤 하였다. 그리고 반복적인 폭력이 아주 사라지지는 않았으나 그 횟수가 줄었고 기간이 멀어졌으며, 아내에게 신앙생활의 자유를 많이 허용한 상태이다. 상담자는 아이의 치료와 남편의 치료를 위해서 가족치료의 중요성을 설명하고 클라이언트의 남편이 함께 상담에 참여하도록 요청했으나 본인이 무얼 잘못해서 상담을 받아야 하느냐며 모든 잘못을 딸과 딸을 그렇게 양육한 클라이언트에게 있다고 주장하며 거부했다.

나) 대응현황(상담자의 코멘트 및 클라이언트의 대응행동)

2회 상담에서의 문제는 남편의 폭력과 이번 사건 이후 딸의 정신증적 증상들의 증가이다.

① 클라이언트의 딸을 클라이언트와 상의하여 00병원 정신과에 의뢰하는 것이 어떠한지를 물어보니 클라이언트가 긍정적으로 생각하였다.
② 심한 정서적 학대와 폭력으로 인하여 낮아진 딸의 자아존중감의 중요성에 대하여 대화하고 부모 역할을 통해서 딸의 자존감 증진훈련을 지도했다.
③ 아이의 메시지를 통하여 남편으로 하여금 딸이 정서적으로 많이 아파하고 있으며, 그것은 육체적인 질병(암, 대장파열 등)과 같은 것으로 부모의 협력과 함께 전문치료를 받아야함을 인지하도록 대화했다.
④ 이 문제는 누구 한 사람의 책임이 아니고 가족 모두의 공동책임이 있으니 남편과 의논하여 시어머니와 딸과의 분리를 생각해 볼 수 있는지를 질문하고 남편과 상의해 보라고 하였다.
⑤ 남편의 폭력이 딸의 현재 상황에 나쁜 영향을 줄 수 있다는 것에 대하여 남편에게 두려운 마음을 버리고 연애시절의 다정했던 모습으로 남편과 대화를 해볼 수 있는지 클라이언트에게 질문을 하였더니 시도해 보겠다고 했다.

8) 결론

이 일이 있기 전에도 클라이언트는 최근 사춘기에 접어든 딸이 시어머니로부터 심한 학대를 받고 자랐으므로 정신증적 장애들을 겪고 있어 계속 상담을 하고 있었다. 할머니의 학대는 4살 때부터 시작된 것으로 추정되어진다. 평소에도 괴팍한 성격의 소유자인 시어머니는 손녀의 친구들이 전화를 하여도 입에 담지 못할 욕설들을 퍼 부으면서 전화를 바꾸어주지 않고 평상시에도 식사를 잘 챙겨주지 않거나 과외 선생님이 이러한 사실을 인지하고 아이의 식사를 챙겨주면 왜 남의 집에 와서 살림을 하느냐며 욕을 하고 방문을 닫고 공부를 하면 베란다 창문을 열고 욕을 하곤 하였다. 이러한 사실은 딸의 성격장애 증상으로 대인관계의 문제가 생기고 학교생활의 부적응상태가 발생하며, 무드장애(우울증) 증상이 나타나는 등 이상 증상들이 나타나면서 상담을 하는 과정에서 밝혀지게 되었다. 클라이언트의 딸은 할머니를 저주하고, 죽이고 싶다고 말하며, 할머니를 집에서 내어보내라고 클라이언트를 괴롭혔으며, 학교생활에 있어서 친구들과의 잦은 마찰로 학교가는 것을 기피하고 대인관계에 심각한 장애를 가져왔다. 클라이언트는 이런 일이 남편에게 알려지면 남편의 성격이 다시 돌변하여 가정폭력이 일어날 것을 염려했다.

그 후 클라이언트는 남편의 폭력과 딸의 정신증적 장애와 성격장애 문제로 여러 차례 상담을 하였다. 위에서 제시한 대응방법을 클라이언트가 잘 실천하므로 많은 어려움이 순간순간 있었고, 폭력도 있었지만 현재는 남편의 상황이 많이 좋아져서 폭력이 감소하였고 아내와 대화하는 시간도 많아졌으며, 딸아이에게도 마음을 쓰고 칭찬을 하려고 노력하고 있다. 클라이언트의 남편은 음주를 하지 않은 상태와 감정이 상하지 않은 상태에서는 현저하게 딸을 대하는 태도가 변하였다. 그러나 이러한 아빠의 모습을 오히려 딸은 몹시 부담스러워하며 거부하였다. 시어머니는 지방에서 생활하고 있는 시누이가 모시고 가므로 일시적인 분리가 이루어졌다. 딸은 원주 ○○병원에서 정신과 의사에 의하여 약물치료와 상담치료를 받고 있으며 클라이언트는 현재도 상담자와 상담관계를 지속하고 있다. 본 상담은 목회상담으로 일반 가족치료적 접근이나 가정폭력적 접근으로 이루어지지 못하였기 때문에 남편의 폭력에 대한 적극적인 대응방법이 제시되지 못하였다.[155][156]

21. 가정폭력 남편 흉기 살해 40대 주부 '영장'

경기 안산상록경찰서는 가정폭력을 일삼아온 남편을 흉기로 찔러 살해한 A씨(45·여)에 대해 살인혐의로 구속영장을 신청했다고 31일 밝혔

---

[155] 가정폭력 사례분석, 한세완 2005-01-27 23:21:03 970
[156] http://namseoul.org/club/myclub/view.php?code=648&id=4373&url=happy family(2012.3.31)

다.157) A씨는 지난 30일 오전 3시께 안산시 상록구 자신의 집에서 남편 B씨(45)가 술에 취해 잠이 들자 흉기로 B씨의 가슴 등을 찔러 숨지게 한 혐의다. 경찰 조사에서 A씨는 "지난 1990년 결혼한 이후 20여년동안 남편의 폭력을 참고 살다가 참지 못하고 이런 일을 저질렀다"고 말했다. A씨는 범행 직후 이웃에게 '남편이 죽었다'고 112신고를 요청했으며, 사건 현장이 깨끗하게 청소된 점 등을 수상히 여긴 경찰의 추궁에 범행 일체를 자백했다.158)159)

22. 가정폭력 상담사례

질문 : 저는 남편과 함께 시댁에서 같이 살고 있는 주부입니다. 신혼초부터 남편은 무능력했으며 구타와 외도도 끊이지 않았죠. 임신중독증으로 몸이 붓고 혈압이 높았는데, 그때도 다방 여종업원과 바람을 피우는 걸 직접 목격했습니다. 화가 나면 항상 하는 말이 저의 친정을 무시하는 말을 하고 시어머니도 남편이 저를 때리면 우리 둘 다 문제가 있다는 식으로 말을 하면서 나에 대해서도 매사 흉을 보았습니다. 남편은 매일 술을 마시고 교통사고 등 갖은 말썽을 피우고, 손님앞에서도 저를 때리고 발로 차는 등 갖은 행패를 부리고 있습니다. 정말 이대로 사는 것은 치욕스러워 못살겠습니다. 이혼하고 싶은데 어떻게 하면 좋겠습니까?

답변 : 외도와 구타 등 남편에게 인격적인 대우를 받지 못하는 치욕스러운 결혼생활을 이혼으로 끝내려 결심하셨군요. 이혼에는 부부간의 합의에 의한 '협의이혼이 있고 부부간의 합의가 이루어지지 않을 경우 이혼소송(재판이혼)을 내시면 됩니다. 이는 변호사를 선임해서 이혼소송을 진행하시거나 경제적인 여건이 허락하지 않으시면 무료소장을 써주는 법률관련 기관의 도움을 받으실 수 있습니다. 이때 구타에 의한 진단서

---

157) 뉴시스 기사전송 2010-08-31 09:35. 【안산=뉴시스】유명식 기자
158) yeujin@newsis.com, '한국언론 뉴스허브' 뉴시스통신사
159) http://news.nate.com/view/20100831n05594(2012.4.8)

와 여태까지의 결혼생활 등을 기록하여 제출하면 재판에서 증거로 활용될 수 있습니다.

〈협의이혼시의 필요한 서류〉
이혼신고서 3통(구청에 비치)
협의이혼의사 확인 신청서 1통(법원에 비치)
호적등본 1통
주민등록등본 1통
각자 신분증과 도장

질문 : 33세 된 주부입니다. 남편이 지난해부터 계속되는 도박에서 손을 떼지 못하더니 2억원의 돈을 날렸습니다. 그 중에 빚도 5천만원이나 되는 상태이고요. 너무 속상해 부부싸움도 많이 했지만 지금은 지쳐 화낼 기력도 쇠해진 상태입니다. 결혼 초반에는 그러지 않았던 남편인데 그 사람에 대한 실망이 너무 커서 가슴이 뛰고 집중이 안되고 밤에 잠을 못 자기도 여러 달입니다. 너무 화가 나서 극단적으로 이혼까지 생각하게 됩니다. 처음에는 그래도 이혼은 생각지 않았었는데 생각하면 생각할수록 화가 풀리지 않고 갈수록 남편이 미워집니다.

저를 힘들게 한 남편에 대해 화가 가라앉지 않습니다. 남편도 처음에는 미안하다고 그러더니 이제 아예 저를 피해 밖으로 떠돌고 있어요. 차라리 남편 얼굴을 보지 않으면 좀 나아지지 않을까 하는 생각도 들고요. 그러면 좀 미움이 가시고 남편도 정신을 차리지 않을까요?

미우면서도 남편이 무슨 일을 또 벌일까 전전긍긍하는 상태입니다. 어디 다른 곳에 가서 머리 좀 식히고 싶은 마음 뿐입니다. 마음의 안정을 찾고 싶어요.

답변 : 2억원 이상이 되는 어마어마한 재산을 한 순간에 잃으셨으니 얼마나 속상하시겠어요. 또한 그것이 남편의 도박에 의한 것이니, 남편에 대한 실망과 미움이 무척 크실 것입니다. 그렇게 마음에 가득 찬 화로

인해 현재 우울증상이 나타나고 있는 것 같습니다. 재산을 잃은 것도 억울한데 지금처럼 건강도 상하고 힘들어하시니 무척 안타깝습니다. 남편을 용서할 수 없으면, 잠시 헤어져 있거나 이혼을 생각해 볼 수도 있습니다. 하지만 계속 가정을 유지시킬 마음이 있으시다면, 우선 남편이 왜 도박에 손을 대게 되었는지를 알아야 할 것입니다. 그 원인을 없애서 다시는 이런 일이 없도록 하는 것이 필요하겠지요. 힘드시겠지만, 기운을 다시 내시기 바랍니다.

질문 : 어렸을 적부터 한 달에 두세 번 정도 아버지와 어머니가 심하게 싸우시는데, 어머니가 많이 맞으십니다. 고등학교 이후부터 제가 말리니까 아버지가 저까지도 때리시더라고요. 사실 저도 무서워서 아버지 옆에 가기가 힘듭니다. 그 뿐만 아니라 어머니가 도망가려 하시면 몽둥이로 때리시거나 칼로 위협하고, 난로를 엎고 불을 지른다고 하십니다. 도무지 아버지 비위를 맞출 수가 없는 게 어머니가 아버지에게 관심을 가지면 남자가 하는 일에 간섭한다고 화내시고, 아무 말 안하면 여자가 애교가 없다고 시비를 거시니 하루도 편할 날이 없습니다. 모든 재산도 아버지 명의로 되어 있고 어머니를 도울 수 있는 방법은 없는듯 보입니다.

신고를 해도 경찰은 '부부싸움은 칼로 물베기인데 왜 또왔냐.'며 은근히 어머니를 탓하는 식이구요. 같은 여자로서 불쌍한 어머니를 아버지 그늘에서 벗어나시게 돕고 싶습니다.

답변 : 아버지의 폭력행사로 경찰의 도움을 받고자 했으나 그렇게 되지 못했군요. 얼마나 견디기 어려운 상황이면 자식이 아버지를 경찰에 신고했을까를 생각한다면 경찰에서도 그렇게 방관만을 하지 않을텐데, 아직도 가정폭력에 대해 '남의 가정사이니 참견하면 안된다'라고 생각하는 면이 많습니다. 하지만 절대로 포기하지 마십시오. 어떻게 해서든지 가정에서 폭력은 사라져야 합니다. 다음에 또 폭력이 있으면 다시 한번 신고하시어 경찰의 도움을 받으십시오. 그리고 어머니가 이혼하길 원하시면 재판이혼을 할 수 있으며, 진단서를 첨부하고 사건경위 등을 자세

히 적어 변호사의 도움을 받을 수 있습니다. 또한 재판을 통해 위자료나 재산분할 등도 받을 수 있습니다. 본 센터에서 변호사를 소개해 드릴 수 있으니 상담센터에 찾아오셔서 상담을 우선 받아보십시오.

질문 : 결혼 17년째인 주부입니다. 남편의 폭력은 신혼초부터 시작되어 지금까지 계속되고 있습니다. 원인은 첫날밤 혈흔이 없다는 것 때문에 있지도 않았던 저의 결혼전 남자를 걸고 넘어가는 것입니다. 저는 증명할 길도 없고 해서 제가 잘만 하면 남편이 더 이상 말썽 피우지 않고 연애할 때의 자상한 남자로 돌아올 거라 믿었습니다. 그런데 작년에 남편 사업이 망한 이후로 술 마시고 물건들을 부수고 자기 손을 그으면서 죽겠다고 협박도 했습니다.

2주전에도 돈이 떨어지니까 술 먹고 나를 죽이겠다고 폭행을 하더니 또 다시 과거 얘기를 하며 성관계를 요구해 왔습니다. 제가 거절하자 마구 때려서 결국은 성관계를 맺고서야 끝났습니다. 저는 어떻게 하면 좋을까요? 너무 지긋지긋해서 이혼하고 싶기도 하고 아이들을 생각을 하면 참고 살아야 할 것 같기도 하고 마음이 복잡합니다.

답변 : 첫날밤의 혈흔 유무로 17년간 남편에게 시달림을 받아오셨다니 얼마나 힘드셨어요. 우리나라 남자들이 이렇게 혈흔 유무에 과도하게 반응하는 경향이 있어, 잘못된 성인식을 가지고 있습니다. 또한 님의 경우처럼 부부간에도 강간이 흔하게 일어나고 있습니다. 아내를 한 인격체로 보지 못하고 단지 성적 도구로만 보는 것이 문제라고 할 것입니다. 남편의 폭력에 대해 이혼으로 대처할 수 있습니다. 하지만 아직 이혼 결심이 서지 않은 것 같으시군요. 자녀를 걱정하시는데 폭력적인 가정 분위기에서 자라는 것이 아이들에게 어떤 긍정적인 영향이 있을까도 냉정하게 생각해 보셔야 할 것 같습니다.

질문 : 결혼한 지 1년 정도된 주부입니다. 남편과 연애결혼을 했는데 결혼전에 남편이 저를 끔찍하게 아껴주는 편이었고, 지금도 그렇습니다. 하지만 남편은 집으로 전화를 수시로 하는데 저와 통화가 되지 않으

면 왜 전화를 받지 못했는지, 어디에 갔었는지 등을 심하게 따져 묻고 제가 얘기해도 믿지 못하고 '사실대로 말하라'며 소리를 지르고 때린 적이 있습니다. 때리고 나서는 몹시 미안해하며, 다음부터는 어디에 가려면 미리 말하고 가라고 합니다.

때로는 남편이 가정적이라는 생각이 들고 나를 사랑하니까 저렇게 관심을 두나보다 싶기도 하지만, 어떨 때는 숨이 막히는 답답함을 느낍니다. 이제는 전화소리만 들어도 긴장하게 됩니다. 어떻게 해야 남편이 저를 믿을 수 있을까요?

답변 : 남편이 보여주는 태도에는 아마 부인에 대한 사랑이 들어있는 듯합니다. 그렇다면 사랑이란 무엇일까요? 서로를 소중히 여겨 아끼고 관심 가져주고 존중하고 믿어주고 등인데, 하지만 지금 남편의 사랑에는 믿음으로 부인에게 자유를 주는 것이 빠진 것 같습니다.

흔히 의처증이 있는 남편들은 마음 깊숙이에서 따뜻한 사랑을 갈구하고 있는 한편 자존감은 낮아서 관계에서 안정감을 가지지 못한다고 합니다. 부인은 남편에게 사랑한다는 감정표현을 자주 해주고, 남편에게 어떤 걱정이 있는 것인지 얘기를 나누어서 마음의 불안과 상처를 알아주는 것이 필요합니다. 이런 일을 혼자 하시기 힘드시다면, 저의 상담센터에 직접 오셔서 도움을 받으시면 좋을 것 같습니다. 그리고 또한 사랑의 이름으로 행해지는 폭력에 대해서는 단호하게 대처하는 것이 필요합니다.

질문 : 형부에 대해 상담을 드리고 싶습니다. 형부는 평소 조용하시고 내성적인 분입니다. 하지만 술만 드시면 완전히 딴 사람이 되어서 난동을 부리고 언니를 때리고 물건을 집어 던지고, 그리고 술이 깨면 기억을 못하시면서 미안하다고 하며 다시는 안마시겠다고 합니다.

하지만 또 술을 드시게 되고 계속 반복됩니다. 형부의 술버릇을 고쳐야 될텐데, 어떻게 해야 좋은지요?

답변 : 착하고 순했던 사람이 술 마시면 포악해지는 경우, 평소에 참고

있었던 부정적인 감정들이 술의 힘을 빌려 표출되는 것입니다. 술을 마시고 구타를 하거나 하면 경찰에 신고하거나 진단서를 준비해서 술에 의한 심각성을 본인도 느낄 수 있게 해야 합니다. 그래서 단주할 수 있도록 단주모임이나 치료를 받도록 하는 것이 좋습니다. 또한 평소에 자신의 의사표현을 적절히 할 수 있도록 훈련하는 것도 필요하며, 자신의 내적인 문제를 해결하도록 상담이나 집단상담 프로그램에 참여하는 것도 술버릇을 고치는 좋은 방법입니다.

질문 : 저는 장녀이지만 어머니를 모실 수 없는 형편이라, 시집을 안간 여동생(45세)에게 어머니를 맡겨 놓고 있습니다. 그런데 동생이 친정어머니에 대한 폭언과 폭력이 심해 상담하려고 합니다. 원래 저희 아버지가 무능력하고 외도를 일삼고 폭력적이어서 힘들게 사신 어머니인데, 불우한 가정환경 탓인지 동생 역시 어머니를 구타하고, 말리는 저도 때리니 어떻게 하면 좋겠습니까? 법에 의존해서라도 이 문제를 해결하고 싶습니다. 동생은 직장생활을 하는데 어머니가 밥을 안해 놓는다, 사람을 짜증나게 한다면서 여러 이유를 트집잡아 학대하고 있습니다. 동생은 성격적인 문제가 있어 사회생활하기도 힘든 것 같은데, 고칠 수 있는 방법이 없을까요? 걸핏하면 주위 사람을 쳐서 진단서를 끊게 만드는 적대적이고 무례한 동생에게 정신치료를 받게 하고 싶습니다. 상담을 받으면 좀 달라지지 않을까 하는 기대도 가져보고요. 특히 그동안 어머니를 피신시켜야 할지 잘 확신이 안서네요. 어떻게 해결할 수 있을까요?

답변 : 이런 경우도 가정폭력특례법에 의해 동생분이 처벌을 받을 수 있습니다. 어머니에 대한 폭력이 계속될 경우, 경찰에 신고하십시오. 그리고 어머니께서 가 계실 곳을 마련하는 것도 좋을 것 같습니다. 가 계실 곳이 없다면 '쉼터'에서 당분간 머무르실 수 있습니다.

동생이 사소한 이유로 어머니를 구타하고 학대함을 보아서는 동생분의 성격적인 문제일 수 있으나 본인이 직접 심리치료를 받아 변화하고자 하는 의사를 가지지 않는 한 자발적인 해결은 어려울 수 있습니다.

경찰과 법원의 도움을 받아서 동생분이 보호관찰 처분을 받아 강제적으로 심리치료를 받을 수는 있을 것입니다.

질문 : 저는 시댁의 심한 반대에도 무릅쓰고 결혼해서, 3년이 지났습니다. 그 사이에 아이도 하나 낳았고 저는 시부모에 순종하며 살려고 무진 애를 썼습니다. 하지만 여전히 시어머니는 제가 불만인지 야단도 많이 치고 살림에 명령조로 간섭도 많이 하시고 하루에 2, 3번씩 전화를 하십니다. 그런 것이 스트레스가 되었는지 요즘은 소화가 잘 안되고 기운이 없어서 아이를 돌보기 어려울 지경입니다. 제가 언제까지 시어머니에게 맞춰주어야 하는건지요.

저는 항상 가정의 평화를 위해 모든 것을 참고 희생해왔는데 이제는 너무 힘드니 어떻게 해야 할까요?

답변 : 시부모에게 착한 며느리가 되려고, 그리고 가정의 평화를 위해 많이 참으면서 사셨네요. 하지만 3년 세월에 몸이 탈이 날 정도가 된 걸 보니 마음은 무척 힘드셨군요. 가정의 평화도 중요하지만, 내 몸 또한 중요하지 않나요? 이제는 힘들면 힘들다고 가족에게 얘기해 보세요. 시어머니도 며느리에게 무리하게 대하고 있다는 걸 아셔야 태도를 고칠 기회를 주는 것입니다. 그리고 포기하실 건 포기하시겠죠. 그냥 지금처럼 참고 계시며, 아무런 변화도 일어나지 않고 내 자신만이 더욱 지쳐간다는 걸 잊지 마십시오. 이제는 착한 며느리에서 벗어나 행복한 며느리가 되셨으면 좋겠네요.[160][161]

23. 부산 서부경찰서, 가정폭력 남편 첫 '직권 격리조치'

심각한 가정폭력 발생시 현장에 출동한 경찰이 당사자를 직권으로 격

---

[160] 성폭력 상담 사례, 가정폭력에 관한 사례: 한마음 가정폭력 상담소, 506-802 광주광역시 광산구 소촌동 593-5번지 isaac9182@hanmail.net
[161] http://hanmaum.ijesus.net/chnews.html?boardmode=read&board_id=board_chnews&code=677&page=1&num=3829&key=&k_field=&vnum=(2012.4.8)

리할 수 있는 가정폭력범죄의 처벌 등에 관한 특례법 시행 이후 부산에서 첫 사례가 나왔다.[162] 부산 서부경찰서는 9일 이혼숙려기간 중 5세 남아를 키우는 아내를 찾아가 폭행한 김모(43)씨를 현장 출동 경찰관이 직권으로 격리와 접근금지 등의 조치를 시켰고 이어 법원도 이 조치를 유지하도록 결정했다고 밝혔다. 김씨는 지난 1일 밤 0시5분께 부산 서구의 이혼소송중인 아내(32) 집을 찾아가 "전화를 왜 받지 않느냐"고 아내를 때리는 등 폭행을 일삼은 혐의를 받고 있다. 지난 9월 이혼소송을 제기한 김씨 부부는 현재 3개월간의 이혼숙려기간으로 김씨는 주말에 아내가 양육하고 있는 아들을 1번씩 면회할 수 있도록 법원이 명령을 내린 상태였지만 김씨는 평일에 아내 집을 찾아가 행패를 부렸다. 당시 폭행을 당한 김씨의 아내가 경찰에 신고했고 출동한 아미파출소 경찰은 현장에서 김씨에게 퇴거와 아내 집에서 100m 이내 접근금지, 휴대전화나 이메일 등 전기통신 이용금지 등의 3가지 조치를 취했다. 이어 검사를 거쳐 판사가 2일 이 조치를 계속 유지하도록 결정했다. 이번 조치는 지난달 26일부터 가정폭력범죄의 처벌 등에 관한 특례법이 시행됨에 따라 일선 경찰관이 이같은 조치를 할 수 있는 권한이 생긴 이래 부산에서는 첫번째 사례다. 일선 경찰관은 폭행의 심각성, 흉기 사용 및 상습 구타 등 여건을 살펴 직권조치를 취할 수 있으며 피의자가 조치를 어기면 500만원 이하의 과태료를 부과하거나 최장 2개월간 유치장에 갇힐 수 있다.[163][164]

24. 흉폭화 및 잔인해진 가정폭력, 흉기사용 비율 증가

가정폭력이 갈수록 흉폭화되고 잔인해지고 있는 것으로 나타났다. 흉

---

162) 법원도 "이혼 중인 아내.자녀에 접근 못한다" 조치 유지, (부산=연합뉴스) 김선호 기자
163) wink@yna.co.kr, 연합뉴스, 2011/11/09 10:06 송고
164) http://www.yonhapnews.co.kr/bulletin/2011/11/09/0200000000AKR20111109
    068300051.HTML?did=1301r(2012.4.10)

기를 사용하는 가정폭력의 비율이 크게 늘어나고 있기 때문이다.165) 10일 한국가정법률상담소는 지난해 서울가정법원, 서울중앙지검, 인천지검 등으로부터 상담위탁 보호처분 혹은 상담조건부 기소유예처분을 받은 가정폭력 행위자 55명을 분석한 결과에 따르면 칼이나 도끼와 같이 위험한 흉기로 위협한 경우가 23.6%(13명)로 조사됐다. 위험한 흉기를 사용해 다치게 한 경우도 25.5%(14명)에 달했다. 이는 2010년도(13.3%·10명)에 비해 2배 가까이 증가한 수치다.

폭력행사의 원인은 가부장적 사고 등 성격차이(31%·26건)가 1위로 뽑혔다. 부부간 불신과 음주(각 21.4%·각각 18건), 경제적 갈등(17.9%·15건) 등이 뒤를 이었다. 또 폭력을 휘두른 행위자는 남성이 87.3%(48명), 여성이 12.7%(7명)로 분석됐다. 남편이 아내에게 폭력을 휘두른 경우(81.9%·45명)가 압도적으로 많았다. 연령별로는 40대(47.3%·26명)가, 교육정도별로는 전문대졸 이상(41.8%·23명)이, 직업별로는 회사원(34.5%·19명)이 가장 많았다. 경제상태별로는 월수입이 200만원 이상 300만원 미만(30.9%·17명)이 1위였다.

혼인기간으로 살펴볼 때는 10~20년이 30.9%(17명), 5~10년과 5년 미만이 각각 16.4%(9명)로 나타났다. 가정에서 벌어지는 폭력은 가부장적 사고 등 성격차이(31%·26건)에서 비롯된 경우가 가장 높은 비율을 차지했다. 한국가정법률상담소 관계자는 "가정폭력의 예방과 재발방지를 위해서는 폭력이 발생했을 때 공권력이 신속하고 강력하게 개입될 수 있도록 법적 제도적 장치가 필요하다"며 "가정폭력 행위자가 보다 빨리 상담 프로그램에 위탁될 수 있도록 해야 한다"고 강조했다.166)167)

---

165) 기사등록 일시 [2012-04-10 19:50:47], 【서울=뉴시스】 배민욱 기자
166) mkbae@newsis.com, NEWSIS.COM
167) http://www.newsis.com/ar_detail/view.html?ar_id=NISX20120410_0011013122&cID=10201&pID=10200(2012.4.10)

25. 가정폭력에 의한 임시조치 증가세

　가정폭력사건으로 보호관찰, 접근금지 등이 증가하고 가해자와 피해자를 분리하는 임시조치가 늘어난 것으로 나타났다.168) 9일 대법원과 전주지법에 따르면 도내 법원에 접수된 가정폭력에 대한 법원의 임시조치는 경찰의 긴급임시조치권이 발효된 지난해 11월부터 올해 2월까지 4개월 동안 19건으로 전년 같은 기간 9건보다 2배 이상이 증가했다. 이같이 임시조치가 늘어난 것은 지난해 10월 26일부로 경찰관이 가해자와 피해자를 분리하는 등 응급조치에도 불구하고 가정폭력범죄가 재발될 우려가 있고, 긴급을 요하는 경우 법원의 임시조치 결정없이 직권으로 피해자 또는 가정 구성원의 주거로부터의 퇴거 등 격리, 피해자 또는 가정 구성원의 주거, 직장 등에서 100m 이내의 접근 금지, 전화통화 금지 등 긴급임시조치권이 부여돼 사전 조치 후 사후 법원의 허가를 받는 제도 개선 효과로 풀이된다. 이와함께 가정폭력으로 인한 가정보호사건은 올 들어 6건으로 지난해 같은 기간 4건에 비해 2건이 늘었다. 올들어 접수된 가정보호사건 처분 결과를 보면 보호관찰 3명, 사회봉사 및 보호관찰 1명, 보호관찰 및 치료위탁 2명 등이다. 선주지법 관계자는 "가정폭력사건이 가정내의 문제로 치부돼 경찰력의 개입이 어려웠지만 지난해 법개정으로 인해 경찰의 긴급임시조치권이 발효되면서 임시조치가 증가했다"며 "부부간의 가정폭력은 법의 보호 뿐만 아니라 주위의 적극적인 신고도 필요하다"고 강조했다.169)170)

26. 여성폭력 손놓은 정부, 피살자 통계도 없어

　"수원 사건은 예고된 참극", 여성단체, 정부대책 촉구. 여성단체들이 경기도 수원시 20대 여성 납치·살해 사건에 대한 경찰의 미온적인 태도

---

168) 박진원 기자, savit57@domin.co.kr, 승인 2012.04.09
169) 박진원 기자, savit57@domin.co.kr, 전북도민일보
170) http://www.domin.co.kr/news/articleView.html?idxno=935061(2012.4.10)

와 성폭력·가정폭력 등 여성 대상 폭력에 대한 국가의 무관심을 일제히 비난하고 나섰다.171) 한국여성의전화, 한국성폭력상담소, 한국여성민우회 등 여성단체들은 10일 오전 서울 세종로 세종문화회관 앞에서 긴급 기자회견을 열고 "이번 사건은 여성들이 일상적으로 마주칠 수 있는 각종 폭력에 대해 국가가 무책임하게 방조한 결과 극단적으로 빚어진 예고된 참극"이라며 "안일하게 대처한 국가가 바로 살인자"라고 주장했다.

자료: http://www.hani.co.kr/arti/society/women/527708.html(2012.4.10)

전국가정폭력상담소협의회·전국성폭력상담소협의회·한국여성민우회·한국여성의전화·한국여성단체연합 등이 꾸린 '수원살인사건 여성긴급행동' 참가자들이 10일 낮 서울 세종로 세종문화회관앞에서 경찰을 규탄하는 거리행진을 벌이기 전에 피해여성을 위해 묵념하였다.172)

이들은 이날 성명서를 통해 "살인이나 시신 훼손보다 더 끔찍한 것은

---

171) 등록 : 2012.04.10 20:55 수정 : 2012.04.10 20:55
172) 김태형 기자 xogud555@hani.co.kr

경찰의 대응이 적절하지도, 신속하지도 못했을 뿐더러 사건을 축소·은폐하려했다는 사실이 밝혀지고 있는 것"이라고 지적했다. 대검찰청의 '2011 범죄분석'을 보면 2010년 한해 동안 살해된 여성은 465명이다. 한국여성의전화가 2011년 한해 언론에 보도된 사건을 분석한 결과 남편이나 애인에게 살해된 여성들이 최소 65명으로 집계됐지만, 실제론 이를 훨씬 웃돌 것으로 추정된다. 하지만 국내에는 아직 여성 살해의 원인과 가해자 등 기본적인 통계조차 없다. 미국에선 공식 범죄통계를 내는 연방수사국(FBI)의 표준범죄보고(UCR) 프로그램을 토대로 매일 4명의 여성이 남성 파트너에게 살해당한다는 분석이 나온 바 있다. 탁종연 한남대 경찰행정학과 교수는 "지금까지 우리나라에는 여성이 언제 어디서 누구에게 어떤 피해를 입었는지 등을 기록하는 '피해자 원표' 자체가 없어 폭력예방 차원의 국가적 관심과 정보가 매우 미흡했다"고 지적했다.[173)174)]

27. 내 눈을 의심하게 만든 경악스러운 경찰발표

몇일전 벌어진 한 젊은 여성의 죽음은 정말로 많은 생각을 하게 합니다.[175)] 힘없는 한여성이 죽음을 당하기까지의 버텨내야했을 고통의 그 시간들을 생각하면 안타까움 뿐입니다. 그런데 온 국민이 꽃다운 여성의 안타까운 죽음에 마음 아파하고 있는 이 시기에 제 눈엔 제가 본 문구가 과연 사실인가 하는 생각이 들 정도로 그래서 주저없이 그 기사를 클릭하게 만든 기사의 제목이 눈에 띄었습니다. "어차피 죽었을 것, 13시간이면 빨리 잡았다"는 것이다. 경찰에서 발표하였다는 내용인데 전 제 눈을 의심하지 않을 수 없었습니다.

---

173) 이유진 기자 frog@hani.co.kr
174) http://www.hani.co.kr/arti/society/women/527708.html(2012.4.10)
175) 치가 떨린다. 가정폭력도 폭력이다. 나의 일상, 이웃들의 삶, 2012/04/10 12:23, http://blog.naver.com/fafa826/90140710548

그리고 자신들의 잘못을 은폐하기에만 급급해 보이는 경찰조직에 너무도 화가 납니다. 어차피 신고를 한 후에 이미 범인이 피해자를 살해하였기 때문에 어쩔 수 없었다는 저들의 변명같지 않은 변명을 듣고 있자니 도저히 화가나서 참을 수가 없습니다. 그러나 어쩌면 지금 제가 참을 수 없는 이유는 경찰만이 아닙니다. 한 젊은 여성이 안타까운 죽음조차도 자신의 신문사에 혹은 뉴스매체의 클릭수를 높이기 위해 피해자와 유족들의 아픔 따위는 눈꼽만큼도 안중에도 없는 찌라시 언론들의 보도 행태입니다. 그렇게 자극적인 제목으로 사람들을 끌여 들여야하는걸까요?

  기사를 보면서 경찰에도 화가 나지만 이런 언론같지도 않은 언론들에도 화가 치솟습니다. 얼마전 전 이웃집의 도가 지나친 부부싸움(혹은 일방적인 폭력)을 접하고 신고하여야 하는가 아닌가 고민을 많이 하였습니다. 그러나 결국 신고를 하였고 경찰이 출동을 하기도 하였습니다. 누군가는 남의 가정사까지 뭐하러 신고하느냐고 이야기합니다. 그리고 출동한 경찰조차도 부부싸움은 확실한 무언가가 보이지 않으면 자신들이 어떻게 할 수 없노라고 이야기합니다. 이번 수원 살인사건을 대하는 경찰들도 이런 인식이 팽배해 있었던 것 같습니다. 언론에 보도된 사실을 보면 112신고를 받은 경찰들은 살려달라는 소리를 들으면서도 그것이 "부부싸움인가 보다"며 외면하였습니다. 그런데 설사 이번 살인사건이 타인이 아닌 부부간의 싸움이였다 할지라도 그것이 폭력이 동반되고 목숨을 살려달라는 신고를 받았다면 당장 출동하는게 우선 아닌가요? 과연 그것을 단순한 부부싸움으로 치부해 버려도 좋은 것일까요? 저의 경우처럼 신고를 한 상황에 경찰이 출동해서 보니 단순한 부부싸움일지라도 그것이 어쩌면 더큰 인명피해를 막을 수도 있는 것이 아닐까요? 정말로 별 것 아닌 상황이었다 할지라도 그래서 출동한 경찰이 그 어떤 욕을 먹는 상황이 벌어진다 해도 그것은 사람이 다치고 목숨이 위험해지는 상황보다 낫다라고 생각합니다. 어떤 일이라도 사고는 미연에 방지하는 것이 최상책입니다. 가정폭력이라는 이유로 폭력을 정당화하고 나몰라라 무관심한 사이에 수많은 여성들이 혹은 약자가 폭력에 쓰러져갈 수 있다는 것을 수원 살인사건은 여실히 보여주었습니다. 어쩌면 그것은 경찰 뿐만이 아니라 우리들 스스로 별일없겠지하며 외면해 버린 탓이기도 합니다. 가족이라는 이름으로 자행되는 폭력을 더이상 방관하면 안될 때 입니다. 남편이 아내에게 혹은 아내가 남편에게(이런 경우는 극히 드물지라도) 그리고 부모가 자식에게 가해지는 폭력도 그것이 폭력의 대상에게 공포를 심어주고 육체적 정신적 고통을 수반하게 한다면 그것은 엄연한 폭력이며 그러한 폭력은 사회가 앞장서서 재제를 가해야 하는 것이 옳습니다. 부부간의 문제니까, 가족사니까, 나몰라라 하는 것은 절대로 옳지 않습니다. 꽃다운 나이에 아까운 목숨을 허망하게 잃어버린 피해여성분의 명복을 빕니다. 그리고 사랑하는 딸을 사랑하는 누나를 잃게된 유가족분들의 아픈 마음에 마음을 담은 위로를 보냅니다.176)177)

28. 경기침체 '울화', 가정폭력으로 변하고 있다

남부 플로리다 일부 카운티 쉘터 이용자 1년간 37% 늘어178) 브라워드와 팜비치 카운티내 공인 가정폭력예방센터는 최근 쉘터(임시보호소) 침대, 카운셀링, 핫라인 상담전화 등이 2년 연속 증가했으며 이들 카운티는 가정폭력 발생율에서 주내 '탑 5'에 속하는 것으로 알려졌다. 브라워드 카운티내 유일한 주 공인 쉘터인 '우먼 인 디스트레스'(Women in Distress)의 메리 리델 대표는 가정폭력과 관련된 서비스를 원하는 이들이 증가했을 뿐만 아니라 폭력의 강도 또한 매우 우려스러울만큼 높아지고 있다고 지적했다. 가정불화와 폭력이 경찰에 전부 기록되지는 않지

---

176) [출처] 내눈을 의심하게 만든 경악스러운 경찰발표에 치가 떨린다. 가정폭력도 폭력이다|작성자 바투
177) http://blog.naver.com/PostView.nhn?blogId=fafa826&logNo=90140710548 (2012.4.10)
178) (마이애미) 박윤숙 기자

만 경제침체가 지속되고 있는 근래 들어 이같은 불상사가 뚜렷이 증가하고 있다는 것이다. 재정적 압박과 이로 인한 스트레스가 가정 불화를 야기시키는 가장 주요 원인이다. 실업, 수입 감소, 모기지 혹은 임대료 연체, 신용카드빚 적체 등 가정 예산과 관련된 문제는 가족 구성원들을 근심에 빠뜨리고 신경을 예민하게 만들 뿐만 아니라 때로 분노가 폭발하는 상황을 야기시킨다. 재정적 압박과 이로 인한 스트레스가 가정불화를 야기시키는 주요 원인이다. 팜비치 카운티 남부의 '빅팀 오브 도메스틱 어뷰즈'(VDA)는 가정폭력으로부터 도피해 나온 이들을 위한 임시 거처를 제공하거나 관련 서비스를 베푸는 곳이다. 이곳에 들어온 사람들은 지난 해 276명에서 올해는 379명로 늘어나 37%가 뛰었다. 또 이곳에서 카운셀링 등 여타 서비스를 받은 이들도 56%나 증가했다. '우먼 인 디스트레스' 역시 임시보호소 이용여성이 지난 해에 비해 6% 상승했으나 카운셀링 등록인은 1천847명에서 올해는 2천880명으로 크게 증가했다. 팜비치카운티의 YWCA 운영 가정폭력 예방프로그램인 '하모니 하우스'는 지난 9월 74명의 주부와 그들의 자녀들이 쉘터를 구하는 요청을 받았으며, 이는 십수년내 가장 높은 월별 수치로 나타났다. 통상 7월에 시작해 다음 해 6월로 끝나는 하모니 하우스의 쉘터 요청건 연별 통계치는 20%가 상승했다. 하모니 하우스측은 현재 가정불화가 점점 폭력적이 되고 있음은 분명하며 때로는 벨트, 전기선과 같이 접근이 용이한 도구들을 포함하고 있다고 지적했다. 이곳의 한 관계자는 지난 2년 사이에 보아온 가정폭력 사례가 지난 10년동안 중 가장 심한 것들이었으며 어떤 사례는 공포 그 자체였다고 전했다. 플로리다 경찰국 통계에 따르면 지난 해 가정폭력건수는 팜비치 15건, 브라워드 13건, 마이애미-데이드 카운티가 22건으로 나타났으며, 올해 자료는 아직 집계되지 않았다.

　전 카운티 경찰이자 보인튼비치에서 피해자 변호업무를 보고 있는 무리엘 왈드만은 살인사건 중 대부분은 별거, 이혼, 자녀양육 다툼 등이 사전요인으로 작용한다고 지적했다. 보인튼비치 경찰국은 최근 3주동안 가정불화로 인한 전화가 1백통이 넘었다며 요원들의 일거리가 배로 뛰었다고 전했다. 여성 희생자들은 종종 그들 자신이 폭력적 관계에서 빠져 나오고 싶어도 그럴만한 여력이 없음을 호소한다. 무엇보다도 이들은 거주지를 빌리거나 자녀를 키울만한 자금 능력이 없기 때문이다. 이로 인해 '가정폭력피해자돕기'(AVDA)는 2년짜리 임시 거주 프로그램 등 희생 여성들을 도울 수 있는 다양한 대책을 세우고 있다. 그런가 하면 '우먼 인 디스트레스'에는 폭력적 여성들에 대한 남성 상담도 180건에서 310건으로 증가해 이전에는 없었던 분기별 단체상담을 실시하고 있다.

포트로더데일 법정에서 40년동안 가정불화 및 폭력문제를 다뤄온 심리학자 로가 호네커는 요즈음 사회 저변에는 분노의 표출과 변화를 당장 요구하는 조급증이 만연해 있으며 문제가 신속히 해결될 수 없게 되면 그 화는 가정으로 들어가게 된다고 말했다. 가정내 폭력은 폭력행위에 책임이 뒤따르고 그 책임을 당사자가 받아들여야 한다는 사실을 진정 깨닫지 않는 한 변화가 어렵다는 것이 상담가들의 일반적인 충고이다.

또 중요한 충고는 폭력적 부모밑에서 자란 자녀들 또한 폭력적 성향으로 길들여진다는 것이다.[179)180)]

29. 가정폭력이 맞나요?

부부끼리 이야기하다가 싸울 수도 있잖아요. 우리도 동갑부부라서 그런지 자주 싸우게 됩니다. 싸우다 보면 우리 남편은 원인제공을 제가 했다면서 물건을 부수고 그럽니다. 나를 밀고 당기고 목도 조르고 누워있으니 질질끌고 다녔습니다. 그러면서 '너의 집에 가라, 당장 가라'하면서 또 밀고 그렇게 합니다. 등에 아기를 업고 있는데도 밀고 당기도 합니다.

---

179) 올려짐: 2011년 12월 14일, 수 5:39 pm, 평가: 0.00/5.00 [0], phpBB 2.0.13 © 2001, 2005 phpBB Group
180) http://www.koreaweeklyfl.com/news/cms_view_article.php?aid=12866&printarticle=1(2012.4.10)

이게 가정폭력 맞나요?[181] 안녕하세요. 로시컴과 함께 지식iN 법률상담을 진행하고 있는 법무법인 조율의 정진 변호사입니다.[182] 그것은 당연히 가정폭력입니다. 목을 조르고 질질 끌고 하는 정도라면 심각한 수준입니다. 진단서를 발급받아 놓는 것이 좋고 이혼사유가 되니, 이혼 및 위자료청구가 가능합니다. 편리하고 신속한 서비스를 통하여 모든 사회구성원의 유익한 법률 서비스에 대한 정당한 권리구현을 목표로 하는, 온라인 법률서비스 제공사업의 선구자 기업입니다. 위 답변은 다음과 같습니다.

(1) 사건의 구체적 사실과 정황 등에 따라 법규정 해석에 대한 이견이 있을 수 있습니다. 상이한 이견을 모두 수렴하지는 않습니다.

(2) 답변은 질문자가 질의한 내용을 기반으로 한 답변 변호사 소견으로서 답변과 관련하여 답변 변호사나 사업자의 법률적 책임이 없음을 알려드립니다.

(3) 자세한 사항은 법률사무소를 방문하여 법률상담을 하시기 바랍니다.[183]

안녕하세요. 형법 형소법을 공부하는 학생입니다.[184] 그런 것이 가정폭력이 아니면 무엇이 가정폭력이 될까요? 가정폭력에는 폭행, 협박, 모욕, 재물손괴(물건을 부수는 것) 등이 모두 포함됩니다. 가정폭력의 고소가 이루어질 경우 남편분은 법적 처벌을 받게 될 것입니다.[185][186]

---

181) 비공개 질문 9건 질문마감률50% 2011.04.06 02:21 0, 답변 2 조회 374
182) re: 가정폭력이 맞나요?〉?: jin138309 2011.04.06 14:07, 정진 변호사법무법인 조율[서울], 지식iN 변호사 답변은 정확하고 신뢰할 수 있는 답변이 필요한 법,법률상담 분야의 질문에 대해, 변호사분들이 직접 답변할 수 있도록 로시컴과 네이버가 제휴를 통해 제공하는 신뢰할 수 있는 답변입니다.
183) 홈페이지 : http://www.lawsee.com
184) re: 가정폭력이 맞나요?〉?: zzangyj1 답변채택률81.5% 2011.04.06 13:02
185) http://www.woman21.org/ 가정폭력 상담소 홈페이지입니다. 참고하시기 바랍니다. 다른 궁금하신 사항이나 질문이있으시면 쪽지나 메일주시기 바랍니다.
186) http://kin.naver.com/qna/detail.nhn?d1id=6&dirId=60206&docId=128417678&qb=6rCA7KCV7Y+t66ClIOybkOyduA==&enc=utf8&section=kin&rank=3&searc

아빠의 가정폭력과 외도로 합의이혼을 엄마가 할려고 오늘 법원에서 만날려고 했는데 아빠가 나오지않아 이혼소송으로 할려고 합니다. 기간은 얼마나 걸리고 비용도 궁금하고요.[187]

근데 외도를 해서 여자랑같이 있는걸 많이 들켰는데 그리고 모텔 들어가는거 잡아서 고소를 했는데도 증거불충분으로 안되었습니다. 화나게, 쫌 빠른 시간에 한 1개월에서 3개월안에 끝낼 방법이 없을까요. 그리고 위자료랑 재산분할 때 얼마 정도 받을 수 있을지요. 언니는 23살, 저는 대학 1학년, 동생은 고2인데요. 양육권은 어떻게 될지 궁금합니다. 하루 빨리 벗어나고 싶은데 아빠는 재산을 5대 5를 원하는데요.[188]

내용이 도움 많이 되었습니다. 안녕하세요. 가사(이혼, 상속, 소년)전문 변호사 이승주입니다.

(1) 협의이혼이 사실상 불가능하다면 모친께서는 부친을 상대로 법원에 재판상 이혼을 청구하여 부친과의 혼인관계를 해소할 수 밖에 없습니다. 부친의 가정폭력 및 부정행위는 민법 소정의 재판상 이혼원인에 해당합니다. 간통고소는 상간현장을 잡거나 사진 등의 명확한 증거가 없는 한 사실상 처벌이 어려울 수 있습니다. 따라서 간통에 대하여는 불기소결정이 나왔겠지만 위 형사고소기록을 증거로 이혼사유인 부정한 행위를 입증하는 것은 보다 수월할 것으로 보입니다.

(2) 위자료의 경우 모친께서 혼인파탄의 책임이 있는 부친에 대하여 청구할 수 있는 것과는 별도로 상간녀에 대하여서도 불법행위에 기한 손해배상(위자료)책임을 물을 수 있습니다. 재산분할의 경우 혼인관계 해소에 따라서 부부공동재산을 청산하는 의미를 갖는 것이므로 혼인파탄의 유책 배우자도 청구할 수 있으며 부부공동재산의 형성 및 유지에

    h_sort=0&spq=0&pid=gGfkiU5Y7udsssoPeSlssc--344152&sid=T4SbWPJKhE8A AANeFoO(2012.4.11)
187) 가정폭력 외도 이혼소송 nnn**** 질문 5건 질문마감률100% 2011.10.31 16:09 Mobile 0, 답변 1 조회 2,057
188) re: 가정폭력 외도 이혼소송 lsjjd 답변채택률76.9% 2011.10.31 18:35

따른 기여도에 따라서 그 분할을 청구할 수 있습니다. 재산분할과 관련하여서는 부부공동재산의 내역, 형성 및 유지과정에 대한 사실관계가 질문에 나타나 있지 않으므로 구체적인 답변이 어렵습니다. 위자료의 경우에도 부친의 가정폭력이나 부정행위의 태양, 정도, 혼인기간 등에 따라서 구체적인 청구 액수가 달라질 수 있습니다.

(3) 미성년 자녀의 양육과 관련하여서는 이혼시에 부부쌍방의 협의로 이를 결정하는 것이 원칙이나 협의가 되지 않는다면 가정법원에 청구하여 그 결정에 따라야 하는데, 자녀의 연령 및 의사, 부모의 양육의지, 양육계획, 양육환경, 경제력 등을 모두 고려하여 결정되게 됩니다.

모친께서 질문자의 동생(고2)를 양육하게 된다면 위 자녀가 성년에 이르기까지의 양육비 상당액을 부친에게 청구할 수 있습니다.

(4) 이혼소송의 기간은 사안에 따라 다르므로 일률적으로 말씀드릴 수 있는 것이 아니라고 할 것이나, 1~3월안에 절차가 종료되는 것은 소송중에 당사자간의 원만한 합의가 이루어지지 않는 한 현실적으로 어렵다고 생각됩니다. 변호사 선임료를 포함한 소송비용은 법률사무소를 방문하시어 내방 상담시에 변호사와 협의하여 결정할 수 있는 부분입니다.

(5) 질문자의 모친께서는 가까운 법률전문가와 구체적인 상담을 받으시고 조력을 받으실 필요성이 있다고 보여집니다.[189]

30. "그 놈의 술 때문에", 가정폭력 원인 1위는 술

〈8시 뉴스〉
〈앵커〉
이혼사유 1위인 가정폭력, 이 가정폭력의 가장 큰 원인은 바로 '술'이

---

[189] http://kin.naver.com/qna/detail.nhn?d1id=6&dirId=60211&docId=139401817&qb=6rCA7KCV7Y+t66ClIOybkOyduA==&enc=utf8&section=kin&rank=4&search_sort=0&spq=0&pid=gGfkiU5Y7udsssoPeSlssc--344152&sid=T4SbWPJKhE8AAANeFoO(2012.4.11)

었습니다.[190] 한국가정법률상담소에서 지난해 가정폭력을 저지른 96명과의 상담결과를 조사해서 발표했는데요. 가정폭력의 원인이 음주 때문이라는 답이 30.8%로 가장 많았습니다. 다음으로는 성격 차이가 21.7%, 경제적 갈등이 17.5%, 그리고, 부부간의 불신이 16.3% 순이었습니다. 상담전문가들은 사회적 경제적 절망감을 술로 풀려는 사람들이 늘어난 데다 음주에 관대한 우리 사회의 문화탓도 한 몫 거들고 있다고 진단하고 있습니다. 이번조사에서는 특히, 재혼부부의 폭력이 차지하는 비율이 31.3%로, 지난 2005년 12.7%보다 크게 증가한 것을 볼 수 있었는데요.

한쪽이나 양쪽 모두 재혼하는 부부가 늘고 있는 사회현상을 반영한 것으로 보입니다. 또 연령별로 살펴보면 40대가 가장 많았고 50대와 30대가 그 뒤를 이었습니다.[191][192]

31. 가정폭력 강력범죄화 추세

[앵커멘트]

가정폭력 가운데 단순폭행은 줄어들고 있지만 흉기를 사용하거나 감금·협박하는 사례는 늘어나고 있는 깃으로 조사됐습니다.[193] 가정폭력이 강력범죄화되고 있다는 것입니다.

취재기자 연결합니다. 장민수 기자!

가정폭력에서 흉기를 사용하는 사례가 늘고 있다고요?

[리포트]

경찰청이 조사한 결과인데요. 지난해 가정폭력 사건 가운데 흉기나 둔기를 사용한 사례가 천285명으로 나타났습니다. 지난 2005년에 비해 15% 증가한 수치입니다. 또 감금을 한 경우도 14명에서 27명으로 늘었

---

190) 기사입력 2007-03-19 22:25 | 최종수정 2007-03-19 22:25
191) SBS TV 기사제공
192) http://news.naver.com/main/read.nhn?mode=LPOD&mid=tvh&oid=055&aid=0000093877(2012.4.11)
193) 기사입력 2007-02-01 17:07 | 최종수정 2007-02-01 17:07

으며 협박이나 모욕은 160명에서 264명으로 65% 급증했습니다. 이에 따라 전치 2주 이상 상해를 입은 피해자도 830여명으로 증가추세를 보였습니다.

또 가정폭력의 연령을 살펴보면 가해자 가운데 40대 이상이 8천3백여 명으로 전체의 65%를 차지했습니다. 노인학대도 233건으로 1년전에 비해 소폭 증가하는 등 가해자와 피해자 모두 '고령화' 경향을 보였습니다.

가정폭력의 주요 원인은 가정불화가 44%로 가장 많았고 이어서 음주와 성격차이 순으로 나타났습니다. 경찰은 가정폭력이 누적될 경우 남편살해 등 강력범죄로 이어질 수 있기 때문에 초기부터 적극적인 대처가 필요하다고 밝혔습니다. 지금까지 사회1부에서 전해드렸습니다.[194)195)]

32. 지긋지긋한 폭력남편 살해한 아내

술에 취해 잠든 남편 살해[196)] 남편의 상습적인 가정폭력에 시달린 50대 아내가 술에 취해 잠든 남편을 살해하는 사건이 발생했다. 부산 금정경찰서는 만취상태로 자신을 마구 때린 남편을 살해한 혐의로 김모(52) 여인을 긴급체포해 조사를 벌이고 있다. 김씨는 10일 새벽 3시쯤, 대전 서구 모 아파트에서 만취한 남편 이모(57)씨가 자신을 마구 때린 뒤 잠이 들자 전선으로 이씨의 목을 졸라 살해한 혐의를 받고 있다. 경찰조사 결과 김씨는 10년간 남편의 가정폭력에 시달려왔으며, 2년전에는 허리수술의 후유증으로 우울증을 앓아온 것으로 드러났다. 경찰은 자살 의심자가 택시를 타고 부산으로 향했다는 대전청 112 지령을 받고 수사를 벌인 끝에 김씨를 금정구 노포동 인근에서 붙잡았다.[197)198)]

---

194) YTN & Digital YTN
195) http://news.naver.com/main/read.nhn?mode=LPOD&mid=tvh&oid=052&aid=0000141201(2012.4.11)
196) 노컷뉴스 | 김혜경 | 입력 2012.04.11 07:45, [부산CBS 김혜경 기자]
197) hkkim@cbs.co.kr, 대한민국 중심언론 CBS 뉴스FM98.1 / 음악FM93.9 / TV CH
198) http://media.daum.net/society/newsview?newsid=20120411074511718(2012.4.

33. 횡성지역의 가정폭력 심각

횡성지역 10가구 중 1.7가구에서 가정폭력이 발생하는 것으로 조사됐다. 또 가정폭력 사례의 18%가 최근 3개월내에 발생하여, 이에 대한 대책이 시급한 것으로 나타났다.[199] 횡성군 행복만들기 상담소(소장 최근화)는 5일 횡성군 여성회관에서 이같은 내용이 포함된 '개소 6주년 기념 가정폭력, 성폭력 인식도 조사 결과보고회'를 가졌다. 상담소가 지난 4월부터 11월말까지 횡성지역 주민 400명을 대상으로 실시한 여론조사 결과, 응답자의 17%가 '가정폭력이 발생하고 있다'고 응답했으며 응답자의 18%가 '최근 3개월내에 가정폭력을 목격'한 것으로 조사됐다. 가정폭력에 대한 사법기관의 개입에 대해서는 '심각한 상황시 개입' 38.5%, '사소한 폭력이라도 개입' 38%로 나타나 가정폭력에 대한 사법기관의 역할을 중시하는 것으로 나타났다. 특히 저소득 계층에서 가정폭력이 더 빈번한 것으로 조사됐으며 배우자간의 폭력에 대해서는 '맞을 이유가 있어서'라는 응답이 40%로 나타나 잘못된 인식이 널리 퍼져있는 것으로 드러났다.[200][201]

34. 가정폭력 피해자 '입소제한' 고민 해결

가족사랑쉼터 '피해여성보호'에서 '가족보호'로 역할 확대, 지자체·LH제주지역본부 등 협조로 새 안주 공간 마련 등[202] '만 10세 이상 남성' 동반 제한 기준으로 사회적 보호를 포기해야 했던 가정폭력 피해여성들을 위한 안주공간이 마련됐다. 가족사랑쉼터가 그동안 '가정폭력피해 여성쉼터'에서 '가정폭력피해자 가족보호시설'로 역할을 전환하고 시설을

---

11)
199) 행복만들기 상담소 조사결과 10가구 중 1.7가구, 권재혁, 승인 2011.12.06
200) 횡성/권재혁, 강원도민일보
201) http://www.kado.net/news/articleView.html?idxno=543087(2012.4.11)
202) 2012년 04월 11일 (수) 09:28:18 고 미 기자 popmee@hanmail.net

확장 이전했다. 가정폭력피해 여성보호를 위한 현실적 장치인데다 제주도와 제주시 등 지자체와 LH제주지역본부, 중앙유통 등 지역 사회기관의 유기적 협조의 결과로 적극적인 피해자 보호와 어린이·청소년 지원에 기대가 모아지고 있다. 제주 산남·북에 가정폭력여성들을 위한 쉼터와 제주시에 결혼이주여성쉼터가 운영되고 있지만 이들 시설 모두 '만 13세 이상 남성'을 동반할 수 없는 규정에 묶이면서 적극적인 피해자 구제에 어려움을 겪어왔다. 폭력에서 여성은 물론 자녀들을 보호하기 위해 일부 편의를 봐주기는 했지만 지원 예산이 한정적이어서 적극적인 돌봄으로 연결되지 못했었다. 실제 시설 입소자 1인당 1일 생계비는 평균 4300원 수준에 불과한데다 입소 대상에서 제외되는 만 13세 이상 남성 청소년을 위한 예산은 아예 편성되지 않았다. 청소년 입소자의 경우 전학 등 추가조치가 필요하지만 예산 사정상 단순 보호 이상의 서비스 제공이 어려워 일부 피해자들이 구제를 포기하는 사례도 나타났다. 이들 문제 해결을 위한 주거지원사업 역시 일부 지역에 한정돼 있는데다 그룹홈 형태의 가족 쉼터 운영은 '임대료'라는 부담을 떠안아야 하는 등 현실적 어려움이 컸다.

이번에 새로 문을 연 가족보호시설은 LH제주지역본부로부터 지원받은 3층 규모 건물에 들어섰으며 전세금 일체를 여성가족부로부터 지원받는다. 기타 운영비도 여성가족부와 제주도·시로부터 지원받는 등 이전 쉼터에 비해 보다 안정적인 돌봄이 가능할 전망이다. 쉼터 관계자는 "당장 돌봄이 필요한 위급한 상황에서도 아이들 문제로 도움을 포기하는 여성들이 적잖았다"며 "폭력피해보다 더 심각했던 가족분리에 따른 심리적 피해 부분을 만회할 수 있게 됐다"고 말했다.[203][204]

---

203) 고 미 기자 popmee@jemin.com, 제민일보(http://www.jemin.com)
204) http://www.jemin.com/news/articleView.html?idxno=284289(2012.4.11)

35. '배우자의 외도' 때문에 이혼

미국에 거주하는 한인들의 이혼 사유 중 1위는 '배우자의 외도'인 것으로 조사됐다.205)

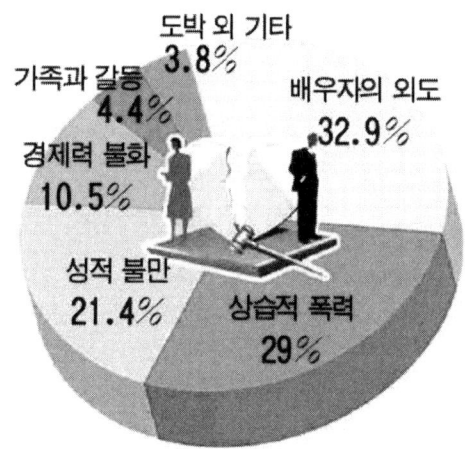

자료: http://www.newskorea.info/news/articleView.html?idxno=2921(2012.4.8)

결혼정보업체 웨디안 LA지사(지사장 그레이스 권)가 이혼남녀 340명을 대상으로 설문조사를 실시한 결과 3명중 1명은 '배우자 외도 때문'이라고 답한 것으로 집계됐다. 이어 상습적인 폭력과 언어폭력(27%), 성적 불만(21.4%), 생활고로 인한 가정불화(10.5%), 시댁이나 처가와의 갈등(4.4%), 도박 등의 순이다. 이번 설문조사는 그동안 대표적인 이혼사유였던 '성격차이'를 보다 세분화한 것이 특징이다. 권 지사장은 "그동안 이혼사유의 1위는 성격차이였는데 그 안에는 여러가지 요소들이 포함됐다"며 "이번 설문조사는 이같은 이혼사유를 보다 세부적으로 나눠서 실시했다"고 말했다. 이어 권 지사장은 "그동안 성격차이의 가장 많은 부분은 성적 불만이 주요 원인이 됐었다"며 "하지만 세대가 변하면서 성적

---

205) 2009년 04월 03일 (금) 11:31:45 박은철 기자 parkec0412@hanmail.net

불만을 외부로 표출하며 배우자 외도가 이혼의 주요 사유로 부상한 것 같다"고 분석했다. 또한 폭행과 언어폭력이 이혼사유 중 두번째로 많은 것으로 나타나 가정폭력이 여전히 심각한 문제인 것으로 나타났다. 이에 반해 경제적 어려움으로 인한 가정불화(36명)나 시댁이나 처가와의 갈등(15명) 문제는 상대적으로 많지 않은 것으로 집계됐다. 이와 같은 결과에 대해 권 지사장은 "최근 경기침체탓에 경제적 문제로 인한 가정불화가 느는 추세"라며 "하지만 양육비 등 이혼비용을 부담할 수 없어 이혼을 못하는 경우도 있다"고 설명했다.206)207)208)

36. 가정폭력의 잘못된 통념

1) 가정폭력의 잘못된 통념209)

(1) 부부싸움은 칼로 물 베기다?

아내나 아동 등에 대한 가정폭력은 단순한 부부싸움이 아닙니다. 가정폭력은 피해자들에게 치명적인 신체적 손상과 정식적 황폐화를 야기시킵니다. 가정폭력은 부부싸움이나 사랑의 매와는 다릅니다.

(2) 맞을 짓을 했으니까 맞는다?

아이가 무슨 일인가 잘못했으니까, 아내가 남편을 자극했으니까, 부모가 얼마나 못났으면 자식이 저럴까 등의 생각이 여기에 해당됩니다. 그러나 상담통계에 따르면 가정폭력 가해자는 사사건건 트집을 잡아 폭력을 일삼는 경우가 많습니다. 결점이 있다고 하더라도 그것을 매맞을 이유가 될 수는 없습니다. "매맞을 짓"이란 없는 것입니다.

(3) 가정폭력은 흔히 있을 수 있는 일이다?

---

206) 박은철 기자, 뉴스코리아(http://www.newskorea.info)
207) http://www.newskorea.info/news/articleView.html?idxno=2921(2012.4.8)
208) http://www.igojesus.or.kr/board/kboard.php?board=board_14&act=write&no=64&page=5&search_mode=&search_word=&cid=&mode=edit&(2012.4.8)
209) 조회수 : 49, 작성자 : 박숙희   작성일 : 2011.08.08 10:52   IP : 59.1.***.219

가정폭력은 아내와 아이들을 자신의 소유물로 생각하는 가부장사회의 산물입니다. 잘못된 사회적 통념이 아내구타를 용납되게 하고 정당화시키는 것입니다. 아내폭력, 아동폭력은 한 가정을 폭력의 도가니로 만들어 가정폭력의 피해자들이 불안과 공포에 떨게 되므로 올바른 가족관계가 아닙니다.

(4) 가정폭력은 가난한 집안에서 많이 일어난다?

일반적으로 학력과 사회계층이 높을수록 가정을 화목하게 이끌어 갈 수 있는 여건과 능력을 소유하므로 가정폭력이 적을 것으로 생각되나 직종, 교육 정도에 상관없이 가정폭력이 발생하고 있습니다.

(5) 남자는 남자답게, 여자는 여자답게 길러야 한다?

남자는 남자답게, 여자는 여자답게 길러야하는 사회적 통념이 잘못된 사회관습을 만들었습니다. 남자아이는 폭력행위를 씩씩하게 자라는 것으로 보며 여자아이에게 무조건적으로 순종을 강요하는 잘못된 양육태도를 낳게 했습니다. 자녀에게 가해진 신체적 폭력은 아동의 신체적, 정서적 성장 발달에 매우 부정적인 결과를 가져올 수 있습니다. 폭력이 사회에서 관용이 될 경우 잘못된 신념을 조장시키는 결과를 낳을 수 있습니다.

(6) 맞고 사는 사람에게 문제가 있다?

가정폭력피해자는 반복되는 폭력으로 공포와 좌절을 겪게 됩니다. 초기에는 극도의 공포심 때문에 시간이 경과하면 폭력후유증으로 오는 무기력 때문에 폭력상황에서 벗어나기 어렵게 됩니다.

(7) 가정폭력자는 성격이상자나 알콜중독자다?

그렇지 않습니다. 가정폭력중에 알콜중독자가 있기는 하지만 극히 적은 숫자입니다. 술 때문에 폭력을 썼다는 것은 핑계거리에 지나지 않으며 구타한 사실을 부인하거나 술 때문에 구타했다는 변명거리가 됩니다.

또한 가정폭력자는 가정 이외의 사회나 직장에서는 원만한 생활을 하고 있기 때문에 오히려 많은 경우 피해자가 잘못했기 때문이라는 오해를 받기도 합니다.

(8) 가정에서 일어난 일은 남이 간섭할 일이 아니다?

남의 집안일에 끼어들면 안된다는 잘못된 통념이 가정폭력을 방치하고 은폐시키는 것입니다. 가정폭력은 범죄입니다.

2) 연구자료를 통해 본 아내폭력과 다른 폭력과의 연관성

(1) 가정폭력을 당하거나 목격한 아동의 40%가 공격성, 비행, 불안, 폭력에 의존한 갈등해결양식 선호 등 발달장애를 겪을 확률이 높다.

(2) 학대받은 어머니들이 아동학대의 가해자가 될 가능성이 높다(맞은 경험이 있는 어머니의 아동학대 비율 78.2%).

(3) 가정에서 매맞는 어머니를 보고 자란 아이들은 학교에서 직접적인 물리적 폭력에 가담할 확률이 그렇지 않은 아이들보다 세배 가량 높다. 또한 간접적인 폭력(따돌리기, 소문내기, 모함하기)에 가담할 확률은 두배 가량 높다(캐나다 연구결과 참조).

(4) 자신이 아동학대의 피해자이거나, 자신의 한쪽 부모(주로 어머니)가 구타당하는 상황을 목격한 청소년은 자기파괴적 성향, 우울, 분노, 잦은 자아존중감에 시달리며, 청소년기에 폭력을 행사하거나 혹은 피해자가 될 개연성이 대단히 높다.

(5) 부모로부터 학대받은 아동들 중 약 30%는 성인이 되어서도 자신의 자녀를 학대할 가능성이 높다.

(6) 강간충동성이 높은 남성들은 과거 성장기에 '부모의 폭력적 갈등관계'를 많이 경험하고, 가부장적인 성역할 사회화 경험이 많다.[210][211]

〈전주여성의전화 부설 가정폭력상담소〉

1999년에 개소하여 가정폭력을 예방하고 가정폭력이 개인의 문제가 아니라 사회구조에서 오는 것을 알림으로써 성 평등사회를 구축하여 폭

---

210) 참고자료, 2006 한국여성의 전화 토론자료집, 전주여성의 전화 부설 가정폭력상담소
211) http://www.jjcp.or.kr/korean/2007/main_sub.html?mTop=62420&page=1&bets=0&mode=view&no=504(2012.4.8)

력, 차별, 불평등에 대한 인권강화 의식향상을 위해 활동하고 있다.

상담영역: 가정폭력, 부부갈등, 자녀갈등, 시댁갈등, 여성문제 등 가정폭력 가해자 교정프로그램

교육 및 홍보 : 가정폭력 전문상담원교육, 가정폭력 예방교육, 인권강사 양성교육, 양성평등 캠프, 캠페인 실시 등

37. 흉포해지는 가정폭력, 흉기 사용 증가

흉기를 사용하는 가정폭력의 비율이 크게 늘어났다는 조사 결과가 나왔다.[212] 10일 한국가정법률상담소가 지난해 서울가정법원·서울중앙지검·인천지검으로부터 상담위탁 보호처분 혹은 상담조건부 기소유예처분을 받은 가정폭력 행위자 55명을 분석한 통계에 따르면 칼·가위·도끼 등 흉기로 위협하거나 다치게 하는 경우가 25.5%(14명)에 달했다. 이는 2010년 13.3%(10명)보다 두 배 가까이 늘어난 수치다. 폭력을 휘두른 행위자는 남성이 87.3%(48명), 여성이 12.7%(7명)로 남편이 아내에게 폭력을 휘두른 경우(81.9%, 45명)가 압도적으로 많았다. 혼인 기간으로 살펴볼 때는 10-20년이 30.9%(17명), 5-10년과 5년 미만이 각각 16.4%(9명)로 나타났다. 특히 자녀 양육이 주 관심사로 떠오르는 결혼생활 10-20년차는 결혼생활 만족도가 떨어져 부부관계가 가장 소원해지기 쉽다는 게 상담소의 설명이다. 대화나 취미생활로 부부관계를 재정립하지 않으면 갈등이 폭력으로 번질 가능성이 크다는 것. 가정에서 벌어지는 폭력은 가부장적 사고 등 성격차이(31%, 26건)에서 비롯된 경우가 가장 높은 비율을 차지했다. 부부간 불신·음주·경제갈등 등이 그 뒤를 이었다. 한국가정법률상담소는 "부부 사이 갈등이 쌓여 흉기까지 등장해 공권력이 개입되는 경우는 상담을 통해 호전시키는데 한계가 있다"며 "폭력이 처음 발생했을 때 좀 더 빨리 상담을 받을 수 있도록 제도를 보완해야 한다"

---

212) 연합뉴스 기사전송 2012-04-10 15:17 최종수정 2012-04-10 15:49, (서울=연합뉴스) 이태수 기자

고 말했다.213)214)

38. 서울 여성폭력 상담 5년새 2배 증가, 상담소 '태부족'

지난해 12월 10일 세계여성폭력추방주간을 맞아 여성가족부가 서울 용산역 광장에서 아동·여성폭력추방 캠페인을 펼쳤다. 상담건수는 2005년 4만건에서 2010년 9만건으로, 정부지원은 제자리이다.215) 서울의 여성폭력 상담건수가 5년새 2배 이상 늘었지만 상담소는 오히려 줄고 지원여건도 나아지지 않은 것으로 나타났다. 30일 서울시에 따르면 서울의 여성폭력(가정폭력, 성폭력, 성매매 피해) 상담은 2005년 4만208건에서 2010년 9만197건으로 크게 늘었다. 특히 가정폭력 상담은 2005년 8천117건에서 2010년 6만608건으로 급증했다. 성폭력 상담도 1만9천65건에서 2만3천956건으로 늘었다.

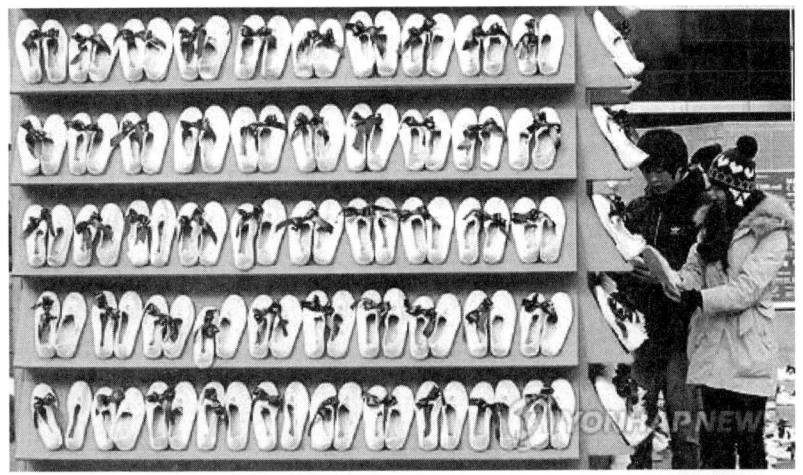

자료: http://www.yonhapnews.co.kr/bulletin/2012/01/27/0200000000AKR20120127149500004.HTML?did=1301r(2012.4.10)

---

213) tsl@yna.co.kr, 연합뉴스
214) http://news.nate.com/view/20120410n16889?mid=n0411(2012.4.10)
215) 서울=연합뉴스, 이정현 기자

시 관계자는 "적극적인 홍보로 여성 긴급전화(☎1366) 등 다양한 상담 경로가 많이 알려지면서 상담에 대한 인식이 개선된 성과로 보고 있다"며 "실제로 여성 긴급전화를 통해 상담소를 안내받는 경우가 작년에만 1만414건에 달했다"고 설명했다. 반면 상담소의 수는 오히려 줄었으며 정부의 지원도 답보상태인 것으로 나타났다. 서울의 여성폭력상담소는 2005년 20개에서 2007년 77개로 늘었다가 이후로 계속 줄어 2010년에는 62개가 남았다.

특히 상담량이 많이 늘어난 가정폭력상담소는 2007년 48개에서 2010년 36개로 12개가 줄었다. 시 관계자는 "지원을 하지 못하는 곳이 하는 곳보다 훨씬 많아 현재 20곳 정도만 국비로 나오는 지원금을 전달하고 있다"며 "적어도 자치구에 1개의 상담소가 필요하다고 판단해 여성가족부에 증액을 요청하고 있지만 쉽지 않다"고 토로했다. 현재 가정폭력상담소 1곳에 전달되는 지원금은 6천190만원, 성폭력상담소는 6천200만원, 성매매 피해 상담소는 1억3천만원이다. 이처럼 상담이 급증했는데도 지원이 뒷받침되지 못해 상담인력이 크게 부족한 것은 물론 상담공간이나 새로운 치료 프로그램 마련도 어렵다는 것이 시의 설명이다. 여성가족부 관계자는 이에 대해 "지원금을 기대하고 개소했다가 지원이 없으면 사라지는 시설이 많은 것 같다"며 "현실적으로 지원규모가 적은 것은 사실이지만 아직 객관적인 기준을 수립하지 못한 상황"이라고 말했다.[216][217]

39. 아랫집의 가정폭력 어떻게 해야 할까

층간소음이랑도 약간 관련있는 문제긴 한데, 일주일이면 2~4일을 밤마다 남자가 여자한테 소리를 지르고 두들겨 패고, 여자는 울부짖고 다음날 아침이면 그 여자가 다시 5살인지 몇살인지 사내아이에게 소리를

---

216) lisa@yna.co.kr, 연합뉴스, 2012/01/30 04:36 송고
217) http://www.yonhapnews.co.kr/bulletin/2012/01/27/0200000000AKR20120127
    149500004.HTML?did=1301r(2012.4.10)

질러대고 두들겨 패고, 이어지는 아이의 자지러지는 울음소리 등. 한달에 한 번 정도는 아이가 발가벗겨진 채 복도로 쫓겨나서 문열어 달라고 동네가 떠나가도록 울고불고, 가끔 그 여자를 엘리베이터에서 보는데, 항상 풀이 죽어 있고 어두운 얼굴빛, 그런데 단순 가정폭력 피해자라고 보기에는 석연찮은 매서운 눈빛은 숨기지 못하더군요. 뭔가 악에 가득찬 얼굴빛이었습니다.[218] 몇년 살면서 희안하게도 남자는 한 번도 마주친 적이 없다는 남편->아내->아이로 이어지는 폭력의 먹이사슬인데. 내가 지켜본 바로는 싸우는 것 들어보면 남편이 약간 신끼가 있지 않나 싶을 정도의 어떤 따발총같은 폭언이 특이하고 여자는 한 마디 대꾸도 안하고 맞을 때만 자지러지게 소리치고.. 그 시간에 아이는 죽은듯이 조용하고, 다음날 아침이면 엄마->아이에게로 폭력이 다시 시작되는데. 이와같은 가정폭력 해결사례를 살펴볼 수 있는 사이트 주소나 관련서적 등을 소개해 주셨으면 좋겠습니다.[219][220]

40. '가정폭력 이혼' 김미화, 교수와 재혼

늦깎이 공부하며 사랑 싹틔워, 개그우먼 김미화(43)가 대학교수와 재혼한다. 김미화는 5일 낮 서울 모처에서 양가 가족만 참석한 가운데 성균관대 스포츠과학부 윤승호(48) 교수와 결혼한다. 김미화는 홍서범·조갑경 부부와 다같이 어울리는 모임에서 가수 홍서범과 절친한 친구 사이인 윤 교수를 만나 교제해왔으며 가족과의 점심으로 결혼식을 대신하기로 했다. 김미화는 3일 오후 SBS TV '김미화의 U' 생방송 직후 목동 사옥에서 기자들과 만나 "2001년부터 알고 지내다 1년전쯤 홍서범 부부로부터 좀 다르게 생각해보는 게 어떠냐는 이야기를 들었고 6개월전 쯤

---

218) 아이뢰스 (klk****), 주소복사 조회 409 11.12.05 09:54
219) 아이뢰스 관심 있는 0 | 관심 받은 1 관심추가 30
220) http://bbs3.agora.media.daum.net/gaia/do/story/read?bbsId=S103&articleId
=160999(2012.3.31)

이 사람과 여생을 보내도 괜찮겠다고 마음을 정했다"고 말했다. "행복하게 살기에도 모자란 시간인데 그렇게 살아야겠다고 생각했고 남은 시간들을 스트레스 안받고 서로 상처있는 사람들이 어떻게 하면 아껴주며 살 수 있을까 생각했다"는 김미화는 "좋은 사람을 만난 걸 기뻐해주시고 응원해주시길 바란다"고 덧붙였다. 또 "그분이 아들 하나 딸 하나가 있어 (제 딸 둘까지) 졸지에 아이들이 네 명이 됐다"며 "잘 키울 것이고 사회에 보탬이 되는 사람, 성숙하고 좋은 엄마, 방송인으로 남겠다"며 웃었다.

자료: http://sports.hankooki.com/lpage/entv/200701/sp2007010313404558390.htm(2012.3.31)

KBS 공채 2기 개그맨으로 데뷔한 뒤 KBS 2TV '쇼 비디오자키'의 '쓰리랑부부' 코너 등으로 인기를 끌다가 만학으로 성균관대를 졸업한 김미화는 가정폭력을 이유로 2005년 이혼했으며 현재 SBS TV '김미화의 U'와 MBC 라디오 '세계는 그리고 우리는' 등을 진행하고 있다.[221)222)]

---

221) 연합뉴스, (서울=연합뉴스) 백나리 기자, 입력시간 : 2007/01/03 13:41:15

41. 가정폭력 - 학대에 고통받는 가장들 크게 증가

"마누라~ 제발 때리지마", "남자가 매를 맞는다구? 요즘 세상에 매맞고 사는 남자가 어디 있어?" 매맞는 남성이 있다고 하면 십중팔구 이런 말이 돌아온다. 물론 매맞는 아내의 숫자에 비하면 매맞는 남편의 숫자는 상대적으로 적다. 하지만 어떤 나라보다 가부장적 전통이 강한 우리나라에도 아내에게 정신적, 육체적 폭력을 당하는 남편이 있다는 것은 얼마전 서울가정법원의 이혼판결 뉴스로 세상에 알려졌다. 지난 2일 서울가정법원은 16년간 남편을 구타하고 정신병원에 강제로 입원시킨 아내에게 이혼판결을 내렸다. A씨(47)가 B씨(여,40)를 상대로 낸 이혼 등 청구소송에서 "두 사람은 이혼하고, 아내는 남편에게 재산 1억1000만원을 지급하라"고 판결했다. 아내에게 마약중독자로 내몰려 정신병원에 강제로 입원당했다가 퇴직금까지 빼앗긴 A씨. 아내가 무서워 가출까지 감행, 공사장 등을 전전했다는 A씨의 이야기는 매맞는 아내들에 비해 상대적으로 덜 알려진 매맞는 남편의 고통을 사회적으로 알리는 충격적인 사건이었다. 남성문제연구가들은 폭력을 당하는 남성의 경우, 다소 체구가 작은데다 내성적이고 성실한 유형이 대부분이며, 아내는 상대적으로 괄괄하고 직선적인데다가 체구도 남편보다 큰 경우가 많다고 지적한다. 또 때리는 아내의 경우, 어릴 때 아버지에게 많이 맞고 자랐거나, 부모가 폭력적으로 싸우는 것을 보고 자란 경우, 자기도 모르게 폭력을 행사하게 된다고 한다. 더구나 매맞는 남편들은 남자이기 때문에 폭력당한 사실을 바깥으로 밝히기를 꺼려 문제해결이 늦고, 사회적으로도 오히려 소수이기 때문에 하소연하거나 보호해주는 기구가 적어 어려움이 크다. 2년전 한국보건사회연구원이 성인 남녀 1000명과 가정폭력 피해자 326명을 대상으로 가정폭력 실태를 조사했을 때만 해도 조사대상자의

---

222) http://sports.hankooki.com/lpage/entv/200701/sp2007010313404558390.htm (2012.3.31)

1.1%가 아내에 의한 남편학대 및 폭력이 일어나고 있는 것으로 밝혀졌다. 이를 우리나라 전체 1300만가구를 견주어 볼 때 14만3000가구에서 아내가 남편을 학대하거나 때리는 것으로 추산됐다. 또 절반 가량인 6만 5000가구는 아내가 남편의 폭력에 맞대응하는 정도로 분석됐다. 한국남성의 전화(소장 이옥)의 2000년 한해 상담결과에 따르면, 상담자 3000명 중 아내의 정신적, 육체적 학대 및 폭력 때문에 상담한 숫자는 20%인 600명에 달했다. 이중 육체적 폭력이 35.6%인 214명, 정신적 학대 및 폭력이 64.4%인 386명에 달했다. 육체적 폭력의 이유를 보면, '아내의 외도와 외박, 도박'이 73명(34.1%), '성격 갈등과 의부증'이 62명(29%), '남편의 실직 및 퇴직' 38명(17.8%), '아내의 음주' 16명(6.6%), '경제적 어려움' 15명(7.5%), '재혼' 10명(1%)이었다. 폭력 아내를 연령별로 보면 40대가 110명(51.4%), 30대 54명(25.2%), 50대 24명(11.2%), 20대 20명(9.4%), 60대 4명(1.9%), 학력별로는 고졸 110명(51.4%), 대졸 86명(40.2%), 중졸 15명(7%), 국졸 3명(1.4%)인 것으로 나타났다.

몇 년 전만 하더라도 무서운 아내들의 나이는 40대, 50대가 주류를 이루었으나 IMF 외환위기를 겪으면서 30대가 늘어났으며 20대도 50대에 버금갈 정도로 늘어났다. 또 학력별로 보면 대졸이 과거보다 많이 늘어난 추세로 이는 전반적으로 젊은 여성들의 학력이 높아졌기 때문이며, 부부문제는 학력과도 무관한 것으로 드러났다.[223][224]

42. 음주상태면 가정폭력도 면죄?

영화 '똥파리'의 주인공인 상훈은 시도 때도 없이 욕설을 내뱉고, 남녀노소 가리지 않고 아무런 이유도 없이 폭력을 휘두르는, 말 그대로 일상이 폭력인 사람입니다. 찔러도 피 한 방울 날 것 같지 않은 그에게도 남모르는 상처가 있습니다. 어렸을 적 상습적인 아버지의 가정폭력에 동생

---

223) 2001년 4월 16일 스포츠조선
224) http://brotherch.com/home/happy/160.htm(2012.3.31)

과 엄마를 한꺼번에 잃은 기억입니다. 그의 삶에 가장 큰 영향을 미친 이 기억은 성인이 된 이후에도 여전히 그를 옭아매고 있습니다. 가정폭력은 폭력을 당하는 사람 뿐 아니라 폭력을 가하는 사람에게도 피해를 주는 세상에서 가장 무서운 폭력입니다. 영화 '똥파리'는 세상에서 가장 무서운 폭력, '가정폭력'에 대해 이야기하고 있습니다. 아버지의 가정폭력으로 파괴된 가정과 아버지의 폭력을 그대로 물려받은 아들, 그리고 또 다시 누군가에게 대물림되는 아들의 폭력 등 '똥파리' 속 가정폭력은 한 세대가 아닌 세대와 세대를 이어 대물림되고 있습니다.

1) 대물림되는 가정폭력의 원인 1위는 음주

가정폭력이 무서운 이유는 바로 이 폭력의 대물림입니다. 그렇다면 이 가정폭력의 가장 큰 이유로 꼽히는 것은 무엇일까요? 국외 가정폭력과 관련된 통계를 살펴보면 가정폭력으로 체포된 행위자의 92%가 폭력 당시 음주상태인 것으로 나타났습니다. 지난 2007년 한국가정법률상담소도 가정폭력의 원인 1위로 '음주'를 꼽았는데요. 특히, 음주로 인한 가정폭력이 심각한 이유는 음주문제를 지닌 가정폭력 행위자들은 자신의 폭력행위를 '음주의 탓'으로 돌리면서 책임을 회피하거나 심각성을 축소 또는 부인하기 때문이라고 합니다. 음주로 인한 책임 회피는 얼마 전 세상을 충격에 빠트렸던 '조두순 사건'에도 그대로 나타나고 있습니다.

명백한 증거에도 불구하고 조두순은 여전히 자신은 기억이 없다며 자신이 한 일이 아니라고 하고 있습니다.

2) 음주와 가정폭력은 악순환 모델

특히 이러한 음주로 인한 가정폭력 문제는 가정폭력 중심 접근만으로는 문제해결에 한계가 있다는 것이 현장 전문가들의 주장입니다. 즉, 음주문제와 가정폭력 문제의 동시접근이 중요하다는 얘기인데요. 이를 위해 필요한 것이 바로 미국의 약물법정(법원의 감독하에 전문판사가 약물치료를 담당하는 프로그램)과 같은 '치료사법 위탁 치료재활 프로그램'

입니다.

"가정폭력의 문제는 단순히 폭력주체를 가족들과 분리해 놓는다고 해결되지 않는다는 것입니다. 폭력주체가 일을 해야 가족들이 먹고 살 수 있다는 아이러니한 상황의 발생 또한 가정폭력의 해결이 어려운 이유이죠." 한국음주문화연구센터 조성민 팀장은 음주 가정폭력 행위자들의 무조건적인 격리가 아닌 자신의 문제행동에 대한 자가치유자가 될 수 있도록 변화와 회복을 지역사회가 함께 돕는 것이 음주와 가정폭력 문제 해결의 궁극적인 목표가 돼야 한다고 강조했습니다.

3) 해외의 가정폭력 예방 공익 포스터

"아이는 엄마의 눈을 가졌다." "그리고 그 아이는 자라서 아버지의 손을 가질 것이다."

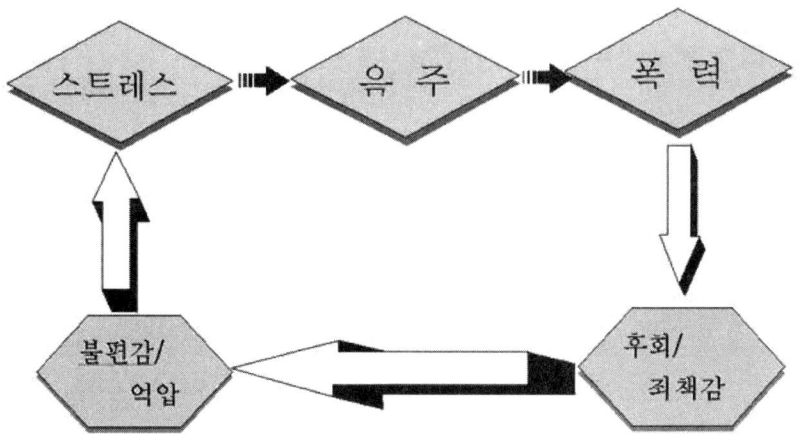

▲음주와 가정폭력 악순환 모델.
자료: http://www.hyongo.com/1149(2012.3.31)

포스터속 아이는 엄마와 똑같이 멍든 눈을 가지고 있습니다. 하지만 이 아이가 커서 또 누군가를 폭행하게 될지도 모른다는 메세지가 포스터속에 담고 있는 것입니다. 세대를 이어 대물림되는 가정폭력의 무서움

은 더 이상 한 가정의 문제가 아닌 우리 사회가 함께 고민하고 해결해야 할 문제인 것입니다.225)226)

43. 가정폭력 남편살해 여성에 '외상 후 스트레스 장애' 첫 인정

  서울고법, 징역 5년으로 감형. 가정폭력에 시달리던 아내가 남편을 살해한 사건에서 아내의 '외상 후 스트레스 장애'를 인정한 첫 판결이 나왔다. 서울고법 형사1부(재판장 이주흥)는 18일 여러 해에 걸쳐 가정폭력에 시달리다 남편을 흉기로 찔러 살해한 혐의(살인)로 구속기소된 ㅅ (47·여)씨에게 징역 5년을 선고하면서, "ㅅ씨가 남편의 계속된 폭력 때문에 극도의 스트레스를 받아 외상 후 스트레스 장애가 발생한 것으로 보이고, 사건 당시 심신미약 상태에 있었던 사실이 인정된다"고 밝혔다.

  외상 후 스트레스 장애란 충격적인 경험이나 심한 감정적 스트레스를 겪었을 때의 기억을 반복해 떠올리는 과민상태가 계속 이어지는 증상으로서 일종의 정신과적 질환이다. 가정폭력 피해 여성들은 대부분 남편의 발자국 소리만 들어도 가슴이 철렁 내려앉고 온몸이 떨리는 등의 증세를 보이는 것으로 파악되고 있지만, 지금까지 이를 인정한 판례는 없었다. 재판부는 이날 판결문에서 "수년전부터 남편의 구타와 욕설, 의처증으로 인한 의심이 계속되면서 남편이 귀가할 시간이면 공포에 떨고 사소한 자극에 놀라는 등 ㅅ씨의 외상 후 스트레스 장애 증상이 매우 심해졌다"며 "사건이 일어나던 순간에도 남편한테 심한 모욕을 당하자 흥분한 나머지, ㅅ씨가 남편을 '형체만 시커멓게 보이는 저승사자'로 인식할 정도로 해리장애(의식이나 지각 이상이 생겨, 방어수단으로 현실을 부정하는 현상)에 빠지면서 억제력을 잃고 충동적으로 범행을 저지른 것으로 보인다"고 지적했다. 1991년 결혼한 ㅅ씨에게 가정폭력의 그림자가 드리운 것은 1996년이었다. 도박에 손을 댄 재산을 모두 날린 남편의 술

---
225) Posted by 포도봉봉
226) http://www.hyongo.com/1149(2012.3.31)

주정이 시작된 것이다. 남편은 아들의 혈액형 검사결과가 이상하게 나왔다면서 몇 년 뒤 의처증 증세까지 보였다. 나중에 검사가 잘못됐다는 사실이 밝혀지고, '잘살아보자'며 축산물을 가공·판매하는 가게를 차렸지만 남편의 폭력은 점점 심해졌다. 심지어는 너무 심하게 맞아 퉁퉁 부은 ㅅ씨의 얼굴을 시동생이 알아보지 못하는 일도 있었다. 지난해 4월 어느 날 ㅅ씨는 포장마차에서 술을 마시고 있던 남편을 찾아가 '가게로 돌아가자'고 잡아끌었지만, 남편이 다짜고짜 심한 욕설을 퍼붓는 바람에 둘 사이에는 거친 몸싸움이 벌어졌다. 순간적으로 격분한 ㅅ씨는 가게에서 흉기를 들고 나와 남편을 찔러 숨지게 했다. 검찰은 살인혐의로 구속기소된 ㅅ씨에게 무기징역을 구형했고, 1심 재판부는 '단순 우울장애'라는 정신감정결과를 받아들여 징역 8년을 선고한 바 있다.

한편 이번 사건의 법률지원을 맡은 '서울여성의전화' 관계자는 "외국에서는 외상 후 스트레스 장애를 인정해 무죄를 선고하는 예도 많은데, 이런 증상을 심신미약 상태로 인정했음에도 불구하고 형량이 무거워 아쉽다"고 말했다.[227)228)]

44. "365일 중 360일 맞고 산, 엄마의 29년은 악몽"

남편 살해로 기소, 큰딸 "엄마 선처해달라" 탄원서[229)] ㄱ씨(54·여)는 스물다섯이던 1983년 교사인 아버지의 소개로 남편 ㄴ씨(55·교육공무원)를 만나 결혼했다. 그러나 신혼의 단꿈도 잠시였다. ㄱ씨의 결혼생활은 식을 올린 지 3~4개월이 지나면서 지옥으로 변했다.

남편의 외도문제로 말다툼을 한 게 발단이었다. 싸움 도중 남편의 뺨을 때린 ㄱ씨에게 돌아온 것은 남편의 무자비한 폭력이었다. 하지만 그

---

227) 황예랑 기자 yrcomm@hani.co.kr
228) http://legacy.www.hani.co.kr/section-005000000/2005/03/005000000200503181841219.html(2012.3.31)
229) 경향신문 | 곽희양 기자 | 입력 2012.04.15 22:05 | 수정 2012.04.16 00:14

것은 시작에 불과했다. 매일같이 폭행이 이뤄졌다. 딸을 둘 낳았지만 남편의 폭력은 멈추지 않았다. 남편은 '첫날밤 순결하지 않았다'는 이유로 날마다 ㄱ씨를 추궁했다. 이뿐만 아니었다. ㄱ씨가 동네 가게만 다녀와도 "누구를 만나고 왔느냐"고 추궁하면서 어린 딸들이 보는 앞에서 속옷을 벗기기도 했다. ㄱ씨는 '앞으로 잘하면 남편이 때리지 않겠지'라고 생각했지만 소용없었다. 걸레자루를 휘두르는가 하면 흉기를 들이대는 일도 있었다. 남편의 폭력은 갈수록 심해졌다. "당신 친정식구 중에 도움 되는 사람이 하나도 없다"면서 ㄱ씨를 안방에 가둬놓고 30분 간격으로 밤새 주먹질을 퍼붓는 일도 있었다. 남편의 폭력에 견디다 못한 ㄱ씨는 1990년 가출을 시도했다.

하지만 둘째 딸이 매일 울고 지낸다는 담임교사의 전화를 받고 하는 수 없이 집으로 돌아왔다. ㄱ씨는 두 딸을 생각해 아이들이 대학생이 될 때까지만 참기로 했다. 하지만 그마저 쉽지 않았다. 2004년 둘째 딸이 시신경척수염이란 희귀질환을 앓게 됐다. 결국 둘째 딸은 시각장애인이 됐다. 4년 뒤에는 자신도 딸과 같은 병을 얻었다. 당시 ㄱ씨는 목욕관리사로 일하고 있었지만 1년에 3000만원에 이르는 딸과 자신의 치료비를 감당할 수 없어 이혼조차 쉽지 않았다. 남편의 손찌검은 날로 심해졌다.

남편은 대학 중퇴인 ㄱ씨의 학력을 꼬투리 잡아 심지어 아파트값이 떨어지는 것도 ㄱ씨 탓이라고 했다. ㄱ씨가 응급실에 실려간 적도 한두 번이 아니었다. 하지만 두 딸의 앞날을 생각해 29년간 단 한 차례도 경찰에 신고하지 않았다. 지난달 3일 남편은 갑자기 아침식사를 하다 둘째 딸(25) 앞에서 갑자기 ㄱ씨의 옷속에 손을 넣어 추행했다. 순간 ㄱ씨는 악몽과 같은 지난 29년이 떠올랐다. 그는 집에 보관 중이던 수면제와 신경안정제를 음식에 섞은 다음 남편에게 건넸다. 그리고 약에 취해 잠든 남편의 머리를 둔기로 여러 차례 내리쳤다. 남편은 그 자리에서 숨졌다.

악몽보다 끔찍한 29년간의 결혼생활에 마침표를 찍는 순간이었다. ㄱ씨는 살인혐의로 검찰에 기소됐다.

큰딸 ㄷ씨(27)는 지난 13일 재판이 진행 중인 수원지방법원 안산지원에 "엄마를 선처해달라"면서 탄원서를 냈다. 그는 탄원서에서 "365일 중에 360일을 엄마가 맞았다. 아빠의 걸음소리만 들어도 가슴이 철렁할 정도로 온 가족이 두려움에 떨며 살았다"고 적었다. 딸은 "한순간의 실수로 수감생활까지 해야 하는 엄마가 불쌍하다"고 말했다. 지난해 한국가정법률상담소의 통계를 보면 남편이 아내를 때리는 경우가 전체 가정폭력 중 81.9%를 차지했다.

흉기를 사용한 경우는 2010년 13.3%에서 25.5%로 두 배 가까이 늘었다. 한국여성의전화 가정폭력상담 고미경 소장은 "극심한 공포와 불안감에 시달리는 학대피해 여성들이 범죄를 저지르게 된 과정을 살펴봐야 한다"면서 "집안일이라는 편견 때문에 가정폭력 피해자를 보호하지 못하는 구조가 계속되고 있다"고 밝혔다. 조인섭 변호사(36)는 "지속적으로 가정폭력에 시달린 여성의 극단적인 행동은 여성 입장에서 방어적 선택으로 볼 수 있다"면서 "외국에서는 이를 감안해 정당방위로 인정한다"고 말했다.[230]

45. 가정폭력 점점 흉폭화, 칼·골프채 사용률 증가

흉기 사용 다치게 한 경우 2010년 비해 2배 증가[231] 한국가정법률상담소가 지난해 서울가정법원, 서울중앙지방검찰청 및 인천지방검찰청으로부터 상담위탁 보호처분 및 상담조건부 기소유예처분을 받은 가정폭력행위자 55명을 분석한 결과 칼이나 도끼와 같이 위험한 흉기로 위협한 경우가 23.6%(13명)로 조사됐다.

실제로 칼과 도끼와 같은 위험한 흉기를 사용해 다치게 한 경우도 25.5%(14명)에 달했다. 이는 2010년도(13.3%, 10명)에 비해 2배 가까이 증가한 수치이다. 폭력행사의 원인 중 가장 높은 비율을 차지한 것은

---

[230] 곽희양 기자 huiyang@kyunghyang.com, 경향신문 '오늘의 핫뉴스'
[231] 베이비뉴스, 기사작성일 : 2012-04-16 14:13:47

'가부장적 사고 등 성격차이'(31%, 26건)로 나타났고, 뒤를 이어 '부부간 불신'과 '음주'(각 21.4%, 각 18건), '경제 갈등'(17.9%, 15건) 순이었다.

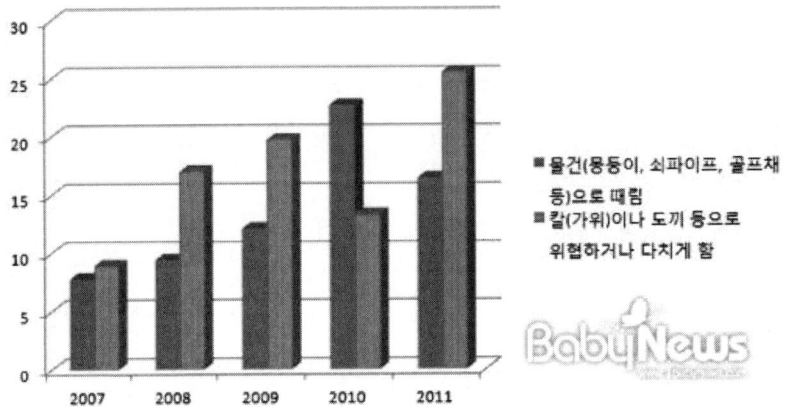

한국가정법률상담소가 지난해 서울가정법원, 서울중앙지방검찰청 및 인천지방검찰청으로부터 상담위탁 보호처분 및 상담조건부 기소유예처분을 받은 가정폭력행위자 55명을 분석한 결과 칼이나 도끼와 같이 위험한 흉기로 위협한 경우가 23.6%(13명)로 조사됐다. ⓒ한국가정법률상담소
자료: http://www.ibabynews.com/news/newsview.aspx?CategoryCode=0024&
   NewsCode=20120416113522375008281#z(2012.4.17)

또한 가정폭력 중 부부폭력이 대부분이었는데, '남편에 의한 아내폭력'이 81.9%로 가장 많았다. '부모-자녀 관계인 경우'는 7.3%를 차지했다.
연령별로는 '40대'(47.3%, 26명)가 가장 많았고 '50대'(29.1%, 16명), '30대'(18.2%, 10명) 순으로 뒤를 이었다. 교육정도별로는 '전문대졸 이상'(41.8%, 23명), '고졸'(40%, 22명) 순이었다. 직업별로는 '회사원'(34.5% 19명), '단순노무'(23.7%, 13명) 순으로 많았고, 경제상태별로는 '월수입이 200만원 이상 300만원 미만인 경우'가 30.9%(17명)로 가장 많았다. 혼인기간을 보면 10년 이상 20년 미만의 결혼생활에서 발생한 폭력비율이 30.9%(17명)로 가장 많았다. 하지만 상대적으로 혼인기간이 오래되지 않은 10년 미만의 부부에서 폭력을 행사하는 경우도 증가하고 있는 추세로 나타났다. 한국가정법률상담소는 "10년 이상 20년 미만의 결혼생활 시기는 가족생활주기로 살펴봤을 때 자녀양육이 주관심사가 되는 시기이며 부부관계가 가장 소원해지는 시점이다. 따라서 갈등이 발생하면 폭력이 행사될 가능성이 높은 것으로 보인다"고 밝혔다.

이어 "상대적으로 혼인기간이 오래되지 않은 부부의 경우 갈등이 생겼을 때 인내하고 극복하기보다는 폭력을 사용해 한쪽 배우자를 통제하고 지배하려는 경향이 증가하고 있는 것으로 분석된다"고 전했다.[232][233]

46. 가정폭력 피해자 보호 · 초기 대응 강화

우리나라 가정 2가구 가운데 1가구는 가정폭력을 겪고있다고 합니다.[234] 이에 정부가 가정폭력 피해자들의 안전을 보호하고 초기대응을 강화하는 내용을 골자로 한 가정폭력방지 종합대책을 내놨습니다. 신혜진 기자가 보도합니다.

결혼 15년차에 접어든 이 여성은 두 달전 집을 나와 보호시설에 머물고 있습니다. 6년전부터 시작된 남편의 폭력과 폭언이 견딜 수 없을 정도로 심해졌기 때문입니다. 참다 못해 경찰에 신고도 해봤지만 적절한 조치가 내려지기까지 수 일이 걸렸습니다. 그 기간동안 피해여성들은 또 다른 폭력에 노출될 수 밖에 없습니다. 앞으로는 이처럼 심각한 가정폭력이 발생할 경우 가해자가 피해자에게 바로 접근을 금지할 수 있는 '긴급 임시조치권'이 도입됩니다. 이 제도는 신고를 받은 경찰이 현장에 출동해 가해자에게 직권으로 피해자로부터 100미터 이내 접근금지와 주거 퇴거 등의 격리조치를 내릴 수 있습니다. 경찰은 긴급 임시조치 이후 이틀안에 검사에게 신청하면 됩니다. 지금까지는 경찰이 가해자를 격리조

---

[232] 가정폭력 한국가정법률상담소, 이경동 기자(kd.lee@ibabynews.com)
[233] http://media.daum.net/society/newsview?newsid=20120415220511539(2012.4.16)
[234] KTV | 입력 2011.05.25 13:07

치 하려면 법원의 결정이 내려지기까지 평균 일주일 이상 기다려야만 했습니다. 또 경찰이 피해자의 안전을 직접 확인하기 위해 집안을 살펴볼 수 있는 '주거진입권'이 인정되고, 가정폭력 피해자가 법원에 직접 '피해자 보호명령'을 청구할 수도 있게 됩니다. 여성가족부는 이번 대책들이 가정폭력사건 발생시 피해자들을 보호하고 초기 대응을 강화하는데 초점을 뒀다고 밝혔습니다. 여성가족부는 다음달부터 법무부와 경찰청 등과 협의해 구체적인 시행계획을 수립하고, 올 하반기부터 관련법률 개정작업에 착수할 계획입니다.[235)236)]

47. 폭언하는 남편

결혼한 친구들이 각자 집에서 만든 요리를 한 가지씩 가지고 와서 함께 저녁식사를 하기로 한 날이었지요. 그런데 이들 중 결혼한지 얼마 안 된 어린 아내가 자기가 준비한 냄비요리를 남편의 차에 실었는데 그 남편의 난폭운전 덕에 국물이 차 바닥에 다 쏟아져버린 겁니다. 그런데도 이 남편은 아내가 멍청하고 부주의하다고 폭언을 퍼붓습니다. 이 어린 아내가 즉시 사과하면서 그날의 사건은 끝났지만 그로부터 계속되는 남편의 잔소리와 욕설은 그 도를 넘었습니다. 그러던 어느 날 저녁 가정 세미나에서 남편에 대한 자신의 태도가 잘못임을 깨닫게 된 이 아내앞에 남편이 한쪽 다리를 절뚝이며 나타났습니다. 그러더니 다짜고짜 아내에게 또 폭언을 퍼붓는 겁니다. 아내가 현관 불을 켜놓지 않아서 자기가 넘어져 다쳤다는 것이었지요. 그러나 그것이 거짓임을 알아차린 아내는 정색을 하고 얼굴에 웃음을 지으면서 자신은 남편의 거짓말과 폭언을 더 이상 용납하지 않겠다고 정중하게 말했다지요? 그러자 예기치 못한 아내의 반격에 당황한 이 남편은 자신의 부당한 폭언에 부끄러움을 느

---

235) KTV 신혜진입니다.
236) http://media.daum.net/politics/others/view.html?cateid=1020&newsid=2011
0525130727958&p=ktv(2012.4.17)

겼던지 너털웃음을 터트립니다. 그날로부터 이 부부 사이에는 점점 폭언이 사라지게 되었습니다.

이처럼 부당한 남편의 폭언에는 부드럽게 그러나 단호하게 맞서야겠지요. 그러나 이 대결에서 아내는 남편에 대한 사랑의 마음을 지녀야 합니다. 그것은 피할 수 없는 사탄과의 영적 싸움이기 때문입니다. 이 싸움에서 꼭 승리하십시오.

"친했던 친구가 갑자기 냉랭해져서 거리를 둘 때"
"배우자가 당신의 나쁜 버릇에 대해 쉬지 않고 불평을 늘어놓을 때"
"아들이 당신과 말도 하려고 하지 않을 때" 당신은 어떻게 하는가?[237)238)]

48. 가정폭력 어떻게 대처해야 할까.

어제였죠. 지금까지 수많은 가정폭력을 뉴스에서 보았고, 제 주위에 사는 사람들도 그리고 저의 집도 가정폭력의 피해자였기에 무심코 지나칠 수 없었던 이유이기도 해서 여러분은 가정폭력을 어떻게 생각하는지 궁금하기도 하고 해서 몇자 적어볼까 합니다.[239)]

40대 여성이 자신의 아이들과 함께 남편을 숨지게 한 사건, 10년 넘게 계속된 가정폭력이 어떻게 끝을 맺는지 우리에게 보여준 사건이 아닌가 생각해봅니다. 여기서 10년 넘게 계속된 가정폭력이라 했는데 10년 넘게 당해보지 않은 분들은 이해못할겁니다. 절대로 1년, 3년, 5년도 아닌 10년 넘게 매일같이 술을 먹고 집에 와서 자기 기분에 안맞다고 뇌병변 장애를 앓고 있는 딸을 상습적으로 폭행을 해서 장애가 있는 큰딸, 그 다음에 막내딸까지 무자비하게 그 늦은 저녁에 이 아이들은 얼마나 가슴이 콩닥콩닥 뛰었을까요. 얼마나 마음의 진정도 못하고, 밤마다 가슴을

---

237) 관계가 주는 기쁨 폴 트립, 티모시 레인 | 미션월드라이브러리
238) http://cafe.daum.net/songchonfc/Daru/1273?docid=1HcII|Daru|1273|20100915082704&q=%B0%A1%C1%A4%C6%F8%BE%F0(2012.4.17)
239) 뽀얀악마 (poco****), 조회 33449 2012.04.18 23:18

조아리면 오늘도 무사히 지나가기만을 바랬을까요.

과연 이렇게 개보다 못한 가정폭력을 휘두른 남편은 사람이었을까요. 20년 넘게 매일같이 폭력을 당한 저의 경험담을 들자면, 대략 이랬을 겁니다. 매일같이 조금만한 일에도 가슴이 콩닥콩닥 뜁겁니다. 저녁시간만 되면 집에 들어가기가 싫을 것이고, 집에 들어가면 하루도 쉴새없이 이어지는 폭력! 친구들과 술먹을 때는 재벌 2세가 되죠. 내가 낼게. 모든 술값은 자기가 계산해야 되고, 그런 허위허식에 빠져 주머니에 있는 돈은 다 써야 되는 사람. 친구들은 말하죠. 그런 사람도 없다라고(술값을 매일 계산해주니 친구들은 좋아할 수밖에). 그리고 술에 쩔어 집에 들어와 돈 내봐라, 돈가지고 와라. 10만원, 50만원.

새벽 일찍 시장에 나가 장사하시는 어머니, 하루에 얼마나 벌까요. 저녁 9시에 집에 오면 아이들 때문에 쉬지도 못하고 밥하고 빨래하기 바쁘죠. 저녁 11시쯤 또는 새벽 1시에 술에 쩔어 들어와 돈달라고, 50만원 그런 돈이 어디있나요. 안가져오면 집기 부수고 폭행을 시작합니다. 마음이 풀릴 때까지 폭행하고. 집기 부수고 그리고 눈에 아이들이(동생이나 아들, 딸들) 들어옵니다. 아무 잘못도 아무 이유도 모르고 새벽 3시~4시까지 폭행을 당합니다. 그리고 했던 말 또하고 했던 말 또 하면서 아침해가 밝아옵니다. 직업도 없기에 잠에 빠져 자기 시작하지만, 어머니 또는 아내는 새벽에 장사하기 위해 시장에 나갑니다. 잠도 못자고. 아이들 학교에 잘 가는지 도시락도 못챙겨주고 미안해서 아이손에 500원을 쥐어주면서 점심사먹으라고 쥐어주고 시장에 나갑니다. 학교에 갔다와서 집에 가지않고. 어머니가 장사하는 시장에 가 있죠. 어머니가 장사를 마치고 집에 귀가하는 시간에 맞춰 같이 옵니다.

그리고 술에 쩔어 자는 인간은 오후 3시에 일어나 깨끗하게 씻고. 새벽에 돈 5만원 뜯은 돈 가지고 친구 만나러 나갑니다. 친구들과 술먹으면서 또 재벌행세 하려면, 그리고 저녁이 되죠. 어제와 그제와 하나도 틀리지 않고, 똑같이 저녁에 술에 쩔어 들어와 했던 말 또하고, 가족들을 못살게 굴죠. 이런 고통을 겪어보지 못한 판사나 형사들조차 이해를 못합니다. 어제 경찰은 가정폭력에 시달린 점은 인정되지만, 위급상황이 아니었던만큼 정당방위가 인정되지 않는다면서 부인 이씨를 구속했다고 합니다. 물론 아이들은 불구속으로 풀려났고요.

형사님! 위급상황이라면 본인이 죽기 일보직전까지 가야만 하는 상황을 말하는지요. 그런 상황이라면 어느 누가 상대방을 죽일 수 있겠습니까. 나보다 힘세고, 모든 것이 힘도 약한 부인과 아이들이 어떻게 해야만 위급상황이 아니라고 보시는지요. 이 뉴스를 보면서 너무나 안타깝고 원통하고 억울하기까지합니다.

여러분! 술 좋아하시는 분들은 새겨 들으세요. 매일같이 술을 드시는 분들은 미래의 가정폭력의 피의자니까. 이렇게 가정폭력에 당한 사람들은 절대로, 술먹는 사람들을 사람으로 안본다는 사실을 기억하세요. 이런 가정폭력의 피해자들이 대한민국에는 너무나 많다는 사실(그만큼 술먹고 힘없는 사람을 대상으로 가정폭력이 많다는 증거가 아닐까요.).

서글퍼오네요. 이런 세상을 감싸주지 못하는 세상이 말이죠. 우리 아이들이 무슨 죄가 있을까요. 여러분, 가정폭력은 어떻게 대처해야 가장 현명한 판단일까요. 가정폭력에 노출된 가정이 많아요. 그런 분들이 이 글을 보시고 정답을 찾아가기를 바래봅니다. 좋은 방법이 있다면 알려주세요. 부탁드립니다.

- 아름다운 세상을 위하여 -240)

49. 매일 술먹는 사람은 가정폭력을 한다는 것은 오류

가정폭력 정말 있어서도 있을 수도 없는 문제입니다.241) 가정폭력이 불러오는 수많은 문제들을 너무도 잘 알고 있습니다. 한사람의 정신을

---

240) http://bbs3.agora.media.daum.net/gaia/do/story/read?bbsId=S103&articleId=182047(2012.4.21)
241) 종우기 (hit***), 조회 313 2012.04.19 18:25

파괴하고 사람을 변질시키는 그런 가정폭력은 절대적 악이라고 봅니다.

하지만! 매일 술먹는 이들이 가정폭력을 행사하는 가용인물이라고 단정짓는 것은 안되죠. 가정폭력에는 술을 먹고 행하는 이들이 있지만 그렇지 않고 술을 먹지 않고 폭력을 행사하는 이들도 많습니다. 실상 예전의 사례들을 보면 술을 먹고 폭력행사하는 이들보다 맨정신에 폭력을 행사하는 인간들이 상당히 많았습니다.

특히나! 도박에 빠진 것들이 그랬죠. 알기나 할지 모르지만 실사례입니다. 되려 술먹고 주사부리고 폭력행사하는 인간들은 그나마 덜한편이죠.

그런 그들에 비하면. 아무튼 또 한가지 매일같이 술을 먹더라도 온순한 분들 많습니다. 알콜중독이 아닌데도 매일 술드시는 어르신들 뿐만 아니라 젊은 사람들도 있습니다. 술을 먹는 행위가 알콜중독은 아닙니다.

매일 먹는다는 가정이 정말 365일 매일 먹는다면, 하루도 쉬지않는다면, 알콜중독으로 볼수 있습니다만, 매일 술을 드시는데도 알콜중독이 아니라고 판정받는 사람들도 있더군요.

좋습니다. 알콜중독이라 가정하고 폭력을 행사한다? 알콜중독자들이 술먹는 수위를 보신적 있는가요? 없으니 그런말을 하는거죠. 알콜중독자는 자신의 몸을 가누지 못할 정도로 술을 마십니다. 술먹고 술에 쩔어서 잠에 들곤하죠. 그런 그들이 심각한 가정폭력의 주범이다? 전 솔직히 아니라고 봅니다. 그저 술을 좀 먹고 본래 가정폭력을 일삼는 나쁜 놈이 폭력을 행사하는 것이죠. 그런 그들은 술을 안먹어도 폭력을 가합니다.

그래서 결론은 매일 술먹는 인간은 가정폭력을 행사할 인간이다라는 말은 절대 틀리다는 것입니다.

대충 이러니까 저러니까~ 이래왔으니까 이러더라니까~ 생각만으로 그렇게 얘기하면 안되죠!242)

---

242) http://bbs3.agora.media.daum.net/gaia/do/story/read?bbsId=S103&articleId
=182263(2012.4.21)

제3장 자녀폭력의 사례와 내용

1. 정책 따라잡기, 경기도 그곳에 살고 싶다

"살아야 되잖아요. 아이 아빠잖아요. 아이들에게 아빠를 뺏을 수 없잖아요. 그렇잖아요?[243] 그런데 저보고 폭행한 남편을 처벌할거냐고 물으면 제가 뭐라고 대답해야 하나요?

제 의사같은 것을 묻지 말고 그 때 처벌했다면 이런 일 안생겼을지도 모르잖아요." 지난해 잠자는 남편을 흉기로 찔러 숨지게 한 안산의 모 주부가 여성긴급전화 1366경기센터 변현주 센터장과 면담을 하면서 했던 말이라고 하네요. 결혼 후 20여년간 상습폭행을 해온 남편이 그날도 만취상태로 집에 들어와 시비를 걸다가 "내일 아침에 술깨면 가만 안둔다"고 하면서 잠이 들었는데 주부는 정말 두려웠다고 합니다. 그래서 순간적으로 칼을 들고, 잠자는 남편을 16차례 칼로 찔러 숙였다고 합니다.

혹시 요즘도 가정내에 야만적인 상습폭력이 있을까, 의문을 가지시는 분도 계시지요? 그런데 10년전이나 지금이나 남편들의 폭력은 여전하다고 하네요. 오히려 신고사례는 늘었다고 합니다. 은폐되었던 남편폭력이 사회변화와 함께 수면위로 올라온 때문이기도 하고요. 지난해 여성가족부의 조사에 따르면 "최근 1년동안에 남편의 폭력이 있었는가?"라는 설문조사에서 50%의 주부들이 '그렇다'고 응답했다고 합니다. 정말 놀랍지 않으세요? 그처럼 평온해 보이는 가족들에게 은폐된 채 진행되고 있는 폭력이 2가구 중 1가구꼴로 발생한다는 사실 말입니다. 남편의 폭력은 어느 정도 사회문화적으로 용인되기도 하거니와 남편이며, 아이 아빠

---

[243] 2011/07/25 08:00, 공유하기13

라는 점 때문에 신고나 처벌을 하기가 여성 입장에서는 쉽지 않아서 가정폭력을 부추긴다고 합니다. 여성긴급전화 1366경기센터의 지난 한 해 동안 가정폭력 상담건수는 2만2천여건으로 한 달에 약 1800건이 접수된다고 합니다. "폭력에 자주 노출되다 보면 주부들도 훈련이 된답니다. 대응할 수 있는 힘을 잃어가는거지요. 하지만 조기에 잘 대처하면 재발을 막을 수 있습니다. 또 이미 누적된 경우라도 빨리 신고를 해서 사회적으로 도움을 받고 믿을만한 사람에게 알려서 밖으로 드러내는 것이 중요합니다." 현행 가정폭력방지법은 친고죄의 성격이 강해서 피해자인 아내가 처벌을 원치 않으면 처벌할 수 없는 것이 맹점이라고 하는데요.

"아이에게 아빠가 있어야 하고 살아야 한다"는 생각 때문에 쉽게 결정하지 못한다는 것입니다. 하지만 가정폭력이 있는 경우 남편을 '처벌해야 한다'고 변현주 경기센터장은 말합니다. 이 벌은 전과를 남기거나 낙인을 찍는 여타 법과 달라서 폭력남편이 '상담명령'을 받아들일 경우 처벌을 하지 않는다고 하네요. 남편이 상담을 받게 되면, 남편들 자신도 불우한 성장기라든가, 아물지 않은 상처가 있었고, 사회생활에서의 긴장감과 부담감이 있다는 것을 알게 되어 적절히 '화'를 해소하는 법을 익히게 된다고 합니다. 알코올중독이나 심한 정신적인 문제가 있는 경우 전문상담을 통해 남편들이 건강하게 마음의 치유를 받게 된다고요.

즉, 지역사회와 연계해서 알코올중독이나 도박, 의처증 등의 심리적 문제를 치유하는 프로그램이 마련되어 있다고요.

그래서 남편이 건강한 모습을 회복하게 된다는 것입니다. 또 가정경제적으로 어려움이 있는 경우 경기도의 경우 무한돌봄서비스와 연계해서 경제적인 도움도 주고 있으니 쉬쉬 하지 말고 적극적으로 여성긴급전화 1366을 이용하라고 주문하네요. 여성가족부는 최근 1366 여성긴급전화를 경기북부지역에도 새로 개소했다고 합니다. 현재 여성긴급전화 1366은 전국 광역시·도에 17개가 운영되고 있는데 24시간 이용할 수 있다고 합니다. 신고를 하면 112지구대와 연계해서 남편으로부터 아내를 떼어

내 긴급히 피할 수 있는 피난처를 제공합니다. 또 피해 여성이 원할 경우 6개월에서 1년 정도 아이들을 데리고 생활할 수 있는 보호시설(쉼터)을 각 지역마다 모처에서 운영하고 있다고 합니다. 다만, 남편들이 추적을 해서 아내를 찾아내 살해한 사건이 발생하는 등의 문제가 있어서 비밀리에 운영되기 때문에 사진촬영이나 위치안내 등이 안된다고 하네요.

이 쉼터에 오면 의식주 모든 것이 제공될 뿐 아니라 피해여성과 아이의 치료프로그램도 있고요. 직업훈련 교육도 하고 자유롭게 사회활동이나 일상생활을 할 수 있다고 합니다. 하지만 대부분의 여성들이 심각한 폭력을 당하고도 며칠 후엔 다시 집으로 돌아간다고 합니다. 그런데 무작정 집으로 돌아가기보다, 몸과 마음을 추스르고, 남편의 변화되는 모습을 지켜보면서 대응력을 키우기를 주문하네요. 또 집으로 돌아갈 경우에도 지역상담소로 연결해 주어서 지속적인 도움을 받을 수 있다고 합니다. 가정폭력방지법은 '처벌법'이라기보다 '패자부활전'같은 법이기에 건강한 가정을 만들려면 폭력이 발생한 초기에 신고를 하고 남편이 전문가상담과 부부상담 등으로 변화되도록 하는 것이 바람직하다고 합니다.

자료: http://ggholic.tistory.com/3519(2012.3.31)

남편을 살해한 안산 모 주부의 경우, 상습적인 폭행을 목격한 이웃이 3~4차례나 신고를 했음에도 주부가 '아이 아빠며 가정을 지키고 살아야 한다'는 생각에 지구대경찰을 돌려보냈다고 하네요. 그 주부는 당시에 자신의 의사를 묻지 말고 남편을 경찰이 데려갔으면 남편을 죽이는 사태를 맞지 않았을 거라고 통곡했다고 합니다. 폭력을 참고 지내던 부인이 거꾸로 남편을 살해하는 사건은 종종 언론에 보도된 적이 있었지요.

지난해 12월에도 인천에 사는 모 주부가 집에서 잠자는 남편(42)을 흉기로 찔러 숨지게 했다는 뉴스가 보도되기도 했는데요. 이 사건 역시 10여년간 남편의 잦은 폭행을 견디다 못한 주부가 결국 범행을 저지른 것이지요. 그래서 여성긴급전화 1366에서는 피해주부들에게 부탁하네요.

폭력이 발생하면 초기에 신고해서 도움을 받으면 '폭력의 악순환' 고리를 끊을 수 있고 건강한 가정으로 거듭나는 계기가 될 수 있다고요. 가정폭력 문제가 해결되면 사회전반적인 문제가 해결된다고요. 예컨대 아동성폭력, 학교폭력, 노인학대 등이 모두 큰 맥락에서는 가정폭력에서 출발한다고 합니다. 매맞는 엄마를 보고 자란 자녀들이 분노조절이 안돼 학교폭력을 저지르고, 거꾸로 이젠 그 자녀가 늙은 부모를 폭행하고 학대하기도 한다고요. 그래서 가정폭력을 잡아내어 가정이 건강해지면 여타 부분의 문제가 많이 해결될 수 있다는 것이지요.

한 주부는 상담소에 이렇게 하소연했다고 합니다. "우리 가정에 약간의 폭력이 있었어요. 남편 처벌을 원하는 것은 아니고요. 아이들과 제가 늘 불안에 떨어요. 폭력을 행사한 후 얼마간은 잘해주다가, 하루 이틀 지나면 점점 잔소리가 심해지고, 아이들에게 화를 내고 집안 청소상태를 트집잡다가 어느 순간 폭발하면 너무 무서워요. 폭행은 예사고 집안에 시너를 뿌리고 불지른다고 협박하고 난후 다음 날은 멀쩡하게 다시 회사에 출근합니다. 그리고 잠시동안 다시 가족들에게 잘해줍니다. 불안해서 살 수가 없어요." 변 센터장은 폭력은 나 혼자의 문제가 아니라며 '내가 참고 말지'하는 순간 내가 멍들고, 내 아이들이 골병들고, 문제아가 될 수 있다며 신속한 초기개입이 이루어지도록 1336 전화를 이용하라고 당부하시네요. 폭력을 휘두른 후에는 잘못했다고 싹싹 빌고 잘해주니까, 한번 또 한번 속아주다 보면 어느 날 심각한 상황이 올 수 있다고 합니다. 앞서 말씀드렸듯이 폭력남편을 교정하는 프로그램이 잘돼 있어서 남편이 감옥가지 않고, 자신을 돌아보고 회복하는 것이 가능하다고 합니다. 다시 말해 남편이 전과자가 되는 것이 아니라는군요. 그리고 자녀를 키울 때도 자녀에게 잘난 남자 만나 팔자 편하게 살 것을 주문할 것이 아니고 독립적인 인간으로 성장하도록 격려하라고 강조하네요.

"가정폭력으로 매년 약 70~100여명의 여성이 죽어갑니다. 또 맞다가 오히려 남편을 죽이기도 하지요. 얼마나 불행한 일인가요? 요즘은 사회 시스템이 좋아져서 상담전화하시면 적절한 도움을 받을 수 있답니다."

변 센터장은 가정폭력은 남편도 피해자라고 강조합니다. 폭력은 유전처럼 세대간에 전이되는 것이라고요. 이 악순환을 끊기 위해서는 '결단'하는 것이 필요하다고 합니다.

폴레트 켈리의 시 <저는 오늘 꽃을 받았어요>를 옮기며 이 글을 마무리 합니다.

저는 오늘 꽃을 받았어요.
제 생일이거나 무슨 다른 특별한 날은 아니었어요.
우리는 지난밤 처음으로 말다툼을 했지요.
다툼은 제 가슴을 아주 아프게 했어요.
그가 미안해하는 것도,
말한 그대로를 뜻하지 않는다는 것도 전 알아요.
왜냐하면 오늘 저에게 꽃을 보냈거든요.

저는 오늘 꽃을 받았어요.
우리의 결혼기념일이라거나
무슨 다른 특별한 날이 아닌데두요.

지난밤 그는 저를 밀어붙이고는 제 목을 조르기 시작했어요.

정말 믿을 수가 없었지요.
온몸이 아프고 멍투성이가 되어 아침에 깼어요.
그가 틀림없이 미안해 할 거예요.
왜냐하면 오늘 저에게 꽃을 보냈거든요.

저는 오늘 꽃을 받았어요.
지난밤 그는 저를 또 두드려 팼지요.
그런데 그전의 어느 때보다 훨씬 더 심했어요.
그를 떠나면 저는 어떻게 될까요?
어떻게 아이들을 돌보죠?
돈은 어떻게 하구요?
저는 그가 무섭지만 떠나기도 두려워요.
그렇지만 그는 틀림없이 미안해 할거예요.
왜냐하면 오늘 저에게 꽃을 보냈거든요.

저는 오늘 꽃을 받았어요.
오늘은 아주 특별한 날이거든요.
바로 제 장례식 날이었어요.
지난밤 그는 드디어 저를 죽였지요.
저를 때려서 죽음에 이르게 했어요.
제가 좀 더 용기를 갖고 힘을 내어 그를 떠났더라면
저는 아마 이 꽃을 받지는 않았을 거예요.[244)245)]

---

244) 글, 천미경 기자, 사진제공 여성긴급전화 1366 경기센터
245) http://ggholic.tistory.com/3519(2012.3.31)

손버릇 나쁜 남자들은 절대 못고칩니다. 제 매제가 손버릇이 나빠서 여동생을 때렸었죠. 그래서 아버지와 제가 가서 반쯤 죽도록 패줬답니다. 결국은 이혼을 하고 말았지만 말입니다.[246] 지금은 이혼을 하셨지만 한동안은 고통에서 벗어나지 못하고 악몽에 시달리지 않았을까하는 생각이 들어서 끔찍해집니다. 잔혹한 가정폭력이 더이상 없는 따스한 행복 속에서 오래도록 사셨으면 하는 바램이 드네요.[247] 가정폭력은 우리나라 뿐만 아니라 서구사회에서 자주 거론되는 것 같아요. 피해자에 대해 많은 관심이 필요하다고 생각됩니다.[248] 정말 근절되어야 할 것 중의 하나가 가정폭력이라는 생각이 들어요. 제일 안전하고 편안하고 사랑이 넘쳐야 할 곳에서의 폭력이라서 슬퍼집니다. 님의 말씀대로 상담 등 지속적인 관심이 필요한 것 같아요.[249] 아, 마음이 아프네요. 어떻게 이럴 수가 있는지 모르겠어요. 가정폭력은 정말 아니라고 봅니다. 국가, 지방단체에서 많은 도움 주길 바랍니다.[250] 피해상담소와 보호소 등의 설치 뿐만 아니라, 신변보호 그리고 근절하고 고쳐야하겠다는 본인의 의지도 정말 중요한 것 같네요. 더 이상은 폭력으로 물드는 우리사회가 아니라 사랑이 퍼져나갔으면 하고 생각해 봅니다.[251] 정말 마음이 너무 아프네요.

피해상담소에서 많은 도움을 줄 수 있기를 기원해봅니다.[252] 정말 마음이 아픈 기사죠. 많은 도움을 통해서 피해자분들이 더이상 생겨나지 않고 밝은 웃음꽃만 피어나는 가정의 모습을 그려보게 되네요.[253] 피해여성분들의 사진을 보니 마음이 정말 아프네요. 많은 피해여성분들이 피

---

246) 트랙백 주소 :: http://ggholic.tistory.com/trackback/3519, 하늘엔별 2011/07/25 08:17
247) 달콤 시민 2011/07/25 10:33
248) 펨꼐 2011/07/25 08:33
249) 달콤 시민 2011/07/25 10:35
250) 솔브 2011/07/25 09:42
251) 달콤 시민 2011/07/25 10:38
252) +요롱이+ 2011/07/25 13:21
253) 달콤 시민 2011/07/25 13:57

해상담소를 통해 가정폭력에서 벗어날 수 있으면 좋겠습니다.254) 빛창님의 말씀대로 많은 분들이 폭력에서 보호받고 벗어나길 바래봅니다. 위기가정의 평화와 안정이 회복되어서 이런 폭력이 일어나지 않는 아름다운 사회가 되길 바래봅니다.255) 가정폭력은 제2, 제3의 폭력을 조장하기 때문에 초기에 바로 잡아나가야 함을 절실히 느낍니다. 에효256) 정말 가정폭력은 집안의 일이 아니라 사회 전반의 문제가 아닌가 싶네요. 고통받고 있는 피해자들을 생각하니 그 절실함이 더욱 깊이 다가오는 것 같습니다. 그분들이 건강하고 밝은 생활을 하셨으면 좋겠네요.257)

폭력은 절대 허용되어서는 안됩니다. 게다가 가정폭력은 아이들 교육에도 좋지 않기 때문에 절대 안됩니다.258) 맞습니다. 어느 매체에서 보니 어려서 가정폭력을 보고 피해자로 자란 아이들이 성장해서 가정폭력의 가해자가 되는 경우가 많다고 하더라구요~ 절대 이런 일은 모조리 사라졌으면 합니다.259) 사진을 보니 너무 심하군요. 심지어 아이한테까지 절때 생겨선 안된다고 생각해요!!260) NNK의 성공님 말씀대로 절대 생겨선 안될 일인데요. 아동들이 보호를 받으며 자라나야 할 가정에서 이런 일이 벌어지고 있다는 현실에 정말 슬퍼집니다.261) 사진들을 보니 너무 끔찍합니다. 마지막 시 구절도 너무 마음이 아프네요.262) 저도 이 시를 읽으며 눈물이 나오더라구요. 절망의 꽃이 아닌, 행복한 웃음이 피어나는 사랑을 고백하기 위한 꽃으로 변화하기를 기도하게 되네요.263)

---

254) 빛이드는창 2011/07/25 15:19
255) 달콤 시민 2011/07/25 16:46
256) 블로그토리 2011/07/25 19:11
257) 달콤 시민 2011/07/26 09:51
258) 꼬마낙타 2011/07/25 22:03
259) 달콤 시민 2011/07/26 09:57
260) NNK의 성공 2011/07/25 22:19
261) 달콤 시민 2011/07/26 10:28
262) 연한수박 2011/07/26 07:25
263) 달콤 시민 2011/07/26 10:30

사는게 참 덧없네요. 어디서부터 잘못된 것일까요. 난 분명 잘못한게 없는데 누구보다 정신이 올바르다고 생각하며 살아가는데 나의 가족과 환경은 그렇지 않아요.264) 새벽 4시를 넘긴 이 시간에도 잠이 오질 않습니다. 너무나 괴롭고 막막합니다. 죽어버릴까하는 극단적인 생각마저 듭니다. 누구에게도 말할 수 없는 나의 치부를 여기서나마 털어놓으면 마음의 위로가 될까요. 전 32세 여자입니다. 미혼이구요. 20대초반까지 아버지의 가정폭력에 시달리며 성장했습니다. 대학생 때는 다른 지역에서 다녀서 가족과 격리되었기 때문에 그나마 자유를 얻은 시기였어요. 어릴적 이틀에 한번씩 집안은 난리가 났었죠. 깨진 유리, 부서진 물건들, 매맞는 엄마, 밤새도록 잠못드는 괴로운 시간들, 입에 담지못할 욕, 각종 폭력 등.

아버지가 미치도록 싫었습니다. 한번은 아버지 앞에서 손목자해를 했네요. 그게 24살쯤이었을거예요. 그때 아버진 충격을 받으셨고 어머니도 아버지와 별거를 시작했습니다. 오랜 시간 가정폭력에 시달리고 나서인지 어머니와 저 그리고 남동생은 아버지없는 생활에도 불구하고 쉽게 융합이 되지 못했어요. 늘 다투고, 미움이 많았죠. 그 원인은 엄미였이요. 아버지의 폭언과 폭력에 시달린 엄마는 그 공포로 인해 술을 드시게 되었고 가정은 등한시하며 매일 밖으로 나돌아서 저와 동생은 방치된 채 자랐거든요. 그때의 원망이 트라우마로 남게 되어 아버지도 어머니도 저희는 부모로서의 역할을 기대할 수 없었어요. 그래도 시간이 지나면서 서서히 어머니를 이해하게 되었고 지금도 여전히 아버지를 원망하고 증오하지만 나도 나이를 먹어가면서 이해를 해보려 노력중이었습니다. 그런데 문제는 저의 25살 남동생이네요. 가정폭력은 되물림된다던가요. 동생이 술을 먹으면 자제가 안되나 봅니다. 평상시에도 감정조절하는 부분이 중학생 수준입니다. 화나면 소리를 지르고, 눈에 눈물도 고이는(이런

---

264) 냐냥이 (qhf****), 주소복사 조회 258 12.03.03 04:46

점은 굉장히 마음이 아파요. 동생과 나이 차이가 나서 제가 20살이었을 때 동생은 초등 6학년이었어요. 제가 대학생활을 다른 지역에서 하는 동안 동생은 여전히 가정폭력에 방치되었던거죠) 등. 지금까지 술먹고 문제 일으킨 것이 4번입니다. 그나마 군대에 있는 2년동안은 아무 일 없었네요. 일년에 한번 꼴로 이미 필름이 끊긴 상태라 깨고 나면 기억도 못합니다 자신이 무슨 짓을 저질렀는지를, 만취상태의 동생의 행동을 직접 목격하니 저의 아버지보다 더 심합니다. 동생 친구들도 술을 같이 마시고 나서 다 떨어져나갔구요. 그나마 여자친구에게 위안을 얻는가 싶더니 이젠 여자친구에게 술에 취해 폭력을 썼다하네요. 전, 정말 모르겠어요.
 동생의 그런 모습을 직접 보니 사람으로 느껴지지 않아요. 그 순간은 정말 공포심 그 자체였어요. 어릴적 아빠의 모습을 보는듯해서 너무 끔찍하네요. 전 남자친구가 아버지의 가정폭력에 시달렸다는 얘기듣고 헤어졌어요. 같은 환경을 가진 사람이 싫어서요.
 네, 이런 저도 누군가에게도 환영받지 못하는 존재겠죠. 그래서 사람에게 마음을 여는 것도 무섭고 결혼이 두렵습니다. 저에게 청혼한 사람이 있어요. 이런 환경으로 인해 그 사람에게 짐이 될까. 괜한 사람 불행으로 끌어들이는가 싶어 내 마음을 열지 못합니다. 글이 길었죠. 제발 가정을 이루신 분들, 이루려고 하시는 분들, 화목한 가정 만들려고 노력하세요. 다른 모든 가정에 화목과 행운이 있기를 빌께요.265)

2. 김정민 "친아버지 가정폭력, 이젠 원망 안해요!"

 MBC <기분좋은 날>에 출연하여 어두운 과거 고백266) 배우 김정민이 폭력을 일삼았던 친아버지에 대한 용서의 뜻을 전해 화제를 모았다. 배우 김정민이 자신의 학창시절의 어두운 그림자와 같았던 친아버지에 대

---

265) http://bbs3.agora.media.daum.net/gaia/do/story/read?bbsId=S102&articleId =513953(2012.3.31)
266) 신영욱 넷포터 (2010.10.13 15:31:00)

해 애틋한 부정을 드러냈다. 김정민은 13일 오전 방송된 MBC <기분좋은 날>에 친어머니와 함께 출연했다. 앳된 얼굴을 하고 있는 김정민이지만 과거는 이날 공개한 그녀의 과거는 어둡기만 했다. 특히 술에 취해 폭력을 휘두르는 아버지로 인해 어머니가 큰 고통을 겪었다는 것이다.

학교마저 자퇴해야 했던 김정민은 우여곡절 끝에 어머니의 이혼을 돕고 무작정 서울로 상경해야만 했다. 이날 방송에서 김정민은 어머니와 이혼한 친아버지에 대해 "폭력을 일삼아 가족들을 불행하게 했던 아버지"라면서도 "이제는 좋은 기억만 난다"며 상처를 잊고 좋은 추억만 간직하고 있다는 뜻을 밝혔다. 김정민은 "나를 이 세상에 있게 해준 아버지인데 더 이상 원망하고 싶지는 않다. 아버지가 인형같은 것을 사줬던 기억들만 남았다"고 말했다. 특히 "어머니한테는 처음 고백하는 것"이라며 이제는 남처럼 지내는 아버지지만 4년전 아버지와 연락을 주고받은 적이 있다고 고백했다. 김정민은 "평소 노숙자들을 보면 괜히 아버지 생각이 났는데 아버지는 여전히 변하지 않으셨다. 나를 아직도 미워하고 있어 마음이 아팠다"고 속내를 드러내기도 했다. 그러나 김정민은 아버지에게 영상편지를 남기고 "아버지를 유일하게 미워한건 어머니를 힘들게 하고 아프게 했다는 것이다. 나도 동생도 모두 잘 지내니 아프지 말고 잘 지냈으면 좋겠다"고 건강을 기원했다. 한편, 김정민은 2년전부터 새 아버지, 새로 생긴 2명의 남동생 그리고 친동생까지 모두 6명의 식구와 함께 행복하게 살고 있다.267)268)

3. 가정폭력, 너를 고발한다

"아버지가 돌아가실 때까지 영원히 어느 곳에 감금해두고 싶어요." 아버지의 음주폭력에 시달려온 심모군(16)이 최근 알코올중독정보센터(www.neuropsychiatry.co.kr) 상담실에 올린 충격적인 글이다. 아버지가 거

---

267) 데일리안 연예 = 선영욱 넷포터
268) http://www.dailian.co.kr/news/news_view.htm?id=222513(2012.3.31)

의 매일 술주정을 하며 자신과 동생, 어머니를 마구 때려 더이상 가족으로 함께 살 수 없다고 심군은 호소했다.[269] 최근 20여년간 남편의 상습적인 폭력에 시달리던 주부가 남편을 살해한 사건을 계기로 가정폭력에 대한 문제인식이 높아지고 있다. 가정폭력으로 망가지는 가정이 많지만 이에 대한 사회적 대처는 낮은 수준에 머물고 있기 때문이다. 가정폭력 양태는 단순폭력의 정도를 넘어 종종 반인륜적인 흉악범죄에 이르기도 한다. 가족관계마저 끊을 수밖에 없는 한계 상황에 이른 가정이 적지 않지만 사회는 '남의 집안일에 왜 사회가 끼어드나'하는 식으로 못본 체 해왔다. 술을 마시고 때리는 남편을 목졸라 살해한 이모씨(36)는 그동안 수차례 경찰에 폭력신고를 했으나 효과를 보지 못했다고 하소연한 바 있다. 수능시험을 목전에 둔 여고생 김모양(18)는 아버지의 참을 수 없는 폭력에 고민하다 상담코너에 글을 올렸다. 김양은 "3년전 엄마와 이혼한 아빠가 툭하면 술을 먹고와 나를 성폭행하겠다고 협박하고 엄마를 성폭행했다"며 "아빠는 엄마와 사는 우리 집에 칼을 들고 들어와 찌른다고 위협하기 일쑤이며, 할머니는 엄마를 때리는 아빠를 말리다가 뼈가 부러져 수술까지 받아야 했다"고 고발했다. 김양은 현재 동사무소에서 받는 돈으로 학비를 대며 생계를 꾸려가고 있는 이른바 '모자가정' 소녀다. 전북에 사는 곽모씨(24·여·회사원)는 "아빠가 술만 드시면 엄마를 때리는 등 집안을 쑥대밭으로 만들고 있다"며 "병원에 데리고 가려 하면 가족들을 오히려 죽이려 한다"고 대책을 원했다. 경남의 직장인 조모씨(24)도 "술 때문에 다쳐 뇌수술까지 받은 아버지가 요즘도 술만 마시고 다 죽여버린다고 협박해 매일 가족들이 잠을 이루지 못하고 있다"며 "더이상 참지 못해 내가 무슨 일을 낼 것만 같다"고 말했다. 강모씨(30·회사원) 역시 "아버지가 신혼초부터 30년간 어머니에게 저녁 9시부터 새벽 3~4시까지 욕설과 폭행을 계속해왔다"며 "수면제를 타서 먹이고

---

[269] 사회복지관련기사, 2005/11/21 10:31,
http://blog.naver.com/coolsalang80/80019663615

싶은 심정"이라고 고백했다.

가정 폭력범죄 발생 처리현황
※2005년은 1월~5월, 자료: 경찰청

	가정폭력사건		조 치			가정보호사건 의견송치	
	검거건수	검거인원(명)	구속	불구속	기타	건수	인원(명)
2000년	12,983	14,105	678	13,380	47	3,813	4,040
2001년	14,585	15,557	691	14,760	106	4,559	4,818
2002년	15,151	16,324	586	15,127	611	3,702	4,083
2003년	16,408	17,770	496	16,789	487	4,186	4,459
2004년	13,770	15,208	329	13,969	910	2,587	2,616
2005년	4,633	5,115	89	4,640	384	804	823

자료: http://blog.naver.com/PostView.nhn?blogId=coolsalang80&logNo=80019663615(2012.3.31)

직장인 정모씨(25·여) 또한 "아버지가 술만 먹으면 잠은 자지 않고 어머니를 때리고, 말린다고 더 때리곤 했다"며 "이제는 스트레스가 너무 심해 차라리 아버지가 죽었으면 좋겠다"고 말했다. 여대생 유모씨(22)는 "초등생 때까지는 폭언에 그쳤던 아빠가 이제는 유리창을 깨고 냉장고와 전등을 부수며 폭행을 거듭해 가족들이 불안에 떨고 있다. 경찰을 부른 적도 있지만 소용이 없었다"고 호소했다. 이런 가정폭력에도 주부들은 좀처럼 이혼을 생각하지 않는다. 서울의 한 주부(30)는 "남편이 칼을 들고 죽이니 살리니 하며 폭행해 이혼을 열두 번도 생각했지만 초등 3·6년생인 아이들 때문에 참고 있다"고 밝혔다. 어머니의 가정폭력도 그냥 지나칠 수준은 아니다. 직장인 이모씨(21·여)는 "어머니가 술만 마시면 포악해져 어머니 폭행으로 머리가 찢어져 꿰맨 적도 있다"고 말했다. 충남의 한 여대생(21·휴학중)은 "가족에게 폭력을 휘두르던 아버지가 간경화로 돌아가신 뒤 어머니도 술에 손을 대 취하기만 하면 폭언과 폭력을

일삼아 5남매가 지쳤다"며 "자살하려고 부엌칼을 잡은 적도 있다"고 말했다.270)271)

4. 가정폭력에 대한 법적 처리

26년째, 아빠로부터 가정폭력을 당하고 있는 자녀입니다. 아빠의 정신병인 반사회주의와 알코올중독으로 인해 딸과 아들, 엄마가 모두 고통을 받고 있는데 정말 기가막힌 사실은 정말 잘못한게 없는 상황에서 모든 문제가 부부의 관계가 원인이 돼서 자식들에게 폭행과 폭언을 행사하고 있습니다.272) 엄마에게 폭행과 폭언을 몇십년간 행사하면서 엄마는 결국 심한 우울증으로 통원치료를 받고 계시고 남동생 또한 두 번째 똑같은 아빠의 폭행사유로 인해 정신병원에 입원해 있었다가 퇴원하여 통원치료중에 있습니다. 아빠는 이 모든 사실을 완전히 무시한 채 오직 엄마에게 집착된 정신병으로 엄마의 병 때문에 풀리지 않고 이혼하길 원하는 엄마에게 술을 기본적으로 5병은 마시고 협박과 폭력을 계속 일삼고 있습니다.

저는 딸이라서 저지시키는데 너무 큰 한계를 느끼고 있고 정신적 질병은 다행히 없지만 극도의 긴장감으로 인해 육체적인 질병을 갖고 있습니다. 어렸을 때는 너무 무섭고 겁이나 감히 경찰서에 신고할 엄두를 못내다가 성인이 되고 나서야 그것도 최근 들어 여전히 끊이지 않는 폭력으로 드디어 경찰에 신고를 했었고 오늘도 했습니다. 벌써 6차례 경찰이 왔었고 심하게 훼손된 물건들, 깨진 유리창, 100병의 술병들을 보고 한번은 정신병동으로 바로 이송을 시켰습니다. 친가의 완강한 반대로 하

---

270) 2005년 11월 20일 (일) 18:54, 경향신문〈김정섭 기자 lake@kyunghyang.com〉, [출처] 가정폭력, 너를 고발한다ㅣ작성자 미야
271) http://blog.naver.com/PostView.nhn?blogId=coolsalang80&logNo=80019663615(2012.3.31)
272) 비공개 | 2010-03-26 20:48 | 조회 2009 | 답변 , 엑스퍼트 hayansonamu 님께 한 1:1질문입니다.

루아침에 나와야했습니다. 그러다 두번째는 앙심을 품고 엄마와 동생에게 심한 발길질과 목을 조르고 머리를 끌어당기고 침을 뱉으며 심지어 칼을 들고 술이 만취된 상태에서 모두 죽인다고 위협을 하는 경우가 생겼고 심각한 것은 술이 취하지 않은 상태에서도 모두 죽인다고 다 집에서 나가라고 협박을 한다는 것입니다. 경찰들이 왔다간 자료하며 정신적 피해를 받고 치료받고 있는 동생과 엄마의 진단서를 끊어서 경찰에 접근금지신청을 내려야만 하는데, 허가되려면 시간이 걸린다고 하는데, 그것에 대해 자세히 알고 싶습니다. 또한 엄마가 드디어 이혼을 하려고 하시는데 정말 위협한 상황이므로 우선 그전에 접근금지 신청을 할 수 있을까요? 경찰에선 어머니가 신청하시면 될 것이라고 하는데, 그렇게 되면 집의 소유주가 엄마와 아빠로 되어있는데 그만좀 자기집에서 나가라고, 안나가면 다 죽여버린다는 협박에서 벗어나고 싶습니다. 온몸이 진동처럼 덜덜덜 떨리고 가정 모두가 한 가장의 악행으로 모두 고통을 받고 있는데 정말 살아있는게 기적입니다.273) 제가 아주 많이 바빠져서 앞으로 답변을 아주 가끔밖에 못달 것 같습니다. 참으로 고통을 많이 받으셨겠습니다. 글을 읽는 제가 마음이 정말 아프네요. 어려운 상황이지민 일단 용기 잃지 마시고 님의 아버지가 한 행동에 대한 증거를 다 수집해서 정식으로 검찰에 고발을 하세요. 그리고 위에 답변다신 분의 말씀대로 절차를 잘 모르시면 가정폭력상담소에 전화하셔서 도움을 요청하세요. 님의 이야기를 들어본 바로는 이 정도면 접근금지 신청이 바로 받아들여져서 조치가 내려질 것 같습니다. 그리고 참고로 우울증 알코올중독을 비롯해 정신질환을 앓고 있는 사람들 중에 심한 분노에 시달리고 감정적 컨트롤이 전혀 되지 않는 경우가 많습니다. 제가 보기에는 님의 아버지는 법원에서 정신병원에서 보호감호조치에 취한다는 판결이 나올 가능성이 높다고 봅니다. 아무리 혈육이라고 해도 이렇게 가족들의 인생

---

273) El Lorado | 답변 0 | 채택률 0%, 활동분야 : 정치인 | 정치,외교

을 심하게 짓밟는다면 반드시 신속한 조치를 취해서 가족들이 고통을 받지 않는 쪽으로 가야 합니다. 힘내시고 부디 잘 해결되시기를 바랍니다.274) 증거들을 전부 모아서 접근금지 가처분부터 신청하시고 바로 재판이혼을 청구하기 바랍니다. 경찰들도 권할 정도면 접근금지 가처분은 바로 받아들여질 것입니다. 절차 등을 모르면 가정폭력상담소에 전화해서 도움을 받기 바랍니다. 폭력, 폭언을 일삼는 아버지들은 혼자 격리되어 있으면서 많이 반성해야 합니다. 말로 해서는 해결이 되지 않습니다. 참고 바랍니다.275) 가족들은 아버지를 경찰에 신고하거나 고소할 수 있습니다. 경찰은 신고받는 즉시 응급초치를 취할 수 있습니다.

경찰의 응급조치에도 불구하고 가정폭력이 다시 발생할 우려가 있다면 검사가 가정법원에 임시조치를 청구할 수 있습니다. 검사는 사건을 가정보호사건으로 처리하여 가정법원 등 관련법원에 송치할 수 있고 법원은 이에 따라 적절한 보호처분을 내리게 됩니다. 결국 아버지는 법원의 보호처분을 받게 될 것입니다.276)

5. 가정폭력과 자녀폭력을 없애주세요

16살 여자아이입니다. 고심끝에 글을 쓰게 되었습니다.277) 저는 어렸을 때부터 많은 체벌을 받았었습니다. 어렸을 때는 체벌이라는 선에서의 폭력이였습니다. 제가 엄마 아빠한테 좀 싸가지없게 말하는데 그 이유가 엄마 아빠와 다른 가족들의 차별 때문이었습니다. 남동생 한명이 있는데 그 동생이 삼대독자라고 해야되나요. 아무튼 그렇게 남동생이 잘못을 해

---

274) 2010-03-28 07:57, 친정 오라버니, 전문분야 : 가정문제 (1위) | 법,법률상담 (4위) | 답변 26328 | 채택률 65.8%
275) 2010-03-27 07:25, hayansonamu, 전문분야 : 가정문제 (5위) | 답변 6089 | 채택률 54.9%
276) http://k.daum.net/qna/view.html?category_id=QPF&qid=44ql1&q=%B0%A1%C1%A4%C6%F8%B7%C2(2012.3.31)
277) 판다님♡ | 2009-09-26 10:57 | 조회 1235 | 답변 6

도 내가 혼나고 뭐 할 때마다 '동생, 동생, 동생' 다들 이러셔서 짜증이 항상 났죠. 그래서 언제부턴가는 제가 약간 싸가지없게 굴었나봐요. 진짜 초등학교 5학년 때부터 정말 아파서 잠을 못잘 정도로 때리고 피멍이 들어서 피가 터지고(?) 진짜 팔뚝이 2배가 되고 걷지도 못할 정도로 맞고 머리는 진짜 기절할 것만 같이 맞았습니다. 다른데는 그래도 참을만한데 진짜 머리 너무 심하게 많이 때립니다. 효자손, 우산, 리모콘, 커튼봉 등 손에 잡히는대로 머리에 때립니다. 머리에 혹이 미친듯이 나고 머리 형태까지 바뀐 것 같습니다. 맞으면서 진짜 기절하는 것 아닌가 하는 순간도 있고 가정에서는 아빠가 하는 짓에 대해서는 말리는 척하다가 고소하다는듯이 행동합니다. 가정에서 저를 챙겨줄 사람도 위로해 주는 사람도 없고요. 경찰에 신고해야 되는 것 아닌가하는 순간도 있고, 아 죽을까 하는 때도 있고 아빠말로는 고등학교 안보내신답니다.

   제가 커서 뭐 될까봐 무섭대요. 공부도 하지 말래요. 아빠가 지금 책 던져놓은 것 만지면 죽여버린대요. 공부하지 말래요. 어떻하죠. 진짜 이거 경찰에 신고할 일인가요? 제가 어떻게 해야되는걸까요? 전문가분들에게서 답변을 얻고 싶습니다. 도와주세요. 정말 위험한겁니다. 잡히는대로 때리는 것이라면 아무리 부모라도 법원을 통해서 접근금지를 요청할 필요도 있겠군요. 그리고 그런 사람은 아버지의 자격 자체가 미달입니다.

   경찰서에 신고하셔야 하는 것 또한 의무라고 봅니다.[278] 자식의 모든 잘못된 점은 부모에게서 시작이 됩니다. 현재의 부모님이 잘못된 교육을 하고 있으며 님에게 영향을 미치게 되어 그 자식의 자식이 되는, 님에겐 소중한 아이에게까지 폭력적인 영향이 끼치게 될 정도로 심각한 상황으로 비춰집니다. 더구나 불만적인 습관이나 폭력은 유전이 되기 쉽습니다.[279]

---

278) 솔로군단님 2009.09.26
279) ♡ Baby Angel ♡ | 답변 394 | 채택률 78.4%, 활동분야 : 리니지 (22위) | 사랑,

님께선 아무리 부모를 설득하려 한다고 해도 변할 수 없을 정도로 부모님께서 잘못된 길을 걷고 계신듯하네요. 자식을 때리는 것도 법으로 심판을 받고 있는데 부모님께서는 자식의 잘못된 점만을 생각하여 학대를 하는듯 하네요. 자신들의 잘못은 생각지 못하는듯 합니다. 자식이 아무리 잘못을 한다고 해도 이성적으로 판단하여 올바른 길로 인도하지는 못할망정 폭력으로 해결하려 한다면 부모로서의 자격이 없다고 생각합니다. 나라에서 운영하는 1388로 문의하여 보금자리를 가정이 아닌 곳으로 대피하여 생활하시는 것이 좋을듯 싶습니다. 제일 중요한 것은 님께서도 가정교육을 제대로 받지 못하여서 현재 자신이 일반적인 학생들과 달리 모든 것은 불만적으로 보게 되어 행복한 시각에서 볼 것들도 불만적이게 보게되고, 남들의 시각엔 행복하게 볼 수 있는 것들을 불행하게 보게되는게 많습니다. 그래서 부모님과의 불화가 하루가 멀다하고 계속 늘어나고 있을텐데요. 우선 님께서도 변할 것이 많습니다. 긍정적인 시각에서 세상을 봐야하는 것이죠. 그래야만 본인의 미래가 행복해질 수 있습니다. 성인이 되고나서는 자신이 어떻게 본인의 자아를 형성해 나가야할지를 생각하며 만들어야 합니다. 님의 가정은 님께서 성인으로 가는데에 불안한 요소들을 많이 가지고 있으면서도 가정학대에 노출까지 되어있으니 성인이 되기까지 국가의 전문기관에서 생활하여 보다 건전하고 안정적인 환경에서 본인의 자아를 발전시켜나갔으면 좋겠네요. 부모님의 문제도 문제이지만, 님 본인이 건전한 생각을 하면서 생활해야 됩니다. 아픈 과거는 잊도록 노력을 하시고 다른 인생을 산다는 각오로 희망을 가지고 사세요. 힘드시겠지만 참을성이나 책임감, 행복해질 수 있는 방법을 배울 나이에 그에 반하는 것들을 배우고 있다니 아직도 우리나라의 가정법과 폭력에 대하여 너무 관대한 것이 느껴지고, 님보다 조금 더 어른인 저로써 이런 세상을 살아가고, 후손에게 물려준다는 것이

연애, 본인소개 : _____ ★ 상훈 ♡ 준희 ♡ 희숙 ★_____...

죄송할 따름입니다.[280]

　16살이라고 했나요? 그럼 중3 한참 이쁠 나이이네요. 힘내세요. 네이버같은 데 청소년보호센터같은 데 전화해서 상담받아 보세요.[281] 님, 너무 속상하겠어요. 가족내에서 님의 편이 없는가봅니다. 아마 삼대독자라고 하니, 좀 과잉보호를 해서 키운 것 같긴 합니다. 하지만 님, 가정에서는 큰아이에게 바라는 행동이 있습니다. 우리가 일반적으로 생각할 때 큰언니, 큰오빠의 경우 동생들을 잘 돌봐줄 것 같은 그런 기대가 있잖아요. 님도 오빠나 언니가 있었으면 좋겠지요? 님이 오빠나 언니에게 바라는 기대가 님만 가지고 있는 것이 아니라 님의 동생도 부모님도 가지고 있답니다. 그래서 같이 잘못을 하더라도 대부분 큰아이가 혼나는 것이지요. 동생은 나이도 어리잖아요. 하지만 부모님이 조금 엄하신 부분이 있네요. 그렇게 심하게 때린다면 분명히 문제가 있는 것입니다. 아마 그동안의 갈등이 깊어져서 그런 것 같아요. 님도 많이 실망스럽고, 부모님도 그렇고, 동생은 철없이 굴고, 16세라면 중3이고 신체적으로도 어엿한 숙녀인데 그렇게 대하면 저라도 님처럼 고민할 것 같습니다.

　우선 님이 할 수 있는 일은 집에서 님의 태도를 바꾸는 것이예요. 말하자면 그동안의 까불고 그랬던 행동에서 예의바른 행동을 하는 것, 뭐 그런 것이지요. 동생에게 무조건 양보하는 것, 하지만 쉽지는 않겠지요? 인근의 청소년지원센터에서 상담을 받아보길 바랍니다.

　님만 행동의 변화가 필요한 것이 아니라 부모님도 행동의 변화가 필요할 것 같아요. 가족인데 어느 한 사람만 노력한다고 되는 것이 아닙니다. 어려움이 있다면 가족이 같이 노력해야지요. 청소년지원센터에서 상담을 받는다면 필요에 따라 부모님도 만나서 이야기를 한답니다. 그러니 상담을 받아보는 것이 좋을 것 같아요. 참 그리고 님이 집에서 전처럼 많이 맞거나하는 경우 아동보호전문기관이라는 곳이 있습니다. 아마 이

---

280) 2009-09-26 11:50, 일하는사람
281) 2009-09-26 11:31, 원주시청소년센터, 활동분야 : 고민상담

기관도 각 지역별로 있을꺼예요. 그곳에 도움을 요청하면 도움을 받을 수 있습니다. 사회복지사 선생님이 가정방문하여 님을 대신하여 이야기 해줄꺼예요. 님의 어려움을 잘 알 것 같아요. 저도 엄하게 자라온 사람 중의 한 명이거든요. 그런 어려움 가운데 자신이 어떻게 행동을 해야 하는지, 어떻게 하면 조금 더 나아질 수 있는지를 제3자의 입장에서 곰곰히 생각해보길 바랍니다. 힘내시고요. 부모님도 님을 미워해서 그런 행동을 하시지는 않을꺼예요. 다만 부모님도 사람이다보니 힘들 때도 있는 것이고 짜증날 때도 있습니다. 그점을 감안하시길 바래요. 힘내세요~[282)

힘내세요. 삼대독자, 되게 속상하시겠네요. 저는 14살이니깐 일단 언니라고 부를게요. 언니, 언니를 16년동안 키워주신 아빠 엄마여도 이렇게 심하게 폭력을 하면 신고해야 되는거 아니예요? 이때까지 키워주셨다지만 공부하지 말라고요? 그리고 사춘기 때는 원래 다 싸가지없게 말하는게 좀만 건드려도 틱틱대는게 정상 아닌가요? 진짜 신고하셔야 될 것 같아요.

가정폭력이 너무 심하잖아요. 저도 14살이어서 약간 싸가지 없게 대하고 틱틱대고 동생이 해달라는거 안해주면 엄마 아빠한테 혼나고 나중에 되서는 미안하다고 그러고 병주고 약주고인가요. 공부하지 말라고 했죠.

공부하세요. 지금 언니네 부모님은 공부하지 말아서 언니 커서 고생이나 하라는 뜻이잖아요. 공부하세요. 공부하고 성적이 잘 나오면 부모님이 언니를 이뻐할 것 아녜요? 그럼 더 이상 때리고 그런 일은 없겠죠. 언니 힘내세요.[283)

부모는 자기들이 자식을 100% 완벽하게 키웠다고 생각합니다. 자기들을 병신처럼 키워서 잘못된 길로 가도 다 자식탓, 자식이 싸가지 없어서 그렇게 된거라고 합니다. 자기는 잘 키웠는데 자식이 잘못된거라고, 우

---

282) 2009-09-26 12:41 | 출처 : 메일상담 : wj1318@hanmail.net, 온니뱅(dueh*******)
283) 2009-09-26 16:01, 아이스크림(pig***)

리 아이가 달라졌어요를 보면 알지요. 애가 이상하게 자라는건 다 아이탓이라고 생각하고, 부모가 이상하게 키우고 가정교육도 이상하게 해서 아이가 그렇게 된거라고 인정도 못하고 그쪽도 불쌍하네요. 좋은 부모 만났으면 댁도 그렇게 안되었을텐데요.284) 저도 같은 처지입니다. 힘을 내라고 조금의 제 경험을 말하겠습니다. 누군가도 나와같은 고통을 느끼고 있다면 그걸로도 충분히 위로가 될테니까요. 저희 아버지는 의처증환자에 알콜중독, 이 사람이 왜 나의 아버지인가 어렸을 때나 지금이나 풀리지 않는 의문, 저는 중학교 때 눈에 실핏줄이 터져서 안과에 가서 검사받고 다음날 바로 학교갔습니다. 아이들의 물음에 그냥 동생이랑 싸우다가 이렇게됐다며 대답을 회피하곤 했죠.

올해 수능을 보기전까지 굉장히 어려웠고 수능만 끝나면 신고해 버려야지 하고 다짐했습니다. 한달에 한번은 계속되는 이 지긋지긋한 상황에 저의 머리는 꿈으로 미리 알려줍니다.

꿈에 나타나서 때릴 시기가 되면 꿈에서 벌써 맞고 있습니다. 울며 소리치며 일어난 적이 한두번이 아닙니다. 그래서 상담을 받았는데 좋더라구요. 국가에서 절 지켜주는 느낌을 받았어요. 한번 상담을 해보시고 고민해보세요.285)286)

6. 안양시, 여성친화도시사업 본격 추진

안양시는 여성과 아동이 안전한 여성친화도시 조성의 일환으로 가정폭력, 성폭력, 성매매 예방교육을 확대 실시한다고 밝혔다.287) 가정폭력, 성폭력, 성매매 예방교육은 2008년부터 실시한 사업으로 올해 안양여성의전화 등 5개기관과 예방교육 위탁운영 협약을 체결하여 보다 적극적

---

284) 2009-10-30 17:10, 아지(mc***)
285) 2009-12-17 22:13
286) http://k.daum.net/qna/view.html?qid=3vUx6(2012.3.31)
287) 내일신문 원문 기사전송 2012-03-29 15:22

이고 체계적인 교육을 실시한다. 교육대상은 관내 2개 초등학교 학생, 수리, 관악장애인복지관 이용자, 보육교사, 군인 등으로 작년보다 2배 이상 많은 약 6500여명이다.

초등학생 및 지역 아동센터 이용 아동에 대해서는 아동의 눈높이에 맞는 체험, 실습 위주의 교육을 통해 실제 겪을 수 있는 위험에 대한 대처능력을 키울 수 있도록 하고 지적장애인을 대상으로 반복, 심화교육을 통한 위험상황에서 스스로를 보호할 수 있는 방법을 교육한다.[288)289)]

7. "드라마나 학교서 있었던 일, 시시콜콜한 것도 얘기해라"

고교교사 출신인 이만기 유웨이중앙교육 평가이사와 이석록 한국외대 입학사정관실장, 두 사람의 이야기는 최근 이슈인 학교폭력으로 자연스럽게 옮아갔다.[290)] EBS(교육방송)강의로 수험생을 휘어잡던 '열혈강사'였던 두 사람은 학교폭력에 맞서는 등 학생생활지도에도 열심이었던 '열혈교사'였다. 때문에 모두 "제자들에게 매를 댔다"고 했다. 이 이사는 "공부시킨다고 때리고 욕하고… 반성한다"며 "공부를 못했던 애들에게 소홀히 하고, 아이들을 편애하기도 했다. 교사시절의 나는 철부지였다"고 회고했다. 그는 교사시절 한 제자와 얽힌 이야기도 들려줬다. "내 수업시간에 껌을 씹더군요. 화가 나서 세게 매를 들었죠. 결국 그 아이는 학교를 자퇴했어요. 얼마 있다 흐트러진 모습으로 거리를 헤매는 그 아이를 먼 발치에서 봤어요. 나중에 알고 보니 유흥가로 흘러들어 갔다고 하더군요. 감싸주지 못해서였나 싶어 가슴이 '쿵' 하고 내려앉았죠." 이 실장도 "학교를 그만 둔 2004년까지 매를 들었지만 원칙이 있었다"며 "'너의 잘못을 확실히 인정하는 댓가로 벌을 받아야 한다'며 아이들을 때렸다"고 했다. 이어 "아이들을 좀 더 이해하려는 노력을 했었어야 했는데, 그

---

288) The Naeil News, (주)내일신문
289) http://news.nate.com/view/20120328n37681(2012.3.31)
290) 헤럴드경제 원문 기사전송 2012-03-29 11:50

러지 못하고 학교를 나왔다"며 "아직도 그 부분이 아이들에게 미안하다"고 덧붙였다. 두 사람이 생각했던 학교폭력의 해법은 '소통'과 '가정교육'이었다. 이 이사는 "나랑 이 실장님, 둘 다 집에서 자녀와 대화가 많은 편"이라며 "'해를 품은 달'같은 드라마부터 학교에서 있었던 모든 일들까지, 시시콜콜한 이야기를 다한다"고 전했다. 지난해 사법부를 뒤흔들었던 영화 '부러진 화살'도 딸과 같이 봤다고 했다. "딸이 그러더군요. '아빠도 저 사람이 나쁘다고 생각해? 화살을 들고 간건 너무한 거 아냐'라고요. 그리고 한참 영화와 사법제도에 관해 이야기를 나눴어요."

그는 '아빠, 내일 화이트데이인 것 알지?ㅋㅋ'라고 적힌 딸의 문자메시지를 보여줬다. 이 실장도 "학생도, 교사도, 학부모도 서로 노력해야 한다"며 "무엇보다 소통이 중요하다"고 강조했다.291)292)

8. 의정부경찰서 '감성치안' 그들을 만나면 아~한다

최근 경찰의 치안서비스가 대폭 강화되고 있다.293) 의정부경찰서는 감성치안을 목표로 내걸었다. 주민과 소통하고 공감하는 경찰행정으로 조금 더 가까운 곳에서 시민을 위해 봉사하겠다는 뜻이다. 이런 목표에 맞게 그동안의 감성치안 사례를 살펴봤다. 몸을 던져 자살기도자를 구해 소중한 생명을 지켜내기도 했고 외국으로 입양돼 40년만에 한국을 찾은 여성의 옛집을 사진 하나로 찾아주며 감동을 전하기도 했다.

1) 민원인을 위한 감동치안

의정부경찰서가 민원인들을 최우선으로 하는 감동치안을 위해 팔을 걷었다. 의정부서는 주민과 공감하는 업무추진을 위해 한번 더 운동을 전개하고 있다. 이 운동은 한번 더 경청하고, 한번 더 설명하는 의정부서 직원들의 행동지침으로 민원인들이 만족하는 치안행정의 바탕이 되

---

291) 신상윤 기자/ken@heraldm.com, 헤럴드경제 & heraldbiz.com
292) http://news.nate.com/view/20120329n12535(2012.3.31)
293) 데스크승인 2012.03.29

고 있다. 유재철 서장은 안정적 치안유지와 주민과 함께하는 경찰을 위해 부서장 책임제, 나 최고 프로젝트 등 주요 추진업무를 구상해 진행 중이다. 이를 위해 우선 민원실의 한쪽 공간을 민원인 쉼터로 리모델링해 업무처리시 민원인들이 편안하게 대기할 수 있도록 탈바꿈시켰다. 민원인 쉼터에는 의자와 TV, 커피, 음료수 자판기 등을 설치, 경찰서를 찾는 주민들에게 각종 편의를 제공한다. 이 때문에 그동안 현관이나 건물 주변에서 민원인들이 대기하는 불편도 해소됐다. 민원실을 찾은 최정원(32)씨는 경찰이 주민을 배려해주는 마음을 느낄 수 있었다며 친절한 직원분들에게 감사하다고 말했다. 유 서장은 "불안한 마음으로 경찰을 찾는 주민들이 불안한 마음으로 집으로 귀가해서는 안된다며 최대한의 세심한 배려로 주민들을 감동시키는 치안행정을 펼쳐나가겠다"고 말했다.

2) 의정부서 가능지구대 우창혁 경장

의정부경찰서 가능지구대에 근무하는 우창혁 경장이 스위스에서 찾아온 중년 여성에게 큰 추억을 되찾아줘 화제가 되고 있다. 최근 한 40대 중반의 여성이 가능지구대를 찾아왔다.

이 여성은 자신의 40여년전 낡은 사진속 옛 집을 찾아주길 희망했다. 이 여성은 어린 시절 스위스로 입양돼 40년만에 가족과 함께 어렵게 한국을 찾았으나 뜻밖에 부모님의 사망소식을 접하게 됐다. 유년시절을 보낸 집이라도 찾아가 지나간 추억이라도 되새기고 싶다며 낡은 사진 1장을 내보이며 서툰 한국말로 설명했다. 우 경장은 40년동안 변화된 의정부를 구분하는 것이 쉽지 않았음에도 불구하고 사진상의 배경과 비슷한 장소를 찾아나서 2시간여를 헤매던 끝에 사진속 집을 찾았다. 스위스 중년여성은 "한국 경찰관의 적극적이고 친절한 응대에 너무나 큰 감동을 받았고 가족들에게 한국인으로서의 자부심을 느끼게 한 소중한 순간이였다"며 "비록 부모님은 못뵙지만 추억만은 다시 되새길 수 있게 해줘서 너무 감사하다"고 칭찬을 아끼지 않았다.

3) 의정부서 신곡지구대 이치운 경장과 김병순 순경

지난 16일 오전 7시30분께 장암동 소재 한 아파트 17층에서 갑작스런 자살을 기도하는 사건이 발생했다. 베란다에서 몸을 던지려던 남성은 출동한 경찰에 의해 생명을 지켰다. 남성을 구한 주인공은 신곡지구대 이치운 경장과 김병순 순경이다. 위험을 감수하고 극적으로 구조했다. 당시 가정폭력으로 신고를 받고 현장에 출동해 남편과 처를 상대로 조사를 하던 중 처가 이혼하자는 말에 격분, 남편이 갑자기 베란다로 달려가 몸을 던졌다. 순간 김병순 순경이 몸을 던져 남편의 다리를 잡았고 이를 본 이치운 경장 역시 달려가 베란다밖에 걸린 남편을 끌어 올렸다. 마치 영화에서 볼 수 있는 장면이다. 재빠른 대응이 없었더라면 큰 사고로 이어질 수 있었지만 두 경관은 몸을 아끼지 않고 주민을 구해야 된다는 마음가짐 때문에 한 생명이 지켜졌다.

4) 실종수사팀, 반드시 찾겠습니다!

의정부경찰서 실종수사팀은 지난해 관내에서 발생한 실종신고의 95%에 달하는 835건을 해결하는 성과를 올렸다. 불과 5명의 수사관이 인구 44만명이 넘는 의정부시에서 하루 평균 2.5건의 사건을 해결하고 있는 것이다. 수사관들은 '가족이 없어졌다'며 애태우는 가족들의 품에 실종자를 찾아 줄 수 있어 피로가 모두 풀린다고 말했다. 실종사연은 자살암시 문자메시지를 보내고 사라지는 경우부터 멀쩡한 집을 두고 전철역에서 노숙생활을 하는 아빠를 찾아달라는 신고에 이르기까지 각양각색이다.

사소한 말다툼으로 인해 자살을 암시하는 문자메시지를 연인에게 보낸 뒤 외딴 공중전화박스안에서 술에 취해 쓰러진 채 발견된 남자처럼 때로는 드라마같은 사건해결도 있다. 지난달 27일에는 한 소녀가 휴대전화를 끈 채 집에 들어가지 않아 가족들이 밤새 걱정하며 온 시내를 돌아다닌 일이 있었다. 평소 성실한 품행의 A(13)양이 늦은 밤까지 귀가하지 않자 부모는 실종팀에 도움을 청했고 탐문, 프로파일링 검색, IP추적 등을 통해 A양은 12시간만에 부모의 품으로 무사히 돌아갔다. A양의 부모는 "부모의 마음과 달리 대수롭지 않게 생각할 수도 있는 사건인데 밤새도록 딸을 찾기 위해 도와줘서 진심으로 감사하다"고 말했다. 한편 실종팀은 관내에서 가출빈도가 높은 치매환자, 지적장애환자 등 14명에 대해 보건소와 연계해 방문 및 면담으로 가출예방에 힘쏟고 있다.

김기완 팀장은 "실종사건으로 인해 어려움에 처한 시민에게 도움의 손길을 건넬 수 있어 팀원들도 큰 보람을 갖고 일에 매진한다"고 밝혔다.[294)295)]

9. 끊이지 않는 가정학대 아이들 운다

작년 피해 전년보다 13건 늘어 298건. 방임, 중복학대, 정서학대 순[296)] 강원도내 아동학대 피해가 끊이지 않고 있어 피해 근절을 위한 대책마련이 시급하다. 특히 대부분의 아동학대 가해자들은 아동학대를 범죄가 아닌 단순 개인의 가정문제로 인식하고 있어 문제의 심각성을 더하고 있다. 어머니와 함께 생활하던 A군은 지난해 아동보호전문기관의 도움을 받아 현재 위탁부모에게 분리보호를 받고 있다. 물리적 방임과 욕설 등의 정서적 학대가 계속되면서 정상적인 생활이 불가능했기 때문이다.

A군은 특히 과거 자신의 동생이 아버지로부터 신체학대를 받다 사망하는 사건을 목격한 뒤 심리적 불안증까지 호소, 현재 보호기관의 도움 속에 심리치료와 정신과 치료 등을 병행하고 있다. B군 역시 술만 마시면 폭행을 저지르던 아버지로부터 신체학대를 받아오다 최근 전문기관의 도움을 받아 보호를 받고 있다. B군 어머니는 남편의 상습폭행을 더 이상 두고 보기 힘들어 보호기관에 도움을 요청, 부모 설득 등을 통해 B군은 보호시설에 입소한 상태다. 28일 강원도아동보호전문기관에 따르

---

294) 김성훈 기자/dasom@joongboo.com, 송주현 기자/atia@
295) http://www.joongboo.com/news/articleView.html?idxno=781545(2012.3.31)
296) 정성원, 승인 2012.03.29

면 지난 한 해 동안 집계된 아동학대 피해사례는 모두 298건으로 전년(2010년) 285건에 비해 4.7%(13건) 증가했다. 지난 한해 도내에서 발생한 아동학대 피해사례를 살펴보면 방임이 1999건(33.4%)으로 가장 많았고, 중복학대 91건(30.4%), 정서학대 52건(17.5%), 신체학대 47건(15.8%), 성학대 8건(2.7%), 유기 1건(0.3%)의 순으로 나타났다. 최근에는 아동학대 피해사례 중 신체학대 피해가 급증하고 있어 아동학대의 문제가 강조되고 있다. 지난 2010년 26건에 불과하던 신체학대 피해 사례의 경우 지난해 47건으로 80.8%(21건) 증가한 것으로 집계됐다. 특히 신체학대 피해를 받은 아동들의 경우 상습적 폭력으로 인한 공격적 성향으로 타인에게 2차 피해를 가할 우려가 높기 때문에 이를 사전에 예방할 대책마련의 필요성이 강조되고 있다. 이와 관련, 일각에서는 가해자들이 아동학대를 범죄로 인식할 수 있도록 처벌 수위를 강화하는 것은 물론 학대피해를 입은 아동들이 체계적 진료를 받아 사회에 적응할 수 있도록 전문 치료시설을 확대, 운영해야 한다는 목소리가 높아지고 있다.

도 아동보호전문기관 관계자는 "최근 경제적 빈곤과 가족해체 등으로 학대에 노출되는 아이들이 증가하고 있는 것으로 보인다"며 "피해아동에 대한 보호도 중요하지만 부모에 대한 적절한 교육이 선행돼야 아동학대를 근절할 수 있는 만큼 가해 부모에 대한 치료 및 상담 등의 프로그램도 병행해 운영해 나갈 계획"이라고 말했다.[297)298)]

10. 청소년 금연·금주 나선 김영주 대성그룹 부회장 자매

"예쁘고 잘생긴 연예인들이 나오는 술 광고가 넘쳐나고, 동네 가게에서 쉽게 '쿨', '슬림'같은 멋진 이름의 담배를 살 수 있는데도 정부규제는 미약하죠. TV나 영화속에서도 음주 흡연 장면을 멋지게만 묘사하니 아이들이 따라 해보고 싶어질 수 밖에요. 우리 아이들 몸과 마음이 술

---

297) 정성원, 강원도민일보
298) http://www.kado.net/news/articleView.html?idxno=560874(2012.3.31)

담배에 길들여지기 전에 그 해악을 정확히 알려줘야 합니다."299) 대한기독교여자절제회 김영주(64·대성그룹 부회장) 회장과 김정주(63·연세대 특임교수) 부회장 자매는 "가정폭력, 학교폭력, 음주운전, 살인, 자살, 성윤리 문란 등 우리 사회의 많은 문제들이 술과 담배에 연관돼 있다. 아이들에게는 어른들이 자초해온 이런 비극을 물려줘선 안된다"고 말했다.

절제회는 온라인 교사 직무연수 프로그램 '청소년 금주 금연교육 가이드'를 기획해 이달초부터 한국교총 원격교육연수원(www.education.or.kr)을 통해 제공하고 있다. 박경일 이화여대 간호대 교수 등 보건전문가들이 직접 참여해 30회 분량으로 제작한 전문 컨텐츠다. 한국은 청소년의 51.9%가 음주를 경험하고 흡연율도 9.6%에 달하는 '청소년 음주·흡연 취약국가'이다. 그런데도 '최근 1년간 학교에서 음주예방교육을 전혀 받지 못했다'는 학생이 10명 중 7명 꼴일 정도로 예방교육에는 무관심하다(보건복지부 2010년 조사). 김영주 회장은 "교사 한명이 음주와 흡연의 심각성을 제대로 이해하고 가르치면 아이들 수백명의 인생이 달라질 수 있다"고 했다. "어쩌다 한 번 '술 담배 하지 마라'고 '설교'하는 방식으로는 청소년들의 중독을 막을 수 없어요. 교사들이 기본적 생활지도 뿐 아니라 국어나 사회과목 토론시간 등에도 활용할 수 있도록 자료를 제공하는 데 중점을 뒀습니다." '금주·금연교육 가이드'는 음주와 흡연의 해악에 관한 과학적 증거를 다양한 그림·사진·동영상 자료를 통해 제시한다.

"알코올은 '뇌의 CEO'인 전두엽을 직접 공격해 파괴한다"며 MRI 촬영사진으로 확인할 수 있게 하고, 엄마들이 아기를 가졌을 때 술을 마셔 생긴 태아알코올증후군(FAS) 때문에 기형·장애로 고통받는 아기들의 사진을 가감없이 보여주는 식이다. 대한기독교여자절제회는 1883년 미국에서 시작된 세계기독교여자절제회 산하 NGO로서 한국에서는 1923년부터 물산장려운동과 금주금연운동 등을 벌여왔다. 미국과 뉴질랜드 등

---

299) 조선일보 원문 기사전송 2012-03-27 17:18 최종수정 2012-03-27 17:19

에서는 여성참정권 운동에 선구적인 역할을 했던 현대 여성운동의 효시격인 단체이다. 절제회는 이번에 제작한 금연금주 콘텐츠를 세계 35개국의 절제회 지부들에 보급하기 위해 영문번역 작업도 거의 마쳤다.

"아직도 예닐곱살 아이들이 글자를 깨치기전에 담배부터 피우는 나라들이 많습니다. 기독교 선교사들이 세운 학교와 교회들에도 DVD 형태로 이 컨텐츠를 공급할 계획입니다. 한국에서 들어올린 금연금주 운동의 횃불이 어두운 세상을 밝히는 힘이 될 겁니다."300)301)

11. 종교폭력과 가정폭력 예방법

힘없는 어린 영혼 아이들의 핍박 탄압 예방법 보호법, 영혼 원형 복원, 사람 영혼을 깨워 살리는 새소식302) 종교 초월, 당파 계파 초월, 그룹 재단 집단 교파 파벌 초월, 사람 영혼을 사랑으로 돌보며 섬기는 진실한 종교인 목사인가 아니면 목사로 종교인으로 위장 변장한 폭력배 불량배 조폭인가? 목사라면 예배당 목사인가, 신천지 목사인가, 통일교 목사인가, JMS 목사인가, 영생교 목사인가, 또 다른 신종 신흥 종교 신당 목사, 또 다른 종교 집단 교파 피벌에 소속된 나른 목사인가?

정식 목사가 아닌 것으로 확인되어 목사님이 아닌데, 왜 '목사'라고 보도하는가. 이것 역시 모를 일이다. 사실확인없는 받아쓰기, 베껴쓰기는 보도 악영향인가? 목사님이 아니라, 종교폭력 가정폭력 폭력배 범죄악당인데, 왜 여러 다양한 언론 미디어당에 소속된 분들은 '목사'라 기록하고 말하는가 모를 일이다.303)304)

---

300) 이태훈 기자 libra@chosun.com
301) http://news.nate.com/view/20120327n25112(2012.3.31)
302) 힘없는 어린 영혼 아이들 핍박 탄압 예방법 보호법, 영혼 원형 복원, 사람 영혼을 깨워 살리는 새소식~ 2012/02/12 21:07 ▲ 행복생산
303) 엮인글 : 댓글 추천 : 스크랩 : 인쇄 엮인글 주소 ::
http://blog.ohmynews.com/hyoung/rmfdurrl/175680
304) http://blog.ohmynews.com/hyoung/175680(2012.4.8)

> 감기 앓다 숨진 보성 3남매 폭행 사실 드러나
>
> 전남 보성의 한 교회에서 숨진 채 발견된 3남매가 숨지기 전 부모에게 폭행을 당했던 것으로 드러났습니다.
>
> 전남 보성 경찰서는 종교인인 박씨 부부가 지난 1일 잡귀를 떨쳐낼 목적으로 히라띠와 파리채 등으로 감기를 앓던 3남매를 때렸다는 진술을 확보하고, 이들에 대해 살해 치사 혐의로 구속영장을 신청할 계획입니다.
>
> 경찰은 또, 3남매가 숨지기 전 장기간 영양결핍 상태였던 것을 확인하고 정확한 사인을 밝히기 위해 오늘 오후 국과수에 의뢰해 부검을 했습니다.
>
> 경찰 조사 결과 박씨는 신학대학을 나오지 않는 등 정식 목사가 아닌 것으로 확인됐으며...

자료: http://blog.ohmynews.com/hyoung/175680(2012.4.8)

12. 10세 이상 남아 동반 가정폭력피해자 보호시설 확대

여성가족부는 10세 이상 남아를 동반한 가정폭력피해자가 입소할 수 있는 가족보호시설을 전국 5개 지역에 추가 지정했다고 3일 밝혔다. 여성가족부는 지난해 8개소를 지정한데 이어 올해 수도권과 충청권, 호남권에 5개소를 추가 설치하는 등 앞으로도 가족보호시설을 전국적으로 확충할 예정이다.305) 보호시설 입소자들이 대부분 여성이어서 그동안 10세 이상 남아를 동반한 가정폭력피해자는 동반 남아와 함께 보호시설에서 생활하는 것이 어려웠다.

그렇기 때문에 일부 남자 아이는 어머니와 떨어져 청소년 쉼터 등에

---

305) [뉴시스] 2012년 04월 03일(화) 오전 11:26, 【서울=뉴시스】정옥주 기자

서 지내야만 했다.

　가족보호시설은 일반 보호시설과 달리 피해자들에게 가족단위로 분리된 주거공간(목욕실·화장실 등)을 제공하고, 쾌적한 주거시설이 되도록 1인당 $9.9m^2$ 이상을 시설 설치기준으로 권장하고 있다. 10세 이상 남아를 동반한 가정폭력피해자에게 우선순위를 부여하고 있다.

　사업지원 예산은 개소당 신축 또는 리모델링 설치비 3억원(지방비 50% 포함)을 지원한다. 지원조건으로 가족보호시설을 설치·운영코자 하는 사회복지법인 또는 비영리법인이 시설설치에 따른 시설부지를 확보해야 한다. 강월구 여성가족부 권익증진국장은 "가정폭력피해자 일반보호시설은 10세 이상 남아를 동반한 어머니들의 입소에 어려움이 있어 가족보호시설을 설치하게 됐다"며 "앞으로 전국의 일반보호시설을 점차 가족보호시설 수준으로 향상할 것"이라고 말했다.306)307)

13. 입양아 뇌사, 알고보니 양어머니 학대 때문

　갓난아기가 심하게 맞아 혼수상태에 빠졌는데 유력한 용의자가 이 아기를 입양한 양어머니입니다.308) 입양도 인터넷을 통해 불법으로 이뤄진 것이었습니다. 염규현 기자의 단독보도입니다.

　　◀ V C R ▶
　이마 한 가운데 생긴 검붉은 반점, 시커먼 허벅지, 모두 생후 3개월된 김 모양의 몸에서 발견된 멍자국입니다. 김 양은 지난 달 13일, 서울의 한 종합병원 응급실로 실려갔고, 전형적인 아동학대 증상을 보였습니다.
　의식을 잃고 중환자실에 입원한 김 양은 호흡기에 의존해, 한 달이 넘

---

306) channa224@newsis.com, 공감언론 뉴시스통신사, 정옥주(기자)
307) http://kr.news.yahoo.com/service/news/shellview.htm?articleid=2012040311261189580&linkid=4&newssetid=1352(2012.4.8)
308) [단독] 입양아 뇌사…알고보니 양어머니 학대 때문, 기사입력 2011-10-17 22:12 | 최종수정 2011-10-17 22:21, [뉴스데스크]◀ANC▶

은 지금까지 깨어나지 못하고 있습니다. 김 양을 폭행한 용의자는 양어머니 28살 이 모 씨. 이 씨가 이 아기를 입양한 건 인터넷을 통해서였습니다.

허가받은 기관을 거치지 않은 입양은 불법인데도, 인터넷 등을 통해 버젓이 개인 입양이 이뤄지고 있는 겁니다. 개인 입양이 금지된건 아기가 이번 경우처럼 학대를 받거나 불우한 환경에서 성장하는 것을 예방하기 위해서입니다.

◀ I N T ▶ 최안여/홀트아동복지회

"(정식입양기관은) 특례법상에 입양을 하고 있고, 가정조사나 양부모 자격요건이나 상담을 통해서 여러 가지를 검증하고 있기 때문에 (까다롭다.)" 범행을 부인하다 한 달 만에 아기 폭행을 시인한 이 모 씨에 대해 사전 구속영장이 신청됐습니다. 경찰 조사결과 이 씨는 쪽방에서 어렵게 살면서 이미 두 명의 자녀를 두고 있었는데 어떤 이유에서 갓난아기를 입양했는지 경찰은 조사를 벌이고 있습니다.[309)310)]

14. 가정폭력의 사례

26년째, 아빠로부터 가정폭력을 당하고 있는 자녀입니다. 아빠의 정신병인 반사회주의와 알콜중독으로 인해, 딸과 아들, 엄마가 모두 고통을 받고 있는데 정말 기가 막힌 사실은 정말로 잘못한 것이 없는 상황에서 모든 문제가 부부의 관계가 원인이 돼서 자식들에게 폭행과 폭언을 행사하고 있습니다.[311)] 엄마는 폭행과 폭언으로 몇십년을 사시면서 결국 심한 우울증으로 통원치료를 받고 계시고 남동생 또한 두 번째로 똑같

---

309) MBC뉴스 염규현입니다. (염규현 기자 email@mbc.co.kr), MBC (www.imnews.com)
310) http://news.naver.com/main/read.nhn?mode=LPOD&mid=tvh&oid=214&aid=0000192624(2012.4.8)
311) 비공개 | 2010-03-26 20:48 | 조회 2008 | 답변 5, 엑스퍼트 hayansonamu 님께 한 1:1질문 입니다.

은 아빠의 폭행사유로 인해 정신병원에 입원해 있다 퇴원하여 통원치료 중에 있습니다. 그 사람은 이 모든 사실을 완전히 무시한 채 오직 엄마에게 집착된 정신병으로 엄마의 병 때문에 풀리지 않고 이혼을 하길 원해하는 엄마에게 술을 기본적으로 5병은 마시고 협박과 폭력을 계속 일삼고 있습니다.

저는 딸이라서 저지시키는데 너무 큰 한계를 느끼고 있고 정신적 질병은 다행히 없지만 극도의 긴장감으로 인해 육체적인 질병을 갖고 있습니다. 어렸을 때는 너무 무섭고 겁이나 감히 경찰서에 신고할 엄두를 못내다가 성인이 되고 나서야 그것도 최근 들어 여전히 끊이지 않는 폭력으로 드디어 경찰에 신고를 했었고 오늘도 했습니다. 벌써 6차례 경찰이 왔었고, 심하게 훼손된 물건들과 깨진 유리창, 100병의 술병들을 보고 한번은 정신병동으로 바로 이송을 시켰습니다. 그쪽 친가의 완강한 반대로 하루아침에 나와야 했습니다. 그러다 두번째는 앙심을 품고 엄마와 동생에게 심한 발길질과 목을 조르고 머리를 끌어당기고 침을 뱉으며 심지어 칼을 들고 술이 만취된 상태에서 모두 죽인다고 위협을 하는 경우가 생겼고 심각한 것은 술이 취하지 않은 상태에서도 모두 죽인다고 다 집에서 나가라고 협박을 한다는 것입니다. 경찰들이 왔다간 자료들 하며, 정신적 피해를 받고 치료받고 있는 동생과 엄마의 진단서를 끊어서 경찰에 접근금지신청을 내려야만 하는데, 허가되려면 시간이 걸린다고 하는데, 그것에 대해 자세히 알고싶습니다. 또한 엄마가 드디어 이혼을 하려고 하시는데 정말 위협한 상황이므로 우선 그전에 접근금지 신청을 할 수 있을까요? 경찰에서는 어머니가 신청하시면 될 것이라고 하는데, 그렇게 되면 집의 소유주가 엄마와 아빠로 되어있는데 그만좀 자기집에서 나가라는 안나가면 다죽여버린다는 협박에서 벗어나고 싶습니다. 온몸이 진동처럼 덜덜 떨리고, 가정 모두가 한 가장의 악행으로 인해 모두가 고통을 받고 있는데 정말 살아있는게 기적입니다.

제가 아주 많이 바빠져서 앞으로 답변을 아주 가끔밖에 못달 것 같습니다. 참으로 고통을 많이 받으셨겠습니다. 글을 읽는 제가 마음이 정말 아프네요. 어려운 상황이지만 일단 용기를 잃지 마시고 님의 아버지가 한 행동에 대한 증거를 다 수집해서 정식으로 검찰에 고발을 하세요. 그리고 위에 답변다신 분의 말씀대로 절차를 잘 모르시면 가정폭력상담소에 전화하셔서 도움을 요청하세요.312)

님의 이야기를 들어본 바로는 이 정도면 접근금지 신청이 바로 받아들여져서 조치가 내려질 것 같습니다. 그리고 참고로 우울증, 알콜중독증을 비롯해 정신질환을 앓고 있는 사람들 중에 심한 분노에 시달리고 감정적 컨트롤이 전혀 되지 않는 경우가 많습니다. 제가 보기에는 님의 아버지는 법원에서 정신병원에서 보호감호조치에 취한다는 판결이 나올 가능성이 높다고 봅니다. 아무리 혈육이라고 해도 이렇게 가족들의 인생을 심하게 짓밟는다면 반드시 신속한 조치를 취해서 가족들이 고통을 받지 않는 쪽으로 가야 합니다. 힘내시고 부디 잘 해결되시기 바랍니다.313) 관련증거들을 전부 모아서 접근금지 가처분부터 신청하시고 바로 재판이혼을 청구하기 바랍니다. 경찰들도 권할 정도면 접근금지 가처분은 바로 받아들여질 것입니다. 절차 등을 모르시면 가정폭력상담소에 전화해서 도움을 받기 바랍니다. 폭력, 폭언 등을 일삼는 아버지들은 혼자 격리되어 있으면서 많이 반성해야 합니다. 말로 해서는 해결이 되지 않습니다. 참고 바랍니다.314) 나에게 능력주시는 하나님께 감사드립니다315) 대한기독교 교육개발원장은 가족들은 아버지를 경찰에 신고하거나 고소할 수 있다고 합니다. 경찰은 신고받는 즉시 응급조치를 취할 수 있습니다. 경찰의 응급조치에도 불구하고 가정폭력이 다시 발생할 우려가 있다면 검사가 가정법원에 임시조치를 청구할 수 있습니다. 검사는

---

312) El Lorado | 답변 0 | 채택률 0%
313) 2010-03-28 07:57, 성실한 답변 감사합니다. 좋은 하루 보내세요! 친정 오라버니
314) 전문분야 : 가정문제 (1위) | 법,법률상담 (4위) | 답변 26328 | 채택률 65.8%
315) 2010-03-27 07:25, hayansonamu, 전문분야 : 가정문제 (5위) | 답변 6089 | 채택률 54.9%

사건을 가정보호사건으로 처리하여 가정법원 등 관련법원에 송치할 수 있고 법원은 이에 따라 적절한 보호처분을 내리게 됩니다. 결국 아버지는 법원의 보호처분을 받게 될 것입니다.

법원의 보호처분은 다음과 같습니다.
 (1) 6개월 이내에 피해자에게 접근금지
 (2) 6개월 이내에 가족구성원에게 전기통신을 이용한 접근 제한
 (3) 행위자가 친권자인 경우 6개월 이내의 친권행사 제한
 (4) 200시간 이내의 사회봉사.수강명령
 (5) 6개월 이내의 보호관찰 등

접근금지 또는 친권행사를 제한받은 자가 이를 위반할 경우 2년 이하의 징역 또는 2000만원 이하의 벌금 또는 구류에 처하게 되어 있습니다.

가정법원은 보호처분으로 처리하는 것이 적절치 않다고 판단될 경우 일반 형사사건으로 처리하도록 조치할 수도 있습니다. 이제 아버지의 일방적 폭력에 저항해서 가족들은 자신들을 보호해야 합니다. 국가의 법은 가정폭력을 다스릴 수 있는 제반 법적 장치를 해놓고 있으니 경찰과 협의해 단호한 조치를 해야 할 것입니다.[316]

안녕하세요. 가정폭력으로 많은 고통속에서 살고 계셨군요. 가정폭력은 피해자가 가해자를 신고하면 법적으로 처벌이 가능합니다. 법적으로 가해자가 폭행을 일상적으로 해왔다면 그것을 사진으로나 물질적 증거로 남겨놓는 것이 법적으로 갈 경우에도 도움이 됩니다.

폭행을 당해서 병원에 입원했다는 증거와 폭행을 했다는 증거 등이 있어야 님에게 유리할 것입니다. 만약 폭행으로 인해 상처가 생겼다면 그것을 얼굴이 보이도록 찍어 놓아야 합니다. 얼굴이 나오지 않으면 그것이 다른 사람이라고 우기면 증거가 될 수 없기 때문에 얼굴이 보이도록 찍어 놓으세요. 접근금지 신청을 하시려면 어머님께 말씀드려서 그에

---

316) 2010-03-27 12:05, 전북청소년센터, 활동분야 : 고민상담

대한 절차를 빨리 하시면 좋습니다. 님의 어머니께서 이혼을 결심하고 계신다면 옆에서 님이 많은 지지를 해 드려야 합니다. 님의 어머님께서 직장생활을 하지 않고 집에만 계셨다면 이혼 후 생활이 두려워서 폭행을 당하는 상황에서도 이혼을 하지 않습니다. 그러니 주위 사람의 지지가 중요합니다. 또 이혼을 할 경우 위자료 문제 등의 법적인 것은 잘 확인하시는 것이 좋습니다. 먼저 이혼을 하자고 한다면 그만큼 위자료 문제나 재산분할 문제로 불이익이 생길 수 있으니 잘 알아 보시고 하는 것이 좋습니다. 가정폭력 피해에 대한 법적 절차나 상담같은 것은 가정폭력상담소같은 곳에서 상담을 받으면 더 자세하고 많은 것을 도와드릴 것입니다. 또 변호사를 찾아가 문의해 보는 것도 좋습니다. 님이 당하신 폭력에 대해 전부 이해할 수는 없지만 힘내시고 그 고통에서 벗어나려고 하시는 님의 용기에 힘을 실어 들이고 싶습니다. 님에게 불이익이 나지 않도록 더 많은 것을 알아보시고 해결하세요.[317] 그것은 분명히 성격파탄자이고 가족 모두를 병들게 하는 것입니다. 지금 그런식으로 상황이 계속 유지되면 모두가 정신병에 걸릴 것입니다. 그런 행동을 하는 당시에 129 보건복지부에 연락하고, 경찰도 부르고, 폭행과 폭언의 증거가 가장 중요합니다. 증거를 확보하세요. 매맞은 부분을 사진 찍고, 진단서도 끊어 놓고 범행도구도 또한 폭언하는 것을 녹취도 해 놓으세요. 그러면 형사처벌도 받을 수 있고 이혼소송하기도 수월할 것입니다. 더욱 힘내시고 정신을 꼭 붙드세요.[318][319]

15. 가정폭력범은 체포를 안하나

신문같은 데 보면 폭행사건이 일어나면 체포해가고 그러는데 가정폭

---

[317] 2010-03-31 10:47, 수잔님 | 답변 2 | 채택률 0%, 활동분야 : 수능시험 | 영어
[318] 2010-05-11 11:46
[319] http://k.daum.net/qna/view.html?category_id=QPF&qid=44ql1&q=%B0%A1%C1%A4%C6%F8%B7%C2&srchid=NKS44ql1(2012.3.31)

력범은 체포하지 않나요?320) 친오빠한테 어릴 때부터 자주 맞았고 성인인 지금까지도 자주 맞았습니다. 참다참다 112에 신고 2번 정도 한 적이 있었는데 머리도 맞고 맞긴 맞았는데 눈에 보일 정도로 다친건 아니라서 그런지 경찰들 와도 별 것 없었습니다. 돈이 없으니 갈데도 없고 한 집에 살고 있으니 고소하기도 찝찝하고 상습적인 폭행인데 체포해야 되는 것 아닌가요? 욕은 자주합니다. 조언 좀 해주셨으면 합니다.

답변: 오빠랑 같이 사니 차라리 고시원이라도 알아봐서 나오세요. 같이 안사는 것이 제일 좋은 방법인 것 같아요.321) 가정에서 일어난 사고에 대해서는 경찰들도 개인적 사생활이라고 해서 간여를 잘 하지 않습니다. 가정에서 일어나는 일은 거주지의 가까운 가정폭력상담소에 전화를 해서 상담을 받으시기 바랍니다. 친오빠가 정상적인 사고를 지닌 사람이 아닌가 봅니다.322) 성폭력 및 가정폭력으로 고통받는 피해자와 위기가정의 회복을 위하여 상담해 주는 지역기관인 양주가정문제상담소가 있습니다. 가정폭력 가해자를 고소해야만 처벌을 할 수 있습니다. 눈에 보일 정도로 다친 것이 아니라고 해도 폭력은 절대 용납되어서는 안 됩니다. 또한 신체적 폭력이 아니더라도 욕과 같은 정서적 폭력 또한 문제가 됩니다. 먼저 가까운 가정문제상담소를 찾아 상담을 해보시는 게 좋을 것 같습니다.323) 상담소를 선뜻 방문하기가 꺼려지신다면 여성긴급전화 1366을 이용하시길 바랍니다. 여성긴급전화 1366은 전화통화에 의한 초기상담, 가정폭력 피해여성에게 긴급피난처 제공 등의 서비스를 실시합니다.

365일 24시간 함께하는 청소년사이버상담센터입니다.324) 오빠의 상습

---

320) 비공개 | 2011-09-15 11:53 | 조회 450 | 답변 5
321) 그린웨이브님 2011.09.21
322) 친정 오라버니 | 소개 | 답변, 전문분야 : 가정문제 (1위) | 법,법률상담 (4위) | 답변 26328 | 채택률 65.8% 본인소개 : 주어진 업무에는 최선을 다하는 사람. 법학전공, 학원운영 15년
323) 2011-09-15 12:42, 양주가정문제상담 | 답변 188 | 채택률 61.2%

적인 폭행으로 심리적, 육체적으로 고통을 받고 계시는 것 같아 걱정스러운 마음입니다. 어릴 때부터 자주 맞고 성인이 된 지금까지도 그렇다니 얼마나 힘들까요. 112에 신고도 했는데 다친 상처가 눈에 드러나지 않아서인지 경찰이 와도 별 것 없었다니 도움을 받고자 한 님의 마음이 얼마나 답답했을까요. 돈이 없어 갈데도 없고 고소하자니 한집에 살고 있어 찜찜하고, 방법이 없다고 느끼셨겠어요. 삶을 살아가는 희망과 힘이 되어주어야 하는 가족중의 한사람이 지속적으로 물리적, 정신적 고통을 주었다니 너무 마음이 아프네요. 갈 곳이 없어 불안한 마음으로 하루하루 지내신다니 당분간이라도 나와있을 곳만 있다면 나오고 싶은 마음인 것 같습니다.

　가정폭력행위가 일어났을 경우 경찰에 신고한 후 고소절차가 진행되면 검사가 가정폭력으로 재발할 우려가 있다고 인정할 경우에는 행위자에 대한 퇴거, 격리, 유치장 또는 구치소 유치를 청구할 수 있습니다. 하지만 가족간의 분쟁이다 보니 고소하는 마음을 갖기가 쉽지않고 고소했다가도 상대방이 용서를 빌면 취하하는 경우가 많이 있습니다. 오빠가 지금이라도 폭력행위를 멈추는 것이 가장 좋은 방법이나 그렇지 않다면 폭력이 행사된 증거자료를 잘 모아두시는 것이 좋겠습니다. 어릴 때부터 지금까지 오빠가 어떤 상황에서 님에게 폭력을 행사하는지, 그럴 때 부모님의 반응은 어떠한지, 님은 어떻게 지금까지 버틸 수 있었는지 등 여러가지 궁금한 점이 많습니다. 사이버상담센터(www.cyber1388.kr)에 오셔서 더 많은 이야기를 나누어 도움이 되었으면 하는 마음입니다. 또한 가정폭력으로 상담을 받을 수 있는 곳은 1366이며 365일 24시간 운영하고 있습니다. 이곳에서는 피해자에 대한 긴급상담 및 서비스 연계 (상담기관, 보호시설 등)를 하고 있으니 원하시는 도움을 언제든지 받을 수 있답니다.[325] 친오빠로부터 상습적인 구타를 당했다고 했는데 이유가

---

324) 2011-09-15 12:57, cyber1388
325) 청소년사이버상담센터 컴슬러 드림, 2011-09-15 13:22, 새벽(jeon******), 전문

있을 것 아닙니까? 그런데 어릴 때부터라면 아마도 오빠가 자신의 분노와 스트레스를 해소할 수 있는 대상인 동생밖에 없기에 이유없이 구타를 하고 욕도 할 정도면 오빠의 정신감정에서 이상이 있을 수 있는데 이러한 것을 부모님은 모르시나요? 성인이 되어서까지 맞는다면 아마도 오빠에게 문제가 있습니다. 문제해결 방법으로서 당장은 오빠를 안보는 수 밖에 없는 것인데, 아마도 오빠의 정신적인 상태가 의심스럽고 구타만이 아니라 행동이나 다른 생활에서의 문제와 대인관계에서의 문제 등이 있다면 조치를 취할 수 있겠는데 가족관계가 어떤지 그것을 말씀 안하셔서 여기까지 답변을 할 수밖에 없습니다.[326)327)]

16. 가정폭력 참다못한 대학생 아들이 아버지 살해

서울 동작경찰서는 25일 가정폭력을 휘두르는 아버지를 살해한 혐의(존속살인)로 대학생 아들 손모(27)씨를 붙잡아 조사하고 있다고 밝혔다.[328)] 경찰에 따르면 손씨는 24일 오후 4시께 동작구 사당동의 한 다가구주택에서 아버지(59)와 다투다 목을 조르고 깨진 병을 휘둘러 아버지를 숨지게 한 혐의를 받고 있다. 조사 결과 손씨는 아버지가 평소 술을 많이 마시고 가정폭력을 일삼아왔던 것에 불만을 품어왔던 것으로 드러났다. 사건 전날에도 손씨 아버지는 만취상태에서 아내를 심하게 때리고 아들과 다투었다. 손씨는 다음 날 아버지와 화해하려고 술을 사들고 방으로 찾아가 "우리도 다른 가족처럼 행복하게 살았으면 좋겠다"고 말했으나, 아버지는 "어디다 훈계냐. 다 죽여버리겠다"며 도리어 아들에게 욕설을 퍼부었다. 참다못한 손씨는 두 손으로 아버지의 목을 졸랐고 의

분야 : 가정문제 (2위) | 정신과 (1위) | 답변 6315 | 채택률 77.8%
326) 2011-09-15 13:40, gkwlaks(enqj*****)
327) http://k.daum.net/qna/view.html?category_id=QPF&qid=4gpwS&q=%B0%A1%C1%A4%C6%F8%B7%C2&srchid=NKS4gpwS(2012.3.31)
328) 연합뉴스 기사전송 2011-01-25 13:04, (서울=연합뉴스) 이지헌 기자

식을 잃자 병을 깨뜨려 찌르기까지 했다. 경찰 관계자는 "아버지는 20년 간 직업없이 지내왔으며 술만 마시면 상습적으로 가족에게 폭력을 행사해왔다. 이를 견디기 힘들어 한 아들이 다투던 중 우발적으로 아버지를 숨지게 한 것으로 보인다"고 말했다. 경찰은 아들 손씨에 대해 구속영장을 신청할 예정이다.329)330)

17. "부모폭력을 본 경험은 학교폭력 이어져"

지난 27일 방학 중인 대구의 한 초등학교 학생들이 교실에서 학교폭력과 관련된 설문지를 작성하였다. 청소년 설문 대상자중 50%가 구타 갈취·따돌림 등 가해경험331) 아버지와 어머니 사이의 가정폭력을 목격한 경험이 많은 청소년일수록 학교폭력 가해행위를 더 많이 저지르는 것으로 나타났다. 부모간의 폭력에 노출된 경험은 공격성을 높여 또래집단에 대한 가해로 이어진다는 분석이다. 김재엽 연세대 사회복지학과 교수는 이순호 서해대학 케어사회복지과 교수와 함께 전북지역 중1~고2 학생 930명을 대상으로 조사한 결과 이같이 나타났다고 28일 밝혔다. 부모중 한 명이 상대방에게 언어적 및 신체적 폭력을 행사하는 장면을 목격한 경험과 공격성의 관계를 회귀분석을 통해 살펴보니 폭력을 목격한 경험이 많은 학생일수록 공격적인 성향을 보이는 것으로 나타났다. 영향력을 나타내는 수치인 회귀계수의 값이 부모간 폭력 목격경험이 많을수록 공격성이 증가하는 것으로(β=0.187) 나타났으며, 공격성이 높을수록 학교폭력 가해경험(β=0.272)도 많았다. 부모간 폭력을 목격한 경험은 공격성 증가를 통해서 뿐만 아니라 직접적으로도 학교폭력 가해경험에 영향을 미치는 것으로 드러났다고 연구팀은 설명했다. 또 조사대상자 중

---

329) pan@yna.co.kr, 〈뉴스의 새 시대, 연합뉴스 Live〉〈모바일 애플리케이션〉〈포토매거진〉, 연합뉴스
330) http://news.nate.com/view/20110125n12207(2012. 4. 8)
331) 서울=연합뉴스, 김효정 기자

에서 지난 1년간 구타나 금품 갈취, 집단 따돌림 등 한 가지 유형의 학교폭력이라도 행사한 경험이 있는 학생은 전체의 절반이 넘는 476명(51.7%)에 달했다. 김 교수 연구팀은 올해 학술지 '한국사회복지조사연구'에 게재한 논문 '청소년의 부모간 폭력 목격경험이 학교폭력 가해에 미치는 영향과 공격성의 매개효과'에서 이같은 분석결과를 발표했다.

연구팀은 "학생들이 어릴 때 본 폭력적인 행동을 내면화해 공격성을 갖게 됨으로써 또래집단과의 관계에서도 폭력을 행사할 가능성이 높아진다"며 "부모간 폭력을 경험한 청소년들의 부정적 감정을 해소시킬 상담 프로그램이 필요하다"고 지적했다.[332)333)]

18. 아버지와 아들의 화해

얼마전 가정폭력을 일삼던 아버지가 마지막 병상에서 두 아들과 화해한 사연을 다룬 기사를 읽고 한동안 짠한 마음이 떠나지 않았다.[334)] 보호관찰 현장에서는 매일 비행 청소년과 그 아버지를 만나게 된다. 특히 재판이 있는 날이면 보호관찰소에는 아들과 아버지가 줄을 잇는다. 보호관찰 개시 신고를 위해서다. 인제부턴가 이런 부자(父子)를 유심히 '관찰'하는 버릇이 생겼다. 그날도 부자는 문을 열고 들어서면서부터 남남같이 서로를 외면했다. 면담에 들어가자마자 "아버지와 같이 살기 싫다", "저런 놈은 내 자식이 아니다"며 서로 쏘아붙였다. 아들은 "세상에서 가장 미운 사람은 아버지다. 그래서 집에 들어가기 싫고, 차라리 아버지가 없었으면 좋겠다"는 말들을 뱉어냈다. 아들 말에 아버지도 나름대로 할 말이 있었다.

IMF 외환위기 이후 사업실패로 경제적 어려움을 겪게 되면서 술을 마

---

332) kimhyoj@yna.co.kr, 연합뉴스, 2011/12/28 08:20 송고
333) http://www.yonhapnews.co.kr/bulletin/2011/12/28/0200000000AKR20111228037100004.HTML?did=1301r(2012.4.10)
334) 공감코리아 원문 기사전송 2012-04-06 19:35

시게 됐고, 돈 문제로 부부싸움이 잦아져 결국 이혼할 수밖에 없었다고 했다. 힘든 상황에서도 자기가 아들을 키우겠다고 했고 지방의 공사현장을 돌면서 아들 뒷바라지에 애썼다. 그런 처지와 노력을 몰라주고 아들이 왜 자꾸 사고만 치는지 모르겠다며 야속해했다. 그런데 이 부자의 화해를 지켜볼 기회가 있었다. 올해부터 실시하고 있는 학교폭력 가해학생들과 보호자가 함께하는 '알고 느끼면 달라져요' 프로그램에서였다. 평소 가정에서 일어나고 있는 상황을 역할극으로 재연한 이 프로그램에서 아버지는 아들 역할을, 아들은 아버지 역할을 하며 이제까지 표현하지 못했던 서로의 마음을 여는 계기가 됐다. 실제로 역할극에서 "이제까지 표현하지 못했지만 사랑한다"는 아버지의 고백에 아들은 말을 잇지 못하고 하염없이 눈물만 흘렸다. 이런 아들을 아버지는 안아주고 눈물을 닦아 주었다. 이런 모습을 보면서 희망을 버릴 수 없었다. 아들에게는 "아버지는 언제까지 기다려 주지 않는다"는 말을, 아버지에게는 "아들을 키우는 데 공짜는 없다"는 말을 해주고 싶다. 그리고 쑥스럽지만 일상에서 '미안합니다' '고맙습니다' '사랑한다'는 등의 진심어린 말을 자주 하여 마음의 키를 높였으면 한다. 서로를 끌어안고 살기에도 부족한 시간인데 서로 미워하며 낭비하지 않기를 바란다. 아버지와 아들의 화해, 지금도 늦지 않았다.335) '내 돈으로 내가 사업하는데!'라는 착각이 악덕 경영주를 만들고, 가정을 내 소유물로 착각하는 가장에게서 폭력이 발생한다. 세상에 영원히 내 것인 것은 없다.336)337)338)

19. 집단내 소통부재 '폭력거악' 키운다

"탕", 한 발의 총성이 고요했던 강원도 전방 GOP의 새벽을 깨웠다. 항공기 정비사를 꿈꾸던 24세의 꽃다운 청년 최형호 이병은 지난해 5월30

---

335) http://news.nate.com/view/20120406n24782(2012.4.6)
336) 김선우 작가봇, @kimsunwoo_bot
337) 한겨레 칼럼, 4:25 AM - 26 3월 12 via twittbot.net
338) http://twitter.com/#!/kimsunwoo_bot/status/183998071280111616(2012.4.6)

일 새벽 그렇게 스스로 목숨을 끊었다. "지쳐간다. 아니 지쳤다"는 짧은 글만 남긴 채이다. 부대원들로부터 잦은 욕설과 구타에 시달려왔다는 사실은 그가 떠난 뒤 만천하에 드러났다. 어머니와의 통화에서 "나가고 싶다"는 말을 자주 했지만 탈출구는 없었다.[339] 서울 모 중학교 1학년 A(14)양은 지난해 가을 함께 자살할 친구를 찾아다녔다. 매일 같이 함께 다니던 친구들이 어느날 무시하고 따돌리면서부터다. 친구 험담을 하고 다닌다는 오해가 원인이다. A양은 "이렇게 살아야 하나, 눈물이 나고 죽고 싶다"면서 "부모님에게는 걱정을 끼칠까봐 말도 못한다"고 털어놨다.

　7일 세계일보 사회부 사건팀이 우리 사회를 지탱하는 대표적 조직인 학교, 전의경 및 군부대, 직장을 심층분석한 결과 '집단의 폐쇄성'이 폭력의 핵심 원인으로 조사됐다. 이들 집단 중 일부를 무작위로 선정해 사회연결망 분석(SNA·Social Network Analysis)을 하자, 모두 내·외부간 소통단절, 경직된 위계질서에 따른 계층간 소통부재라는 공통분모가 추출됐다.

　전문가들은 "우리 사회가 문어항아리 형태의 조직으로 변질됐다"고 진단했다. '문어항아리' 조직이란 문어 낚시용 항아리처럼 하나의 조직이 외부와 단절된 채 공통의 언어와 상식을 공유하지 못하고, 내부에서도 경직된 위계에 따라 계층간 소통이 끊어지는 현상으로서 일본 정치학자 마루야마 마사오(丸山眞男)가 창안한 개념이다. 고립된 조직은 '비정상적'인 행태를 더욱 키우는 악순환을 되풀이한다. "폭력사건 피해자도 구타 원인 제공자다"(군대) "일진과 왕따는 같은 노스페이스를 입지 않는다"(학교)는 비합리적인 일도 이런 조직에서는 버젓이 통용된다. 전국 가정상담소에서 뽑은 20건의 가정폭력 상담사례 분석에서도 외부와의 고립이 폭력과 비상식을 키운 사실이 확인됐다. 피해자조차 '가정사'라며 외부의 개입을 거부하고 도움을 요청하지 않다가 결국 되돌리기 힘든 수렁에 빠진 사례가 많았다.

---

339) [우리 안의 폭력] 집단내 소통 부재 '폭력巨惡' 키운다〈세계일보〉입력
　　2012.02.07 (화) 19:06, 수정 2012.02.08 (수) 01:07관련이슈 :우리 안의 폭력

통계로 본 폭력

학교폭력 경험 (2010년 12월 기준)

피해	가해	없다
22.6%	20.9%	56.5%

자료: 청소년폭력예방재단

군대 구타·가혹행위 징계자

2008년  4188명

2010년 5491명

자료: 육군본부

직장인 사내 왕따 경험
(2012년 1월 기준)

있다	없다
45.0%	55.0%

자료: 취업포털 사이트 사람인

부부폭력(여성) 피해율

- 한국(2010년) 15.3%
- 영국(2007년) 3.0%
- 일본(2000년) 3.0%

자료: 여성가족부

자료: http://www.segye.com/Articles/NEWS/SOCIETY/Article.asp?aid=201202070 04806&subctg1=&subctg2=(2012.4.11)

집단의 기준에서 벗어난 약자에게는 무자비한 폭력이 가해졌다. 피해자를 창고로 끌고가 송곳을 들이대거나 집단이 폭행하는 노골적인 수법부터 조직내 정보와 의사소통에서 배제하는 은밀한 방식까지 두루 사용됐다. 만일 외부에서 개혁을 시도할 경우 "우리는 다른 조직과 다르다"는 특수성을 내세워 극렬히 저항했다. 하지현 건국대 의대(정신과) 교수는 "폐쇄적 조직에서는 불합리한 내부기준을 발전시키고, 내부의 일체감을 조성하기 위해 이에 따르지 못한 이들은 폭력의 희생양이 된다"면서 "선량한 사람조차 생존을 위해서는 악해질 수밖에 없는 구조"라고 말했다.340)341)

20. 가정폭력이라기 보다는 아빠의 머리와 가슴이 아픈 것

1) 아빠의 폭력성과 상담

거의 6개월에 한번 정도 이런 일이 있네요.342) 아빠는 중졸이시고, 시골에서 도시로 상경하셔서 아주 열심히 잘 자수성가하신 분이라고 생각합니다. 저는 30살이고, 미혼딸입니다.

좀 특이한 점이 있다면, 어학연수하러 삼시 나가있던 것이, 대학교까지 어느 정도의 부모님과 제 힘으로 졸업을 하고 나름 한 2년 정도 즈음에 한국에 들어왔습니다. 외국에는 한 7년 이상 있었네요. 저도 부모님도 맘고생 몸고생하셨죠. 하지만 돌아온 이후에는 늘 그랬던 것처럼 평온하고 행복합니다. 아버지는 제가 장래 남편감으로 삼을 남자로 생각할 이상형일만큼, 모범적이십니다. 제가 아는 어느 누구보다도 가정적이시

---

340) 사회부 사건팀=이우승·유태영·박현준·서지희·김유나·조성호·오현태·박영준 기자 society@segye.com, [2012/02/07] 꽉 막힌 조직 '내부의 적' 찾다 [2012/02/07] "봉건적 한국사회 축소판… 약자 보호문화 절실" [2012/02/07] 오지 시골학교에 '왕국건설'…무서운 중학생 [2012/02/07]
341) http://www.segye.com/Articles/NEWS/SOCIETY/Article.asp?aid=2012020700 4806&subctg1=&subctg2=(2012.4.11)
342) Jennifer P님 (red**) 추천 0 | 조회 2253 | 2011.06.21

고 무엇이든 가족과 함께 담배와 술을 않으시고, 혼자서 가정을 위해서 한 30년 넘게 일하셨죠. 사업도 중간에 하셨고, 지금은 아는 친구분이랑 일하십니다. 부인인 엄마에게는 결혼기념일이며 생일이며 한번도 까먹은 적 없으시고, 당신 처가집까지 그들의 아들보다 배는 더 잘해드립니다. 그래서 엄마도 가끔 화나면 물불 안가리고 정말 괴물이나 정신병자처럼 행동하는 아버지를 이해하려고, 이해하려고 노력하시죠. 물론 아버지도 유순하시고, 제게는 또 아주 따뜻한 자상한 아버지입니다. 20살 생일날 화장품과 향수까지 직접 챙겨주실 정도로요. 어느 곳에서나 우리 아버지를 자랑스럽게 생각하는 저로서는요, 몇년간의 아버지의 기괴한 행동으로 참 우울합니다. 물론 제가 한국에 지난 7년여동안 없었던 것, 부모님의 나이가 들어버렸다는 것, 갱년기일 수 있다는 것, 이해합니다.

오늘 일을 말씀드리자면, 별 것도 아닌 것을 가지고 (객관적으로 본다고 해도요) 괜히 말대꾸 여러번 하면 당신 신세 한탄부터, 억울하다는 둥. 그리고 아주 진짜로 정신을 확 제대로 놓으신 것처럼 괴물로 변합니다. 눈물 많은 엄마는 이때 그냥 대화를 시도하시다가 울거나 하는 게 다죠.

그리고 아버지의 화가 진정될 때까지 기다리시는 것, 그래도 각방을 절대로 하지 않으십니다. 하지만 적응안되고 이해하는 것도 한계가 있다고 생각하는 저로서는 대화를 시도해 봅니다. 이렇게 목소리만 괴물같이 높인다고, 그리고 아빠 혼자만 열심히 살았냐. 그곳에서는 열심히 함께 하신 어머니도 계신다. 왜 당신 혼자 다했고, 당신이 가장이기에 최고이고, 왕이라는 생각을 하는지라고 조목조목 따집니다. 아버지는 화가 나셨겠죠. 물론 그런다고 마루에 드러누워서 마구자비로 괴성지르고, 막대기 같은거나 청소기같은 것으로 뭐 부수려고 아님 나나 엄마를 때리려고 겁을 준다든지 세게 잡는다든지 미친사람처럼 눈알 튀어나올 것처럼 지른다든지, 그럴 때 정말 죽여버리고 싶습니다. 그리고 나도 이런 짐승같은 면이 있는 사람이 제 아빠라는 것이 진정 재수 없어집니다. 그리고 혼자 어헉어헉 하면서 소리지르고 바닥에 누워서 구르기, 욕설하기 등 진짜 환장합니다. 그렇다고 말대꾸, 맞는 말 계속하면 때릴 것처럼, 하긴 지난 번엔 따귀도 한대 맞았고, 그리고 내가 말을 그만하거나, 그냥 치사해서 잘못했다고 하면 다시 당신도 수그러듭니다. 그리고 나면 문제의 본질이나 발단은 어느새 사라지고, 당신의 신세한탄으로 다시 돌아갑니다. 내가 엄마라면 정말 미칠 것 같습니다. 예를 들면, 제가 별 것 아닌 것으로 말대꾸, 말대답을 했습니다. 저도 한국에 온 이후로 나름대로 다른 딸들보다 잘 해드릴려고 노력하거든요. 화장품, 속옷까지 꼭꼭 챙겨드리고, 용돈도 통장으로 저금해드리고, 나름대로 열심히 합니다. 남들이 볼 땐 천사이고 가장 모범적인 아버지이고 남편이고 그렇지만, 가끔 이렇게 발생하는 아버지의 남자라고 힘있다고 하는 이런 동물적인 저급한 행동 참 이해하기 힘듭니다. 그리고 곰곰히 생각해보건데 병일 수도 있다는 것, 읽어주셔서 감사합니다. 어떻게 하면 좋을까요? 단순히 말대구나 예예하는 것으로는 해결책이 아닌 듯해서 이렇게 글을 써봅니다.

조언을 부탁드립니다.343)

2) 상담요구에 대한 답변

안녕하세요. 여가부위민넷 답변입니다. 올려주신 글 잘 읽어보았습니다.344) 어느 날부터 갑자기 변해버린 아버지로 인해 힘이 들어 게시판상담을 올려주셨네요. 네, 님이 말씀하신 것처럼 6개월에 한번 정도 일어나는 아버지의 돌발행동만 제외한다면 모범적이며 가족들에게 누구보다 자상한 분이라는 생각이 들어요. 그와 동시에 아버지의 증상이 어떤 이유에서 시작된 것일까에 대한 고민과 걱정이 되구요. 온라인상의 글로 모든 것을 판단하기는 힘들지만 아버지의 증세에 대한 심리검사 또는

---

343) http://bbs.miznet.daum.net/gaia/do/miztalk/advice/abuse/consult/read?bbsId=AD003&articleId=440(2012.4.14)
344) 여가부위민넷님 (lawdae*****) 추천 1 | 조회 368 | 2011.06.24. red**님 반갑습니다.

치료가 필요해 보이기도 하네요. 님이 쓰신 글을 보면 평상시에는 괜찮으신데 반년에 한번씩 신세한탄을 하거나 억울하다는 말을 반복하며 소리를 지르기 때문에 어머님도 그렇고 님도 우울해하시는 듯 합니다. 아버지께서는 과거에 다른 사람들보다 훨씬 가족들에게 헌신적이며 따뜻한 분이셨기 때문에 님이 느끼는 당황스러움과 아버지에 대한 배신감이 더 클 수 있을 거예요. 먼저 아버지의 갑작스러운 행동에 대한 이해가 어렵고 화가 나는 기분들을 이해합니다. 그렇기 때문에 그런 행동의 이유나 원인에 대해 알고 도움을 드리고 싶은 마음보다는 아버지가 밉고 너무 싫다는 감정부터 드실거예요. 님! 지금 아버지의 증세에 대한 원인이 병적인 것이라면 가족분들의 도움과 협조가 필요할 것이고 그것이 아니라면 이와같은 행동이 일어난 원인과 갈등상황에 대한 가족들의 진지한 대화가 필요할 거예요. 아버지의 증상에 대한 의학적인 부분과 관련된 답변은 부족할 수 있다는 점 미리 양해 부탁드리구요. 관련 우울증이나 정신질환에 대한 것은 전국에 있는 정신보건센터나 신경정신과의 도움을 받으면 더 정확할듯 합니다. 님이 생각하기에 아버지께서 갱년기 또는 우울증 때문일 수 있다고 하셨지요. 아버지께서 과거에는 전혀 그런 모습을 보인 적이 없었는데 최근 들어 평상심을 잃어버리고 충동적인 모습들을 보이신다면 가족들의 우려처럼 그것이 우울한 감정에서 비롯되는 것일 수도 있다는 생각도 들어요. 다만, 이것은 어디까지나 예상일 뿐이므로 진단은 전문의가 해야한다는 점 기억하시구요.

그리고 아버지의 인생을 돌아보면 정작 본인은 힘이 들고 두려운데 가장이자 남편, 부모라는 이유로 삶이 고달프다고 내색하지 못한 채 살아오셨을 수 있을듯 하네요. 시간은 내 의지와 상관없이 흘러가기 마련이지요. 한해가 지날 때마다 아버지는 낯설고 새로운 과제들과 마주하고 힘드셨을 수도 있구요. 아버지께서 보이는 과격한 행동들이 어쩌면 지금까지 쌓여왔던 마음속의 감정들을 내보이고 싶은데 그런 경험이 없어 서툴기 때문에 나오는 것일지도 모르겠네요. 즉, 내가 참고 내가 이해하며 지내왔는데 어느 순간 한계점에 다다른 것일 수도 있구요. 님! 아버지와 예전처럼 잘지내고 싶고 좋은 관계를 유지하고 싶은데 달라진 아버지의 모습 때문에 뜻대로 되지 않아 힘드실 거라고 생각해요. 하지만 과거와 같은 행복한 가정의 모습을 다시 찾기 위해서 가족들이 조금만 더 힘을 내주셨으면 합니다. 우선, 아버지의 증상이 정말 어떠한 질환 때문인지 아니면 심리적인 이유인지 알아야 할 필요도 있구요. 또 아버지를 볼 때 '괴물, 정신병자, 짐승, 재수없다, 동물적, 저급한 행동'이라는 단어를 떠올리시는데 그것은 또다른 상처가 될 수 있으니 직접적 표현은 자제하시는 것이 좋을듯 해요. 님, 마지막으로 한국가정법률상담소(1644-7077)의 부부갈등의 해결을 위한 워크샵 또는 건강가정지원센터(1577-9337)의 가족갈등, 온라인상담 등을 이용해보시는 것도 도움이 되실 거예요. 문의글에 대한 답변을 드리면서 어떤 답이 님에게 도움이 될까 고민스러웠습니다. 아버지께서 정말 어떠한 질환을 앓고 계신건 아닌지 걱정도 되었구요. 더불어 어머니와 님의 상처도 큰 것같아 염려스럽기도 했답니다. 답변이 조금이나마 님에게 도움이 되었기를 바라며 님이 예전과 같은 행복한 가정생활로 돌아갈 수 있었으면 해요. 그럼 디 궁금한 점이 있으시거나 가정폭력, 가정법률과 관련된 상담을 원하시면 위민넷상담실로 입장해 주세요.[345]

21. 두 가정의 '살인미수'

만성적인 가정폭력이 부자지간의 천륜마저 흔들고 있다. 부산 연제경찰서는 16일 아버지의 잦은 학대에 시달리다 청소년기를 고아원에서 보낸 것에 앙심을 품고 부친을 살해하려한 혐의(존속 살인예비)로 공익요원 박 모(20) 씨를 구속했다.[346] 박 씨는 지난 13일 오후 3시30분께 미리

---

[345] http://bbs.miznet.daum.net/gaia/do/miztalk/advice/abuse/consult/read?bbsId=AD003&articleId=443&refer=threadList(2012.4.14)
[346] 박태우 기자

준비한 흉기를 들고 부산 수영구 광안동의 부친(55) 집으로 찾아가 부친을 살해하려한 혐의를 받고 있다.

父의 상습학대에 시달리던 아들…
子의 폭력을 견디다 못한 아버지…

박 씨는 이날 오전 8시30분께 부산 연제구 거제동 자신이 근무하는 부산지방법원 민원실 유리문을 돌로 파손한 뒤 근무지를 이탈, 검거에 나선 경찰에 "지금 아버지를 죽이러 간다"고 통화한 뒤 흉기를 소지하고 부친의 집으로 가던 중 잠복중이던 경찰에 붙잡혔다. 경찰조사 결과 박 씨는 어린시절 아버지의 상습적인 폭력에 시달리다 중3 때인 지난 2007년 고아원으로 보내져 3년여간 생활했으며, 지난 3월 육군 논산훈련소에 입대했다가 탈영, 현역부적합 판정을 받고 부산지법에 공익근무요원으로 전환 배치중이었던 것으로 알려졌다.

연제경찰서는 또 정신분열 증세로 가족들에게 상습적으로 행패를 부린 아들을 살해하려 한 혐의(비속 살인 미수)로 이 모(78) 씨를 불구속 입건했다. 이 씨는 지난 13일 오전 4시께 부산 연제구 자신의 집에서 TV를 보던 아들(48)이 "TV가 잘 나오지 않는다"며 난동을 부리고 가족들을 폭행하자, 둔기로 아들의 머리를 수차례 내리친 혐의를 받고 있다. 이 씨는 이어 이날 오전 7시께 아들을 부산 연제구 연산동의 한 정신병원에 입원시키러 갔다가 미리 숨겨온 둔기로 아들을 추가로 폭행해 중상을 입힌 것으로 조사됐다. 경찰조사 결과 30년전부터 정신분열 증세를 보인 이 씨의 아들은 수시로 가족들에게 폭력과 행패를 일삼아온 것으로 드러났다. 경찰은 이 씨가 범행 직후 경찰에 자수했고, 장기간 아들의 폭력에 시달려온 점을 참작, 불구속 상태에서 수사를 진행키로 했다.[347)348)]

---

347) 박태우 기자 wideneye@, | 8면 | 입력시간: 2012-04-16 [10:45:00] | 수정시간: 2012-04-16 :41:01,부산일보 & busan.com.
348) http://news20.busan.com/news/newsController.jsp?newsId=20120416000095

22. "결손가정 청소년 보호책 아쉽다"

전국적으로 경기침체가 지속되면서 생활고 때문에 파탄가정이 늘고 있다. 부모 등의 가출, 이혼 등으로 결손가정의 청소년들이 늘면서 갖가지 부작용도 속출하고 있다.[349] 청소년들이 빚이 많은 부모의 동반자살 희생양이 되는가하면 학대, 폭행에 못이겨 밖으로 내몰리는 사례가 많아지고 있다. 가족들로부터 보호받아야 할 시기에 보호받지 못하고 학대와 폭언에 시달린다면 가정이란 울타리는 무너지기 마련이다. 최일선에서 순찰근무를 하다보면 청소년들의 탈선행위를 종종 목격할 수 있다.

그러나 이들을 발견하고 막상 인계하려고 해도 마땅한 인계처를 찾을 수가 없다. 가정으로는 절대 돌아가지 않겠다는 의사였고 마땅한 인수기관도 찾기 힘들다. 이런 사정에 처한 청소년들을 그대로 방치할 경우 또 다른 범죄를 저지르게 된다고 본다. 또한 문제가정의 청소년들이 자신의 처지를 수치스럽게 생각한 나머지 밖으로 표현을 하지 않은 결과 그 실태조차 파악되지 않고 있다.

현재 학교 교사들의 가정방문제가 소홀히 다뤄지고 있어 결손가정 및 아동학대, 생계곤란 등 어려운 환경조차 파악할 수 없는 실정이다. 설령 학대받은 아동이나 결손 청소년을 발견한다고 하더라도 신속한 구호조치와 인계할 기관이 없다는데 많은 문제가 있다. 결손가정 청소년들의 탈선을 막고 건전한 육성을 돕기 위해 이들을 보호하고 일정기간 관리할 수 있는 시설확충과 지원대책이 시급한 때라고 생각한다. 학교와 지자체에서 결손가정 청소년 실태파악을 하고 적극적인 보호책을 마련했으면 한다.[350][351]

(2012.4.17)

349) [독자투고]"결손가정 청소년 보호책 아쉽다", 해남경찰서 송지파출소, 소장 임순기, 2012-04-08 오후 02:31:06
350) SNS 기사 내보내기, 전남지역 대표언론 진남인터넷신문, 2012-04-08 오후 02:31:06   © jnnews.co.kr, 소장 임순기
351) http://jnnews.co.kr/news/service/article/mess_01.asp?P_Index=72458&flag=

23. 아동학대 가해자 80%가 '친부모'

아동학대 가해자의 80% 가량이 '친부모'인 것으로 나타났다.352) 통계청과 여성가족부는 2일 이같은 내용을 담은 '2012 청소년 통계'를 발표했다. 통계청은 2002년 이후 매년 인구·보건·문화와 여가·교육 및 노동·정보통신 및 안전 등 부문별 청소년의 모습을 조명하는 '청소년 통계'를 작성·발표하고 있다. 이에 따르면 2010년 아동(0~17세)을 학대한 사례는 5657건으로 전년 5685건에 비해 28건 줄어들었다. 아동학대의 유형은 중복학대(42.3%)와 방임(33.1%)이 가장 많았고, 정서학대도 13.7%를 차지했다. 특히 피해 아동을 학대한 행위자는 친부모가 79.6%로 가장 많았고, 낯선 사람·이웃 등의 '타인'이 9.4%로 뒤를 이었다.

가해자가 계부모, 양부모인 경우는 각각 3.2%, 0.4%에 불과했다. 한편 통계자료에 따르면 지난해 중·고등학생의 가출경험은 10.2%로 나타났으며 가출 주원인으로는 '부모와의 갈등(51.3%)'으로 조사됐다. 뒤이어 '놀고 싶어서(29.2%)', '자유로운 생활을 하고 싶어서(25.5%)' 순이었다. 또 2010년 소년범죄자(0~18세)는 8만9776명으로 2009년(11만322명)보다 줄었고, 전체 범죄자 중 청소년범죄자가 4.6%를 차지했다. 범죄유형으로는 재산범 45.1%, 폭력범 25.9%로 재산범이 가장 많은 것으로 조사됐다. 전과별로는 초범의 비율은 감소한 반면, 2범 이상은 증가하는 추세로 나타났다.353)354)

24. 때리고, 성폭행 당하고, 학대에 신음하는 입양아이들

11일은 입양의 날이다. 건전한 입양문화의 정착과 국내입양의 활성화를 위해 제정됐다. 하지만 우리사회의 입양문화는 아직 든든한 뿌리를

(2012.4.17)
352) 뉴시스 기사전송 2012-05-02 12:02, 【서울=뉴시스】정옥주 기자
353) channa224@newsis.com., 공감언론 뉴시스통신사
354) http://news.nate.com/view/20120502n12834?mid=n0411(2012.5.2)

내리지 못하고 있다.355) 그래서일까. 대한민국은 입양공화국이다. 아이를 입양해서 기르는 것이 아니라 다른 나라로 아이를 수출하는 공화국이라는 의미다. 최근 1년간 미국 가정으로 입양된 어린이 가운데 한국 출생이 가장 많았다는 미 국무부의 보고서가 발표되기도 했다. 예전보다는 상황이 좋아졌지만 그만큼 가슴으로 낳은 아이들을 보기에는 대한민국에서는 여전히 힘들어 보인다.

국내 가정으로 입양이 돼 따뜻한 가슴을 가진 아버지와 어머니를 만나 행복하게 살고 있는 아이들도 있지만 그렇지 않은 입양아이들도 있어 주위를 안타깝게 하고 있다. 낳은 자식이 아니라는 이유로 입양한 딸을 상습적으로 성폭행한 비정한 아버지가 있었다. 서울중앙지검 여성아동범죄조사부(부장검사 김진숙)는 지난해 12월19일 입양한 딸을 상습적으로 성폭행한 혐의(성폭력특례법 위반 등)로 현모(38)씨를 구속기소했다. 현씨는 2008년 8월 동생들과 목욕을 하던 A양을 욕실에 혼자 남게 한 후 비누칠을 해주며 성폭행을 하는 등 지난달까지 모두 7차례에 걸쳐 성폭행을 한 혐의를 받고 있다.

검찰 조사결과 현씨는 성폭행 후 A양에게 "엄마에게 말하면 아빠 경찰서에 가서 우리 가족이 같이 못산다"고 협박한 것으로 드러났다. 현씨는 아내가 주점종업원으로 일하면서 야간에 자주 집을 비우거나 새벽에 귀가하는 것을 계기로 A양이 초등학교 1학년이던 2007년부터 음란 영상물을 보여주거나 음란한 행위를 따라할 것을 요구해왔다.

상습적으로 폭행을 당해 뇌사상태에 이르게 한 경우도 있다. 서울 구로경찰서는 지난해 10월17일 인터넷을 통해 입양한 갓난아기를 상습적으로 학대한 이모(29·여)씨에 대해 중상해 등 혐의로 구속영장을 신청했다. 경찰은 또 이씨가 갓난아이를 입양할 수 있도록 출생신고를 허위로 보증한 어린이집 원장 이모(39·여)씨 등 2명을 가족관계의등록등에관한

---

355) 뉴시스 | 배민욱 | 입력 2012.05.10 05:10

법률 위반혐의로 불구속 입건했다. 이씨는 지난해 8월6일 인터넷을 통해 생후 3개월 된 김모양을 불법 입양한 뒤 남편이 친자를 제대로 돌보지 않는다는 등의 이유로 상습적으로 폭행한 혐의를 받고 있다. 경찰 조사 결과 이씨는 보증금 500만원의 4평 남짓한 단칸방에서 살면서 남편의 한달 월급 180만원으로 생활해 법적인 입양조건에 맞지 않아 정식 입양이 불가능하자 인터넷에 입양 희망 글을 게재한 것으로 밝혀졌다.

자료: http://media.daum.net/society/clusterview?newsId=20120510051004974&sp=1(2012.5.10)

지난해 9월13일 서울의 한 종합병원 응급실에 실려간 김양의 허벅지에 시커먼 멍이 보이는 등 온 몸에 아동학대 흔적이 남아있었다고 경찰은 전했다. 경찰에 따르면 이씨는 쪽방에서 살면서 이미 두명의 자녀를 두고 있었다. 현재 김양은 인공호흡기에 의존한 상태로 뇌사상태인 것으로 알려졌다. 전문가들은 입양아이들에 대한 편견 등 부정적 인식을 개선하고 낳은 자식 못지않게 소중한 내 자식이라는 인식전환이 필요하다고 강조했다. 경찰 관계자는 "입양아이들에 대한 학대사건을 살펴보면

내 자식이 아닌 '입양아이'라는 의식 때문에 관련 범죄들이 일어나고 있다"며 "입양한 부모들은 내 자식이라는 생각을 마음과 머릿속에 되새겨야 한다"고 말했다. 이어 "내가 과연 입양한 아이를 잘 키울 수 있는지에 대한 스스로의 마음가짐과 환경에 대한 평가가 중요하다"며 "'잘 기를 수 있겠지'라는 충동적인 생각으로 아이들을 입양해서는 안된다"고 설명했다.[356][357]

---

[356] mkbae@newsis.com, 공감언론 뉴시스통신사
[357] http://media.daum.net/society/clusterview?newsId=20120510051004974&sp=1 (2012.5.10)

제4장 노인학대의 실태와 해결

1. 남동생의 가정폭력

　남동생의 가정폭력에 대한 고민으로 글을 올립니다.[358] 남동생의 나이는 이제 막 41세가 되었습니다. 저와 한살차이구요. 중3 때부터 가출, 학교폭력 등의 이유로 어머니가 많이 힘들어 하셨을 정도로 삐뚤어졌구요. 그땐 가족들이 힘들었어도 성인이 되면 괜찮아지겠지라는 생각으로 많은 걱정을 했었습니다. 어머니의 정성으로 고등학교도 졸업하고, 서울에서 4년제 대학을 졸업해서 현재 회사에서 과장으로 재직중입니다. 그런데 대학교 졸업후엔 가정폭력까지 시작하더군요. 학교생활에서 고민이 있거나 스트레스가 있으면 그걸 참고 참았다가 폭음을 하고 집으로 들어와서는 온 집안의 물건을 내던지고, 식구들까지도 죽이겠다고 덤비는 경우가 한달에 세번 이상씩이었습니다. 졸업 후 취업이 되고서도 마찬가지구요.
　어머니가 마음고생이 심하셨습니다. 저녁에 동생과 통화만 되질 않으면 무조건 술을 마시는 것이고, 귀가후엔 무조건 가정폭력으로 연결되었으니까요. 어머니에게도 폭력을 일삼고, 누나인 저도 몇번 구타를 당한 적이 있습니다. 경찰에 신고를 해서라도 이 버릇을 고쳐보고자 했지만 부모님들께선 그래도 자식이라 자식에게 맞아도, 물건의 파손을 일삼아도 참고 또 참으셨습니다. 타이르기도 하셨고 야단도 쳤지만 언제나 그때 뿐이었죠. 결국, 어머니는 환갑도 넘기지 못하시고 암으로 돌아가셨습니다. 미우니 고우니해도 제 동생을 가장 안타까워한 어머니가 돌아

---

358) Mocha (sel***), 주소복사 조회 323 12.01.23 22:41

가시고 한참 동생은 방황을 했고 가정폭력을 일삼았습니다. 그때도 저희는 어머니 죽음으로 그러는 것이라 생각하고 안타까워도 해보았습니다.

그런데 이젠 아닌듯 합니다. 금년에 결혼 예정인 남동생은 상견례가 진행되면서 본인을 위해 집을 사달라는 요구를 하게 되었는데, 문제는 저희 집 모든 재산들은 공동명의로 되어 있고, 또한 남동생 소유의 30평 정도의 오피스텔(어머니가 남동생 결혼을 위해 미리 사 놓으심)도 있지만 그래도 집을 사서 결혼을 해야겠다고 하더군요. 부동산의 불경기로 인해 당장 집을 팔 수가 없으니 우선 오피스텔 판 돈으로 전세를 살다가 집이 팔리면 동생 몫의 금액을 줄테니 그때 집을 사라 했습니다. 그런데 어제, 구정 하루전 술을 3병 마신 동생이 아버지와 집문제로 대화를 나누다 폭력이 시작되었습니다. 처음엔 아버지 앞에서 물건을 던지기 시작하더니 제가 방으로 들어가 말리기 시작하면서 아버지를 죽이겠다고 목도 조르고, 집 안사줄꺼면 다같이 죽자고 부엌칼을 들고 휘두르기도 했습니다. 물론, 저도 안경알이 깨질 정도로 구타를 당했습니다. 결국 아버지는 경찰서에 신고를 했고, 경찰분들이 집으로 찾아오자 얌전해졌습니다. 제사를 위해 만들던 전도 다 엉망이 되어버리고, 그렇게 구징 제사는 지내질 못했습니다. 동생에겐 피해의식이 있는듯 합니다. 대학을 다니기 직전, 3년동안 건설회사에서 일을 한적 있었는데 그때 급여를 다 집안살림에 보탰습니다. 그래서 동생에게 고맙다고 어머니는 동생 명의로 오피스텔을 구입해 두셨던 거구요. 그런데 그걸로는 만족하지 못하겠답니다. 자신이 젊은 시절, 집에 돈 벌어다 주기 위해 고생을 했으니 분당에 30평대 아파트를 사달라는 겁니다. 자신은 그럴 자격이 있다고요.

그럴 돈이라도 있다면 남동생이 말하기전에 그렇게 해주겠다고 저희 집에서 먼저 말을 했을겁니다. 하지만 모든 재산이 부동산으로 묶여 있다보니 목돈을 만들 수 있는 방법은 현재 아버지와 남동생이 거주중인 아파트를 파는 방법외엔 길이 없는데도 당장 사 내라고 합니다. 그 집도 안팔겠다는 것도 아니고, 우선 전세로 살다가 집이 팔리면 동생몫은 떼

어주겠다고 했는데도 말이죠. 게다가 아버지, 저, 남동생 둘의 공동명의
로 되어 있습니다. 남동생의 요구는 현재 아파트를 자신의 몫으로 떼어
달라는 말인듯 합니다. 어제 모습을 보니, 남동생과 함께 생활하는 아버
지에게도 무슨 일이 생길지 이젠 장담할 수 없을듯 합니다. 결혼을 반대
해도, 계속 저희 입장을 고수해도 동생은 같은 일을 반복할 겁니다. 오
늘 아침, 맨정신으로도 아버지에게 어제와 똑같이 분당의 30평대 아파트
를 사달라는 말을 했다고 하네요. 어떻게 해야 할지 이젠 모르겠습니다.
 동생이 원하는 평수, 지역의 아파트를 사주려면 이 아파트를 판 모든
돈은 동생집 구입에 쓰여야 하고, 아버지는 당장 가실 곳도 없습니다.
 내일 동생 결혼문제로 아버지, 저, 남동생 둘 모여 함께 이야기를 나
누기로 했습니다. 그런데 두렵습니다. 어제와 같은 일이 또 생길까봐요.
 이번 일이 정리되면 전 동생과 인연을 모두 끊으려고 합니다. 가족이
란게 뭔지도 이젠 모르겠습니다. 어려울 때 서로에게 도움이 되고 의지
가 되는게 미워도 가족 뿐이라고 배워왔지만, 남동생 때문에 정말 고통
스럽습니다. 전 이제 어떻게 해야 할까요. 집문제를 어떻게 풀어가야 할
까요.359)

 이민을 가세요. 사지가 멈추거나 죽어야 멈춥니다. 동생을 피해서 간
다고 생각치 마시고 이 나라가 싫어서 더 좋은 환경에서 살기위해 떠난
다고 생각하세요.360) 다른 분들 말대로 치료가 필요한 사람이지만 본인
이 알지 못한다는거죠. 남동생은 아마 달라지지 않을 것입니다. 이대로
라면 타고난 성향은 쉽게 달라지지 않아요. 님이 인연을 끊는 게 정답에
가깝습니다. 가족관계에서는요. 그러면 달라질 수도 있어요. 극한 처방
이니까요. 님과 가족 모두 마음 깊은 곳에서 그 사람을 지워야 해요. 집
문제는 뭐라 말씀드릴 수 없네요. 당사자들만이 가장 현명하게 해결할

---

359) http://bbs3.agora.media.daum.net/gaia/do/story/read?bbsId=S102&articleId
 =507253(2012.3.31)
360) 네티즌 댓글 7개, shei

것 같아요. 왜냐하면 의견이 나온다고 해도 남동생이 그대로 따를까요?
  안타깝네요. 그 나이까지 그러니 돌이키기 매우 힘듭니다. 님이 아프지 않고 일을 잘 처리하도록 마음을 냉정하게 정리하세요.361) 참, 이런 말을 하긴 뭣하지만 외견상으로만 멀쩡하지만 안은 아니네요. 먼저 정신과 치료를 받는 것이 좋겠어요. 아버지께도 그런 행동을 한다는 것 자체가 가장 큰 문제이지 싶네요. 저렇게 해서 결혼한들 그 가정이 온전하겠습니까?
  얼른 사람하나 살려야죠. 치료부터 해주세요. 안볼 때 안보시더라도 가족이잖아요.362)
  마음이 아프시겠지만 아버지께 그런 행동은 심각합니다. 있을 수 없는 패륜입니다. 동생을 살리기 위해 돈문제보다 치료를 우선하시고 재산문제도 빨리 정리하시기를 바랍니다.363) 폭력은 유전되는 법입니다. 님의 부모님이 어릴 때부터 폭력을 행사하였거나 아니면 학교다니면서 폭력이나 왕따를 당했을 경우는 그런 방어기제의 작용으로 폭력으로 모든 것을 해결하려고 하는 겁니다. 님의 동생은 그런 어릴 때의 방어기제로 인해 폭력이 습관화되는겁니다. 여기서 습관이 아닌 습관화가 된다는 것은 죽을 때까지 고치기 힘들다는 뜻입니다.
  님의 동생은 어릴 때 폭력적인 생활을 경험했거나 아니면 감정기복을 제대로 컨트롤을 못하는 감정불안증상이라는 정신병리학적인 병에 걸린 듯 합니다만 제가 심리학의 책을 읽어본 바로는 님의 동생은 두가지 측면에서 봐야할듯 싶습니다. 환경적인 요인인 어릴 적 부모나 학교친구나 또는 왕따로 인해서 방어기제의 일환으로 폭력을 행사하는 경우는 동생의 정신감정 진단을 받으시길 바랍니다. 또한 생리학적인 요인으로 감정불안증상일 경우는 화학적인 치료가 요망됩니다만, 님이나 님의 가족들

---

361) 2012.01.24. others
362) 2012.01.24. 매버릭
363) 2012.01.24. 도가

이 통제하기에는 이미 폭력의 수준을 넘어 살인의 위협까지 이르게 되는 최악의 상황인 것 같습니다. 님의 남동생은 현재 진단으로는 환자로 보입니다. 속히 정신과 치료를 받으시기를 간곡히 바랍니다. 대단히 심각한 증상입니다. 그대로 방치하다간 살인까지 이어질 가능성이 높습니다.364)

2. 아버지 수갑채워 폭행, 30대 패륜아들 검거

아버지를 폭행하고 건물 문서를 빼앗은 30대 패륜아들이 경찰에 붙잡혔습니다.365) 광주광역시 광산경찰서는 아버지를 폭행하고 건물 문서를 빼앗은 혐의로 36살 유 모 씨에 대해 구속영장을 신청했습니다. 유 씨는 지난달 31일 광주광역시 광산구 송정동 자신의 아버지집에서 칠순이 넘은 아버지에게 수갑을 채워 방에 감금한 뒤, 주먹과 발로 마구 때려 전치 6주의 상해를 입힌 혐의를 받고 있습니다. 유 씨는 또 아버지가 쓰러져 의식을 잃자, 아버지가 갖고 있던 10억원 상당의 건물 문서를 빼앗은 혐의도 함께 받고 있습니다. 경찰조사 결과, 유 씨는 특별한 직업없이 생활하며 2년전 아버지로부터 받은 2억원 상당의 재산을 탕진하고, 재산을 더 빼앗을 목적으로 범행을 저지른 것으로 드러났습니다.366)367)

3. 고령화 사회와 노인학대

1) 노인학대의 개요

우리사회가 고령화 사회로 변모하면서 발생하는 특성 중의 하나는 신체적으로나 정신적으로 가족을 비롯한 타인에게 의존하는 노인인구의

---

364) http://bbs3.agora.media.daum.net/gaia/do/story/read?bbsId=S102&articleId=507253(2012.3.31)
365) SBS | 한세현 | 입력 2012.04.13 10:09
366) 한세현, vetman@sbs.co.kr
367) http://media.daum.net/society/others/newsview?newsId=20120413100909352&sp=1(2012.4.13)

증가이다. 고령화 사회에서 부각되고 있는 노인학대의 현상을 노인학대 발생빈도의 문제점, 노인학대의 정의와 범주, 노인학대가 노인에게 미치는 영향, 시설기관에서의 노인학대, 노인학대 가해자와 피해자의 특성 등을 살펴보면서 그 해결방안 및 예방책 등을 박진희, 윤가현의 논문을 인용하여 살펴보기로 한다.

노인의 기능적 수준과 학대유형에 따라서 노인학대 해결방안이 다르지만 노인학대가 발생하는 차별적인 환경개선을 위해서 노인을 위한 교육이나 노화과정에 관한 교육의 필요성, 재정적 지원 등을 강조했다.[368]

가족학대의 유형에는 아동학대, 부녀자 또는 아내학대, 노인학대 등의 분야로 구분되는데, 그 중에서도 노인학대(elder abuse)의 분야는 다른 분야에 비하여 우리 문화권은 더 높다. 반세기전에 고령화 사회로 변모한 서구에서도 대중이나 전문가들의 관심을 늦게 받기 시작하였다. 다시 말하면 서구사회에서는 1960년대부터 주로 아동들을 상대로 한 신체적 학대에 관심이 싹텄으며, 1970년대부터는 특히 남성이 배우자나 자녀 등을 상대로 하는 가정폭력, 그리고 1980년대부터는 가족이나 친척, 또는 인척관계가 아닌 남성이 남녀 아동들을 상대로 한 성 학대(sexual abuse)가 우선적으로 사회적 관심을 받았던 반면, 노인학대는 노인들의 인구가 갑자기 늘어난 1990년대에 들어와서야 겨우 관심을 받기 시작했다(Kemp, 1997; Vinton, 1999). 아동이나 성인여성들을 상대로 한 학대에 대한 관심에 비하여 노인학대의 영향에 관한 관심이 학문적이든지 그렇지 않든지 별로 높지 못했던 이유를 명확하게 제시하기는 쉽지 않지만, 아마도 노년기가 발달단계에서 마지막에 해당되는 것 때문에 노인학대에 대한 중요성이나 심각성을 간과했는지도 모른다.

즉, 노년기에 학대를 받고있는 노인들이 존재하더라도 그들의 미래는 더 이상 존재하지 않는다고 인식해 버린다면 노인학대의 부정적인 영향

---

368) 글쓴이 : 날짜 : 2004-03-09 17:42, 조회 : 4,838, -한국노년학연구회 제 10권-, 고령화사회와 노인학대, 박 진 희·윤 가 현, 전남대학교 심리학과

자체가 별로 중요하지 않다는 태도가 형성될 수 있다. 이러한 인식이나 태도는 의도적인 것이 아니라고 하더라도 노인을 경시하는 사회문화적 풍토에서 비롯된 것으로 짐작할 수 있다(Kemp, 1997). 서구에서는 노인의 존재가치를 경시하는 등 노인에 대한 차별적인 태도를 "에이지즘(ageism)"으로 표현하는데, 이러한 차별적 태도는 고정관념이나 편견의 일종으로 특히 산업화 사회로 변모하는 과정에서 부각되었다. 산업화 사회 말기 및 정보화 사회에서는 노인들의 정신능력을 젊은 세대들의 것과 너무 쉽게 비교하면서 노인들이 소유한 재원(resources)에 대한 가치를 더 이상 인정하지 않는 경향이 높아졌으며, 그로 인하여 노인들은 열등하거나 쓸모가 없는 존재로 인식되었다. 그 반면에 아동은 미래사회의 주인공이라고 인식되어 아동학대에 대한 관심은 매우 높은 편이다(Childs, Hayslip, Radika, & Reinberg, 2000; Garner, 1999; Hudson & Carlson, 1998).

그렇지만 노인학대에 대한 관심의 여부와는 상관없이 의술을 비롯한 기계문명의 발달로 인하여 인간의 평균수명이 20세기 중반 이후 매우 빠르게 증가하였으며, 그 결과 대부분의 선진문화권에서는 전체인구 중에서 노인인구가 차지하는 비율이 점점 증가하고 있다.

2) 고령화 사회와 노인학대

노인학대는 신체나 정신질환을 겪고 있는 노인들의 수의 증가와 정비례하고 있는데 질환으로 고생하는 대다수 노인들은 가족이나 사회로부터 보호를 받고 살아가고 있다. 이처럼 의존적인 노인인구가 증가하면서 노인에 관련된 여러 가지 문제들이 생겨나고 있는데, 그 중의 하나가 바로 노인학대이다(Couper, 1989). 우리 문화권에서는 가정폭력방지관련 특별법이 1997년에 제정되면서 아내학대나 아동학대 등 가족학대에 관한 관심이 증가하게 되었고, 이와 더불어 노인학대에 관한 관심도 생기고 있다(이성희·한은주, 1998; 이영숙, 1997).

또한 평등주의와 개인주의에 기반을 둔 핵가족화 현상이 두드러지면서 그리고 가족 구성원들간의 관계가 부모와 자녀보다도 부부를 중심으로 빠르게 변모하면서 성인자녀의 노부모에 대한 전통적인 부양의무가 줄어들게 되었고, 이로 인하여 노인학대의 발생 가능성이 전보다 높은 실정이다. 그럼에도 불구하고 우리 문화권에서의 노인학대에 관한 연구, 특히 경험적 자료를 바탕으로 하는 연구의 시도는 가정내에서 발생하는 다른 형태의 폭력문제처럼 민감하게 받아들이는 영역이기 때문에 쉽지 않은 일이다(이영숙, 1997; 전길양·송현애, 1997). 누구나 평등한 존재로 살아가야 한다는 권리측면에서 볼 때 갓 태어난 아이나 기대여명이 1년도 되지 못하는 노인이나 차이가 없다. 오히려 젊은 시절동안 가정이나 사회에 헌신적이면서 중요한 역할을 수행했던 점을 고려해보면 아이보다도 노인의 존재가치가 더 클 수도 있다. 그렇지만 노인학대가 실제로 존재함에도 불구하고 이를 제대로 인식하지 못하거나 그 중요성이나 심각성을 과소 평가하는 것은 노인에 대한 차별이다. 박진희, 윤가현의 연구에서는 21세기 고령화 사회에서도 존엄한 인격체로서 노인들이 대우받고 살아갈 수 있는 사회적 분위기 조성에 일익을 담당하고자 노인학대에 관한 관심을 부각시키는 내용을 정리했다. 이들은 노인학대의 빈도에 관련된 문제점, 노인학대의 다양성, 노인학대로 인한 영향, 노인학대의 위기요소, 그리고 노인학대 해결방안 및 예방책 등으로 구성했다.

3) 노인학대 발생빈도 보고의 문제점

노인학대의 발생빈도는 연구자마다 약간씩 다르게 보고하고 있는데, 노인인구중에서 극히 일부만이 학대를 경험했다는 내용으로부터 전체 노인의 2/3이상이 경험하고 있다는 보고까지 다양하다. 예를 들면, 네덜란드 암스테르담에 거주하고 있는 약 2,000명의 노인들중에서 신체적인 폭행을 당한 경험이 있다고 응답한 비율이 3.2%, 재정적으로 불리한 처우를 받았다는 응답 비율이 1.4%, 그리고 보호자나 부양자가 보호의무를 전혀 하지 않았다는 응답 비율이 0.2% 등 노인학대의 비율은 그렇게 높지 않는 편이었다(Comijs, Pot, Smit, Bouter, & Jonker, 1998). 그 반면에 미국 일리노이 지역에 거주하는 3,700명 이상의 노인을 대상으로 조사한 결과에서는 노인들의 49%가 재정적인 착취, 36%가 정서적인 학대, 그리고 33%가 부양자의 보호의무 태만, 2%가 성적 학대를 경험했다고 지각했으며, 또 사회복지사 등에게 상황을 판단하라고 했을 경우에는 이러한 비율이 더욱 높아져 재정적 착취가 66%, 정서적 학대가 77%, 보호의무 태만이 66%. 성적 학대가 21% 등으로 나타나기도 했다 (Neale, Hwalek, Goodrich, & Quinn,1996). 물론 우리 문화권에서 발생하고 있는 노인학대에 대한 비율을 정리하기는 매우 어렵다. 그 이유중의 하나는 노인을 상대로 학대실태를 조사한 경우보다도 노인의 자녀나 가족들을 상대로 한 조사가 더 흔하게 이루어졌으며, 또 전자의 경우도 표본의 수가 너무 작아 일반화시키기는 쉽지 않은 것들이기 때문이다.

아동학대나 노인학대 모두 실제 발생하는 경우보다 낮은 수치로 보고되고 있는데, 학대의 범주를 크게 설정할수록 신고된 건수는 빙산의 일각(tip of the iceberg)이라는 표현에 가까워진다. 아동학대의 경우는 아동 스스로가 신고할 수 있는 상황이 아니라는 점에서 신고된 비율이 낮은 편이지만 노인학대는 일반 대중이 학대라고 자각하지 못하는 것 때문에 신고하는 비율이 낮은 편이다(Mixson, 2000). 이렇듯이 노인학대의 빈도는 실제로 발생한 건수보다 훨씬 낮게 보고되고 있으며 또 연구자마다 서로 다른 수치를 제시하고 있는데, 그 이유는 최소한 다음의 세 가지로 정리될 수 있다.

첫째, 자료수집과정에 기인한 문제점 때문이다. 예를 들면 노인학대 빈도에 관한 자료는 대부분 노인과의 면접을 통해서 구하고 있는데, 면접을 담당하는 조사원들이 누구인가에 따라서 학대여부나 정도가 달라질 수 있다. 실제로 면접에 관한 훈련을 체계적으로 받았던 조사원을 투입시킬 경우에도 노인과 면접을 시도하는 과정에서 조사원의 실수로 미리 준비된 질문들의 약 4.2%를 빠뜨리게 되며 또 노인과 의사교환을 하는 도중에 얻은 대답의 일부는 노인학대의 빈도를 파악하는데 전혀 유용하지 못한 것들이었다. 이러한 문제로 인하여 노인학대의 비율은 실제보다 훨씬 낮게 보고될 가능성이 큰 편이다(Comijs, Dijkstra, Bouter, & Smit, 2000).

둘째, 조사대상자나 일반인들이 학대에 대한 정의나 범주를 이해하는 정도가 다르기 때문이다. 이는 기본적으로 노인문제 전문가들이 바라보는 학대의 관점과 일반인들의 관점이 서로 일치하지 않는다는 뜻이다. 예를 들면 노인들의 능력을 단순히 평가절하하는 언어적 표현이나 소리를 지르는 행위에 대해서 일반인들은 경미한 상태의 학대라고 보는 반면, 전문가들은 그렇게 표현하는 행위 자체를 적절하지 못하다고 여기고 있음에도 불구하고 학대라고까지 해석하지는 않았다. 그렇지만 노인들을 어린이처럼 취급하는 문제에 대해서는 일반인들보다도 전문가들이 더 민감하게 반응하는 등 애매한 형태의 노인학대에 대해서는 일반인들보다 학대의 범주를 더 넓게 지각하고 있었다(Hudson & Carlson, 1998).

또 노인학대를 이해하는 전문성 여부에 상관없이 조사대상자의 연령에 따라서 노인학대를 다르게 지각하기도 한다. 예를 들면 성인기 중기에 해당된 사람들은 성인기 초기에 해당된 사람들보다 경미한 수준의 행위까지도 노인학대라고 해석하는 등 학대의 범주를 넓게 설정하고 있었다.

이러한 연령 차이는 성인기 중기의 개인들이 노인의 부양자일 가능성이 높은 데다가 노화과정에 대한 지식이나 경험이 더 풍부한 것에 기인한다고 볼 수 있다(Childs 등, 2000).

셋째, 문화권마다 노인학대의 범주나 해석, 당위성 등이 다르기 때문이다. 예를 들면 미국 문화권에서 노인학대로 해석될 수 있는 상황들이 노부모에 대한 부양의무감이 강했던 코스타리카 지역에서는 노인에 대한 과잉보호(overprotection)라는 차원에서 다루어지고 있으며, 그러한 문화적 차이 때문에 코스타리카 지역에서는 노인문제 전문가나 서비스 제공자가 노인학대의 문제에 개입하는 것이 어려웠다. 보다 구체적으로 표현하면 노인과 함께 살고 있는 가족구성원들이 노인의 자율성을 빼앗는 노인학대현상은 가족구성원들에게는 과잉보호라는 차원으로 이해되고 있으며, 또 노인 스스로도 자신이 학대당하고 있다고 여기지 않았다(Gilliland & Picado, 2000). 한국노인들도 코스타리카 노인들처럼 학대라고 지각하는 비율이 낮은 편이었고, 또한 학대상황을 대처하는 방식에 있어서도 다른 문화권의 노인들과 다르게 나타났다. 미국에 거주하는 한국노인들과 백인 및 흑인노인들을 비교한 연구에 따르면 한국노인들은 미국노인들보다 여러 가지 상황에서 발생하는 학대를 지각하는 수준이 낮은 편이었다. 또 노인들이 학대를 당할 때 도움을 요청하는 비율은 흑인이나 백인노인들은 거의 ⅔정도인 반면 한국노인들은 36%에 불과했다. 한국노인들은 도움을 요청한 비율보다도 '꾹 참아버렸다'는 비율이 월등히 높게 나타났던 것이다(Moon & Williams, 1993).

이러한 차이는 한국노인들이 자신의 평안보다는 가족간의 조화를 더 중요하게 여기는 문화적인 맥락에서 이해할 수 있었다. 한국노인들은 자신이 자녀 등의 가족으로부터 학대받고 있거나 그들과 소원한 관계를 형성하고 있다는 사실을 가족의 수치(family shame)로 여기고 있기 때문에 그 사실의 노출에 대한 방어적인 태도를 보이며, 부모로서 자기 자녀를 학대 가해자로 고발하면서 따를 수 있는 죄책감이나 보복 또는 고발로 인하여 상황이 더 악화되어 학대가 더 심해질지도 모른다는 두려움을 가지고 있었다(윤가현·송대현, 1989; 이성희·한은주, 1998; Moon & Williams, 1993). 뿐만 아니라 학대유형에 따른 심각성의 평가도 역시 문화간의 차이를 보였다. 백인 미국 대학생들과 한국 대학생들의 학대에 대한 지각을 비교한 연구에 의하면 한국 대학생들은 노인을 구타하거나 노인의 금전을 갈취하는 행위를 미국 대학생들보다 덜 심각한 상황으로 받아들였다.

그렇지만 한국 대학생들은 심리적인 학대에 대해서는 미국 대학생들보다 더 심각한 학대에 해당된다고 반응하였다(Malley-Morrison, You, & Mills,

2000).

4) 노인학대의 정의와 범주

노인학대의 정의 및 범주는 연구하는 사람마다 조금씩 다르게 설정되어 있는데, 그 이유는 기본적으로 연구의 목적이 서로 다르기 때문이다.

그렇지만 노인학대에 대한 가장 보편적인 정의를 들면 다음과 같다. 가족이나 친지와 같이 노인과 개인적인 또는 특별한 관계에 있는 사람들이 65세 이상 노인에게 신체적 손상, 심리적 고통 또는 물질적 손해를 주는 모든 행위를 말한다(Salend, Kane, Satz, & Pynoos, 1984). 이러한 정의에 기초하여 여러 연구자들은 노인학대의 유형을 4~5개 정도로 구분하고 있다. 예를 들면 Comijs 등(1998)은 (1) 습관적으로 노인에게 언어적 모욕이나 협박을 가하면서 심리적인 고통을 안겨주는 심리적 홀대(psychological mistreatment) 또는 만성적인 언어적 공격행위(chronic verbal aggression), (2) 노인에게 신체적으로 상처를 입히거나 고통을 주는 신체적 공격행위(physical aggression), (3) 노인의 소유물이나 재산을 오용하거나 훔치는 재정적 또는 물질적 홀대(financial or material mistreatment), (4) 일상생활에 필수적인 도움을 노인에게 제공하지 않는 방임(neglect)의 네 가지로 분류했다. 그렇지만 그들은 후속연구에서 첫 번째의 유형을 단순히 만성적인 언어적 공격행위로 단순화시키기도 했다(Comijs, Penninx, Knipscheer, & van Tilburg, 1999b). 노인학대에 대한 정의나 범주에서 학대(abuse), 홀대(mistreat-ment) 그리고 방임(neglect)이라는 용어가 함부로 사용되고 있다고 지적한 Hudson과 Carlson(1998)은 학대와 방임은 모두 홀대에 속하며 서로 구별되어야 한다고 주장했다.

그들은 노인홀대(elder mistreatment)란 신뢰를 바탕으로 맺어진 인간관계의 맥락에서 노인이 신체적으로 해를 당하거나 심리적으로 고통을 느끼거나 또는 물질적인 손실을 입어 결국 노인의 삶의 질을 떨어뜨리게 하는 인권의 침해와 관계된 것인 반면, 노인학대는 공격적이거나 위협적인 행동들이 노인에게 고통을 주어 결국 해로운 영향을 미치는 것이라고 했다. 이에 따라서 그들은 노인학대는 (1) 신체적 학대(physical abuse), (2) 심리적 학대(psychological abuse), (3) 사회적 학대(social abuse), (4) 재정적 학대(financial abuse)로 구분하였다. 여기에서 사회적 학대란 노인의 사회적 역할이나 가치 등을 제대로 인식하지 못하는 차별의식과 관련된 것이다(Hudson & Carlson, 1998).

한편 Malley-Morrison 등(2000)은 학대와 방임을 홀대에 포함시킨 Hudson과 Carlson(1998)의 주장을 받아들인 상태에서 노인학대를 (1) 노인에게 큰 소리를 치거나 욕을 하는 행위의 심리적 학대(psychological abuse), (2) 노인을 무시하여 노인과 이야기를 거의 하지 않거나 그들의 이야기를 들으려고 하지 않는 행위의 심리적 방임(psychological neglect), (3) 노인의 신체에 대하여 공격성을 보이는 신체적 학대(physical abuse), (4) 노인에게 식사를 제공하지 않는 등의 신체적 방임(physical neglect), (5) 노인의 동의가 없는 상태에서 노인의 자금을 사용하는 물질적 학대(material abuse) 등으로 구분했다. 홀대를 당한 노인들 입장에서는 신체적 및 심리적 학대나 방임 모두 심각한 문제에 해당되지만 물질이나 재정적인 착취는 노인이 독립적으로 살 수 있는 경제적 토대를 빼앗기 때문에 가장 심각하게 여겨지기도 한다(Choi, Kulick, & Mayer, 1999).

또 Young(2000)은 Comijs 등(1998)처럼 노인학대 범주를 네 가지 유형으로 나눈 다음에 성적 학대(sexual abuse)와 자기방임(self- neglect)을 추가하여 여섯 가지 유형으로 구분하기도 했다. 여기에서 성적 학대는 다른 유형에 비하여 보고하는 빈도가 가장 낮게 나타났으며 자기방임은 자기 스스로를 돌보는 행위를 게을리하는 것으로 건강이나 위생의 측면에서 불량한 상태를 보여준다. 보다 더 구체적으로는 필요한 난방이나 냉방, 전기시설이 없는 위험한 주거환경, 동물이나 해충으로 인해 깨끗하지 못한 환경, 부적절한 옷차림, 안경이나 보청기를 제때에 마련하지 않는 것, 진료를 정기적으로 받지 않는 것, 탈수증(dehydration), 영양실조

(malnutrition) 등을 포함하는데 예를 들면, 치매환자들은 자신을 돌보는 행위를 쉽게 잊어버리기도 한다. 우리나라 문화권에서 접근한 예를 들면, 전길양·송현애(1997)는 노인홀대를 신체적 학대, 신체적 방임, 심리적 학대, 심리적 방임, 재정적 학대, 재정적 방임, 유기(abandonment) 등 모두 일곱 가지로 분류했는가 하면, 이성희·한은주(1998)는 신체적 방임, 신체적 학대 및 유기, 심리적 학대 및 방임, 재정적 학대 및 방임 등의 네 가지로 분류했다. 우리 문화권에서의 노인학대에 관점은 서구의 접근방식과 최소한 한 가지 면에서 차이가 있는데, 바로 유기에 있다. 유기란 노인을 부양해야 할 책임이 있는 사람이 노인을 버리는 것으로(전길양·송현애, 1997), 이는 전통적으로 노인부양을 의무적으로 받아들여왔던 문화적인 차이에서 발생한 유형에 해당된다.

지금까지 노인학대의 정의나 범주의 구분에 대한 설명은 학문적인 연구차원에서 접근한 것들에 한정시켰다. 그렇지만 노인들의 권익보호라는 차원에서는 실생활에서 발생하는 보다 더 다양한 노인학대의 범주로 나눌 필요가 있다. 즉, 정부나 행정기관의 차원에서 다루는 노인학대는 매우 폭이 넓은 상태로 정리될 수가 있는데, 여기에서 미국 일리노이주 정부의 노인학대 구분의 예를 제시하는 경우가 많다(Neals, Hwalek, Goodrich, & Quinn, 1996).

5) 노인학대의 영향

아동학대가 아동의 장래에 미치는 영향을 살펴보는 연구들에 비하여 노인학대가 노인에게 미치는 영향을 살펴보는 연구는 매우 미흡하다. 어떠한 유형의 학대이든지 노인이 정신적으로 고통을 받게 되는데, 신체적 학대도 신체적 손상 이외에 노인의 심리적 위축을 초래하게 된다. 노인에게 신체적 학대행위를 가하여 상처가 생기거나 부상을 입었을 경우 상처가 아물려면 일정한 시간이 필요하지만 정신적인 긴장 등의 적응은 노인의 남은 생애동안 사라지지 않을 가능성이 높다. 또 보호자들이 외출하면서 노인이 움직이지 못하도록 감금시키는 행위는 노인에게 사회적 접촉과 자극을 차단시키므로 심리적인 충격이나 후유증이 훨씬 클 수도 있다(Kaplan & Sadock, 1989; Kemp, 1997).[369]

그렇지만 신체적인 손상에 따른 심리적 고통이나 상처는 다른 사람들에게 쉽게 드러나지 않기 때문에 간과되기도 한다. 어떠한 유형의 학대이든지 학대를 당한 노인들은 노여움이나 슬픔, 좌절을 보이고 불안이나 우울증의 증상들이 나타나는데, 이런 증상들과 함께 수면장애나 섭식 장애, 에너지 손상으로 인한 무기력, 정신집중 저하에다가 일상생활이나 주변에 대한 관심의 감소 등을 보인다. 언어적으로나 신체적인 공격을 당했을 때 간혹 자신을 통제하지 못하고 화를 같이 내거나 가해자에게 공격적인 반응을 보이기도 한다. 또 학대가 노인과 가까운 관계에 있는 사람으로부터 행해질수록 노인은 보다 더 심한 감정적 동요와 실망 및 배신감, 적개심을 경험하게 된다. 특히 학대의 가해자가 자신의 성인자녀일 경우 노인들은 스스로를 비난하면서 죄의식에 사로잡히는데, 이런 행위를 하는 자녀를 자신이 양육시켰다는 점에서 자신들의 모습을 수치스럽게 인식하는 것이다(Comijs 등, 1999b; Kaplan & Sadock, 1989; Kemp, 1997; Comijs 등, 1998).

6) 시설기관에서의 노인학대

신체적이거나 정신적인 기능이 약화되어 의존성을 보인 노인들이 증가되면서 그들을 보호하는 시설기관도 늘어나고 있다. 이러한 점에서 노인학대가 발생하는 장소는 가정과 시설기관의 두 가지로 구분된다. 시설기관에 입소한 노인들을 상대로 하는 노인학대는 가해자가 가족이나 친지가 아니라는 점에서 가정에서의 노인학대와 구별된다. 시설기관에서의 노인학대는 주로 서비스의 질적 수준이 낮은 시설기관 또는 무허가 시설에 위탁된 노인들을 상대로 나타날 것으로 생각할 수 있지만, 상당

---

369) 출처: 상기의 내용은 Neale 등(1996)에서 발췌하여 요약한 것임

한 비용을 받으면서 수준 높은 서비스를 제공하고 있는 요양원 등에서도 발생하고 있다 (Kemp, 1997; Lowenstein, 1999).

예를 들면 스웨덴 지역의 요양원에 근무하는 직원 5백여명을 상대로 한 조사에 의하면, 직원의 약 11%가 시설기관에서 노인학대가 발생하고 있다는 것을 안다고 답했으며 또 직원의 2%는 실제로 자신이 학대를 가한 적이 있다고 답하였다(Saveman, Astrom, Bucht, & Norberg, 1999). 그렇지만 일반적으로 가정에서 발생하는 노인학대에 비해 시설기관에서 발생하는 노인학대에 대한 조사도 많지 않고, 노인학대라고 신고된 비율도 낮은 편이다.

그 이유는 다음과 같이 크게 두 가지로 설명될 수 있다.

첫째, 전통적인 성 고정관념(gender stereotypes)에 의하여 시설기관에서는 노인학대가 별로 발생하지 않을 것이라고 믿어버리는 경향 때문이다(Griffin & Aitken, 1999). 남성에 비하여 여성은 사회적 및 경제적인 지위면에서 불리한 위치에 처해 있는데, 대부분의 시설기관 종사자도 여성이며 또 입소한 노인들의 절대 다수가 여성이라는 점이 노인학대의 발생가능성을 알아차리지 못하게 만들어 버린다는 것이다. 다시 말하면 시설기관과 관련이 없는 사람들은 여성이 여성에게 학대를 가하지 않을 것이라고 생각하고, 시설기관에서의 노인학대를 조사한다거나 보고하는 비율이 낮다는 것이다(Griffin & Aitken, 1999).

둘째, 시설기관에서의 노인학대는 신체적으로 상처를 입힌다거나 소리를 지르는 것처럼 물리적으로 외부사람들에게 쉽게 드러나지 않는다는 점과 관계된다. 노인환자들과 의사소통을 할 때 무시해버리거나 노인들의 물건을 훔치는 행위 등은 다른 사람들에게 쉽게 드러나지 않는다(Chambers, 1999). 그렇지만 시설기관에서 발생하면서 남에게 드러나지 않는 학대의 형태는 대다수가 식사제공이나 약물의 사용에 해당되는 문제이다. 예를 들면 한 연구에서는 일부 장기보호 시설기관에서 노인의 건강보호에 관한 비용이 늘어나자 식비를 감소시켜 노인들에게 단백질과 칼로리를 제대로 섭취시키지 못해 영양결핍의 상태로 살다가 결국 사망에 이르게 되었다고 고발하기도 했는데, 연구자들은 발달장애를 가지고 있는 의존적인 노인이나 어른에게 적절한 영양분 제공의무를 무시하거나, 부적절한 식단을 제공하는 행위들도 학대에 해당된다고 주장했다(Aziz & Campbell-Taylor, 1999).

시설기관에 입소한 노인들에게 제공하는 식단과 관련된 학대행위도 비도덕적이지만 노인들을 상대로 한 약물투여도 마찬가지다. 장기보호시설기관에서 노인들의 문제행동을 쉽게 다루기 위한 목적으로 발생하고 있는 소위 약물학대(drug abuse)는 비도덕적인 의사나 간호사 및 직원들에 의한 수면제나 진정제, 항우울제 등의 향정신성 약물의 오용에 관한 것들이 대부분이다. 그밖에 시설기관의 전문가들이 훈련과 교육을 제대로 이수하지 못해서 투약이 잘못 이루어지는 문제도 생기고 있다(Chambers, 1999; O'Connor & O'Connor, 1999).

7) 노인학대 가해자와 피해자 특성

노인학대의 발생을 줄이기 위해서는 노인학대의 문제를 가해자와 피해자의 특성과 관련시켜 이해할 필요가 있다. 우선 가해자가 현재 부양하고 있는 노인을 어떻게 바라보는가의 시각은 자신의 경제적 상태나 직업 유무를 비롯하여 이웃이나 지역사회의 환경(예, 인구과잉이나 범죄 발생빈도 등)의 영향을 받는다(Kemp, 1997). 즉, 부양자가 경제적으로 윤택한 생활을 하지 못한 형편이라면 부모부양 자체가 경제적인 손실에 직결되므로 부모가 무능력한 존재로 인식되고 또 그러한 상황에서는 부양자의 스트레스는 매우 높아지게 된다. 이로 인하여 부양자도 우울증이나 걱정 등 정신건강의 문제를 경험하거나 신체건강도 영향을 받게 되는데, 역시 다른 가족구성원과도 갈등을 경험하게 된다. 이와같은 부양스트레스의 정도가 심할수록 보호를 받고 있는 노인은 학대를 받을 가능성이 높아진다(이성희·한은주, 1998; Wolf & Pillemer, 2000). 또 가해자의 개인적인 특성을 살펴보면 부양상황에 지쳐있는 것 이외에도 성미가 급한 자들일 가능성이 높다 (Saveman 등, 1999). 역시 어린 시절 아버지로부터 학대를 당했던 경험을 가지고 있는 남성들이거나 문제해결을 술이나 약물에 의존하려는 사람들이 노인에게 신체적인 학대를 가할 가능성도 높은데, 그들은 평소에도 우울증이나 불안 등의 정신병적인 기질을 보이고 있는 사람들이다. 그들은 대다수가 가족이나 친지, 사회단체 등 비공식적이거나 공식적인 접촉이 없이 고립되어 있고 노화과정에 대해서 잘 모르고 있었고 노인의 요구를 잘 알아차리지 못하는 경향이 있었다(전길양, 송현애, 1997; Reay & Browne, 2001; Young, 2000). 학대받는 노인의 특성을 보면, 75세 이상 노인, 여성이거나, 신체적 또는 정신적인 장애가 있거나, 건강상의 이유로 보호를 받고 있거나 또는 경제적으로 의존적인 경우 등을 들 수 있다(이성희·한은주, 1998; Kemp, 1997; Salend 등, 1984; Saveman 등, 1999). 특히 재정적 착취(financial exploitation)는 인지적 기능이 손상된 70세 후반의 노인들이 대상이 될 가능성이 높은데 노인의 재산이나 금전을 관리하면서 오용이나 남용 등의 문제가 발생한다(Choi 등, 1999). 그리고 가해자와 피해자의 관계를 살펴보면, 노인학대의 가해자의 47%가 성인자녀이고, 배우자가 19%, 손자가 9%, 그리고 거의 ¼정도가 친구, 형제나 자매, 서비스 제공자 및 다른 친지들이다. 또 노인홀대는 가해자와 피해자의 상호작용이 오랫동안 이루어졌던 것과도 관련이 있었다 (Young, 2000; Choi 등, 1999).

8) 노인학대의 해결방안 및 예방책

지금까지 가정이나 시설기관 등에서 발생하고 있는 노인학대의 다양성을 중심으로 노인문제의 단면을 살펴보았다. 산업화 사회로 변모한 이후부터 노인의 능력이나 가치 등을 무시하는 노인에 대한 차별의식이 서구는 물론 경로의식을 근간으로 살아왔던 우리 문화권에서도 사회적 문제로 등장하고 있으며, 또한 이는 노인인구의 증가와 함께 사회적 문제로 발전할 가능성이 크다. 그렇지만 사회적 문제로 등장하기 전에 노인에 대한 차별의식을 타파시키는 일을 게을리 하지 않는다면, 노인인구 증가에도 불구하고 노인문제는 늘어나지 않을 것이다. 노인에 대한 차별의식의 타파는 노인을 가치와 능력이 있는 존재로 이해하는 것과 관련되는데, 이를 계기로 노인이 인간으로서의 권위와 위엄을 되찾게 될 수 있을 것이다 (Harbison, 1999). 이를 위해서 세 가지 측면의 요소를 점검할 필요가 있다.

(1) 실제로 노인들이 어떤 유형의 학대를 어느 정도 받고 있는가를 파악함과 동시에 학대받은 노인들이 어떤 식으로 대처해 나가는가를 이해하는 것이다.

(2) 노인 자신이나 노인을 부양하는 부양가족들의 어려움을 제도적 측면에서 살펴보는 것이다.

(3) 노인 스스로를 비롯하여 일반인들이 노인을 바라보는 태도를 바꿀 수 있는 교육에 관한 것이다.

우선 노인에게 가해지는 학대의 정도 및 학대를 받은 노인의 대처에 관한 것을 살펴보면, 특히 우리 나라의 노인을 상대로 해서 어느 정도 학대를 받고 있는가에 관한 자료를 얻는 것은 매우 어렵다. 학대에 대한 개념을 제대로 이해하지 못할 뿐만 아니라 학대를 가한 대상이 자신의 배우자 또는 자신이 양육한 자녀임을 노출하는 것 자체에 대해서 노출을 꺼리는 경향이 강하기 때문이다(윤가현·송대현, 1989; 이성희·한은주, 1998; 정공진, 2000). 그러한 이유로 학대를 실제로 받은 경험이 있는 노인들을 상대로 심층면접을 실시한다면, 기존의 양적인 측정방법에서 얻어내지 못한 문화적 특성이 추출되면서 한국노인에게 고유한 해결방안이 모색될 수 있을 것이다. 노인이 학대에 대처하는 방식은 노인의 기능적 수준과 학대유형별로 다르게 나타난다. 우선 정신적으로나 신체적으로 비교적 건강한 상태에 있는 노인들은 학대를 경험하더라도 이에 잘 대처하는 편이지만, 기능수준이 저하된 노인들의 경우 스스로 대처할 자원이 부족하기 때문에 학대로 인하여 생활장면에 잘 적응하지 못하는 결과를 초래하게 된다. 예를 들면 신체적 기능에 장애가 있는 노인들이 자신을 방어하거나 학대를 피하거나 도움을 요청하기가 어려워 희생자로 전락한 이후 정서적으로 안정을 찾지 못하거나 신경정신과적인 증상을 보이기도 한다. 노인이 정신기능에 장애가 있는 치매환자일 경우 아예 자신의 학대경험을 타인에게 설명할 처지가 되지 못하여 인간 이하의 처우를 받으며 살아가기도 한다(Kemp, 1997). 한편 노인들은 어떠한 유형의 학대를 경험하는가에 따라서 다른 방식으로 대처하기도 한다. 신체적으로나 언어적으로 자신을 공격하는 학대행위에 대해서는 대부분의 노인이 그 상황을 단순히 회피하는 등 적극적인 대처를 하지 못하는 편이지만, 학대를 받는 노인이 화가 나거나 좌절을 느꼈을 때 가해자에게 공격적인 반응을 보이면서 대응하는 경우도 간혹 나타난다. 또 노인들은 재정적으로 학대를 당하는 경우 그 사실을 알아차려도 적극적으로 대응하지 못하는 편인데, 이러한 경험 때문에 노인들은 자신감이나 자아감을 더욱 상실하게 된다(Comijs, Jonker, van Tilburg, & Smit, 1999a).

비록 학대유형별로 노인들이 대처하는 방식이 다르다고 하더라도 노인학대 희생자들의 심리적 고통을 더 완화시켜 주고 또 그들에게 자신감과 자아감을 찾아줄 수 있는 프로그램을 공통적으로 운영하는 것이 가능하다. 자조집단을 형성하여 정서적으로 지지를 해주는 것이 그 한 예가 된다(Comijs 등, 1999a). 아울러 신체적이거나 정신적인 기능이 손상된 노인들이 경험하는 학대문제의 해결을 위해서는 사회복지측면에서 노인과 부양자에게 사회적 서비스가 우선되어야 하고, 이에 앞서 재정적 자원의 마련이나 법적인 근거마련 등이 필요하다(Choi 등, 1999). 여기에는 최소한 다음의 세 가지가 고려되어야 한다.

첫째, 노인의 거주환경은 적절한 서비스나 사회적 지지가 제대로 제공될 수 있는 곳이어야 한다. 노인에게 제공되는 대표적인 사회 서비스는 노인이 독립적 생활을 유지하도록 요리, 청소, 식사, 시장보기 등을 제공해주는 가정보조 서비스이다 (Kemp, 1997). 실제로 심리적, 신체적 및 재정적 학대의 희생자에 비하여 방임이라는 노인학대 희생자들의 경우 사회적으로 지지를 해주고, 스트레스를 감소시켜주고, 희생자들이 가해자들에게 의존하는 정도를 감소시켜주고, 희생자의 환경을 바꾸어주면 문제가 쉽게 해결되기도 했다. 그렇지만 사회적 서비스가 제공되어도 이를 거부하거나 생활환경의 개선을 거부하는 희생자들은 학대로 인한 문제해결이 어려울 뿐만 아니라 나중에도 학대받을 가능성이 더 높은 것으로 나타났다(Wolf & Pillemer, 2000; Comijs 등, 1999a).

둘째, 노인을 부양하고 살아가는 가족들을 위하여 부양에 따른 스트레스를 경감시켜 줄 수 있는 서비스가 무료 또는 저렴하게 제공되어야 한다. 예를 들면 부양자를 대신해서 몇 시간이라도 부양자의 역할을 가정에서 해줄 수 있는 서비스(respite care, housework services 등)나 부양하고 있는 노인을 주간에 맡길 수 있는 시설기관(adult day care) 등이 재정적인 부담이 크지 않는 상태로 늘어나야 한다 (Kemp, 1997; Young, 2000).

셋째, 노인학대 피해자들이 제도적으로 보호를 받을 수 있도록 하는 법적 장치가 마련되어야 한다. 우리 나라는 1997년 가정폭력방지법안이 제정되면서 노인들도 일부 보호를 받을 수 있지만, 그 법안 자체가 노인학대 피해자를 중심으로 만들어진 것은 아니다. 한편 미국의 경우 노인복지와 사회보장에 관련된 법안에 노인학대 피해자가 발생할 때 그 문제에 개입할 수 있는 성인보호서비스(Adult Protective Service)와 장기보호 옴부즈맨 프로그램(Long-Term Care Ombuds-man Program)을 담고 있다.

이에 따라서 노인이 자신을 위해서 합리적 결정을 내릴 수 없다고 판단될 경우 성인보호서비스 직원은 특정 노인문제를 감독하는 대리인이나 후견인 직무를 수행하기 위하여 법적 절차를 따르기도 한다 (Kemp, 1997).

위에서 다루었던 사회제도적 측면의 변화도 중요하지만 노인학대 문제의 해결은 무엇보다도 예방이 더 중요하다. 이를 위하여 노인들 스스로를 위한 교육 뿐만 아니라 가족구성원들 및 보호업무에 종사한 자 그리고 일반인들에게 노화과정으로 인한 변화와 특성에 대한 교육을 실시한다면 노인학대 등 전반적인 노인문제가 줄어들 것이다. 여기에 대한 구체적인 설명은 다음과 같다.

첫째, 노인을 대상으로 노인학대의 상황을 제대로 인지시킬 수 있는 교육을 실시한다. 또 노인이 학대를 받았을 때 공식적이든지 비공식적이든지 관계기관이나 관계자에게 자발적으로 도움을 요청할 수 있는 방법을 숙지시켜 실천하도록 하는 교육도 필요하다. 여기에서 비공식적인 관계자란 구체적으로 가족구성원, 친지, 친구, 이웃사람, 성직자, 동료 등을 말하며, 공식적인 관계자란 사회복지사, 의료인, 변호사, 경찰 등을 포함한다 (Young, 2000; Moon & Williams, 1993).

둘째, 가족구성원이나 노인보호에 종사하고 있는 사람을 대상으로 하는 노화로 인한 신체 및 심리적 변화에 대한 교육을 실시한다. 실제로 노인 특성에 대한 지식을 획득한 적도 없거나 역할 모델을 통해 부모부양을 배울 기회를 가져보지 못한 가족구성원은 노인과의 상호작용에 대한 경험부족으로 노인부양을 할 때 자신의 의지와 상관없이 학대를 할 가능성이 크다(이성희·한은주, 1998). 특히 치매증상을 보이고 있는 노인을 부양하고 있는 가족구성원 혹은 부양자들에게는 그러한 교육이 절대적으로 필요하다. 가정방문을 하는 사회복지사나 간호사들이 치매환자의 행동을 가족들이 이해할 수 있도록 질병에 대한 의학적 지식을 제공해준다면 노인과 가족간의 상호작용에 큰 도움이 되기도 한다(Young, 2000). 또 시설기관에 종사하고 있는 직원들은 약물이나 음식물 섭취가 노인의 감각기관이나 소화기관에 미치는 영향을 숙지한 자들이야 한다 (Aziz & Campbell-Taylor, 1999).

셋째, 사회구성원 전체를 대상으로 노인학대를 인식할 수 있도록 노인의 특성에 관한 교육을 실시해야 한다. 노인학대가 우리 사회에 만연되어 있는 노인에 대한 차별 때문에 발생하고 있음에도 불구하고 이를 제대로 지각하는 수준은 매우 낮다. 그러므로 이를 타파하기 위해서는 의료나 법률, 상담, 사회복지 분야 등에 종사하고 있는 전문가들이나 종교 지도자 등 사회서비스 제공자들 뿐만 아니라 일반인들에게도 교육자료를 제공·홍보하여야 한다 (Kemp, 1997).

이상에서 언급한 노인학대 문제의 해결방안이나 예방책은 노인문제를 바라보는 의식의 전환과 재정적인 지원에 의해서 좌우된다. 따라서 우선 교육을 통해서 의식의 전환이 이루어짐과 동시에 정책적인 실천을 위한 투자가 따라야 한다. 교육을 위한 프로그램 실시나 법적인 제도의 마련, 상담자의 양성과 교육, 노인을 위한 환경개선이나 부양자들을 위한 서비스나 프로그램 등 모두 재정적인 뒷받침이 없을 때는 거의 불가능에 가깝다. 이러한 이유로 노인학대가 사회적 문제에서 사라지기 위해서는 정책입안자들의 사고의 전환과 예산 마련의 노력이 우선되어야 한다고 할 수 있다. 아울러 대중매체에서 사고전환을 위한 노력을 함께 했을 때 노인학대 문제의 해결은 보다 쉬워질 것이다.

〈참고문헌 재인용〉

윤가현·송대현 (1989). 노년기의 고독감: II. 자녀와의 관계에서 파생된 고독감의 척도 개발. 한국심리학회지: 발달, 2, 106-113.

이성희·한은주 (1998). 부양자의 노인학대 경험과 관련 요인. 한국노년학, 18 (3), 123-141.

이영숙 (1997). 고부관계에서 발생한 노인학대에 관한 연구. 대한가정학회지, 35, 359-372.

전길양·송현애 (1997). 노인홀대에 관한 연구 - 학대와 방임에 대한 인식 및 경험을 중심으로. 한국가정관리학회지, 15 (3), 83-94.

정공진 (2000). 노인학대의 실태와 대책에 관한 연구: 전북지역을 중심으로. 원광대학교 행정대학원 석사학위논문.

Aziz, S., & Campbell-Taylor, I. (1999). Neglect and abuse asso- ciated with undernutrition in long-term care in North America: Cause and solutions. Journal of Elder Abuse & Neglect, 10, 91-117.

Chambers, R. (1999). Potential for the abuse of medication for the elderly in residential and nursing homes in the UK. Journal of Elder Abuse & Neglect, 10, 79-89.

Childs, H., Hayslip, B., Jr, Radika, L., & Reinberg, J. (2000). Young and middle-aged adults' perceptions of elder abuse. The Gerontologist, 40, 75-85.

Choi, N., Kulick, D., & Mayer, J. (1999). Financial exploitation of elders: Analysis of risk factors based on county adult protective services data. Journal of Elder Abuse & Neglect, 10 (3/4), 39-62.

Comijs, H., Dijkstra, W., Bouter, L., & Smit, J. (2000). The quality of data collection by an interview on the prevalence of elder mistreatment. Journal of Elder Abuse and Neglect, 12, 57-72.

Comijs, H., Jonker, C., van Tilburg, W., & Smit, J. (1999). Hostility and coping capacity as risk factors of elder mistreatment. Social Psychiatry and Psychiatric Epidemiology, 34, 48-52. (a)

Comijs, H., Penninx, B., Knipscheer, K., & van Tilburg, W. (1999). Psychological distress in victims of elder mistreatment: The effects of social support and coping. Journal of Gerontology: PSYCHOLOGICAL SCIENCES, 54B, 240-245. (b)

Comijs, H., Pot, A., Smit, J., Bouter, L., & Jonker, C. (1998). Elder abuse in the community: Prevalence and consequences. The Journal of the American Geriatrics Society, 46, 885-888.

Couper, D. (1989). Aging and our families. New York: Human Sciences Press.

Garner, J. (1999). Feminism and feminist gerontology. Journal of Women & Aging, 11 (2/3), 3-12.

Gilliland, N., & Picado, E. (2000). Elder abuse in Costa Rica. Journal of

Elder Abuse and Neglect, 12, 73-87.

Griffin, G., & Aitken, L. (1999). Visibility blues: Gender issues in elder abuse in institutional settings. Journal of Elder Abuse & Neglect, 10, 29-42.

Harbison, J. (1999). Models of intervention for "elder abuse and neglect": A Canadian perspective on ageism, participation, and empowerment. Journal of Elder Abuse & Neglect, 10 (3/4), 1-17.

Hudson, M., & Carlson, J. (1998). Elder abuse: Expert and public perspectives on its meaning. Journal of Elder Abuse & Neglect, 9, 77-97.

Kaplan, H., & Sadock, B. (Eds.) (1989). Comprehensive textbook of psychiatry/V. Baltimore: Williams & Wilkins.

Kemp, A. (1997). Abuse in family. Singapore: Thomson Learning.

Lowenstein, A. (1999). Elder abuse in residential settings in Israel- myth or reality? Journal of Elder Abuse & Neglect, 10 (1/2), 133-151.

Malley-Morrison, K., You, H., & Mills, R. (2000). Young adult attachment styles and perceptions of elder abuse: A cross- cultural study. Journal of Cross-Cultural Gerontology, 15, 163-184.

Mixson, P. (2000). Counterparts across time: Comparing the national elder abuse incidence study and the national incidence study of child abuse and neglect. Journal of Elder abuse and Neglect, 12, 19-27.

Moon, A., & Williams, O. (1993). Perceptions of elder abuse and help-seeking patterns among African-American, Caucasian- American, and Korean-American elderly Women. The Geronto- logist, 33, 386-395.

Neale, A., Hwalek, M., Goodrich, C., & Quinn, K. (1996). The Illinois elder abuse system: Program descript-xion and admini- strative findings. The Gerontologist, 36, 502-511.

O'Connor, C., & O'Connor, B. (1999). Reducing consumption of psychotropic medication in nursing homes: Contextual obstacles and solutions. Clinical Gerontologist, 21, 21-35.

Reay, A., & Browne, K. (2001). Risk factors characteristics in carers who physically abuse or neglect their elderly dependants. Aging & Mental Health, 5, 56-62.

Salend, E., Kane, R., Satz, M., & Pynoos, J. (1984). Elder abuse reporting: Limitations of statutes. The Gerontologist, 24, 61-69.

Saveman, B., Astrom, S., Bucht, G., & Norberg, A. (1999). Elder abuse in residential settings in Sweden. Journal of Elder Abuse & Neglect, 10, 43-60.

Vinton, L. (1999). Working with abused older women from a feminist perspective. Journal of Women & Aging, 11 (2/3), 85-100.

Wolf, R., & Pillemer, K. (2000). Elder abuse and case outcome. Journal of Applied Gerontology, 19, 203-220.

Young, M. (2000). Recognizing the signs of elder abuse. Patient Carc, 34, 56-71.[370][371]

4. 미국과 일본의 노인학대 : 노인학대의 배경을 중심으로

1) 연구의 목적

본 연구는 토시오 타타라 교수에 의한 미국과 일본에서 노인 문제가 어떻게 하나의 사회문제로 거론되는지를 간략히 기술하는데 있다.[372] 본 연구는 한국어로 번역할 목적으로 준비되었고 한국에서 열리는 국

---

[370] (논문접수일: 2001년 10월 20일), (수정논문접수일: 2001년 11월 9일), (논문게재승인일: 2001년 11월 13일)

[371] http://kinpea.wellageing.com/bbs/board.php?bo_table=data1&wr_id=21 (2012.3.31)

[372] 토시오 타타라 교수 (미국 국립노인학대센타 소장 역임, 현 슈쿠토쿠 대학 교수)

제대회 참가자들에게 노인학대 문제에 관한 배경이 되는 정보를 제공하기 위함이며 유엔의 노인의 해를 기념하기 위해 작성되었다.373)

2) 미국에서의 노인학대

(1) 역사적 배경

노인학대는 과거 수세기동안 일어나고 있었으나 이 문제에 대한 사회의 인식은 극히 최근의 일이다. 미국에서의 노인학대는 1970년대 초기까지는 점증하는 사회문제로 인식되지 않다가 그 때서야 사회학자들이 이 문제를 연구하는 데 흥미를 갖게 되었고 몇몇 주(州)가 성인보호서비스법안(state adult protective service(APS) law)을 제정하기에 이르렀다.

비록 "가정폭력"이라는 용어는 미국인들의 일상어휘에서는 훨씬 뒤늦게 나타났지만, 이미 많은 사회학자들이 "가정폭력(family violence)"(예를 들어 어린이 학대나 배우자 학대 혹은 둘 다)에 관심을 보였다. 더 나아가 초기에 주 성인보호서비스법안(APS, 이하 APS로 칭함)을 제정한 주는 아동보호서비스법안(the state child protective service(CPS, 이하 CPS로 칭함)과 거의 유사함을 보였다. 왜냐하면 노인보호서비스를 주창하는 사람들이 앞서 CPS옹호자들이 성공적으로 이용했던 정치적, 사회적 전략들의 많은 부분을 채택하기로 결정했기 때문이다. 모든 주는 1960년대 말까지 그들의 CPS법률을 제정하고 의회를 통과하여 리처드 닉슨 대통령이 1974년 연방정부의 아동학대 방지와 치료에 관한 법안(the federal Child Abuse Prevention and Treatment Act of 1974)을 법률로 서명하기에 이르렀다.

(2) 노인학대에 대한 연방정부의 인식

1978년까지는 연방정부에서 노인학대를 하나의 사회문제로 인식하지 않았으나 미의회 의원들은 이때에 열린 청문회 기간동안 "구타당하는

---

373) 총 : 152,588 , 쪽번호 : 1/6,104, No 제목 작성자 작성일 조회 추천, 일본의 노인학대 unmei 2011/07/29 80 0

노인(battered elderly)"이라는 용어를 처음 듣게 되었다. 의회 청문회에서 하원과학기술위원회 소위원회에 속한 한 사람의 후원을 받은 "1978년 2월 폭력행위에 대한 연구; 가정폭력"에 대한 증언은 다수의 주도적인 연구자와 행정기관이 가정폭력에 관심을 갖도록 하였다. 이들 연구자 중 한 사람이 델라웨어대학의 명망있는 가족 사회학자인 수잔느 K. 스테인메츠(Suzanne K. Steinmetz)였다. 그녀의 논문인 "가정폭력에서 간과되는 부분들: 구타당하는 남편들, 구타당하는 자녀들 그리고 구타당하는 노인들"에서 스테인메츠는 여자와 어린이 외에 노인들 또한 그들의 가정에서 학대당하고 있다는 사실에 주목하였다. 이 문제를 의회에서 인식한데 이어 특히 연방정부 입법가들 사이에서 노인학대에 대한 급작스런 관심이 들끓기 시작했다. 노인학대에 대한 첫 청문회가 노화에 관한 하원선별위원회의 감독하에 1979년 6월 매사추세츠 보스톤에서 열렸다.

노아가 1979년과 1981년 사이에 노화에 관한 하원선별위원회와 그 소위원회는 노인학대를 알리는 청문회를 다섯 번 더 개최했으며 100명이 넘는 증인들의 증언을 들었는데 이들 중 일부는 노인학대의 피해자였다.

노인학대에 대한 의회의 관심은 청문회를 조직하는데 그치지 않고 일반인들이 이 문제를 인식하는 것 뿐만 아니라 전문가들이 노인에 대해 관심을 갖게 하는데 더욱 효과적이었다. 노인학대에 대해 일부 법률활동가들은 의회에서 활동을 하기 시작했다. 첫번째로 하원의원인 클라우드 페퍼(Claude Pepper, 플로리다출신의 민주당)와 여성 하원의원인 메리 로즈 오카(Mary Rose Oakar, 오하이오주 출신의 민주당)가 공동으로 1980년 6월에 노인학대에 대하여 전국에서 처음으로 "1980년 성인학대 방지, 확인치료에 관한 법률(The Prevention, Identification, and Treatment of Adult Abuse Act of 1980"(H.R. 7551)이라는 입법안을 만들었다. 노인학대를 규정한 이같은 획기적인 법안은 다른 법률 규정들도 보건사회복지부(Department of Health and Human Services)내에서 노인학대에 관한 국가기관을 설립하도록 하였으며 각 주들이 정부지원을 받는 조건으로 노인학대에 대한 강제적인 보고법안을 제정하도록 하였다.

이런 법안들은 앞서 언급한 1974년 아동학대 방지와 치료에 관한 법률(Child Abuse Prevention and Treatment Act of 1974, P.L. 93-247)을 본떠서 만들어진 것이 분명한데 주와 아동보호서비스 전문가들의 상당한 지지를 누리게 되었다.

노화에 관한 하원선별위원회 임원들은 의장인 페퍼의 지시하에 노인학대 문제에 대한 광범위한 조사를 실시하였다. 이 연구결과는 1981년 4월에 노인학대: 숨겨진 문제 연구라는 획기적인 보고서로 공개되었다.

이 보고서는 뒤이어 지속적으로 행해진 많은 노인학대에 관한 의회 차원의 조사 중 첫 번째 것으로 대표된다. 이 보고서에서 의장인 페퍼는 노인학대를 "모든 미국 사람들에게 거대하고도 광범위한 영향을 미치는 수치스럽고 숨겨진 문제"로 기술하였다. 노인학대에 관심이 있는 연방정부의 입법가들이 연방노인학대법을 제정하려는 커다란 열정에도 불구하고 H.R. 7551은 많은 입법가들의 지지를 받는데 실패했으며 어떤 협의회에서 토론되기도전에 사멸하였다. 지속적으로 페퍼와 오카는 1980년대를 통틀어 의회의 각 회기마다 법안을 재도입하였으나(비록 "성인학대"가 "노인학대"로 바뀌었지만) 성공하지 못했다. 연방정부 노인학대법을 통과시키는 것을 목적으로 하는 그들의 집요함은 놀라운 것이었으며 1991년 마침내 종지부를 찍었다. 오카의 법률은 미국 노인복지법(Older Americans Act)의 조합으로 통합되고 마침내 연방정부 노인학대 방지 프로그램으로 수립되었다.

(3) 1987년 미국노인복지법에 관한 개정안

1991년에 만들어진 연방정부 노인학대 방지 프로그램은 또 다른 기원을 갖고 있다. 1985년 봄에 하원의 노령건강과 장기 보호선별위원회의 소위원회는 도처에 있는 노인학대법안에 대한 의회의 지지를 불러 일으키기 위해 청문회를 열었으나 이 법안을 지지하는 사람들은 이번에도 이 법을 의회에 통과시키지 못하였다. 그러나 청문회 기간동안 의장 페퍼가 제출한 보고서인 노인학대, 국가적인 수치는 이 보고서의 내용을 뉴스매체에서 널리 보도한 덕택에 대중과 전문가들 그리고 지지자들의 관심을 얻게 되었다. 그럼에도 불구하고 노인학대에 대하여 의회동료들의 지지를 받으려는 페퍼의 노력이 실패하였으나 확고한 페퍼는 그의 입법적 전략을 바꾸어서 개정안에 있는 노인학대조항을 미국 노인복지법에 포함시켜 4년마다 재가를 받도록 하는데 초점을 맞추기 시작했다.

그리하여 1987년에 미국 노인복지법이 의회에서 재가를 받았으며 페퍼는 그가 하려고 착수했던 일들을 이룰 수 있었다. 페퍼가 마련한 노인학대조항인 미국노인복지법의 Title Ⅲ의 Part G 부분은 주정부가 연방정부의 기금을 받아 노화에 관한 지역대행 기관의 네트워크를 통해 지역단위의 광범위한 노인학대 프로그램을 만들려는 것이다. 페퍼는 1987년 개정안에 있는 자신의 프로그램을 미국노인복지법에 포함시키는데 문제가 없었으며 일년에 500만달러를 받을 수 있도록 허가를 받아내기도 하였다. 그러나 페퍼는 하원의원들이 이 프로그램을 위해 어떠한 지출을 할 수 있도록 설득하는 데 성공적이지 못했다. 그리하여 미국은 1987년 당시까지 어떠한 연방정부의 기금을 받은 노인학대 프로그램이 없는 상태이다.

(4) 노인학대에 대한 국가기관의 설립

그러는 동안 연방노인청(Adminidtration on Ageing, AoA)은 1988년 미 노인복지법의 Title Ⅳ하에서 자유로운 기금의 사용과 더불어 노인학대에 관한 국립노화자원센터(National Ageing Resource Center on Elder Abuse, NARCEA)를 설립하기로 결심하였다. 흥미롭게도 연방노인청에 의해 구체화된 이러한 국가기관의 활동은 H.R. 7551에 기술되어 있는 것과 매우 유사하며 다음과 같은 내용을 담고 있다

(가) 노인학대에 관한 정보의 발전과 유포

(나) 노인학대에 관한 대중인지를 높임

(다) 전문가에게 기술적 지원과 훈련의 제공

(라) 노인학대에 관한 자료수집과 분석 등

　연방정부의 기금은 미공공복지협회(American Public Welfare Assoiation, APWA)에 주어졌는데, 이 협회는 1988년에서 1993년까지 주정부 노인국의 전국협의체(National Association of State Unites on Ageing, NASUA)와 델라웨어 인간자원 대학과 함께 이 기금을 운영하였다.

⑸ 연방정부 노인학대 방지 프로그램의 창설

　1990년 4월에 노화에 관한 건강과 장기보호의 하원선별위원회의 소위원회 구성원들은 청문회를 개최하고 보고서인 노인학대, 수치와 무기력의 10년을 배포하였다. 연방노인학대법안을 제정하지 못한 의회의 실패를 강도높게 비판하면서 이 보고서는 다시 한번 노인학대를 퇴치하는데는 연방정부의 지도력이 중요함을 강조하고 있다. 연방노인학대 프로그램과 미 노인복지법의 Part G, Title Ⅲ(연방정부 법이나 이를 실행하기 위한 자금이 배정되지 않았음) 그리고 1980년 원래 H.R. 7551에 의해 제시된 프로그램(이 법안은 의회를 통과하지는 못했으나 법안으로서는 아직 "계류"중이다) 사이의 차이점들을 조정하기 위한 분위기는 무르익은 듯 보인다. 전문가들은 만일 H.R.7551의 지지자들이 법안에서 강제적인 보고조항을 기꺼이 삭제한다면 두 프로그램은 어떠한 어려움없이 합치될 수 있을 거라고 예측하였다.

　1991년 5월 여성 하원의원인 오카는 노화에 관한 하원사회복지 선별위원회 소위원회에서 원래 1980년에 소개된 자신의 법안인 "1991년 노인학대 방지, 확인, 치료에 관한 법률(H.R.2967)" 중에서 주 정부로 하여금 강제적인 노인학대보고시스템을 세우도록 하는 조항을 삭제하는 데 다소 주저하면서 동의하였다. 이는 실로 역사적인 순간이었는데 연방 노인학대법을 제정하려는 오카의 오랜 노력이 성공적으로 끝났으며 새로운 연방정부 노인학대방지 프로그램의 탄생을 의미하는 것이다. 청문회에 이어 H.R.2697의 나머지 조항들은 Part G. Title Ⅲ하에 있는 프로그램으로 합병되었으며 미노인복지법의 수정안으로 결합되었다.

이로서 새 프로그램은 1992년 회계연도에 처음으로 290만달러의 지원금과 함께 1991년 9월말에 의회의 승인을 받았다. 그리하여 연방정부 노인학대방지 프로그램은 마침내 현실화되었고 이는 의심할 바 없이 10년 넘게 이런 유형의 프로그램을 만들어내기 위해 열심히 싸워온 소규모 연방의원들의 커다란 승리였다. 그러나 이들 의원들은 50년 이상 노인들의 복지를 위해서 가장 노력을 많이 한 페퍼가 2년 일찍 세상을 떠남으로서 슬픔에 잠겼다.

3) 문제의 범위와 성격

최근 수년동안 노인학대 분야에 있어서 괄목할만한 진보가 있었다. 그 결과 오늘날은 10년 전보다 노인학대의 범위와 특성에 대해 더 많은 것을 알 수 있다. 오늘날은 1980년대 보다 더욱 더 실용적인 자원과 기술적인 전문지식(예들 들어 치료기법)이 가능하다. 그러나 노인학대는 점점 늘어나고 새로운 정보를 만들어내고 더욱 혁신적인 접근법을 창출하려는 노력이 성공적이지 않는 한, 이 문제에 대한 현재의 지식은 곧 바로 낡은 것이 되기 쉬우며 치료나 방지에 대한 현재의 프로그램들은 급속도로 비효율적인 것이 된다.

(1) 노인학대의 정의

미노인복지법의 144절은 노인학대에 대한 연방정부의 정의를 제시하고 있다. 그러나 이러한 정의는 단지 문제를 알아내기 위한 지침으로서 제시된 것이며 연방정부는 주 정부로 하여금 연방정부가 내린 정의에 동조할 것을 요구하지 않는다. 1970년 초기 이후로 주 정부는 연방정부의 지침없이 노인학대에 대한 자체의 정의를 개발하였으며 어떤 주라도 자신들의 노인학대 정의를 연방정부의 정의에 맞추기 위해서 재빨리 수정하는 것이 거의 불가능해졌다. 국립노인학대센터(National Center on Elder Abuse, NCEA)는 1980년 후반 이래 각 주의 "노인학대에 대한 보고서"에서 자료를 수집해왔으며 NCEA는 앞서 지어진 이름인 노인학대에 관한 국립노화자원센터(National Ageing Resource on Elder Abuse, NARCEA[이하 NARCEA로 칭함])하에서 운영되고 있다. 아래의 제시된 NARCEA가 개발한 가정노인의 학대(예를 들어 가정에서 일어나는 노인의 학대, 무시, 착취)의 다섯 가지 유형인데 연방정부의 정의를 모델로 사용하고 있다.

    가) 신체적 학대

신체적 상처나 고통 혹은 손상을 입히는 물리적 힘을 일상적으로 사용하는 것

    나) 성적학대

어떠한 종류의 성적 접촉이라도 합의없이 노인에게 가해지는 것

    다) 정서적인 혹은 심리적인 학대

위험이나 수치, 협박을 하거나 혹은 또 다른 언어적 비언어적 학대행위를 함으로서 정신적으로 정서적으로 의도적인 고통을 주는 것

    라) 방치

수발자가 수발해야 하는 자신들의 임무를 의도적이거나 비의도적으로 수행하지 않는 것

    마) 재정적 혹은 물질적 착취

노인들의 기금이나 자산 혹은 어떠한 종류의 자원을 마음대로 유용하는 것

추가적으로 NARCEA는 또한 자기방치(self-neglect)를 정의하기를 자신의 건강이나 안전을 위협하는 노인들의 태만한 행동이라 하였다. 많은 주에서 노인보호서비스법은 자기방치를 인식하여 자기방치를 하는 노인들의 수를 헤아리고 있다.

    (2) 문제의 범위

노인학대의 실제적인 발생은 실지 일어나는 다른 형태의 가정폭력과 마찬가지로 알 수 없다. 노인학대 분야에 있어서 발생에 관한 연구는 아직도 진행 중이며 가정이나 제도적인 노인학대의 전체적인 발생에 대해

서는 신뢰할만한 정보를 얻지 못하고 있다. 기록을 보면 노인학대 발생에 관해서는 단지 두 개의 전국적인 조사연구가 있음을 알 수 있는데 두 연구 모두 연방정부의 기금을 받았다.

첫째, 1986년 필레머(Pillemer)와 핑켈홀(Finkelhor)(뉴햄프셔대학의 두 사회학자들)이 한 것이다. 이들은 메사추세츠주 보스톤의 메트로폴리탄 지역에서 모은 2000명 이상의 노인을 연구바탕으로 하여 701,000명과 1,093,560명 사이의 노인학대 피해자가 있었음을 투정하였다. 이 연구는 노화연구를 전문으로 하는 연방기관인 국립노화연구소(National Institute on Ageing, NIA)가 후원하였다.

둘째, 1994년과 1998년 사이에 NCEA는 미노인복지법을 관리하는 연방기관인 AoA의 기금을 받아 노인학대에 관한 전국적인 연구를 하였다.

이 연구에 따르면 1996년에 전체적으로 60세 이상 되는 551,011명에 달하는 노인들이 가정에서 신체적인 학대, 방치, 착취 그리고 자아방치를 당하고 있다. 그러나 이 연구는 전체적으로 많으면 787,027명에서 적으면 314,995명의 노인 피해자들이 있음을 주목하였다. 이 두 연구는 확률이론에 기초를 두고 있으며 추정치는 이 이론을 사용한 연구에서 도출된 것인데 이 추정치가 속하는 "범주"를 보여준다. 많은 연구가들은 이 두 "과학적인 연구" 사이의 추정치간에 커다란 차이가 나기 때문에 양 연구의 타당성이 의심받고 있다는 데 동의한다. "과학적인" 사건 발생율 연구가 노인학대에 관한 정보를 제공하지 못하는 반면, NCEA와 그에 앞선 NARCEA가 제공하는 노인학대에 관한 보고서는 이 문제의 범주와 특성을 보여줌에 있어 유용한 것으로 입증되었는데 다음과 같다.

최근에 발표된 가정내 노인학대의 빈도는 의미있게 증가하고 있다. 예를 들어 1986년에는 전국적으로 117,000명이 보고되고, 1987년에는 128,000명이, 그리고 1988년에는 140,000명으로 보고되었다. 그러나 보고된 수는 1993년에는 227,000명으로 증가했는데 이는 1986년부터 94% 증가한 것이다. 1996년에는 193,000명까지 지속적으로 늘어났는데 이는 지난해

NCEA가 수집한 정보이다. 1966년에 보고된 노인학대에 관한 자료분석에 근거하여(자기방치자료는 제외하고) 방치가 가장 널리 퍼진 학대 유형임을 알게 되었는데 미국에서 보고된 것에 55%를 점하고 있다. 그리고 신체적 학대(14.6%) 재정적 물질적 착취(12.3%) 그리고 심리적 정서적 학대(7.7%)가 그 뒤를 따르고 있다. 가정내 노인학대를 보고한 사람으로서는 의사 및 건강관리자가 가장 빈번하게 나타났다. 그들의 보고는 1996년에 보고된 것 중 22.5%를 차지한다. 피해자 가족들(16.3%)과 서비스 제공자(15.1%)가 그 다음이다. 노인학대를 보고한 사람 중 친구 혹은 이웃(7.7%), APS/노인서비스 관계자(6.0%) 그리고 법집행관(4.7%)같은 사람들은 보고하리라고 기대하는 만큼 빈번히 보고하지 않았다. 노인학대 피해자의 성인 자녀들이 가장 빈번히 가정내 노인학대의 가해자로 나타났으며 1996년에 보고된 모든 학대자 중 36.7%를 점하였다. 이 결과는 성인 자녀가 가정내 노인학대에서 가장 빈번한 학대자로 나타난 많은 연구와 일치한다. 배우자(12.6%), 다른 친척들(10.8%) 그리고 손자 손녀(7.7%)가 성인 자녀 다음으로 빈번한 학대자로 나타났다.

1996년에는 가정내 노인학대 피해자 중 68%가 여자인 반면 나머지 32%는 남자였다. 반대로 같은 해 가해자의 49%가 여자인 반면 47%가 남자였다. 가해자의 4%는 누구인지 알 수 없었다. 1996년에 일어난 노인학대 피해자의 66.4%가 백인인 것으로 나타났다. 추가적으로 흑인노인(18.7%) 그리고 히스패닛계 노인(10.4%)이 가정내 노인폭력의 피해자로 나타났다. 가정내 노인학대 피해자중 흑인노인과 히스패닉계 노인들은 둘 다 차지하는 인구 비율보다 많이 나타난 듯 하다. 반대로 백인노인들과 미토착 노인들[인디언들](0.7%) 그리고 아시아계 미국노인(0.3%)들은 적게 나타났다. 1996년 노인학대 피해자의 평균연령은 77.9세인 반면 자기방치한 노인들의 평균 연령은 77.4세였다. 이들 두 평균연령은 차이가 나지 않았다.

4) 노인학대를 다루는 주 정부차원의 활동

연방정부가 노인학대 문제에 개입하기 훨씬 이전에 다수의 주는 취약한 성인들의 학대에 대해 관심을 갖고 있었다. 일부는 성인보호서비스(APS) 프로그램을 시행하기 위해 주법을 제정하였는데 장애를 가진 성인과 노인 둘 다를 망라하였다. 기록에 의하면 성인보호서비스법은 1973년 사우스캐롤라이나에서 처음 시행되었다.

(1) 노인학대에 관한 주법

오늘날 모든 주들은 가정과 보호시설내에서의 노인학대에 관한 주법을 시행하고 있다. 정부 44개주(괌 그리고 버진 아일랜드를 포함하여)가 성인보호서비스법을 시행한 반면 나머지 주들은 노인학대에 관한 다른 유형의 법을 제정했다. 어떤 주의 법은 단지 가정내에서 혹은 보호시설내에서 일어나는 노인학대의 경우만을 커버하고 있는데 이들 주들은 노인학대에 관한 한가지 이상의 법률을 제정하였다. 노인학대를 퇴치하는데 주들이 이용하는 법은 매우 각양각색인데 아래에서 나타나는 법과 같이 많은 주들은 여러 법률을 통합하였다.

다만, 푸에르토리코는 노인학내에 관해 아직까지 어떠한 구체적인 법을 제정하지 않고 있다. 이들 주법은 노인학대에 관한 명시적인 정의에서부터 강제적인 보고자인가 혹은 자발적인 보고자인가를 확인하는 것, 가해자에 부과되는 벌금, 사람과 주거조건을 커버하는 범주, 보고를 접수하는 지정기관 그리고 몇몇 다른 특징에 이르기까지 널리 변화한다.

그리하여 어떤 주의 법은 다른 주의 법보다 훨씬 광범위하다(더 광범위한 범위의 규정들을 담고 있다는 뜻에서). 일반적으로 과정과 보호기관내의 노인학대 모두를 다루는 성인보호서비스법은 다른 유형의 법보다 조항이 많다. 주법에 있는 노인학대에 관한 명확한 정의는 주마다 다르다. 비록 대부분의 주가 내리고 있는 정의는 신체적 학대, 방치 그리고 재성적 착취를 세분하고 있으나 학대의 이 세가지 구성요소는 주마다 다르다. 일부 정의는 다른 주의 정의보다 더 광범위하고 법에서 커버하고 있는 취약한 노인들을 기술하기 위해 사용하는 용어들도 또한 다르다. 많은 주에서는 "의존적인 성인", "무능한 성인", "부적격한 노인", "위태로운 성인", "장애 노인" 같은 사람을 가리키고 있다. 이들 용어는 사회사업의 실천이라는 관점에서 보면 매우 비슷하나 의학적인 진단이나 법적인 함축성에서 보면 매우 다를 수 있다.

(2) 표준화된 노인학대에 관한 정의의 부족

연방정부는 노인복지법에 있는 노인학대 정의를 강요하지 않는다. 주 차원에서 노인학대를 다루는 주 법률만큼이나 많은 노인학대의 정의가 있다. 추가하여 연구자들은 자신들의 연구조건을 충족시키고 조사를 진행시키기 위해 자신들의 방식으로 노인학대를 정의한다. 그리하여 미국에서는 노인학대에 대한 표준화된 정의가 부족하다. 나라마다 공통된 노인학대 정의가 없는 것은 많은 문제를 야기시키고 국가 차원에서 보다 나은 이해를 지연시킬 수 있다. 각 주마다 의미있는 비교를 하는 것이 어렵고 주 통계에서 비롯된 전체 자료는 신뢰성이 있어야 함에도 불구하고 그렇지 않을 수 있다. 부가하여 주마다 특정 프로그램 모델을 이전하는 것이 어려운데 이 또한 노인학대에 관한 전체적인 공통된 정의가 부족한 것에서 기인하는 문제 중의 하나이다. 그럼에도 불구하고, NCEA는 1990년대 중반에 여러 가지 요인들을 연구한 결과, 기존의 주 노인학대에 관한 정의와 보고된 사례들은 특히 가정내 노인학대는 신뢰할만한 전체 자료가 준비되어 있음을 고려한다면 충분히 비교할 수 있다고 결론지었다. 나라마다 다른 노인학대 정의를 표준화하는 것은 많은 장점이 있으나 어떤 수준의 표준화를 이루기 위해서는 엄청난 시간과 비용이 필요하다는 점을 이해하려고 한다.

국가의 안전을 위협하지 않는 비군사적인 문제에 있어서 주의 권한이 나라를 능가하는 미국과 같은 나라에서는 전국적으로 어떠한 것을 표준화하려는 노력은 불가능한 것은 아니지만, 매우 어렵다는 점은 잘 알려져 있다. 더 나아가 노인학대 분야에서 현재 주 정부의 자원이 매우 한정적이라고 할 경우에는 노인학대에 대한 공통된 정의를 만들어 내거나 혹은 주 정부간의 공통된 보고관행을 만들어 내는 쪽보다는 주 정부 프로그램과 서비스를 강화하는 방향으로 나아가야한다고 널리 인식되고 있다. 한편으로는 노인학대에 관심이 있는 주 정부인사들은 주 정부 보호 서비스 행정청의 전국협의체(National Association of State Protective Services Administrators, NAAPSA), 노인학대 방지에 관한 전국위원회(National Committee for the Prevention of Elder Abuse NCPEA) 그리고 NCEA와 같은 조직에 의해서 고무되어 그들 사이의 의사소통이 매우 증대되었고, 이러한 결과로 노인학대 정의 뿐만 아니라 프로그램 실행에 관해서도 나라마다 비교할 수 있다는 기대감 또한 갖게 되었다.

(3) 주 정부 보고에 관한 요건들

8개주(콜로라도, 일리노이, 뉴욕, 노스다코다, 펜실베니아, 사우스다코다 그리고 위수콘신 등)를 제외한 모든 주의 법은 의심이 가는 가정내 노인폭력 사례를 보고할 것과 "의무적인 보고자"는 발생된 어떠한 노인폭력 사례도 주 법률이 정한 보고-접수기관에 신고할 것이 요구된다. 이들 8개주중 일리노이, 뉴저지, 뉴욕 그리고 위스콘신 주는 정해진 개개인들이 보호기관내의 노인학대 사례, 특히 요양원에서 일어나는 사례들을 관계당국에 보고할 것을 요구하는 주 법률을 유지하고 있다. 그리하여 4개주(콜로라도, 노스 다코다, 펜실베니아, 그리고 사우스 다코다)를 제외한 모든 주는 보호시설내에서 일어나는 노인학대를 위해 의무적인 보고요건을 갖춘 법률을 시행해왔다. 푸에르토리코는 가정내 노인학대나 보호시설내 노인학대 등 어느 경우에라도 보고 제도를 시행하지 않고 있다.

(4) 성인보호서비스 프로그램

일찍이 총 44개주는 노인학대 방지와 치료 프로그램을 제공하는 방식으로 그들의 성인보호서비스법을 시행해왔다는 사실이 알려져왔다. 나머지 주들도(푸에르토리코 제외) 성인보호서비스법 외에 어떤 것을 요구하는 주법에 바탕을 두고 유사한 프로그램을 제공하고 있다. 비록 성인보호서비스 프로그램이 장애인 성인과 노인 둘 다를 망라하고 있지만, 일전에 알려진 NCEA의 연구를 보면 대다수 주의 성인보호 서비스 사례 중 거의 70%가 노인학대의 경우이다. 나아가 NCEA는 몇 년 전 주 정부에서 일련의 성인보호서비스법을 위해 적어도 전국적으로 1억 5천만불을 지출하였다. 오늘날 주 정부에서 성인보호서비스 프로그램을 위한 비용은 전국적으로 1년에 2천만불이 넘게 지출되었다. 최근 보고서에서는 오늘날 텍사스의 매년 성인보호서비스 예산은 3천만달러인데 연방정부가 노인학대 방지 프로그램을 위해 매년 지출하는 경비의 거의 8배가 되는 것으로 나타났다.

5) 노인학대의 감소방법

현재 미국에서는 약 6천7백만명의 어린이(18세 이하의 사람들)들에 비교하여 4천2백만명의 노인(개정된 미노인 복지법에 따라 60세 이상되는 사람들)들이 있다. 그러나 노년인구는 매년 급속도로 증가하고 있는 반면, 아동인구는 증가추세를 거의 멈추었다. 미 통계국의 추계에 의하면 현재의 추세가 계속된다면 2020년까지 노인인구는 7200만명에 다다르는 반면 아동인구는 6600만명까지 떨어질 것으로 기대된다. 왜냐하면 대부분의 노인들이 지역사회내에 있는 자신들의 집에서 살 것이기 때문이며(그리하여 보호시설에 속하지 않을 것이며), 보고되는 수와 가정내 노인학대 발생 수 둘 다 증가할 가능성은 무한하다. 인구학적 변화에 부가하여 다른 요인들도 앞으로 노인학대 보고수가 늘어나는데 기여할 수 있다. 이러한 요인들의 예는 다음과 같다.

(1) 지역사회내에서 문제의 대한 인식이 향상됨

미 노인복지법의 Title Ⅶ하에서 연방정부 노인학대방지 프로그램은 지역사회의 공공교육을 지원하며, 이들 활동은 일반인들 사이에서 노인학대에 관한 인지수준을 높일 것이고 이들은 노인학대를 보고하게 될 것이다.

(2) 개선된 노인학대 보고접수체계

더 많은 주에서 노인학대 보고를 위해 주 전체에 무료전화를 설치하고 있으며 아동학대와 노인학대 둘 다를 보고받을 수 있는 통합된 중앙유입제도(central intake system)를 발달시키고 있다.

(3) 지역사회내에서 기관 사이의 조화가 증대됨

노인학대에 관심있는 기관들과 법 집행기관이나 의료기관과 같은 다른 전문기관들 사이의 조화가 증대될 것으로 기대되고 있다. 이는 의심할 바 없이 넓은 범위에 걸쳐있는 전문가들 사이에서 노인학대에 대한 인식을 높일 것이고 이들 전문가들이 보고하는 노인학대의 수도 증대되는 결론에 이를 것이다. 현재의 모든 지표들을 보면 가정내 그리고 보호시설내의 노인학대 둘다 보고되는 수가 거대하게 증가될 것이고 그 결과 노인학대에 관심이 있는 기관이 보고하는 수도 장차 늘어날 것이다.

그러나 자원은(노인학대를 막고 치료하기 위해 금전적 자원과 프로그램을 맡은 전문가 둘 다) 문제만큼이니 똑같은 속도로 증가될 것 같지 않다). 이 둘은 항상 그렇지 않듯이 이같은 상황을 보건대 서비스 효과나 질이 저하되지 않기 위한 최상의 전략은 성인보호서비스와 노인문제에 종사하는 다른 기관이 가능한 한 최상의 훈련받은 전문가들을 갖추는 것일 것이다. 이들 전문가들은 기관이 조사하고 간섭해야 할 경우를 시기 적절한 때에 알아낼 수 있을 뿐만 아니라 노인과 그 가족들에게 효율적이고 능률적인 방식으로 그들이 필요로 하는 서비스를 제공할 수 있을 것이다. 많은 사람들은 오늘날 미국이 몇 년 전보다 노인학대 분야의 전문가를 위한 더 많은 훈련기회가 가능하다는데 동의하며 이와같은 현상은 모두에게 좋은 징조인 것이다.

5. 일본에서의 노인학대

1) 노인학대의 배경

일본에서도 다른 나라의 경우와 마찬가지로 노인학대가 일어나고 있음은 의심의 여지가 없다. 일본 곳곳에 살고 있는 사람들은 아마도 그들 가족들 중 어떤 사람들이 이야기해 주었을 "내다 버려진 할머니"와 같은 여러 옛날 이야기를 기억하고 있을 것이다. 이 이야기는 사실일 수도 있고 아닐 수도 있는데 오늘날 많은 사람들은 오래 전 아주 나이 든 일본 여자들은 진짜로 산에 내버려졌다고 주장하고 있다. 이는 존경을 받는다거나 그들의 노인들을 보호한다는 일반적인 이미지와는 정반대인 것 같은데, 일본사람들은 역사를 통해서 볼 때 노인학대를 또 다른 형태의 가정폭력과 더불어 해왔다. 그러나 이 문제를 공개적으로 거론하기 시작한 것은 최근의 일이다. 고령화 사회가 급속히 진행되고 있는 일본에서는 노인학대가 아직도 대부분 감추어지고 사회문제로 완전히 인식되고 있지는 않다(작성자 unmei, 작성일 2011.7.29 조회 113).

2) 노인학대법과 프로그램

일본에서 노인들을 위한 국가복지법은 일본인의 복지를 증진하고 유지하는 것을 돕기 위해 만들어진 여섯 개의 기본적인 국가사회복지법 중의 하나이다. 비록 많은 일본 연구가들이 노인을 위한 국가의 법을 미국의 노인복지법에 비교하기를 좋아하지만 이 두 법은 비교될 수 없다.

미연방정부의 노인법은 빈곤한 노인 자체를 대상으로 하고 있지 않다. 일본의 노인법에도 노인학대 조항이 포함되어 있지 않다. 본 내용은 KJCLUB(Korea Japan Cultural Exchange)의 글들 인용한다.

"노인학대"라는 용어는 법 어느 곳에도 언급되어 있지 않으며 일부 사람들은 노인학대가 일본에서는 아직까지도 하나의 사회문제로 인식되고 있지 않음을 나타내기 위해 이 용어를 사용한다. 이와 대조적으로 아동학대는 아동복지법에 언급되어 있다. 불행하게도 아동학대를 위한 강제적인 보고요건은 엄격히 실시되지 않고 있고 아동학대 발생을 알기 위해 전체 통계를 모으는 제도도 없다. 이와 같은 이유 때문에 오늘날 일본에서는 전체적으로 아동학대 발생에 관한 정보가 없다. 일본에서는 장애성인과 노인의 권리를 보호하기 위해 만들어진 주 성인보호서비스(APS)법에 비교될만한 법이 없다. 일본은 "현"이라 불리는 48개의 정치적 관할 구역으로 구성되어 있는데 외견상 미국의 "주"와 유사하나 실제로는 매우 다르다. 주는 주법을 만들고 실행할 수 있으나 일본의 현은 법을 집행할 수 있는 권한이 없다.

3) 노인학대에 대한 연구

1990년대 이후 일본의 사회연구자들은 노인학대에 대해 흥미를 가지기 시작했다. 사학재단의 기금으로 대부분의 연구가 이루어졌는데, 연구자들은 지역사회에서 노인학대 문제의 정도를 알기 위해 노인들과 긴밀히 일하고 있는 전문가와 보조원을 대상으로 규모가 큰 조사를 실시하였다. 이 노인학대 조사에 포함된 전문가들의 유형은 (1) 간호원, (2) 사회사업가, (3) 노인서비스 기관의 행정가, (4) 보호시설내의 노인관리자, (5) 상담가, (6) 다양한 가정봉사원 등이다. 부가하여 일부 연구에서는 간호보조원과 보조 수발자(caregiver aides)와 같은 보조원을 응답자로 포함하였다. 전형적으로 노인학대 조사는 함께 일하고 있는 가족 사이에서 일어나는 노인학대 사례를 알아내기 위해 이들 전문가와 다른 응답자들을 "숙련된 정보제공자"로서 활용한다. 이와같은 조사방법은 미국의 노인학대 연구에서 빈번히 TM인 것이므로 일본에서 특이한 것은 아니다.

각기 다른 노인학대연구에서 도출된 공통된 연구 결과를 살펴볼 필요가 있다. 일본에서는 노인들의 며느리가 가장 흔한 수발자이다. 대체로 노인의 며느리가 가장 흔한 학대자인데 그러나 피해자가 남자일 때에는 그들의 부인이 가장 빈번한 학대자로 나타났다. 피해자가 여자일 때에는 그들의 며느리가 훨씬 빈번한 학대자이다. 수발자의 방치, 신체적 학대 그리고 재정적인 착취가 가장 흔히 일어나는 학대의 세 가지 유형이다.

그러나 가장 흔한 유형은 연구마다 다른데, 어떤 연구에서는 방치가 가장 흔한 유형인 반면, 다른 연구에서는 재정적 착취나 신체적 학대가 가장 흔한 유형이다.

노인학대의 원인에 대해서는 노인과 보호자의 현재 사이가 나빠지고 있거나 과거에 나빴던 것이 가장 주목을 받는 이유이다. 보호자의 스트레스나 부담도 많은 연구에서 노인학대의 주요 요인으로 빈번히 나타나는 요인이다. 부가하여 노인 피해자의 치매나 다른 정신적 신체적 손상 역시 노인학대와 관계있는 중요한 요인으로 밝혀졌다. 유사하게 학대자의 여러 가지 개인적 문제들(예를 들면 정신적 문제나 재정적인 어려움, 남편과의 불화, 질병, 실직 등)이 노인과 수발자간의 사이를 나쁘게 하는 데 작용하는 것으로 나타났다. 오늘날 일본에서의 노인학대 연구는 아직도 서서히 진행하고 있으며 몇몇 연구자들만 노인학대 연구를 전공으로 하고 있다. 그럼에도 불구하고 고령화 사회에 관심이 있는 정책입안자와 학자들은 노인학대에 대해 토의를 시작하였으며 일본에서도 노인학대에 대한 관심이 서서히 증가할 것이라는 징조가 보인다. 지난 해 후생국(Ministry of Health and Welfare)에서 노인학대에 대해 일본에서 첫 번째 실시된 연구를 지원하기 위해서 기금을 주었는데, 이 연구는 지금 진행 중이며 곧 마감될 것으로 기대된다. 본 논문의 저자가 이 연구의 수석연구원이다.

4) 노인학대의 예방과 치료프로그램

일본에서 노인학대가 일어나고 있다는 사실에도 불구하고 일본 어느 곳에서도 이 문제를 명시하고 있는 법이나 프로그램이 없다. 일본이 노인인구의 급속한 증가와 더불어 급격히 고령화 사회로 되고 있다는 것을 감안할 때, 가까운 장래에 더 많은 사람들이 노인문제를 인식할 것이 거의 확실하다. 그렇게 되면 이 문제에 대한 일반인의 인식이 정부관료들이 무시할 수 없는 어떤 수준까지 이름에 따라 노인학대에 대한 정부 차원의 반응이 있을 것이다. 문제는 더 이상 노인학대가 일어날 것인가에 있지 않다. 차라리 현재의 문제는 그것이 얼마나 빨리 일어날 것인가에 있다. 일본에서 노인학대에 관심이 있는 소규모의 연구자 집단이 출현하였으며 이들의 연구는 전문가와 일반인들이 노인학대 문제를 더욱 잘 이해하는데 기여하고 있다. 이 문제에 관한 대중들의 인식이 점점 커짐에 따라 노인학대에 대한 연구가 점점 늘어나고 예방과 치료프로그램도 더 많이 나타날 것이다.[374]

6. 2010년 노인여가활동 경연대회, '건강한 문화생활 실천'

중국 당나라 시성 두보는 '인생칠십고래희(人生七十古來稀)'라고 말해 70세를 넘기지 못하는 인생의 수한을 안타까워했습니다. 그러나 지금은 과학과 의료기술의 발달로 인간의 수명은 길어지고 삶의 수준 역시 놀랍게 향상되었습니다. '70세를 넘긴다'는 것이 희귀한 일로 받아들여지던 그 시절은 모두 옛말이 되어버렸습니다. 사람들의 나이가 들어가면서 점점 더 좋은 복지혜택과 문화 향유를 누리고자 많은 관심을 기울이고 있습니다.

1) 평택남부노인복지관에서 한국무용을 선보이는 아우름 한국무용팀

제2의 인생, 행복하게 사는 어르신들 큰잔치. 갑자기 찾아온 쌀쌀한 날씨에도 불구하고 뜨거운 열기로 장내를 덥히는 어르신들의 큰 잔치가 열려 찾아가 보았습니다. 안산문화예술의 전당에서 열리는 '2010년 노인여가활동 경연대회'가 바로 그것입니다. 경기도내에 거주하는 어르신들의 건전한 여가활동과 사회참여를 위해 마련한 대회는 지난 2000년 10월에 시작해 많은 관심속에 해마다 치러지고 있습니다. '인생 칠십'을

---

374) http://kjclub.com/kr/exchange/theme/read.php?tname=exc_board_63&uid=169383(2012.3.31)

훌쩍 넘긴 어르신들이 체조, 댄스, 문화예술 등 세 부문으로 나뉘어 총 42개팀이 출전을 했습니다. 틈틈이 시간나는대로 연습한 각종 댄스와 체조, 난타, 퓨전난무 등을 선보여 뜨거운 박수갈채를 자아냈습니다. 상기된 얼굴로 수줍어하는 어르신들은 열심히 가꾼 자신들의 삶을 무대에서 문화예술로 내보인다는 데 뿌듯함을 나타냅니다. 체조부문에 참가했던 임달숙(73·정왕3동) 어르신은 "동사무소에서 운영하는 노인복지센터에서 교육을 받고 사회활동에 참여하고 있습니다. 한글은 물론 영어, 컴퓨터 활용하는 것을 배워서 손자손녀들에게 이메일 보내는 법도 알게 되었어요. 여럿이 그룹을 져서 불우한 청소년을 돕는 것 외에 독거노인을 찾아가 말동무도 하고, 교통안전지도도 합니다. 또한 시간이 나는대로 이렇게 모여서 한국무용과 댄스, 창과 국악을 배워서 발표하는 기회도 가지고 있습니다."라고 소개합니다. 이어 함께 온 강혜숙(70·정왕2동) 어르신도 "우리는 제2의 인생을 사는 것 같아 매우 좋아요. 활력이 넘치고 사는 데 즐겁습니다."라고 덧붙입니다. 남양주시노인복지관에서 결성된 '다무공연단'이 우아한 부채춤을 선보였고, 하남시노인대학의 '하남 은방울무용단'이 농사 때 키질을 이용한 공연을 시연했으며 단원구노인복지관에서 나온 '풍물단'이 한국전통의 농악을 들려주었습니다. 그리고 화성시남부노인복지관에서 나온 '노노난타팀'이 북을 이용한 세련된 난타 공연을 보여주었습니다.

2) 노(老)노(NO)프로젝트, 노인권익 보호

주위를 돌아보면 자아를 개발하고 여가를 선용하는 데 관심을 기울이는 어르신들만 계시는 것이 아닙니다. 아직도 문맹의 그늘 아래 있거나 소외되고 버림받아 방치된 채 초로의 삶을 사는 어르신도 많습니다. 이 날 행사가 진행된 자리에는 '노인학대예방 사진전'도 개최되고 있었습니다. 육체적으로 나약하고 무기력해 신체적, 정신적, 정서적, 성적 폭력과 경제적 착취를 당하지 않도록 홍보하고 교육하기 위함이었습니다. 가혹행위를 하거나 유기 또는 방임하는 것을 막기 위해 경기서부노인보호 전문기관(관장 박노숙)에서 발벗고 나선거죠.

　노인학대예방 사진전을 개최했지만 실제로는 노인학대 사진은 없었고 홍보성 기획물만 전시를 하고 있었습니다. 작년에 학대받고 있는 사진을 전시했지만 행사에 참석하신 많은 분들이 너무 큰 충격을 받았기 때문에 이번에는 기획물만 전시했다고 합니다. '얼마나 심한 사진이기에'라는 생각이 들더군요. 노인학대와 함께 노인권익을 침해하는 여러 가지 문제를 전문적으로 대처하려고 노력하는 이곳에서는 '노인학대 예방하는 9가지 방법'을 알려주고 있었습니다. 현재 국내에는 총 2,369건의 노인학대가 이뤄지고 있습니다. 발생장소는 매우 다양하지만 그중 가정이 2,132건, 90%를 차지하고, 다음은 생활시설, 이용시설, 병원, 공공장소, 기타 장소 순으로 집계되고 있습니다. 여전히 가정내에서 학대 피해가 가장 많이 발생하고 있어 안타깝습니다.

노인학대예방 사진전이 개최되고 있는 안산문화예술의전당 전경
자료: http://ggholic.tistory.com/2086(2012.3.31)

그리고 피해자의 비율은 여성 어르신이 압도적으로 높습니다. 남성 748명에 비해 여성은 1,621건으로 68.4%에 해당하며 2배 이상 높습니다.

낳고, 기르고 지금껏 자녀를 주인처럼 받들고 살았건만 나이든 노인의 삶에 이르러서도 쉴 날이 없는 것 같습니다. 또한 대부분은 신체적으로나 경제적으로 약자며 의존성이 강한 특성을 가지고 있어서 학대에 노출될 위험이 더 크다고 합니다. 노인을 학대하는 행위자의 연령은 대체로 사회에서 경제활동을 가장 활발하게 하는 40~50세가 많습니다. 주 부양층인 이들이 경제적 어려움을 느끼게 되면 노인들에게 가장 많이 신체적, 정신적 충격을 가하게 된다는거죠. 때문에 일반 중장년층을 대상으로 한 노인학대 예방교육이 실시돼야 한다는 목소리가 높습니다. 우리 한국사회는 부양의 의무가 아들에게 대다수 부여돼 있습니다. 때문에 심적, 물질적 압박이 이런 상황을 낳고 있다고 분석합니다. 경기서부노인보호전문기관 김정은 실장은 "어르신들이 학대를 당하지 않으려면 자녀에게 경제적으로 기대지 않고 자립하는 것이 좋습니다. 그럴려면 경제적 능력을 유지하거나 재산권을 소유하고 있는 것이 가장 큰 힘이 되죠.

과거에는 자녀교육하는데 전심전력을 다했다면 이제는 편안한 노후를 위해 모든 재산을 상속하지 않고 가지고 있어야 합니다. 또한 사회적 관계에도 능동적으로 대처해야 합니다. 복지관에서 이렇게 여러 어르신들과 모여 소통하고, 교류하고, 문화활동도 하면서 건강한 삶을 유지하는 게 관건입니다. 또한 만약 학대 조짐이 보이거나 학대를 당하게 되면 자책하지 말고 적극적으로 도움을 요청해 노년의 삶을 건강하고 행복하게 마무리지어야 합니다"고 들려줍니다.

학대당하는 노인의 사진이 너무 잔인해 실사를 전시하지 못하고 패널로 된 홍보성 기획물만 전시하고 있다. 사진을 보고 정신적으로 충격을 받을 노인을 위해 이해될만큼만 전시했다고 한다. '아낌없이 주는 나무처럼' 모든 것을 다 내어주고도 더 줄 것이 없어 아쉬워하는 어르신들이 이제는 '학대'받지 않도록 따뜻한 시각으로 지켜주어야겠습니다. 그러기 위해서는 무엇보다도 한국 경제상황이 호전되어서 일자리가 많이 창출되었으면 하는 바람이 큽니다.

다음 주면 G20정상회담이 열린다고 합니다. 좋은 성과가 있기를 바라고, 여러모로 사회 곳곳에서 좋은 일들이 많이 생겨나 어르신들에게도 사회참여할 수 있는 기회가 많이 열렸으면 합니다. 복지혜택은 물론이고요.375)376)

7. 노인학대의 심각한 사례

1) 92세 할머니, 며느리에게 구타당해 피 흘림

아들 한모(58)씨의 다급한 신고를 받고 달려간 노인보호전문기관 직원들은 눈앞에서 벌어진 상황에 대해 경악을 금치 못했다. 아흔살이 넘은 할머니의 머리에서 피가 많이 흐르고 있는 것이었다. 붕대를 머리에 두르고 앉아 있는 할머니, 보기만 해도 소름이 끼치고 가슴이 아팠다.

대체 누가 할머니를 이렇게 만든걸까. 직원들은 신고자인 아들에게 자초지종에 대해 물었고, 알고 보니 학대 행위자는 할머니의 며느리였다.

함께 살고 있는 며느리가 할머니에게 고함을 지르다 못해 머리를 때린 것이다. 이런 일은 하루 이틀이 아니었고 결국 할머니는 병원진료와 함께 일시보호 후 요양시설에 입소하게 됐다.

2) 씻지도 않고, 남의 도움을 거부하는 할머니

한 복지관에서 가정방문 봉사를 하고 있던 A씨는 어느 날 담당구역에서 깜짝 놀랄만한 장면을 목격하게 된다. 한 할머니가 혐오스런 모습으로 거리를 다니고 있는 것이었다. A씨가 할머니에게 가까이 다가가자 심한 악취가 풍겨나왔다. 씻지도 않고 더러운 옷차림으로 계속 생활하고 있었기 때문이었다. 살고 있는 집은 이불을 비롯한 모든 것들이 비위생

---

375) 글·사진 안수지 기자
376) http://ggholic.tistory.com/2086(2012.3.31)

적으로 관리되고 있고, 오래된 음식을 먹고 있는 등 할머니의 건강상태 또한 매우 좋지 않아 보였다. 이 할머니는 74세의 최모 할머니로 A씨의 끈질긴 설득에도 타인의 돌봄을 완강히 거부했다. 결국 A씨는 경기도 노인보호전문기관에 신고했고, 직원들의 꾸준한 상담과 방문에 따라 최 할머니의 정상적인 생활이 가능해졌다.

알고 계셨나요? 6월 15일은 UN이 제정한 '세계 노인학대 인식의 날'입니다. UN은 노인에 대한 부당한 처우를 개선하고 노인학대의 심각성을 인식하기 위해 지난 2006년 6월 15일 처음 이 날을 제정했는데요. 점차 고령화돼가고 있는 우리나라의 현 상황에서 노인학대는 꼭 한 번 짚고 넘어가야 할 문제죠. 그런 의미에서 이번 포스팅을 준비했습니다.

위 두 사례를 보고 놀라신 분도 계실텐데요. 모두 실제 있었던 일을 근거로 재구성한 것입니다.

첫번째 사례인 머리가 피투성이 상태일 정도로 며느리에게 구타를 당한 할머니, 어떻게 가족인 노모에게 그럴 수가 있을지 정말 화나고 안타까운 일이 아닐 수 없는데요. 그런데 위 사례처럼 노인학대를 가하는 행위자의 대부분은 아들, 딸, 며느리, 배우자 등 가족이라고 합니다. 따라서 학대가 벌어지는 장소도 피해자가 살고 있는 집이 대다수를 차지할 수밖에 없겠죠. 노인들이 가장 안전한 곳으로 생각해야 할 가정에서 이런 충격적인 일이 벌어지고 있었다는 걸 생각하니 가슴이 미어지는데요. 오늘을 계기로 다시 한번 주변을 살펴보는 시간을 가졌으면 합니다.

두번째 사례는 씻지도 않고 옷이며, 이불이며 비위생적인 상태로 생활하고 있는 최 할머니 또한 학대를 받고 있는 상황인데요. 일반적인 학대와 달리 본인 스스로에게 학대를 가하는 경우입니다. 이런 걸 전문용어로 자기방임이라고 합니다. 노인 스스로가 의식주 제공 및 의료처치 등 최소한의 자기보호관련 행위를 의도적으로 포기하거나 비의도적으로 관리하지 않아 심신이 위험한 상태를 말하는데요. 건강이 좋지 않을 때 치료를 받고 약을 복용해야 함에도 불구하고 거부한다거나 의식주를 위한 행위를 하지 않고 다른 사람의 도움을 거부하는 행위가 여기에 해당됩니다. 전문기관으로부터의 구제가 반드시 필요한 케이스죠.

그럼 이쯤에서 궁금해 할 사항 하나! 과연 우리나라에서 노인학대가 얼마나 벌어지고 있는 것일까요. 중앙노인보호전문기관의 2010 노인학대 현황보고서에 따르면 지난 2007년부터 해마다 학대 신고건수가 늘고 있는 것을 볼 수 있습니다. 4년전만 하더라도 2,312건이던 학대 신고가 지난해 3,068건으로 756건이나 많아진건데요. 그렇다면 경기도는 어떨까요? 지난 2009년 경기도내 노인학대 실태분석 결과를 보면 2005년 324건에서 2009년 816건으로 꾸준하게 증가하고 있는 것을 확인할 수 있습니다. 매년 탄력적으로 늘고 있는 학대 신고건수를 생각하면 정말 심각한 일이 아닐 수 없죠. 대책이 꼭 필요한 상황인 겁니다. 다행히 경기도는 노인학대 예방 및 대응사업의 일환으로 노인보호전문기관과 노인학대 피해노인 전용쉼터를 운영하고 있는데요. 먼저 노인보호전문기관에 대해 알아보겠습니다.

경기도는 권역별 3개소(성남, 의정부, 부천)를 두고 노인학대와 관련된 다양한 역할을 수행 중이라는데요.

노인보호전문기관에서는 전문상담과 예방교육은 물론 노인학대 신고접수를 받고 현장조사까지 나간다고 합니다. 또 상황에 따라 응급보호조치와 상담서비스를 제공해주고 노인학대 예방 캠페인과 사진전 등을 개최한다고 하네요. 올해 3월부터는 '늘해랑누리'라는 이름으로 노인학대 피해노인 전용쉼터를 개소해 운영하고 있는데요. 이곳에서는 학대 피해노인을 3개월에서 4개월간 보호하면서 전문상담과 치유프로그램을 제공한다고 합니다. 특히 쉼터에서는 학대 피해자 뿐만 아니라 학대행위자와 가족까지도 전문상담을 제공해 준다는군요. 이렇게 함으로써 학대가 다시 반복되지 않는 효과가 있겠죠. 하지만 무엇보다 노인학대에 대한 국민들의 인식이 중요한데요. 마침 오늘(15일) 오후 2시부터 부천시 원미구 복사골문화센터 2층 갤러리에서 세계 노인학대 인식의 날을 맞

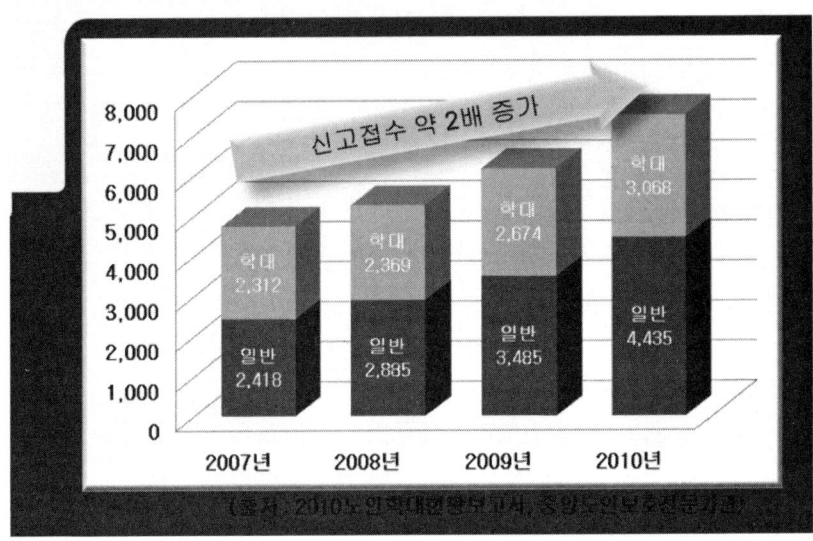

자료: http://ggholic.tistory.com/3265(2012.3.31)

아 기념행사를 개최할 예정이라고 하는데요. 노인학대 예방 캠페인인 페이스선언 전시도 함께 진행한다고 하니 많은 관심 부탁드립니다. 페이스선언이란 캠페인의 한 형식으로서 사회적으로 공유하고자 하는 의식 또는 이념에 대해 개인 또는 단체가 적극적으로 지지하고 공감하고 있음을 자신의 얼굴이나 신체의 일부를 드러내 표현하는 것을 말합니다.[377][378]

8. 우리 주변에서 일어나고 있는 노인학대에 대해 관심갖기

요즘 고령화 시대라고 하면서 빼놓을 수 없는 문제가 노인학대이다.[379] 해마다 노인학대는 증가하고 있으며 그 학대로 인해 자살을 선택

---

377) 글: 박재영 기자, 사진제공 경기서부노인보호전문기관
378) http://ggholic.tistory.com/3265(2012.3.31)

하는 노인도 많아졌다. 지난해 61세 이상 노인 자살자 4,614명 중 192명이 '학대폭력 문제'로 자살을 해 큰 논란이 되기도 했다. 노인학대의 유형으로는 '정서적 학대'가 가장 많으며 그 다음으로는 '신체적 학대'가 많다. 또한 학대행위자 유형은 아들이 가장 높게 나타났으며, 그 다음으로는 며느리, 배우자 등 가족내에서 노인학대가 큰 비중을 차지하고 있는 것으로 조사됐다. 이처럼 가족내에서 일어나므로 노인들은 신고를 꺼린다. 수사기관이 조사에 나서더라도 존속폭행은 '반의사 불벌죄' 즉, 피해자가 처벌을 원하지 않으면 처벌할 수 없는 범죄이다 보니 피해 노인들은 처벌의사를 접는 경우가 많다. 이러한 소극적인 자세로 인해 반복적인 학대가 시행되고 있는 것이다. 노인학대로 인해 노인범죄 문제로 이어져 큰 문제가 되고 있다. 할일은 없고 집안에만 있다는 이유로 가족들에게 학대를 당한 노인들은 범죄의 길로 들어서는 경우도 많아졌다.

지난 4년간 살인, 강도, 강간, 방화 등 '4대 강력범죄'를 저지른 노인들의 숫자가 늘어났으며 이로 인해 심각한 문제가 되고 있다. 알려져 있는 노인학대의 통계치보다 '보이지 않는 학대'가 상당히 많을 것으로 본다.

학대를 당해도 아무런 조치를 하지 않는 경우가 대부분이며 신고를 해도 제대로 조사하지 않는 경우가 많아 신고조차 하지 않는 것이다. 이러한 문제들로 인해 노인학대 문제는 시급한 실정이다. 예전보다 TV프로그램을 통해 노인학대 사례가 생생히 고발되고 있을 뿐만 아니라 개인적인 문제가 아닌 심각한 사회문제로 인식되고 있다. 바람직하지 않는 노인학대를 해결하기 위해서는 적극적인 정책수립과 수행이 필요하다.

또한 노인학대의 발생원인에 대해 심층적인 이해와 지속적이고도 다각적인 대응이 요구된다. 학대피해 노인들이 수동적인 자세를 취하는 이유는 개인적인 일로 여기고 창피하고 부끄러워 숨겨야 하는 것으로 생각한다. 따라서 노인학대를 개인적인 문제가 아니라 정책적인 개입이 필

---

379) 나와의전쟁ㄴ (su-_-ye****), 조회 726 2010.10.17 21:21

요한 사회문제라는 점을 홍보하고 교육이 이루어져야 한다. 더불어 신고하면 적절한 해결이 가능하다는 믿음을 줄 수 있는 서비스가 제공되어야 한다. 이를 위해 관련 전문 서비스를 제공하는 노인 보호전문기관을 수적으로 확대하고 질적 수준을 향상시켜야 할 것이다. 지금의 보호기관으로는 턱없이 부족하다. 신고의무를 강화하는 내용의 개정안이 국회에 제출됐지만 회부조차 안되었으며 처벌강화 등 개정안 마련이 추진중이지만 진전이 없다. 이와 같은 문제는 하루 빨리 개선해야 할 시급한 문제이고 가장 중요한 것은 정책적인 수립과 사회 개개인의 지속적인 관심이다. 사회에서 노인학대의 문제는 우리 가정의 문제이고 가까운 곳에서 일어날 수 있는 문제이다. 그러므로 개개인의 관심으로 개선될 수 있도록 조금만 더 신경쓰고 주위에 귀를 기울이자.380)381)

9. 노인학대의 유형

예전에 노예할아버지 사건도 있었잖아요. 자식이 부모 때리고 그러는 것도 노인학대일 것 같은데 그 외에 다른 것도 있는지 노인학대가 뭔지 궁금해요.382) 노인학대는 노인에 대하여 신체적, 정신적, 성적 폭력 및 경제적 착취 또는 가혹 행위를 하거나 유기 또는 방임하는 것"을 말합니다(노인복지법 제1조2의 3). 즉, 노인학대는 노인의 가족 또는 타인이 노인에게 신체적, 언어·정서적, 성적, 경제적으로 고통이나 장해를 주는 행위 또는 노인에게 필요한 최소한의 적절한 보호조차 제공하지 않는 방임, 자기방임 및 유기를 의미합니다.

---

380) 긴 글을 읽어주셔서 감사합니다. 이 글은 전문적인 지식이 아닌 저의 의견일 뿐입니다. 읽어보시고 댓글을 달아주시면 감사하겠습니다.
381) http://bbs1.agora.media.daum.net/gaia/do/debate/read?bbsId=D003&articleId=4025993(2012.3.31)
382) fish000 | 답변 699 | 채택률 83%

<노인학대의 유형>

유형	정의
신체적 학대	물리적인 힘 또는 도구를 이용하여 노인에게 신체적 손상, 고통, 장애 등을 유발시키는 행위
언어적, 정서적 학대	비난, 모욕, 위협, 협박 등의 언어적 및 비언어적 행위를 통하여 노인에게 정서적으로 고통을 주는 행위
성적 학대	성적 수치심 유발 행위 및 성희롱, 성추행, 성폭력, 강간 등 노인의 의사에 반하여 강제적으로 행하는 모든 성적 행위
재정적 학대	노인의 자산을 노인의 동의없이 사용하거나 부당하게 착취하여 이용하는 행위 및 노동에 대한 합당한 보상을 제공하지 않는 행위
방임	부양의무자가 의도적 혹은 비의도적으로 노인의 의식주 및 의료를 적절하게 제공하지 않는 행위
자기방임	노인 스스로 의도적 혹은 비의도적으로 자산을 관리하지 않아 자신의 건강이나 안전을 위협하는 행위
유기	보호자 또는 부양의무자가 노인을 버리는 행위

2007-07-13 10:08 | 출처 : 본인작성
자료: http://k.daum.net/qna/view.html?category_id=QFK&qid=3JLtJ&q=%B3%EB
%C0%CE%C7%D0%B4%EB&srchid=NKS3JLtJ(2012.3.31)

 안녕하세요. 중앙노인보호전문기관입니다.[383] fish000님이 자세하게 설명해주셔서 저는 조금만 보충설명하겠습니다. 노인복지법이 개정되어 노인복지법 제1조의2 4항에 의하면 "노인학대"라 함은 노인에 대하여 신체적, 정신적, 정서적, 성적 폭력 및 경제적 착취 또는 가혹행위를 하거나 유기 또는 방임을 하는 것을 말한다고 하여 정서적 부분이 추가되었습니다.

---

[383] 2007-07-13 10:08, noinboho | 답변 3 | 채택률 100%

그리고 노인학대와 관련된 더 자세한 내용을 알고 싶으시면 중앙노인보호전문기관 홈페이지(www.noinboho.or.kr)로 들어오시면 다양한 자료들이 있습니다. 주변에서 노인학대로 의심되는 일이 있으면 노인학대 신고 상담전화 1577-1389로 전화하시면 많은 문제가 해결될 수 있습니다.384)385)

10. 출산율 감소로 인해 나타나는 노인문제를 해결하는 방법

출산율 감소로 나타나는 노인문제를 해결하는 방법을 좀 알려 주세요.386) 오늘 이내로 좀 해주시기를 바랍니다.387)

1) 노인에 대한 가족부양은 이미 한계에 직면

출산율의 감소로 급격히 자녀수가 줄어드는 반면, 노인은 늘어나고 있습니다. 가족의 노후보장 및 노후의존도가 동시에 약화된 시점에서 가족에게 노인부양을 강요하는 것은 자녀에게 경제적 부담을 주어 가족갈등과 긴장을 더욱 증폭시킬 소지가 매우 높고 재정적 부담으로 인한 스트레스로 인해 노인학대나 노인방치로 이어질 수 있습니다.388)

2) 노인수발보험의 필요성

노인수발보험의 핵심을 딱 한마디로 정의하자면 "국가적 효도보험"이라고 할 수 있습니다. 치매 혹은 중풍 등에 걸린 노인을 수발하고 모신다는 일은 결단코 쉬운 일이 아닙니다. 그렇기 때문에 치매나 중풍을 앓으신 노모를 잘 모신 효부효자에게 국가에서도 상을 주는거겠지요. 우리나라의 급속한 고령화 속도와 늘어나는 노인문제를 개인이 부담하기에

---

384) 2007-07-19 18:04 | 출처 : 중앙노인보호전문기관 www.noinboho.or.kr
385) http://k.daum.net/qna/view.html?category_id=QFK&qid=3JLtJ&q=%B3%EB%C0%CE%C7%D0%B4%EB&srchid=NKS3JLtJ(2012.3.31)
386) lovecandyes | 2006-05-27 18:10 | 조회 5162 | 답변 3
387) 문영옥 | 답변 49 | 채택률 68.8%
388) 2006-06-18 17:27, 노수보 | 답변 16 | 채택률 0%

는 힘들다고 봅니다. 때문에 국가적으로 이 문제를 해결하고자 나선 것이고요. 이미 일본과 독일같은 선진국에서는 노인문제 해결의 일환으로 이 제도를 크게 시행하고 있습니다. 4대보험인 고용보험. 산재보험처럼 모든 사람에게 중요한 문제이기 때문에 물론 국가에서 대대적으로 시행하려고 하는 것이겠죠. 현재 전국적으로 여러 곳에서 성공적으로 시범사업을 하고 있습니다. 노인수발보험제도의 성공적 도입이 기대됩니다.[389)390)]

11. 노인복지시설과 여가프로그램

1) 노인복지시설

(1) 노인복지시설의 확충

생활이 어려운 무의무탁노인들을 대상으로 무료 및 실비수준으로 운영하여왔던 노인복지시설을 더욱 확충하여 노인들이 자신의 부담능력에 맞는 복지시설을 선택하여 이용할 수 있도록 유료양로시설, 유료노인요양시설, 유료노인복지주택, 노인전문병원 등과 새롭게 치매요양시설 등을 설치하는 것이 바람직할 것이다.

(2) 생활보호대상노인에 대한 소득지원 확대

1991년부터 70세 이상 거택보호가구주 등 7만6천명에게 월 1만원씩 지급해 온 노령수당제도는 지급대상이 한정되고 만족할만한 수준이 아니었다. 이 제도는 1991년 실시 이후 점차적으로 지급액을 인상하고 지급대상도 확대하여, 1997년의 경우 65~79세인 생활보호대상자 노인(228,477명)에게 월 3만5천원씩, 80세 이상 생활보호대상자 노인(36,642명)에게 월 5만원씩 지급하였으나 아직도 노인들의 경제적인 자립을 확보하기에는 미흡한 상태라고 하겠다.

---

389) 2006-12-09 04:18
390) http://k.daum.net/qna/view.html?category_id=QNO&qid=2fMe5&q=%B3%EB%C0%CE%C7%D0%B4%EB&srchid=NKS2fMe5(2012.3.31)

(3) 경로연금제도의 도입

1997년 7월 「노인복지법」의 전면개정으로 경로연금제도가 도입되었다. 우리 나라 노인소득보장의 근간은 1988년에 도입된 국민연금제도라고 할 수 있지만 국민연금제도는 도입 당시에 근로세대의 노후소득보장을 위한 제도로 설계되어 이미 노인이 된 계층은 적용대상에서 제외되는 문제점을 안고 있었다. 이러한 기존 노령계층은 근로시기에 부모부양 및 자녀교육비 지출로 노후를 대비하지 못한 세대이며 가족에 의한 사적부양에서 국가에 의한 공적부양으로의 과도기에 놓여 있는 세대라고 할 수 있다. 그러나 그동안의 65세 이상 일반노인에 대한 교통비 지급 등 제한적이고 간접적인 지원에 머무르고 있었다. 이러한 측면에서 경로연금제도의 도입은 국민연금의 적용을 받지 못하는 기존 노령계층에 대한 공적소득보장제도라는 점에서 획기적인 것으로 평가받을 만하다. 다만 노인복지법에 규정된 경로연금제도는 아직 제대로 완성된 모양을 갖추지 못하고 있다고 판단된다. 차후 많은 보완이 이루어지고 실용성있는 제도로 정착이 이루어져야 할 것이다.

(4) 취업알선

노인들에게 취업상담 및 알선을 통하여 여가선용 및 소득을 올릴 수 있는 기회를 부여하여야 한다. 대한노인회(사단법인)가 1981년부터 운영해온 노인능력은행의 자료를 보면 1996년까지 총 106만9천명이 취업하였다. 정부는 1997년에 70개소에 대하여 개소당 월 50만원의 운영비를 지급하여 후원하고 있다. 노인에 대한 취업알선은 노인의 무료함을 해결하는 좋은 방법이며 동시에 경제적으로도 도움을 줄 수 있는 현실적인 방법이며 사회에 참여하고 있다는 존재감을 줄 수 있어 상당히 바람직한 방법으로 계속적으로 사업을 확대해 나가야 할 것이다.

(5) 노인 공동작업장 확대

정부의 시책은 경로당을 포함한 노인복지시설에 작업장을 설치하도록 하고 있다. 이러한 작업장의 설치는 노인의 적성과 능력에 따라 작업을 함으로써 여가선용은 물론, 소득을 올릴 수 있는 기회가 마련될 수 있을 것이다. 정부는 노인복지시설 등에 작업장을 설치하고자 할 경우 기본설치비와 운영비를 지원하는 것이 바람직할 것이다.

2) 노인건강 측면

(1) 노인보건의료사업의 확대

정년 등에 따른 퇴직자에 대하여 직장의료보험을 계속 적용하는 제도를 도입하고 노인의료보험료 및 진료비의 본인부담을 경감시키는 방안을 마련하여야 할 것이다. 또한 틀니, 안경 및 보청기 등 신체기능 저하에 따른 노인의 건강생활유지에 필수적인 기구에 대하여 의료보험급여를 실시하여야 할 것이다. 아울러 65세 이상 생활보호대상자에게 실시하고 있는 무료건강검진 항목에 1996년부터 간암, 위암 등 각종 암검사를 추가하였는데, 항목을 단계적으로 확대토록 하여야 할 것이다. 치매 및 중풍노인 등을 위한 노인전문요양시설이 확충되어야 할 것이다. 일상생활수행에 제약이 있는 臥床老人(와상노인)은 1995년 약 14만명으로 2010년까지는 26만명으로 추정되고 있다. 이늘 중 가정에서 생활할 수 없는 노인을 위하여 의료기능이 강화된 노인전문요양시설을 전국적으로 확대 설치·운영하여야 할 것이다.

특히 치매노인을 위하여 1997년의 경우 4곳 뿐인 치매전문요양시설을 보다 확대시키고, 치매원격진료 정보통신망을 구축·운영하며, 치매전문의, 간호사, 간병인력, 상담원 등 치매전문인력을 양성하고 가족의 보호능력향상을 위한 훈련을 실시하여야 할 것이다. 또한 이들 시설이 의료보험기관으로 지정받을 수 있도록 노인복지법 및 의료보험법 등 관련법 및 제도의 개정을 적극적으로 검토할 필요가 있다. 민간노인전문병원을 설치하고 설치비용을 지원하여야 할 것이다. 치료가 가능하나 장기간 입원치료가 필요한 노인이나 수술 후 회복기에 있는 노인을 위한 노인

전문병원을 일반병원보다 저렴한 의료비로 운영할 수 있도록 저리의 융자를 실시하여야 할 것이다. 보건소에 물리치료를 위한 인력과 장비를 보강하여 노인성 질환 1차 진료기관으로 육성하며 각 보건소에 치매상담 및 신고센터를 설립·운영하여야 할 것이다.

　(2) 재가복지서비스의 확대

저소득층 노인이나 정신적·신체적 장애가 있는 노인 뿐만 아니라 노인성 질환 등으로 인하여 일상생활에서 거동이 불편한 노인들을 위해 재가복지서비스를 확대 강화하여야 할 것이다. 급속한 고령화로 인한 노인들의 장기적인 입원은 의료비의 급격한 팽창을 가져와 사회보장체계 자체를 위협할 수도 있다. 이를 방지하기 위해서 현재 운영되고 있는 사회복지시설을 그 목적에 맞추어 재정비 및 확충하고 가정봉사원 파견사업의 확대, 주간보호 및 단기보호시설을 확충하는 등 재가복지서비스를 강화하여야 하며, 이를 위해 무엇보다도 사회복지전문요원 및 수발(care)전문요원을 확보, 양성하여야 할 것이다.

　3) 여가프로그램의 개발

생활보호대상자를 비롯한 저소득층 뿐 아니라 중산층 이상 노인의 건강관리, 교양·문화활동 및 여가선용 등 노인의 전반적인 욕구를 종합적으로 충족시키고 자립심을 고취시킬 수 있도록 적절한 여가프로그램을 개발하여야 한다. 1996년부터 시범적으로 시행된 노인종합복지센터는 이러한 프로그램의 실행을 위한 중심적 역할을 수행할 수 있도록 역할을 조절해 나가야 할 것이다. 지역사회 노인을 대상으로 건강상담실, 체육시설, 목욕탕, 공동작업장, 에어로빅이나 포크댄스실, 시청각실 등 건강 및 여가시설을 제공하고 사회복지관, 노인·장애인 복지관, 보건복지사무소 등과의 연계를 통하여 레크리에이션, 지역사회봉사활동, 건강상담 등 각종 프로그램을 개발 및 운영하는 것이 바람직할 것이다. 지역사회에 거주하는 노인들이 모여서 휴식을 취하고 친목을 서로 나눌 수 있게 노인정을 '사랑방'화 하도록 하고, 이를 위해 시설의 증·개축 지원 뿐 아니라 운영비와 난방비의 지원을 확대하여야 할 것이다. 지역사회복지관, 노인종합복지관, 보건복지사무소 등과의 연계를 통하여 각종 프로그램을 개발함으로써 단순하게 소일하는 만남의 장의 차원을 넘어 삶의 의욕을 높일 수 있는 장이 되도록 하여야 할 것이다.

4) 노인복지 정책의 수립 및 집행

지난 30여년동안 한국 사회는 변화와 발전속에서 여러 가지 사회문제들을 야기해 왔다. 이러한 사회문제 중에서 노인문제는 비교적 최근에 부각된 문제라고 할 수 있다. 노인문제는 갑작스럽게 우리에게 다가온 문제가 아니라 산업화·도시화의 과정속에서 가족제도의 형태가 바뀜으로 해서 노인이 전통적인 어른의 기능을 상실하게 됨으로서 발생한 문제라고 볼 수 있다. 노인문제는 우리가 산업화의 과정에서 필연적으로 겪는 문제라고 한다면 이를 현명하게 해결해 가야 하는 것도 우리에게 남겨진 몫일 것이다. 그런 까닭에 노인문제를 해결하기 위한 정부의 노인복지정책의 현황을 검토해보았고 앞으로 나아갈 바를 노인부양의 문제, 노인건강의 문제를 중심으로 제시하였고 덧붙여 노인에게 사회에서의 적절한 기능을 발휘할 수 있는 기회를 모색해야 함을 제시하였다. 현재의 노인들은 한국의 발전행정기를 이끌어온 주역들이므로 국가와 민족, 후손의 번영과 발전에 기여해온 자로서 마땅히 존경을 받아야 하고 건전하고 안락한 생활이 보장되어야 할 것이다. 향후의 노인복지는 단순히 빈곤, 질병, 고독에 시달리고 있는 소수의 노인을 수동적으로 보호하는 것 뿐만이 아니라 보다 적극적으로 노년을 개발하는 차원에서 우리 사회에 노인의 제 기능을 찾아주는 방향으로 복지정책이 수행되어야 할 것이다.[391]

---

391) 2006-05-28 11:56 | 출처 : http://education.sangji.ac.kr/~j, 질문자 한마디 (lovecandyes님), 늦게 보았지만 고마워여, eun99991 | 답변 15 | 채택률 66.7%

12. "네가 모셔라" 어버이날 가족간 칼부림 '참극'

〈앵커〉

어제(8일) 어버이날, 어머니를 누가 모실지를 두고 논의하던 가족들 사이에 칼부림이 벌어졌습니다.392) 장훈경 기자입니다.

〈기자〉

서울 오금동의 한 5층 옥탑방, 계단 곳곳에 핏자국이 선명합니다. 어제(8일) 오후 6시쯤 62살 조 모 씨가 형수 64살 이 모 씨를 흉기로 찔렀습니다. 어버이날인 어제 집에선 노모를 모시는 문제에 대한 가족회의가 열렸는데, 조 씨는 형수가 회의가 모두 끝나고 나서야 도착했다는 이유로 이같은 범행을 저질렀습니다. 형수 이 씨는 손과 배를 크게 다쳐 현재 중환자실에서 치료를 받고 있습니다.

[이웃 주민 : (아들이) 가끔 전기세나 수도세나 내러 오시고… 그때 감정이 욱하셨나봐요. (형수를) 찌르셨다고해서 저도 놀랐어요, 진짜.]

경찰에 붙잡힌 이 씨는 "형수가 시댁에서 빌린 4000만원을 주식에 투자해 몽땅 날리기도 했는데 어머니를 모시는 데는 적극적으로 나서지 않아 화가 나 범행했다"고 진술했습니다.

지난 5일에도 노모를 모시는 문제로 남매들이 심하게 다퉈 경찰이 출동하는 일이 벌어졌습니다. 48살 공 모 씨 등 남매 3명은 뇌졸중에 걸려 거동이 불편한 어머니를 누가 모실지에 대해 논의하다 서로 얼굴을 수차례 때렸습니다. 경찰은 가족 모두 처벌을 원하지 않아 이들 남매 3명을 불구속 입건했다고 밝혔습니다.393)394)

---

392) SBS | 장훈경 기자 | 입력 2012.05.09 20:39 | 수정 2012.05.09 21:48
393) (영상취재 : 서진호), 장훈경 기자rock@sbs.co.kr
394) http://media.daum.net/society/newsview?newsid=20120509203908638(2012.5. 10)

제5장 다문화가정의 가정폭력 실태와 해결

1. 그녀가 떠날 때 - 모두가 그녀를 구타

 터키 이스탄불에서 시집살이를 하는 25세 여성 우마이(시벨 케킬리 분)는 남편의 구타를 견디지 못해 낙태를 하고 어린 외아들 쳄(니잠 쉴러 분)과 함께 독일의 친정으로 떠납니다. 하지만 친정에서도 아버지와 오빠를 비롯한 가족들의 학대로 인해 고통에 시달립니다.395)

 오스트리아 출신의 여성감독 페오 알라닥이 각본, 제작, 연출을 맡은 2010년 작 '그녀가 떠날 때'는 이슬람교 공동체 및 가정에서 자행되는 여성학대를 소재로 합니다. 사랑없는 섹스로 대변되는 초반 장면이 상징하듯 주인공 우마이는 가정폭력으로 결혼생활에 염증을 느끼고 시댁을 떠납니다. 하지만 친정아버지와 오빠, 심지어 남동생마저도 남편과 마찬가지로 우마이를 구타합니다. 친정서 떠나 이곳저곳을 전전하며 어느 곳에도 정착하지 못하는 우마이는 어떻게든 친정과의 관계를 회복하려 하지만 가족들의 냉대는 더욱 심해집니다. 심지어 가족들은 이슬람 문화권의 야만적 악습인 명예살인을 획책합니다. '그녀가 떠날 때'는 이슬람교 가정과 명예살인을 소재로 했지만 전 세계 각지의 여성을 희생시키는 가부장제 전반에 대한 고발과 비판으로 보는 것이 타당할 듯합니다.

 명예살인을 기도하는 오프닝은 절묘하게 편집되었으며 결말에서는 나름의 반전에 도달하지만 폭압적인 가부장제가 무고한 희생자를 낳는다는 점에서는 달라지지 않습니다. 오프닝을 비롯해 전반 30여분만 관람하

---

395) [블로그와 디제의 영화와 책 이야기, 디제 | tomino@hitel.net, 입력 2012.04.05 09:14:38, ※ 본 포스팅은 '그녀가 떠날 때'의 스포일러를 포함하고 있습니다.

면 그 안에 영화의 모든 것이 포함되어 있어 전체 러닝 타임의 서사를 미루어 짐작하는 것이 어렵지 않은 것이 약점입니다. 전개 속도가 느리며 지나치게 선명한 주제 의식으로 인해 엇비슷한 장면이 동어반복처럼 제시된다는 점에서 영화적으로는 아쉽습니다. 15분 정도 러닝 타임을 줄여 간결하게 편집하는 편이 낫지 않았을까 싶습니다. 또 하나 아쉬운 점은 주인공 우마이의 행동이 과연 최선이었는가 하는 점입니다. 영화속 고난에 처한 주인공의 행동이 과연 최선일까하는 의문을 관객으로 하여금 반복적으로 품게 하면 서사 구조의 설득력이 떨어지고 허술한 것이 아닌지 의구심을 품을 수밖에 없기 때문입니다. 이를테면 우마이는 친정의 학대로 인해 여성들만을 위한 안가에서 살게 되는데 '가족들과 연락하지 말라'는 안가담당자의 조언을 무시하고 계속 가족들의 주변을 맴도는 것을 이해하기 어렵습니다. 아버지와 오빠를 비롯해 친정의 가족들 역시 자신을 학대했음을 감안하면 냉정하고 영리한 처신이 필요했는데 가족에 대한 미련을 버리지 못한 것이 비극으로 연결된다는 점에서는 서사구조 전반이 작위적입니다. 정해진 결말과 계몽적 주제의식에 주인공을 몰아넣기 위해 납득하기 어려운 처신을 반복시킨 것이 아닌가 싶습니다. 폭압적 가부장제 비판이라는 주제의식에는 전적으로 동의하지만 주인공의 답답한 행동양식에서 비롯되는 서사구조 전반과 영화적 완성도에 대해서는 의문을 지울 수 없습니다.396)397)

2. 시어머니께 모국음식 드리자 "개밥"

1) 다문화가정, 가정폭력에 무방비

이주여성 생활실태 들여다보니, 절반 가까운 44%가 언어폭력 경험398)

---

396) 영화 평론가. 블로그 http://tomino.egloos.com/를 운영하고 있다. 영화관의 불꺼지는 순간과 책장을 처음 넘기는 순간을 사랑한다. 미디어스
397) http://www.mediaus.co.kr/news/articleView.html?idxno=24398(2012.4.8)
398) [단독] 시어머니께 모국음식 드리자 "개밥 같다"〈세계일보〉입력 2012.02.09 (목)

한국으로 시집온 몽골인 A(35)씨는 결혼생활 4년동안 생활비는 커녕 용돈 한푼 받지 못했다. 시어머니는 결혼초부터 "못사는 나라에서 왔고 한국말도 못한다"며 무시하고 폭언을 퍼부었다. 막상 A씨가 한국어를 배우려고 하면 "여자는 살림만 잘하면 된다"며 보는 책을 빼앗아 찢기도 했다. 남편은 툭하면 술 마시고 들어와 주먹을 휘둘렀고, A씨가 고향에 다녀오자고 하자 화를 내며 외국인 등록증을 찢었다. A씨는 "마음을 털어놓을 사람이 없어 외롭고 힘들다"고 토로했다. 결혼이주여성들의 '가정내 인권침해'가 심각한 것으로 나타나 정부 차원의 개선노력이 시급하다는 목소리가 커지고 있다. 물리적 폭력은 물론 출신 국가를 무시하거나 인격적인 모욕을 주고, 심지어 외출금지와 신분증 압수 등도 자행되는 것으로 나타났다. 국제결혼이 전체 결혼의 7%에 달할 만큼 빠르게 다문화 사회가 되고 있지만, 일상화된 편견과 차별 등으로 이들의 인권문제는 '제자리걸음'을 벗어나지 못하고 있다.

2) 일상화된 언어폭력에 상처받아

한국형사정책연구원의 '결혼 이주여성 인권침해 실태 및 대책연구'에 따르면 중국, 베트남, 필리핀, 캄보디아 출신 여성 811명 중 44.4%인 356명이 '가정내 언어폭력을 경험했다'고 답했다. 언어폭력은 주로 남편이나 시댁식구들이 이주여성 출신국의 경제수준이 낮다는 점을 들어 무시하거나 문화를 이해하지 못하는 데서 비롯됐다. '남편이나 시댁식구가 친정 부모나 모국을 모욕한 적 있느냐'는 문항에 33.2%가 '그렇다'고 답했다. 이는 이주여성 출신국에 대한 가족들의 이해가 크게 부족하다는 사실을 단적으로 드러낸다. 베트남 출신 B씨는 시어머니로부터 "너희 나라는 가난해서 고기도 못 먹어봤지"라는 말을 여러 차례 들어야 했다. "고기를 안먹어봤으니 먹지 말라"며 임신기간에조차 고기를 못먹게 해 황달에 시달렸다. 캄보디아에서 온 C씨는 "남편이 생활비를 줄 때마

02:22, 수정 2012.02.09 (목) 18:21

다 '이 돈을 캄보디아 돈으로 환산하면 얼마나 많은지 아냐'면서 면박을 줘 자존심이 상했다"고 털어놨다. 베트남 출신 D(26)씨는 "고향음식을 만들었는데 시어머니가 '개밥같다'며 핀잔을 줬다. 무심코 던진 말이었지만 내게는 굉장히 상처가 됐다"고 털어놨다.

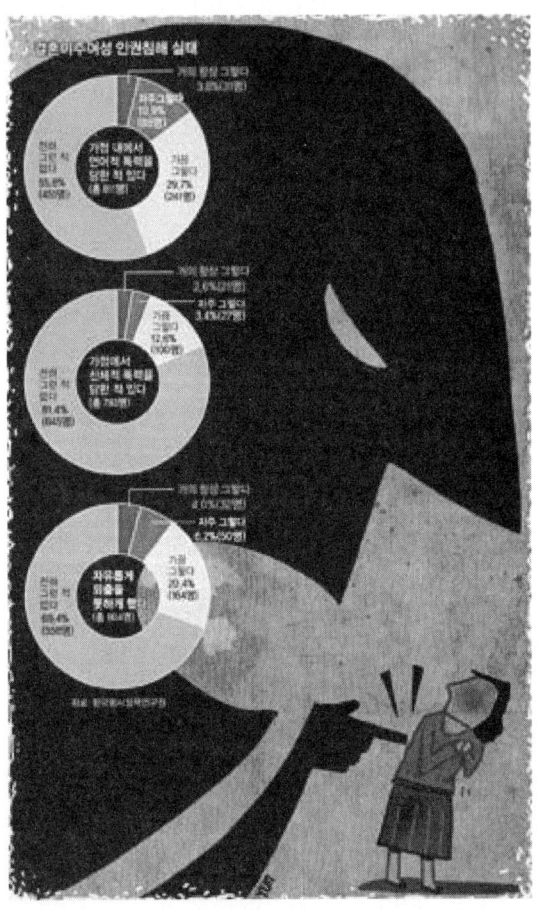

자료: http://www.segye.com/Articles/NEWS/SOCIETY/Article.asp?aid=201202080 05731&cid=0101080100000&subctg1=00&subctg2=00(2012.4.8)

3) 외출금지는 다반사, 감금·폭행도 자행

이주여성들에 대한 편견은 물리적 폭행이나 감금으로 이어지기도 한다. 베트남 출신 E씨는 임신한 뒤 태아에게 고향노래를 들려주고 싶어 베트남 음악을 틀었다가 남편에게 폭행을 당했다. 또 다른 베트남인 F씨는 '생긴 게 마음에 안든다' 등의 이유로 시어머니로부터 맞고 지낸다.

시어머니는 F씨가 외출도 마음대로 못하게 했고, 출산한 지 8일이 지났는데 때리기도 했다. 실제 연구결과에서도 '가정에서 신체적 폭력을 당한 경험이 있다'는 응답은 18.6%(148명)에 달했다. 또 30.6%는 '자유롭게 외출을 못하게 했다'고 답했고, 남편이나 시댁식구로부터 감금당한 경험이 있다는 비율도 4.2%나 됐다. 필리핀 출신 G(24)씨는 "'못사는 나라에서 와서 잘 배우지 못했다. 한국 사람이 돼야 한다'며 훈련하듯 마음대로 때리거나 가둬도 된다고 생각하는 사람이 많다. 도망갈 수 있다며 신분증을 빼앗기도 한다"고 말했다. 김지영 연구위원은 "가족들의 몰이해로 이주여성들이 받는 인권침해가 심각한 것으로 나타났다"며 "가정폭력의 범주에 언어폭력도 포함하고 남편과 시댁식구들에게 이주여성 인권에 대한 교육을 강제할 필요가 있다"고 시석했다.[399)400)]

3. 부부불화와 생활고 취약, 다문화가정 대책시급

"해체예방 상담서비스, 이주여성 취업교육 필요"[401)] 3월20일 새벽 5시 서울 방배동 주택가. 박모씨는 밤새 창밖에서 들려온 아기 울음소리에 잠을 설치다 대문을 열었다. 포대기에 쌓여 꿈틀거리는 무언가를 발견한 그는 순간 '누군가 갓난아기를 버렸구나'하는 생각에 포대기를 열어보고

---

399) 김유나 기자, 관련기사"가난한 나라 출신 편견… 가족 대우 안해줘"
 [2012/02/08] 타지에서 고달픈 시집살이에 성추행까지… [2012/02/09]
400) http://www.segye.com/Articles/NEWS/SOCIETY/Article.asp?aid=2012020800
 5731&cid=0101080100000&subctg1=00&subctg2=00(2012.4.8)
401) 서울=연합뉴스, 김태균 기자

는 다시 한번 놀라야 했다. 익숙한 한국 아이의 외관과는 많이 다른 모습의 아기가 들어 있었기 때문이다. 털모자와 수건 한 장에 쌓인 채 발견된 아이의 품속에는 꼬불꼬불한 영어로 쓰인 조그마한 편지가 들어 있었다. "이 아이는 19일 오전 10시15분에 태어났고 이름은 제롬입니다. 아이를 너무 사랑하지만 가정형편이 너무 어려워서 키울 자신이 없습니다. 잘 키워주세요." 박씨의 신고를 받고 출동한 방배경찰서는 제롬이를 서울시 아동복지센터에 맡겼다. 다문화가정의 해체로 버려지는 아이들이 속출하면서 가정해체를 막을 예방책과 혼혈고아를 위한 복지대책이 필요하다는 목소리가 높아지고 있다.

언어와 문화의 장벽으로 부부간에 불화가 생길 개연성이 크지만 위기의 순간에도 주위의 도움을 얻는 것이 사실상 힘든 다문화가정의 속성을 감안할 때 이를 가정내부의 문제로만 방치하면 심각한 사회문제로 대두할 수 있다는 지적이다. 결혼 이주여성이 남편의 가정폭력이나 시댁과의 갈등으로 이혼해 독립을 시도하다 생활고에 지쳐 아이를 수년씩 보호시설에 맡기는 사례가 적지 않다는 것이 아동보호시설 관계자들의 설명이다. 미얀마 출신 어머니와 한국인 아버지 사이에서 태어난 A(1)군이 바로 그런 케이스. A군은 어머니가 가정폭력을 견디다 못해 가출해 이혼소송을 제기하면서 작년 서울 아동복지센터에 맡겨졌다. 어머니가 베트남인인 B군(1)은 한국인 남편의 구타를 피해 어머니가 2008년말 이주여성쉼터에 입소하면서 센터에 왔다. 센터 이기영 소장은 "'코리안 드림'을 안고 온 이주여성들이 홀로 스트레스에 시달리다 좌절해 자녀의 양육을 장기간 포기하는 경우가 많다. 다문화가정이 계속 늘어나는 추세인만큼 이런 일이 앞으로 계속 늘어날 공산이 크다"고 말했다.

외국인 인구가 늘어나면서 아버지가 외국인인 다문화가정 출신 보호아동도 어렵지 않게 찾을 수 있다. C군(3)은 어머니가 한국인이고 아버지는 파키스탄인으로 어머니가 정신분열증을 앓아 병원에 입원하고 아버지가 본국으로 돌아가는 바람에 갈 곳을 잃었다. 외가 친척들은 '혼혈

아는 안된다'며 아이의 양육을 거부했고 결국 아버지가 다시 귀국하길 기다릴 수 밖에 없는 처지가 됐다고 한다. 많은 전문가는 대안으로 가정해체를 예방하는 상담서비스를 개발해야 한다고 제안한다. 다문화가정의 특성을 잘 이해하는 인력을 길러 전문 콜센터나 '부부학교' 등을 운영해야 한다는 것이다. 다문화 아동 3명을 맡고 있다는 서울의 한 아동양육시설 원장 신모씨는 "이런 상담제도만 잘돼 있어도 아이들이 안타깝게 시설에 오는 사례의 30~40%는 줄일 수 있을 것"이라고 했다. 이혼 뒤 아이를 홀로 키워야 하는 이주여성에게 사회적 지위를 보장하고 취업교육 등의 지원책을 제공해야 한다는 의견도 제시됐다. 다른 아동복지시설 관계자는 "다문화가정의 아이는 한국어를 하는 엄연한 한국 사람"이라며 "이주여성이 한국 남성과 헤어지면 무조건 외국인 취급하며 박대하는 것은 다문화사회의 대의에 어긋난다"고 말했다.[402]

4. 소통불화·가정폭력으로 이어진 불행

1) 위기의 다문화가정

베트남 시골미을에서 빈농의 딸로 태어난 네이수앙(21·가명)씨는 작년 9월 국제결혼업체를 통해 충남 태안에 사는 김관식(가명·53)씨와 신방을 차렸다. 32살 차이가 났으나 베트남에서 본 김씨는 괜찮아 보였다.[403]

그러나 입국한지 두 달도 안 돼 그녀의 '코리안 드림'은 산산이 부서졌다. 김씨는 회사원으로 직업은 안정적이었으나 술만 먹었다 하면 트집을 잡고 폭행했다. 더욱이 남편은 그녀가 다른 베트남 사람과 만나는 것을 싫어해 외출도 마음대로 할 수 없었다. 지난 겨울 남편은 술에 취해 칼로 그녀를 위협하며 온몸을 구타했다. 네이수앙씨는 그 길로 집을 뛰쳐나와 인근 주유소에 들어가 도움을 요청했고, 태안군 다문화센터에 연결

---

402) http://blog.daum.net/minjjjkk/18283226(2012.4.8)
403) 수원=김우성 기자, 입력 : 2009.01.28 03:40 / 수정 : 2009.04.27 16:32

돼 상담을 받았다. 그러나 남편과의 관계를 정상화시키기는 어려웠다.

말도 안 통하는 이국 땅에서 생명의 위협까지 느낀 그는 결국 남편과 이혼하기로 했다. 한국에 온 지 5개월도 안된 그는 이주여성쉼터에 묵으며 깊은 상처만 얻은 채 고국으로 돌아갈 날만 손꼽아 기다리고 있다.

네이수앙씨 뿐만 아니다. 매년 3만명 안팎의 외국인 여성이 한국으로 시집오고 있지만 이들이 꾸린 다문화가정은 일부 불화를 겪고 있다. '가정폭력', '소통불화' 등이 주요 이유다. 베트남 여성 화모(21)씨는 작년 1월 경기도 용인시에 거주하는 한 40대 남성에게 시집왔다. 결혼 당시 그녀가 아는 한국어라곤 '안녕하세요' 등 한두 마디에 불과한 데다 남편의 집안 형편이나 남편에 대해서도 아는 것이 없었다. 결혼 후 알게 된 남편의 직업은 음식점 임시종업원 등 비정기적인 일이었고 방 두 칸짜리 57㎡ 주택에서 부모와 동생 식구와 함께 살아야 했다. 경제 문제로 화씨는 남편과 부부싸움을 시작했으나 서로 의사소통이 되지 않아 상황은 악화됐다. 이 때문에 화씨는 부부생활에 지쳐 무작정 이혼하고자 하는 자포자기 상태다. 8개월 된 남자아기에게도 정을 떼기 위해 아기가 울어도 안아주려고 하지도 않고 눈을 맞추려고 하지도 않는다. 작년 4월 충북 영동에서는 베트남에서 시집온 지 8개월 된 스무살의 새댁이 농약을 마시고 자살을 시도한 사건이 발생하기도 했다. 이 베트남 신부는 남편이 대졸에 번듯한 직장을 다니고 있다는 중매업체의 감언이설에 속아 2007년 8월 한국으로 건너왔다. 그러나 남편(39)은 변변한 직업이 없는 농촌 총각인 데다 정신질환까지 앓고 있었다. 말도 통하지 않는 농촌마을에서 몸이 불편한 시아버지를 모시며 가난한 살림을 꾸려가던 그녀는 결국 자살을 시도했다. 산소호흡기에 의존해 한 달 이상 중환자실에서 사경을 헤매다 간신히 의식을 회복한 그녀의 첫마디는 "사랑하는 가족이 있는 베트남으로 보내달라"는 말이었으며 실제로 병원치료를 받자마자 시민단체의 도움을 받아 고국으로 돌아갔다.

2) 다문화가정 자녀 2세들도 어려움을 겪기는 마찬가지

김이철(가명·10·초등 5년)군은 학교에서 가정통신문을 받아도 필리핀 출신인 엄마에게 전하지 않는다. 1·2학년 때 가져다 준 적이 있으나 엄마가 아예 읽지 못하는 걸 보고 자기가 하는 게 낫겠다고 생각했기 때문이다. 택배 일을 하는 아버지 역시 일찍 출근하고 늦게 퇴근하기 때문에 김군과 대화할 시간이 거의 없다. 세 식구 사이에 교류가 거의 없는 것이다. 베트남 출신 엄마와 단둘이 사는 박서린(가명·9·초등 4년)양은 매일 학교가 끝나면 인근의 다문화가족 지원센터에 가서 논다. 엄마가 식당 일을 하느라 바빠 집에 가도 아무도 없기 때문이다. 엄마가 일찍 들어올 때에도 보통 다른 베트남 사람들이 와서 자신이 이해할 수 없는 베트남어로 대화를 나눠 외톨이가 되긴 마찬가지다. 그런 박양은 학교에서도 10분 이상 가만히 앉아 있질 못한다. 소통의 부재가 박양의 주의력을 현저히 떨어뜨린 것이다.[404)405)]

5. 한국주소 가진 외국인 국내 이혼청구 가능

1) 국제이혼소송의 재판관할권

(1) 한국인과 외국인(중국동포도 국적법상으로는 외국인이다) 사이의 이혼소송은 한국법원에 재판관할권이 있다.[406)] 즉, 한국법원에서 이혼소송을 할 수 있다.

(2) 외국인과 외국인 사이의 이혼 등 가사사건에 관하여 한국법원에 재판관할권이 있는지의 여부에 관하여 보면, 한국의 국제사법에는 "당사자 또는 분쟁이 된 사안이 대한민국과 실질적 관련이 있는 경우에 국

---

404) 조선일보 & Chosun.com
405) http://news.chosun.com/site/data/html_dir/2009/01/27/2009012700456.html (2012.3.31)
406) 노컷뉴스 원문 기사전송 2012-03-28 14:08, 외국인간 국적 동일할 땐 본국의 법 따라야, [송태석·최경진 변호사]

제재판 관할권을 가진다."고 규정하고 있고, 한국의 법원은 "한국 가사소송법상의 국내토지관할에 관한 규정을 기초로 외국인 사이의 소송에서 생기는 특성을 참작하면서 당사자간의 공평과 함께 소송절차의 적정하고 원활한 운영과 소송경제 등을 고려하여 조리와 정의 관념에 의하여 이를 결정"하고 있다. 쉽게 말하면 법원이 당사자의 주소를 중요한 기준으로 소송의 특성과 당사자간의 공평 등 여러 요소를 고려하여 판단한다는 것이다. 판례에 비추어 보면 중국동포간의 이혼과 같이 외국인간의 이혼소송을 한국법원에서 할 수 있기 위해서는 원칙적으로 상대방이 한국에 주소를 가지고 있어야 할 것이다.

2) 국제이혼에 적용되는 법

한국법원에서 진행되는 한국인과 외국인간의 이혼, 외국인 상호간의 이혼을 국제이혼이라고 한다. 이러한 국제이혼에 적용되는 법은 한국인과 외국인간의 이혼에는 한국의 법이고, 외국인간의 이혼에는 부부의 국적이 동일한 때에는 그 본국의 법, 그렇지 않을 경우에는 부부의 주된 거주지(이를 '상거소지'라 한다)가 동일한 때에는 그 상거소지의 법, 그도 아닐 경우에는 부부와 가장 밀접한 관련이 있는 곳의 법이다. 이하에서는 중국동포간의 이혼소송이 한국 법원에서 제기되는 경우와 관련하여 중국법상 이혼에 관하여 간략히 보기로 한다.

3) 중국법상 이혼

중국의 법에서도 이혼은 이혼하려는 사람이 자원하여 하는 이혼(자원이혼) 즉, 한국에서의 협의이혼과 당사자 사이에 협의가 이루어지지 아니하여 법원의 재판을 통해 하는 이혼(소송이혼, 판결이혼) 즉, 한국에서의 재판상 이혼의 두 종류가 있다.

(1) 협의이혼(자원이혼)

가) 중국의 법에서도 "남녀 쌍방이 이혼을 자원하는 경우에는 이혼을 허가한다."고 규정하고 있다. 혼인등기관리기관은 이혼할 사람이 일정한

요건을 갖춘 경우에는 이혼등기를 허가할 수 있다. 혼인등기관리기관은 도시의 경우 가도(街道)사무소, 시할시(市轄市) 또는 구(區)가 있지 않은 시의 인민정부 민정부서를 말하고, 농촌의 경우 향(鄕)·민족향(民族鄕)·읍(邑)의 인민정부가 이에 해당한다.

나) 협의이혼의 요건

① 당사자 쌍방이 합법적인 부부이어야 한다. 이혼등기를 신청한 당사자가 혼인등기를 하지 아니하였던 경우에는 혼인등기관리기관은 이를 수리하지 아니한다. 따라서 혼인한 사람은 혼인증(결혼등기증명서)을 가지고 있어야 하겠다.

② 당사자 쌍방이 민사행위능력을 가지고 있어야 한다. 민사행위능력이라 함은 쉽게 말해 성인으로 정상적인 사회생활을 할 수 있는 능력을 말한다.

③ 당사자 쌍방이 이혼을 자원하여야 한다. 즉, 스스로 진심에서 이혼을 원하여야 한다.

따라서 자원하지 않은 이혼 즉 사기, 협박, 기망(속임) 등에 의한 이혼과 통정 가장이혼(당사자 사이에 거짓으로 이혼하기로 하는 합의)은 이혼등기가 허가되지 아니한다.

④ 당사자 쌍방이 자녀가 있는 경우에는 자녀양육에 대하여 또 재산문제에 대하여 협의가 이루어져 있어야 한다. 이혼등기 신청을 하기 위해서는 이혼합의서에 쌍방 당사자의 이혼의사와 자녀양육, 부부 중 일방의 생활상 곤란에 대한 경제적 부양, 재산 및 채무처리 등의 합의사항을 명백히 기재하여야 한다. 또한 이러한 합의 내용은 부녀자와 자녀의 합법적 권익을 보호하는 데 유리하여야 한다.

⑤ 당사자 쌍방은 혼인등기기관에 이혼등기를 하여야 한다. 즉, 이혼을 하고자 하는 부부 본인이 직접 혼인등기기관에 가서 이혼등기절차를 밟아야 한다.

다) 협의이혼의 절차

① 이혼의 신청: 신청은 호구증명, 거민신분증, 소개서, 이혼협의서, 결혼증 등을 지참하고 부부 일방의 호구소재지 혼인등기관리기관에 한다.
② 심사: 혼인등기기관은 이혼요건을 갖추었는지 실질적으로 심사하고 필요한 때에는 조사를 할 수 있다.
③ 등기와 이혼증 발급: 혼인등기관리기관은 이러한 심사를 거쳐 중국법에 부합하는 이혼신청에 대해서는 원칙적으로 신청을 수리한 날로부터 1개월내에 이혼등기를 하고 이혼증을 발급한다.

(2) 재판상 이혼(소송이혼, 판결이혼)

가) 부부 일방의 요구에 의한 이혼, 쌍방이 이혼을 자원하더라도 자녀의 양육이나 재산문제에 관하여 다투는 경우에는 인민법원의 재판을 거쳐 이혼을 하여야 한다.

나) 중국의 법에서도 한국의 법에서와 같이 재판상 이혼 사유의 핵심은 "혼인의 파탄"이다. 즉, 중국의 법에서는 "감정이 확실히 파탄하여 조정하여도 효과가 없는 때에는 이혼을 인정한다."고 하면서 재판상 이혼의 원인을 다음과 같이 규정하고 있다.

즉 ① 중혼(즉 이중결혼) 또는 배우자가 있는 자가 타인과 동거하는 경우 ② 가족 구성원에 대한 가정폭력, 학대 또는 유기하는 경우 ③ 도박·마약 등 악습을 여러 차례 반복하고 고치지 않는 경우 ④ 감정의 불화로 인해 2년 이상 별거한 경우 ⑤ 기타 부부의 감정이 파탄에 이른 경우 ⑥ 일방이 실종선고를 받아 다른 일방이 이혼소송을 제기한 경우, 중국 최고인민재판소에서 혼인의 파탄을 인정하는 경우로 예를 들면 다음과 같다(우병창, 중국의 이혼법, 가정법원사건의 제문제, 재판자료 제101집, 법원도서관, 707면 이하). ① 법에 의한 혼인금지의 질병이 있거나 생리적 결함 및 기타 원인에 의한 성교불능이고 치유 가망이 없는 경우 ② 혼인 전의 상호 이해가 없는 경솔한 혼인으로서 혼인 후에도 노력을 하지 아니하여 공동생활을 할 가망이 없는 경우 ③ 혼인전에 정신질환 자임을 숨기고 혼인한 후 치유되지 않은 경우 ④ 상대방을 기망하거나 혼인등기에 있어서 허위로 혼인증을 사취한 경우 ⑤ 혼인 후 동거하지 아니하고 화합의 가망이 없는 경우 ⑥ 부부의 감정 악화로 인한 별거가 3년 이상 계속되고 화합의 가망이 없는 경우 ⑦ 타인과 간통한 때, 무책배우자가 이혼 청구한 경우 또는 유책배우자가 이혼 청구하였으나 이혼을 인정하지 않은 판결이 선고된 후 다시 유책배우자 이혼청구를 하고 확실히 화합할 가망이 없는 경우 ⑧ 중혼하여 상대방이 이혼청구한 경우 ⑨ 게으름, 도박 등 악습이 있어 고치지 아니하고 공동생활의 가망이 없는 경우 ⑩ 부부의 일방에 의한 범죄행위에 의하여 부부의 감정이 중대하게 침해되고 있는 경우 등이다.407)408)

6. 가정폭력 피해자, 배우자 도움없이 영주권 신청 가능

1) 여성에 대한 폭력에 관한 법률적 의미

미국의 이민법 가운데 여성에 대한 폭력에 관한 법률이라는 것이 있다. Violence Against Women Act의 머릿글자를 따서 VAWA로 불리는 이 법률은 시민권자나 영주권자의 배우자로서 폭력의 피해를 당한 여성의 경우 배우자의 도움없이 스스로 영주권 신청을 할 수 있도록 허용하고 있다. 시민권자나 영주권자의 배우자는 기본적으로 시민권자나 영주권자가 스폰서가 되어 이민국에 I-130 피티션을 제출해야만 본인의 영주권 신청을 할 수가 있다.409) 뿐만 아니라 영주권 인터뷰에 배우자가 함께 출석을 해야 한다. 그러다보니 미국 시민권자 혹은 영주권자 남편들이

---

407) 송태석 변호사: △서울대학교 법과대학 졸업△사법연수원 35기△건설교통부 행정중심복합도시건설청 법무·국회담당관△국회의원, 정부기관, 공기업, 회사, 사회단체 등 법률고문△현 변호사
　　　최경진 변호사: △서울대학교 외교학과 졸업△사법연수원 33기△정보통신윤리위원회 전문위원 △현 변호사(대한민국 중심언론 CBS 뉴스FM98.1 / 음악FM93.9 / TV CH 412), CBS 노컷뉴스(www.nocutnews.co.kr)
408) http://news.nate.com/view/20120328n16752(2012.3.31)
409) [칼럼/기고/에세이] 기고, (올랜도) 위일선 변호사(본보 법률분야 필진)

이런 점을 악용해 자기가 원하는대로 하지 않으면 영주권 신청을 해주지 않겠다고 공공연히 혹은 은연중에 협박을 하면서 배우자에게 육체적, 정신적 폭력을 행사하거나 학대하는 사례들이 있다. 이런 피해를 당하고 있는 여성들은 VAWA의 보호하에 시민권자나 영주권자 남편의 도움없이도 스스로 영주권 신청을 할 수가 있다.

2) 가정폭력 피해 남성도 영주권 자가신청 가능

가정폭력의 피해자는 남자일 수도 있고 여자일 수도 있다. 다만, VAWA는 대부분의 가정폭력의 피해자가 여성인 현실을 감안해 주로 여성과 미성년 아동을 보호할 목적으로 제정된 특별법이다. 그러나 VAWA의 명칭이 가정폭력의 피해자인 여성을 위한 법률이라고 되어 있는 것과 상관없이 남성이 가정폭력의 피해자인 경우에는 남성도 이 법률의 혜택을 입어 배우자인 시민권자나 영주권자 부인의 I-130 피티션없이 독자적으로 영주권을 자가신청(Self-Petition)을 할 수 있다. 물론, 신청자격요건이나 신청절차도 여성의 경우와 동일하다. 따라서 아래 내용은 동 법률의 명칭을 따라 주로 여성을 언급하고 있으나 그 내용은 남성과 여성 모두에게 동일하게 적용된다고 볼 수 있다.

3) 피해 여성의 영주권 신청 자격

VAWA의 보호를 받기 위한 기본적인 자격조건은 피티션의 신청자가 시민권자 혹은 영주권자의 배우자여야 하고 상대 배우자에게 폭행, 폭언 혹은 잔혹 행위 등의 피해를 입은 사실이 있어야 한다는 것이다. 여기에는 신체적, 성적, 심리적, 정신적 폭력과 폭언 등이 모두 포함된다.

VAWA는 한 걸음 더 나아가 불법체류 상태에서 가정폭력의 피해를 받은 여성에게도 영주권 신청 기회를 준다. 일반적으로 영주권자의 배우자는 합법적인 신분을 보유하고 있어야만 영주권 신청이 가능하고 시민권자의 배우자는 불법체류 상태에서도 영주권 신청이 가능하다. 다만, 시민권자의 배우자라 해도 미국에 입국을 할 때에는 합법적으로 입국을 했어야만 불법체류 상태에서도 영주권 신청이 가능하다. 그렇기 때문에 미국 입국 자체가 불법이었으면 시민권자의 배우자가 되어도 영주권을 신청할 수가 없다. 그런데 VAWA는 불법으로 미국에 입국한 여성도 시민권자 혹은 영주권자 배우자로부터 가정폭력의 피해를 입은 사실만 입증하면 불법입국 여부와 상관없이 영주권 신청을 허용하고 있다.

4) 가정폭력 피해 아동과 부모도 영주권 독자 신청 가능

VAWA는 가정폭력의 피해 여성 뿐만 아니라 자녀에게도 시민권자나 영주권자 부모의 I-130 피티션없이 독자적으로 영주권을 신청할 수 있도록 허용한다. 예를 들어 미성년 아동을 둔 여성이 시민권자 혹은 영주권자와 결혼했는데, 남편이 그 자녀에게 신체적, 성적, 심리적 혹은 정신적 폭력을 행사했다면, 이 여성의 자녀도 어머니와 마찬가지로 스폰서의 I-130 피티션없이 스스로 본인의 I-360 피티션을 신청하고 자신의 영주권 신청서(I-485)를 제출할 수 있다. 이 때 아동에 대한 가정폭력이 반드시 아동의 어머니에 대한 폭력을 동반할 필요는 없다. 시민권자 혹은 영주권자 남편이 부인에게는 폭력을 행사하지 않았지만, 그 자녀에게 폭력을 행사했다면 폭력의 피해를 입은 아동이 독자적으로 본인의 영주권을 신청할 수 있는 것이다. 시민권자나 영주권자의 배우자인 여성이 본인의 아이가 남편으로부터 신체적, 성적, 정신적, 심리적 폭력의 피해를 입은 경우, 이 여성은 본인이 폭력의 피해자가 아니더라도 폭력의 피해자인 아동의 어머니로서 남편의 도움없이 영주권을 자가 신청할 수 있다. 만약 피해를 입은 아동 이외에 다른 자녀들이 있으면 그 자녀들도 모두 동반가족으로 포함시켜 영주권 신청을 할 수 있고, 피해아동이 스스로 자신의 영주권 신청을 하지 않는 경우에는 피해아동도 어머니의 I-360 피티션에 피해 아동의 이름을 포함시킬 수 있다.

5) 영주권의 자가신청(Self-Petition) 절차

가정폭력의 피해자로서 VAWA의 보호하에 영주권을 신청하기 위해서는 I-360 서식을 이민국에 제출해야 한다. I-360 서식은 종교이민을 비롯해 여러 가지 목적으로 사용되는 서식인데, 가정폭력 피해자로서 이 서식을 제출하는 경우에는 동 서식의 첫 장에 있는 Part 2의 "i" 항에 표시를 해야 한다. 가정폭력 피해자인 아동이 독자적으로 영주권을 신청하는 경우에는 I-360 서식의 첫 장에 있는 Part 2 의 "j" 항에 표시를 해야 한다. 시민권자의 배우자나 자녀로서 VAWA의 보호하에 영주권을 자가신청하는 경우에는 I-360 피티션과 영주권 신청서 (I-485)를 동시에 이민국에 제출할 수 있다. 폭력의 피해자인 시민권자 배우자가 자신의 자녀들을 I-360에 포함시키는 경우에는 자녀마다 따로 준비한 영주권 신청서 (I-485)를 모두 함께 제출할 수 있다. 가정폭력의 피해자인 아동이 I-360 피티션을 신청하는 경우에도 가해자가 시민권자이면 본인이 서명한 영주권 신청서 (I-485)를 I-360 피티션과 함께 제출할 수 있다. 그러나 영주권자의 배우자나 자녀로서 VAWA의 보호하에 영주권을 자가신청하는 경우에는 I-360 피티션만 먼저 신청해 이민국의 승인을 얻은 후 영주권자의 배우자와 미성년 자녀에 대한 영주권 문호가 개방될 때까지 기다려야 한다. 두 경우 모두 가정폭력 피해자의 영주권 자가신청에 대한 이민국의 결정은 일반적으로 인터뷰없이 서류심사만으로 내려진다.

6) 이민국 제출 증빙서류

이민국에 I-360 피티션을 제출할 때 입증해야 하는 세 가지 사항 중에는 다음과 같은 것이 있다.

첫째, 결혼이 영주권 취득을 위한 수단으로 이루어진 것이 아니라 진실하게 이루어진 결혼이라는 것을 입증하는 것이다. 이를 위해 필요한 증빙서류로는 부부 공동명의로 된 부동산 문서와 부동산 보험 관련서류 혹은 부부의 이름이 적혀 있는 리스, 부부 공동명의로 된 은행계좌 기록, 결혼한 부부로서 공동 제출한 연방 소득세 납세 보고서, 두 사람의 이름과 동일한 주소가 적혀 있는 각종 납부고지서, 두 사람 사이에 아이가 출생한 경우 아이의 출생증명서, 주소가 동일한 두 사람의 운전면허증, 상대방을 수혜자로 지명한 생명보험기록, 두 사람이 부부로 기재된 교회나 각종 단체의 회원명부, 가족사진 및 휴가사진 등을 예로 들 수 있다.

이 외에 두 사람의 결혼에 대해 언급한 가족이나 친척 혹은 목사, 사제, 스님 등의 편지도 도움이 되고, 두 사람의 관계가 악화되기전에 배우자가 스폰서로서 I-130 피티션을 제출한 일이 있으면 역시 도움이 된다.

둘째, I-360 피티션을 신청하는 여성 혹은 아동이 실제로 육체적, 성적, 심리적 혹은 정신적 폭력의 피해자라는 사실을 입증하는 일이다. 육체적, 정신적 폭력에 대한 의미 규정은 거주하는 주의 법률에 따라 다소 상이할 수 있으나, 대체로 정신적 폭력에는 폭언을 행사하는 것, 사람들을 만나지 못하도록 사회적으로 격리시키는 것, 부인과 아이를 소유물처럼 다루거나 지나치게 통제하는 행위 등이 모두 포함된다. 이러한 사실을 입증하기 위해서는 때로 심리학자나 사회복지사 혹은 경찰의 도움이 필요하기도 하고, 피해자의 가족 및 친지들로부터 도움을 받아야 할 경우도 있다. 경우에 따라서는 피해자가 치료를 받았던 병원이나 응급치료시설 혹은 가정폭력 피해자 보호시설이나 사회봉사단체 등의 기록을 전달받거나 도움을 받아 서류를 준비할 수도 있다.

셋째, VAWA의 보호하에 영주권을 자가신청하는 배우자와 아동은 본인이 도덕적으로 건전한 사람(person of good moral character)이라는 것을 증명해야 한다. 이를 위해서는 범죄사실이 없다는 것을 확인해주는 신원조회 기록을 제출할 필요가 있고 가족이나 주변의 지인들로부터 각서(Affidavit)를 받아 제출하는 것도 도움이 된다. 자선단체 등에 자원봉사를 한 사실이 있으면 그 사실도 도움이 된다.

7) 이혼 후에도 영주권 독자 신청 가능

VAWA는 가정폭력의 피해를 입은 배우자나 아동이 이혼 후에도 전 배우자의 도움없이 영주권을 독자적으로 신청할 수 있도록 허용한다. 그러나 이혼 후보다는 이혼 이전에 I-360 피티션을 제출하는 것이 바람직하다. 부득이한 사정으로 이혼 이후에 신청을 하는 경우에는 이혼이 가정폭력과 관련되어 이루어졌다는 사실을 증명해야 하고, 이혼 후 2년 이내에 I-360 피티션을 신청해야 한다는 시간상의 제한이 있다. 가정폭력의 피해를 입은 배우자가 VAWA의 보호하에 독자적으로 영주권 신청을 한 후 영주권자가 되기 전에 재혼을 하면 이민국에 계류중인 I-360 피티션은 거절되며 이미 승인된 I-360 피티션은 승인이 취소된다.

8) 영주권 취득 이후

시민권자나 영주권자의 배우자로서 영주권을 취득하는 경우, 일반적으로 2년의 조건부 영주권이 주어지고 2년 뒤에 조건의 해지를 신청해야 한다. 그러나 가정폭력의 피해자로서 VAWA의 보호하에 영주권자가 되면 이러한 조건 해지 신청 절차가 요구되지 않는다. 처음부터 2년부 조건이 달리지 않은 온전한 영주권을 받게되는 것이다. 시민권자나 영주권자의 배우자로서 영주권가 되어 2년짜리 조건부 영주권을 취득한 후 가정폭력의 피해자가 된 경우에는 폭력의 피해를 입은 배우자가 독자적으로 조건 해지를 신청할 수 있다. 영주권 조건 해지 신청서인 I-751 서식은 일반적으로 배우자 두 사람이 함께 서명해서 신청할 것이 요구된다. 그러나 법률에 규정된 몇몇 특정 상황에서는 최초에 I-130 피티션을 제출했던 배우자(스폰서)없이도 혼자서 조건 해지를 신청하는 것이 가능한데, 가정폭력의 피해자도 이에 해당한다. 조건부 영주권 취득 후 폭력을 행사하는 시민권자나 영주권자 배우자를 견디다 못해 이혼을 한 경우, 배우자의 폭력을 피해 일시적으로 피신 중인 경우, 폭력에 시달리면서도 영주권자 될 날만을 기다리며 함께 살고 있으나 시민권자 배우자나 영주권자 배우자가 조건 해지 신청서(I-751)에 서명을 해주지 않는 경우, 가정폭력을 신고하거나 이혼을 하면 이민국에 전화를 해서 영주권을 빼앗게 하겠다고 협박을 하는 경우 등이 모두 이에 해당한다. 이런 상황에서는 폭력의 피해를 입고 있는 배우자나 자녀가 스폰서였던 배우자의 도움없이 독자적으로 영주권 조건 해지 신청서(I-751)를 이민국에 제출하는 것이 가능하다.410)411)

7. 결혼이주여성의 삶과 인권

2009년 한국사회내 결혼이민자가 17만명을 넘어섰다(2009. 12월 법무부 자료- 국적취득자 포함 17만2천353명 여성 87.3%, 남성 12.7%). 결혼 이외에 산업연수 등의 노동, 유학 등 여러 가지 요인으로 2009년 말 기준 한국사회에 등록된 외국인 등록자수가 87만명을 능가한다. 통계에 잡히지 않는 미등록노동자들을 포함하면 이미 100만명이 넘는 사람들이 외국에서 우리나라로 이주해 살고 있다.412) 이것이 우리나라만의 현상인가. 사실 우리는 세계화 시대에 살고 있다. 국가와 국가의 경계가 더 이상 무의미하다고 할만큼 사람들은 자신의 일, 돈, 결혼 등의 목적으로 국제적 이동을 하고 있다. 이주민들 중에서도 특히 국제결혼을 통한 여성들의 이주는 전 지구적 자본주의 체제하에서 여성의 상품화, 송출국과 유입국이 가부장제적 문화와 국제결혼을 성사시킴으로써 영리를 추구하는 국제결혼중개업체 등의 요인으로 인해 증가세가 몇년전보다 급증하지는 않으나 꾸준히 증가하고 있다. 우리사회에 결혼이주가 급증하던 2003년 한국여성의전화는 국제결혼이주여성들의 가정폭력과 결혼과정에서의 비인권적 사례 등에 관심을 가지고 이주여성인권단체들과 더불어 이슈화하면서 이주여성들의 인권보호를 위해 노력해왔다. 이와 더불어 결혼이주여성이 증가하면서 이주여성에 대한 폭력의 문제 또한 가시

---

410) 위일선 변호사: 407-629-8828, 813-361-0747, 올려짐: 2011년 4월 03일, 일 10:57 pm, 평가: 0.00/5.00
411) http://www.koreaweeklyfl.com/news/cms_view_article.php?aid=11994(2012.4.1)
412) [NGO칼럼] 결혼이주여성의 삶과 인권, 경기신문 | webmaster@kgnews.co.kr, 승인 2011.06.10   전자신문 13면, 김수정 부천여성의전화 회장

화되고 사회문제화되면서 2006년 이후 정부의 정책들이 쏟아져 나오게 된다. 그러나 정부의 정책이란 여전히 주로 이주여성들로 하여금 요리, 한글, 예절교실 운영지원 등 우리 사회의 문화를 일방적으로 수용할 것을 요구하는 동화정책이 주를 이뤄 각국의 다양한 역사와 사회문화적 배경을 가진 이주여성들의 삶에 대한 이해가 거의 없다. 국제결혼가정이 증가하면서 우리는 쉽게 다문화가정이라는 용어를 쓰고 다문화사회를 이야기하지만 여전히 우리 사회는 결혼이주여성들의 모국문화에 대한 이해보다는 가족중심의 우리 문화를 받아들이도록 요구만 했던 것이다.

이러한 지점에서 많은 결혼이주여성들은 언어문제, 문화적 차이, 경제적 어려움, 가족갈등, 결혼중개업체에 의해 돈을 매개로 이뤄진 상업화된 결혼, 인종적 차별과 편견, 시댁과 친지의 비우호적이고 비인격적인 대우, 남편의 가정폭력, 지원체계 부족 등의 조건들속에서 힘겹게 살아가고 있다. 지난 5월 24일에도 베트남에서 온 결혼이주여성이 남편이 휘두른 흉기에 의해 무참히 살해됐다. 비단 이 여성 뿐 아니라 그동안 남편의 폭력에 의한 결혼이주여성들의 죽음이 지속적으로 보고됐다. 한국여성의전화를 비롯한 여성인권운동단체들은 가정폭력을 개인사로 치부해버리고 폭력의 문제에 둔감한 한국사회가 변하지 않는 한, 한국사회가 이주여성을 인격적인 존재로 인정하지 않는 한, 이러한 이주여성의 가정폭력살해사건은 앞으로도 계속 발생할 것임에 대해 정부에 가정폭력 예방교육 및 피해자 보호와 가해자에 대한 처벌 및 지도감독 강화, 국제결혼이주여성의 인권보장을 위한 법적 제도적 대책을 마련할 것을 요구한 바 있다. 이와 더불어 여전히 우리사회에 내재돼 있는 자국민 중심주의와 성차별적 편견이 결혼이주여성들의 가정폭력을 방치하게 한 것은 아닌지 성찰하면서 이주민과 공존하는 열린 사회로 나가는 길을 함께 모색할 것을 촉구했다. 가정폭력으로 살해된 베트남 여성 황티남씨의 영혼이 편히 잠들 수 있기를 기원하면서 다시 한번 우리 사회가 이주여성의 삶과 가정폭력에 대한 인식을 돌아볼 수 있기를 기대해 본다.[413)414)]

8. 다문화가족지원센터 임한나 팀장 "함께 하는 사회 만든다"

지난 9일 강원도내 다문화가족의 현주소를 알아보고자 춘천시 다문화가족지원센터 임한나 팀장과 인터뷰를 나눴다.415) 중국에서 온 며느리, 베트남에서 온 아내, 불과 10년전만 하더라도 변두리 시골에서나 간혹 찾아볼 수 있었던 결혼이주여성들이 요즘은 길거리에서도 어렵지 않게 눈에 띈다.416) 지난해 통계청이 발표한 자료에 따르면 강원도내 다문화 혼인비율이 전체 혼인건수 대비 9.7%에 달하는 것으로 나타났다. 10쌍 중 1쌍꼴로 다문화 혼인이 이뤄지는 셈이다. 그러나 규모가 커지면 그만큼 음지도 커지기 마련이다. 언론에 보도되는 다문화가정 관련 사건사고가 전보다 눈에 띄게 늘었고, 이를 반증하듯 지난 2009년 6.7%에 달했던 다문화가정 이혼률이 지난해에는 8.3%로 증가했다. 이처럼 다문화가정 문제에 대한 사회적 관심도가 올라갈수록 손놀림이 바빠지는 곳이 있다. 지난 2006년 설립돼 활발한 활동을 계속하고 있는 다문화가족지원센터가 그곳이다. 지난 9일 오후, 도내 다문화가족의 현주소를 확인하고자 강원도 춘천시 효자동에 있는 춘천 다문화가족지원센터를 찾아 임한나 총괄팀장을 만났다.

다음은 일문일답이다.

Q: 다문화가족지원센터의 기본적인 설립배경 및 취지는 무엇인가.

A: "다문화가족지원센터는 2006년에 결혼이민자 지원센터로 설립했다. 2001년경부터 정부에서의 관련사업이 활발하게 추진되고 한국 사회에 다문화가정이 증가하면서 사회적 요구가 생겼기 때문이다. 우리 센터는 결혼 이민자 부부간에 발생할 어려움을 해소하고자 설립됐다. 그런데 사업이 진행됨에 따라 결혼이민자 뿐만 아니라 가족 구성원의 역할이

---

413) 김수정 부천여성의전화 회장, 경기신문
414) http://www.kgnews.co.kr/news/articleView.html?idxno=272901(2012.4.8)
415) [인터뷰] 다문화가족지원센터 임한나 팀장 "함께하는 사회 만든다", 기사등록 일시 [2012-04-10 13:54:47], 【춘천=뉴시스】 이정민 기자
416) cielo@newsis.com 2012-04-10 【춘천=뉴시스】 이정민 기자

상당히 중요하다는 인식이 생기고, 2009년 다문화가족법이 정부 차원에서 도입되면서 다문화가족센터로 이름을 바꾸고 활동하게 됐다. 센터는 처음 24개소에서 단시간에 202개소로 급격하게 증가했다. 배치 인원 구성도 초창기 1, 2명에서 현재는 10명이 넘게 배치되고 있다. 그만큼 사회적 요구가 증가했기 때문이라고 본다"

Q: 춘천시 다문화가정 현황은 어떠한가.

A: "다문화가정의 급격한 증가는 정부 차원에서 농촌 총각 장가보내기 운동 등을 진행하면서부터 시작됐다. 현재 춘천시에는 다문화가정이 31개국 807가구, 2500명 가량 터를 잡고 있고, 국적상으로 중국 조선족 동포가 300여가구로 가장 많다. 센터의 주요 이용자는 베트남, 캄보디아, 카자흐스탄 국적의 결혼이민자들이다"

Q: 결혼 이주민들이 느끼는 문화적 차이는 무엇인가.

A: "한국 문화가 생각보다 무척 배타적인 편이다. 따라서 외국인에 대한 시각도 곱지 못하다. 결혼이민자들은 그런 것 때문에 고통을 받는다.

또 결혼이민자들이 보수적인 농촌 집안과 가정을 꾸리는 경우가 많은데, 이 경우 남녀에 대한 관점이 평등하지 않다는 것도 문제가 된다. 대부분의 결혼이민 여성들은 이 부분에 있어 심한 스트레스를 받는다. 그러나 어디까지나 결국 그들이 우리 문화에 적응하는 과정이라 생각한다.

요즘엔 결혼이민자들의 자의식도 강해져서 한국 문화에 대한 조건없는 순응보다는 자문화에 맞춰달라고 당당하게 요구하고 있다"

Q: 운영 프로그램 중 특징적인 것이 있다면 어떤 것인가.

A: "결혼이민자들이 지역사회 네트워크를 통해 일자리를 갖게 되는 것도 중요하지만 보증된 자격증을 통해 본인에게 잘맞는 기관에 취직하는 게 중요하다고 생각한다. 그래서 원하는 기술을 교육하는 것에 중점을 둔다. 우리 센터에는 교육관련장비들이 모두 구비돼 있어 일괄적인 교육이 가능하다는 장점이 있다. 또 우리는 결혼이민자를 상대로 한 교육에 그치지 않고 다문화가족 전체와 지역시민들의 참여도 권장하고 있

다. 지역사회 주민들과 다문화가정이 한데 어울려 교육을 받으면서 자연스럽게 인적 네트워크가 구성된다"

Q: 다문화 가정내의 폭력사건이 종종 보도된다. 이에 대해 어떻게 생각하나.

A: "사실 가정내 문제는 외국인이나 한국인이나 똑같이 발생할 수 있는 일이다. 거기에서 결혼이민자들은 그저 문화적 차이에 의한 벽이 하나 더 있을 뿐이다. 그런데 언론에서 다문화가정에 대한 사건 사고를 집중 보도하는 등 부정적인 부분을 많이 보여주니 다문화가족들이 대외활동을 꺼리게 되는 경우가 생긴다. 또 언론에서 다문화가정을 도와줘야 할 소외계층으로 비추다 보니 결혼이민자들이 점점 의존적으로 변한다. 스스로 적극적으로 적응해 나갈 의지보다는 도움의 손길만을 기다리게 된 것이다. 이에 대한 해결책으로는 결혼이민자들 사이에 인적 네트워크를 구성하는 것을 들 수 있겠다. 그들이 교류하는 과정에서 자연스럽게 문제에서 벗어나는 노하우를 나누고 정신적 위로를 받는다"

Q: 다문화가정 지원과정에서 기억에 남는 부분은 무엇인가.

A: "결혼이민자들은 한국에 올 때 표정이 없다. 사랑으로 결혼한 것도 아니고, 아는 사람도 없는 낯선 땅에 오게 돼서 두려운 것이다. 또 문화적 차이로 인해 부부간에 불화가 생겨 이혼을 하겠다는 사람도 많다. 이런 사람들이 상담과 프로그램을 통해 한국 문화에 적응해 아이를 가지고 화목하게 사는 모습을 보면 보람을 느낀다. 가끔 우리 힘으로는 도저히 중재할 수 없는 경우도 있다. 그런 경우 우리 입장에서 결혼이민자에게 조건없는 희생을 강요할 수는 없다. 한국인 부부생활에서도 그렇듯 그들도 문제가 지나치면 이혼할 수 있다. 심하면 한국에 온 지 하루만에 이혼 절차에 들어간 사람들도 있다. 그런 사람들을 보면 마음이 아프다"

Q: 다문화가정 및 춘천 시민들에게 당부하고 싶은 말은 무엇인가.

A: "방금 말씀드려지만, 그들에게는 강한 자의식과 긍정적인 생각이 필요하다. 외국 국적의 결혼이민자라고 해서 소외된 계층 혹은 어려운

사람으로 보지 않았으면 좋겠다. 다문화가족은 물론 지역사회 구성원 모두가 같이 노력해서 함께하는 사회를 만들어나가면 좋겠다"417)418)

9. 농촌 결혼이주여성 16% "가정폭력 경험"

농촌경제硏 400가구 설문419) 경남 거창군 농가에 사는 중국 한족 출신 P씨(31)는 2001년 한국에 들어온 결혼이주여성이다. 그는 지금 이혼을 준비하고 있다. P씨의 시어머니는 "못생긴 주제에 한국생활에 빨리 적응하지 못하고 게으르다"며 처음부터 괴롭혔다. 남편도 P씨를 점점 무시하더니 "시어머니에게 대든다"며 수시로 구타했다. P씨처럼 가정폭력을 겪는 농촌지역 다문화가정 여성이 적지 않은 것으로 조사됐다.

한국농촌경제연구원은 전국 34개 도농(都農) 복합지역과 읍면에 사는 다문화가정 400가구를 지난해 8월 면접조사한 결과 16.0%의 결혼이주여성이 "지난 1년간 각종 가정폭력을 경험했다"고 답했다고 18일 밝혔다.

가족에 의한 폭력의 유형은 다양했다. 무시하고 모욕적인 말을 하거나 자유로운 외출을 막는 것은 물론이고 때릴 듯 위협하거나 실제 때렸다는 응답도 적지 않았다.

결혼이주여성의 27.7%는 "가족 가운데 관계를 맺기가 힘든 사람이 있다"고 답했다. 그 대상은 남편(11.0%), 시어머니(8.8%) 순이었다. 박대식 농촌경제연구원 연구위원은 "80% 이상의 농어촌 주민들이 다문화가정 및 결혼이주여성의 농촌사회 기여에 대해 긍정적으로 평가한 것은 그나마 다행이었다"고 말했다.420)421)

---

417) cielo@newsis.com, NEWSIS.COM
418) http://www.newsis.com/ar_detail/view.html?ar_id=NISX20120410_0011011889&cID=10805&pID=10800(2012.4.10)
419) 기사입력 2012-04-19 03:00:00 기사수정 2012-04-19 03:00:00
420) 김현지 기자 nuk@donga.com
421) http://news.donga.com/3/all/20120419/45633980/1(2012.4.21)

부록: 가정폭력범죄의 처벌 등에 관한 특례법

[일부개정 2012.1.17 법률 제11150호]

제1장 총칙 〈개정 2011.4.12〉

제1조(목적) 이 법은 가정폭력범죄의 형사처벌 절차에 관한 특례를 정하고 가정폭력범죄를 범한 사람에 대하여 환경의 조정과 성행(性行)의 교정을 위한 보호처분을 함으로써 가정폭력범죄로 파괴된 가정의 평화와 안정을 회복하고 건강한 가정을 가꾸며 피해자와 가족구성원의 인권을 보호함을 목적으로 한다.[전문개정 2011.4.12]

제2조(정의) 이 법에서 사용하는 용어의 뜻은 다음과 같다.<개정 2011.7.25, 2011.8.4, 2012.1.17>

1. "가정폭력"이란 가정구성원 사이의 신체적, 정신적 또는 재산상 피해를 수반하는 행위를 말한다.
2. "가정구성원"이란 다음 각 목의 어느 하나에 해당하는 사람을 말한다.
   가. 배우자(사실상 혼인관계에 있는 사람을 포함한다. 이하 같다) 또는 배우자였던 사람
   나. 자기 또는 배우자와 직계존비속관계(사실상의 양친자관계를 포함한다. 이하 같다)에 있거나 있었던 사람
   다. 계부모와 자녀의 관계 또는 적모(嫡母)와 서자(서자)의 관계에 있거나 있었던 사람
   라. 동거하는 친족
3. "가정폭력범죄"란 가정폭력으로서 다음 각 목의 어느 하나에 해당하는 죄를 말한다.
4. "가정폭력행위자"란 가정폭력범죄를 범한 사람 및 가정구성원인 공범을 말한다.

5. "피해자"란 가정폭력범죄로 인하여 직접적으로 피해를 입은 사람을 말한다.
6. "가정보호사건"이란 가정폭력범죄로 인하여 이 법에 따른 보호처분의 대상이 되는 사건을 말한다.
7. "보호처분"이란 법원이 가정보호사건에 대하여 심리를 거쳐 가정폭력행위자에게 하는 제40조에 따른 처분을 말한다.
7의2. "피해자보호명령사건"이란 가정폭력범죄로 인하여 제55조의2에 따른 피해자보호명령의 대상이 되는 사건을 말한다.
8. "아동"이란 「아동복지법」 제3조제1호에 따른 아동을 말한다.[전문개정 2011.4.12]

제3조(다른 법률과의 관계) 가정폭력범죄에 대하여는 이 법을 우선 적용한다.[전문개정 2011.4.12]

제2장 가정보호사건 〈개정 2011.4.12〉

제1절 통칙 〈개정 2011.4.12〉

제4조(신고의무 등) ① 누구든지 가정폭력범죄를 알게 된 경우에는 수사기관에 신고할 수 있다.
② 다음 각 호의 어느 하나에 해당하는 사람이 직무를 수행하면서 가정폭력범죄를 알게 된 경우에는 정당한 사유가 없으면 즉시 수사기관에 신고하여야 한다.<개정 2012.1.17>
1. 아동의 교육과 보호를 담당하는 기관의 종사자와 그 기관장
2. 아동, 60세 이상의 노인, 그 밖에 정상적인 판단 능력이 결여된 사람의 치료 등을 담당하는 의료인 및 의료기관의 장
3. 「노인복지법」에 따른 노인복지시설, 「아동복지법」에 따른 아동복지시설, 「장애인복지법」에 따른 장애인복지시설의 종사자와 그 기관장
4. 「다문화가족지원법」에 따른 다문화가족지원센터의 전문인력과 그 장
5. 「결혼중개업의 관리에 관한 법률」에 따른 국제결혼중개업자와 그 종사자
6. 「소방기본법」에 따른 구조대·구급대의 대원
7. 「사회복지사업법」에 따른 사회복지 전담공무원

③ 「아동복지법」에 따른 아동상담소, 「가정폭력방지 및 피해자보호 등에 관한 법률」에 따른 가정폭력 관련 상담소 및 보호시설, 「성폭력범죄의 피해자보호 등에 관한 법률」에 따른 성폭력피해상담소 및 보호시설(이하 "상담소 등"이라 한다)에 근무하는 상담원과 그 기관장은 피해자 또는 피해자의 법정대리인 등과의 상담을 통하여 가정폭력범죄를 알게 된 경우에는 가정폭력피해자의 명시적인 반대의견이 없으면 즉시 신고하여야 한다.<개정 2012.1.17>

④ 누구든지 제1항부터 제3항까지의 규정에 따라 가정폭력범죄를 신고한 사람(이하 "신고자"라 한다)에게 그 신고행위를 이유로 불이익을 주어서는 아니 된다.[전문개정 2011.4.12]

제5조(가정폭력범죄에 대한 응급조치) 진행 중인 가정폭력범죄에 대하여 신고를 받은 사법경찰관리는 즉시 현장에 나가서 다음 각 호의 조치를 하여야 한다.
1. 폭력행위의 제지, 가정폭력행위자·피해자의 분리 및 범죄수사
2. 피해자를 가정폭력 관련 상담소 또는 보호시설로 인도(피해자가 동의한 경우만 해당한다)
3. 긴급치료가 필요한 피해자를 의료기관으로 인도
4. 폭력행위 재발 시 제8조에 따라 임시조치를 신청할 수 있음을 통보[전문개정 2011.4.12]

제6조(고소에 관한 특례) ① 피해자 또는 그 법정대리인은 가정폭력행위자를 고소할 수 있다. 피해자의 법정대리인이 가정폭력행위자인 경우 또는 가정폭력행위자와 공동으로 가정폭력범죄를 범한 경우에는 피해자의 친족이 고소할 수 있다.

② 피해자는 「형사소송법」 제224조에도 불구하고 가정폭력행위자가 자기 또는 배우자의 직계존속인 경우에도 고소할 수 있다. 법정대리인이 고소하는 경우에도 또한 같다.

③ 피해자에게 고소할 법정대리인이나 친족이 없는 경우에 이해관계인이 신청하면 검사는 10일 이내에 고소할 수 있는 사람을 지정하여야 한다.[전문

개정 2011.4.12]

제7조(사법경찰관의 사건 송치) 사법경찰관은 가정폭력범죄를 신속히 수사하여 사건을 검사에게 송치하여야 한다. 이 경우 사법경찰관은 해당 사건을 가정보호사건으로 처리하는 것이 적절한지에 관한 의견을 제시할 수 있다. [전문개정 2011.4.12]

제8조(임시조치의 청구 등) ① 검사는 가정폭력범죄가 재발될 우려가 있다고 인정하는 경우에는 직권으로 또는 사법경찰관의 신청에 의하여 법원에 제29조제1항제1호·제2호 또는 제3호의 임시조치를 청구할 수 있다.

② 검사는 가정폭력행위자가 제1항의 청구에 의하여 결정된 임시조치를 위반하여 가정폭력범죄가 재발될 우려가 있다고 인정하는 경우에는 직권으로 또는 사법경찰관의 신청에 의하여 법원에 제29조제1항제5호의 임시조치를 청구할 수 있다.

③ 제1항 및 제2항의 경우 피해자 또는 그 법정대리인은 검사 또는 사법경찰관에게 제1항 및 제2항에 따른 임시조치의 청구 또는 그 신청을 요청하거나 이에 관하여 의견을 진술할 수 있다.

④ 제3항에 따른 요청을 받은 사법경찰관은 제1항 및 제2항에 따른 임시조치를 신청하지 아니하는 경우에는 검사에게 그 사유를 보고하여야 한다.[전문개정 2011.4.12]

제8조의2(긴급임시조치) ① 사법경찰관은 제5조에 따른 응급조치에도 불구하고 가정폭력범죄가 재발될 우려가 있고, 긴급을 요하여 법원의 임시조치 결정을 받을 수 없을 때에는 직권 또는 피해자나 그 법정대리인의 신청에 의하여 제29조제1항제1호부터 제3호까지의 어느 하나에 해당하는 조치(이하 "긴급임시조치"라 한다)를 할 수 있다.

② 사법경찰관은 제1항에 따라 긴급임시조치를 한 경우에는 즉시 긴급임시조치결정서를 작성하여야 한다.

③ 제2항에 따른 긴급임시조치결정서에는 범죄사실의 요지, 긴급임시조치가 필요한 사유 등을 기재하여야 한다.[본조신설 2011.7.25]

제8조의3(긴급임시조치와 임시조치의 청구) ① 사법경찰관이 제8조의2제1항

에 따라 긴급임시조치를 한 때에는 지체 없이 검사에게 제8조에 따른 임시조치를 신청하고, 신청받은 검사는 법원에 임시조치를 청구하여야 한다. 이 경우 임시조치의 청구는 긴급임시조치를 한 때부터 48시간 이내에 청구하여야 하며, 제8조의2제2항에 따른 긴급임시조치결정서를 첨부하여야 한다.
② 제1항에 따라 임시조치를 청구하지 아니하거나 법원이 임시조치의 결정을 하지 아니한 때에는 즉시 긴급임시조치를 취소하여야 한다.[본조신설 2011.7.25]

　제9조(가정보호사건의 처리) ① 검사는 가정폭력범죄로서 사건의 성질·동기 및 결과, 가정폭력행위자의 성행 등을 고려하여 이 법에 따른 보호처분을 하는 것이 적절하다고 인정하는 경우에는 가정보호사건으로 처리할 수 있다. 이 경우 검사는 피해자의 의사를 존중하여야 한다.
② 다음 각 호의 경우에는 제1항을 적용할 수 있다.

　제9조의2(상담조건부 기소유예) 검사는 가정폭력사건을 수사한 결과 가정폭력행위자의 성행 교정을 위하여 필요하다고 인정하는 경우에는 상담조건부 기소유예를 할 수 있다.[전문개정 2011.4.12]

　제10조(관할) ① 가정보호사건의 관할은 가정폭력행위자의 행위지, 거주지 또는 현재지를 관할하는 가정법원으로 한다. 다만, 가정법원이 설치되지 아니한 지역에서는 해당 지역의 지방법원(지원을 포함한다. 이하 같다)으로 한다.
② 가정보호사건의 심리와 결정은 단독판사(이하 "판사"라 한다)가 한다.[전문개정 2011.4.12]

　제11조(검사의 송치) ① 검사는 제9조에 따라 가정보호사건으로 처리하는 경우에는 그 사건을 관할 가정법원 또는 지방법원(이하 "법원"이라 한다)에 송치하여야 한다.
② 검사는 가정폭력범죄와 그 외의 범죄가 경합(競合)하는 경우에는 가정폭력범죄에 대한 사건만을 분리하여 관할 법원에 송치할 수 있다.[전문개정 2011.4.12]

　제12조(법원의 송치) 법원은 가정폭력행위자에 대한 피고사건을 심리한 결

과 이 법에 따른 보호처분을 하는 것이 적절하다고 인정하는 경우에는 결정으로 사건을 가정보호사건의 관할 법원에 송치할 수 있다. 이 경우 법원은 피해자의 의사를 존중하여야 한다.[전문개정 2011.4.12]

제13조(송치 시의 가정폭력행위자 처리) ① 제11조제1항 또는 제12조에 따른 송치결정이 있는 경우 가정폭력행위자를 구금하고 있는 시설의 장은 검사의 이송지휘를 받은 때부터 제10조에 따른 관할 법원이 있는 시(특별시, 광역시 및 「제주특별자치도 설치 및 국제자유도시 조성을 위한 특별법」 제15조제2항에 따른 행정시를 포함한다. 이하 같다)·군에서는 24시간 이내에, 그 밖의 시·군에서는 48시간 이내에 가정폭력행위자를 관할 법원에 인도하여야 한다. 이 경우 법원은 가정폭력행위자에 대하여 제29조에 따른 임시조치 여부를 결정하여야 한다.
② 제1항에 따른 인도와 결정은 「형사소송법」 제92조, 제203조 또는 제205조의 구속기간 내에 이루어져야 한다.
③ 구속영장의 효력은 제1항 후단에 따라 임시조치 여부를 결정한 때에 상실된 것으로 본다.[전문개정 2011.4.12]

제14조(송치서) ① 제11조 및 제12조에 따라 사건을 가정보호사건으로 송치하는 경우에는 송치서를 보내야 한다.
② 제1항의 송치서에는 가정폭력행위자의 성명, 주소, 생년월일, 직업, 피해자와의 관계 및 행위의 개요와 가정 상황을 적고 그 밖의 참고자료를 첨부하여야 한다.[전문개정 2011.4.12]

제15조(이송) ① 가정보호사건을 송치받은 법원은 사건이 그 관할에 속하지 아니하거나 적정한 조사·심리를 위하여 필요하다고 인정하는 경우에는 결정으로 그 사건을 즉시 다른 관할 법원에 이송하여야 한다.
② 법원은 제1항에 따른 이송결정을 한 경우에는 지체 없이 그 사유를 첨부하여 가정폭력행위자와 피해자 및 검사에게 통지하여야 한다.[전문개정 2011.4.12]

제16조(보호처분의 효력) 제40조에 따른 보호처분이 확정된 경우에는 그 가정폭력행위자에 대하여 같은 범죄사실로 다시 공소를 제기할 수 없다. 다만, 제46조에 따라 송치된 경우에는 그러하지 아니하다.[전문개정 2011.4.12]

제17조(공소시효의 정지와 효력) ① 가정폭력범죄에 대한 공소시효는 해당 가정보호사건이 법원에 송치된 때부터 시효 진행이 정지된다. 다만, 다음 각 호의 어느 하나에 해당하는 경우에는 그 때부터 진행된다.

제18조(비밀엄수 등의 의무) ① 가정폭력범죄의 수사 또는 가정보호사건의 조사심리 및 그 집행을 담당하거나 이에 관여하는 공무원, 보조인, 상담소 등에 근무하는 상담원과 그 기관장 및 제4조제2항제1호에 규정된 사람(그 직에 있었던 사람을 포함한다)은 그 직무상 알게 된 비밀을 누설하여서는 아니 된다.
② 이 법에 따른 가정보호사건에 대하여는 가정폭력행위자, 피해자, 고소인, 고발인 또는 신고인의 주소, 성명, 나이, 직업, 용모, 그 밖에 이들을 특정하여 파악할 수 있는 인적 사항이나 사진 등을 신문 등 출판물에 싣거나 방송매체를 통하여 방송할 수 없다.
③ 피해자가 보호하고 있는 아동이나 피해자인 아동의 교육 또는 보육을 담당하는 학교의 교직원 또는 보육교직원은 정당한 사유가 없으면 해당 아동의 취학, 진학, 전학 또는 입소(그 변경을 포함한다)의 사실을 가정폭력행위자인 친권자를 포함하여 누구에게든지 누설하여서는 아니 된다.<개정 2011.6.7>[전문개정 2011.4.12]

제18조의2(「형사소송법」의 준용) 이 장에서 따로 정하지 아니한 사항에 대하여는 가정보호사건의 성질에 위배되지 아니하는 범위에서 「형사소송법」을 준용한다.[전문개정 2011.4.12]

제2절 조사·심리 〈개정 2011.4.12〉

제19조(조사·심리의 방향) 법원은 가정보호사건을 조사·심리할 때에는 의학, 심리학, 사회학, 사회복지학, 그 밖의 전문적인 지식을 활용하여 가정폭력행위자, 피해자, 그 밖의 가정구성원의 성행, 경력, 가정 상황, 가정폭력범죄의 동기·원인 및 실태 등을 밝혀서 이 법의 목적을 달성할 수 있는 적정한 처분이 이루어지도록 노력하여야 한다.[전문개정 2011.4.12]

제20조(가정보호사건조사관) ① 가정보호사건을 조사·심리하기 위하여 법원에 가정보호사건조사관을 둔다.

② 가정보호사건조사관의 자격, 임면(任免), 그 밖에 필요한 사항은 대법원규칙으로 정한다.[전문개정 2011.4.12]

제21조(조사명령 등) ① 판사는 가정보호사건조사관, 그 법원의 소재지 또는 가정폭력행위자의 주거지를 관할하는 보호관찰소의 장에게 가정폭력행위자, 피해자 및 가정구성원에 대한 심문(審問)이나 그들의 정신·심리상태, 가정폭력범죄의 동기·원인 및 실태 등의 조사를 명하거나 요구할 수 있다.
② 제1항에 따라 판사가 보호관찰소의 장에게 하는 조사요구에 관하여는 「보호관찰 등에 관한 법률」 제19조제2항 및 제3항을 준용한다.[전문개정 2011.4.12]

제22조(전문가의 의견 조회) ① 법원은 정신건강의학과의사, 심리학자, 사회학자, 사회복지학자, 그 밖의 관련 전문가에게 가정폭력행위자, 피해자 또는 가정구성원의 정신·심리상태에 대한 진단소견 및 가정폭력범죄의 원인에 관한 의견을 조회할 수 있다.<개정 2011.8.4>
② 법원은 가정보호사건을 조사심리할 때 제1항에 따른 의견 조회의 결과를 고려하여야 한다.[전문개정 2011.4.12]

제23조(진술거부권의 고지) 판사 또는 가정보호사건조사관은 가정보호사건을 조사할 때에 미리 가정폭력행위자에 대하여 불리한 진술을 거부할 수 있음을 알려야 한다.[전문개정 2011.4.12]

제24조(소환 및 동행영장) ① 판사는 조사·심리에 필요하다고 인정하는 경우에는 기일을 지정하여 가정폭력행위자, 피해자, 가정구성원, 그 밖의 참고인을 소환할 수 있다.
② 판사는 가정폭력행위자가 정당한 이유 없이 제1항에 따른 소환에 응하지 아니하는 경우에는 동행영장을 발부할 수 있다.[전문개정 2011.4.12]

제25조(긴급동행영장) 판사는 가정폭력행위자가 소환에 응하지 아니할 우려가 있거나 피해자 보호를 위하여 긴급히 필요하다고 인정하는 경우에는 제24조제1항에 따른 소환 없이 동행영장을 발부할 수 있다.[전문개정 2011.4.12]

제26조(동행영장의 방식) 동행영장에는 가정폭력행위자의 성명, 생년월일, 주거, 행위의 개요, 인치(引致)하거나 수용할 장소, 유효기간 및 그 기간이 지난 후에는 집행에 착수하지 못하며 영장을 반환하여야 한다는 취지와 발

부 연월일을 적고 판사가 서명·날인하여야 한다.[전문개정 2011.4.12]

제27조(동행영장의 집행 등) ① 동행영장은 가정보호사건조사관이나 법원의 법원서기관·법원사무관·법원주사·법원주사보(이하 "법원공무원"이라 한다) 또는 사법경찰관리로 하여금 집행하게 할 수 있다.

② 법원은 가정폭력행위자의 소재가 분명하지 아니하여 1년 이상 동행영장을 집행하지 못한 경우 사건을 관할 법원에 대응하는 검찰청 검사에게 송치할 수 있다.

③ 법원은 동행영장을 집행한 경우에는 그 사실을 즉시 가정폭력행위자의 법정대리인 또는 보조인에게 통지하여야 한다.[전문개정 2011.4.12]

제28조(보조인) ① 가정폭력행위자는 자신의 가정보호사건에 대하여 보조인을 선임(選任)할 수 있다.

② 변호사, 가정폭력행위자의 법정대리인·배우자·직계친족·형제자매, 상담소 등의 상담원과 그 기관장은 보조인이 될 수 있다. 다만, 변호사가 아닌 사람을 보조인으로 선임하려면 법원의 허가를 받아야 한다.

③ 제2항에 따라 선임된 변호사가 아닌 보조인은 금품, 향응, 그 밖의 이익을 받거나 받을 것을 약속하거나 제3자에게 이를 제공하게 하거나 제공하게 할 것을 약속하여서는 아니 된다.

④ 법원은 가정폭력행위자가 「형사소송법」 제33조제1항 각 호의 어느 하나에 해당하는 경우에는 직권으로 변호사를 가정폭력행위자의 보조인으로 선임할 수 있다.

⑤ 제4항에 따라 선임된 보조인에게 지급하는 비용에 대하여는 「형사소송비용 등에 관한 법률」을 준용한다.[전문개정 2011.4.12]

제29조(임시조치) ① 판사는 가정보호사건의 원활한 조사·심리 또는 피해자 보호를 위하여 필요하다고 인정하는 경우에는 결정으로 가정폭력행위자에게 다음 각 호의 어느 하나에 해당하는 임시조치를 할 수 있다.

② 동행영장에 의하여 동행한 가정폭력행위자 또는 제13조에 따라 인도된 가정폭력행위자에 대하여는 가정폭력행위자가 법원에 인치된 때부터 24시간 이내에 제1항의 조치 여부를 결정하여야 한다.

③ 법원은 제1항에 따른 조치를 결정한 경우에는 검사와 피해자에게 통지하여야 한다.
④ 법원은 제1항제4호 또는 제5호의 조치를 한 경우에는 그 사실을 가정폭력행위자의 보조인이 있는 경우에는 보조인에게, 보조인이 없는 경우에는 법정대리인 또는 가정폭력행위자가 지정한 사람에게 통지하여야 한다. 이 경우 제1항제5호의 조치를 하였을 때에는 가정폭력행위자에게 변호사 등 보조인을 선임할 수 있으며 제49조제1항의 항고를 제기할 수 있음을 고지하여야 한다.
⑤ 제1항제1호부터 제3호까지의 임시조치기간은 2개월, 같은 항 제4호 및 제5호의 임시조치기간은 1개월을 초과할 수 없다. 다만, 피해자의 보호를 위하여 그 기간을 연장할 필요가 있다고 인정하는 경우에는 결정으로 제1항제1호부터 제3호까지의 임시조치는 두 차례만, 같은 항 제4호 및 제5호의 임시조치는 한 차례만 각 기간의 범위에서 연장할 수 있다.
⑥ 제1항제4호의 위탁을 하는 경우에는 의료기관 등의 장에게 가정폭력행위자를 보호하는 데에 필요한 사항을 부과할 수 있다.
⑦ 민간이 운영하는 의료기관 등에 위탁하려는 경우에는 제6항에 따라 부과할 사항을 그 의료기관 등의 장에게 미리 고지하고 동의를 받아야 한다.
⑧ 판사는 제1항 각 호에 규정된 임시조치의 결정을 한 경우에는 가정보호사건조사관, 법원공무원, 사법경찰관리 또는 구치소 소속 교정직공무원으로 하여금 집행하게 할 수 있다.
⑨ 가정폭력행위자, 그 법정대리인이나 보조인은 제1항에 따른 임시조치 결정의 취소 또는 그 종류의 변경을 신청할 수 있다.
⑩ 판사는 직권으로 또는 제9항에 따른 신청에 정당한 이유가 있다고 인정하는 경우에는 결정으로 해당 임시조치를 취소하거나 그 종류를 변경할 수 있다.
⑪ 제1항제4호의 위탁의 대상이 되는 의료기관 및 요양소의 기준과 그 밖에 필요한 사항은 대법원규칙으로 정한다.[전문개정 2011.4.12]

제29조의2(임시조치의 집행 등) ① 제29조제8항에 따라 임시조치 결정을 집

행하는 사람은 가정폭력행위자에게 임시조치의 내용, 불복방법 등을 고지하여야 한다.
② 피해자 또는 가정구성원은 제29조제1항제1호 및 제2호의 임시조치 후 주거나 직장 등을 옮긴 경우에는 관할 법원에 임시조치 결정의 변경을 신청할 수 있다.[전문개정 2011.4.12]

제30조(심리기일의 지정) ① 판사는 심리기일을 지정하고 가정폭력행위자를 소환하여야 한다. 이 경우 판사는 가정보호사건의 요지 및 보조인을 선임할 수 있다는 취지를 미리 고지하여야 한다.
② 제1항의 심리기일은 보조인과 피해자에게 통지하여야 한다.[전문개정 2011.4.12]

제31조(심리기일의 변경) 판사는 직권으로 또는 가정폭력행위자나 보조인의 청구에 의하여 심리기일을 변경할 수 있다. 이 경우 변경된 기일을 가정폭력행위자, 피해자 및 보조인에게 통지하여야 한다.[전문개정 2011.4.12]

제32조(심리의 비공개) ① 판사는 가정보호사건을 심리할 때 사생활 보호나 가정의 평화와 안정을 위하여 필요하거나 선량한 풍속을 해칠 우려가 있다고 인정하는 경우에는 결정으로 심리를 공개하지 아니할 수 있다.
② 증인으로 소환된 피해자 또는 가정구성원은 사생활 보호나 가정의 평화와 안정의 회복을 이유로 하여 판사에게 증인신문(證人訊問)의 비공개를 신청할 수 있다. 이 경우 판사는 그 허가 여부와 공개법정 외의 장소에서의 신문 등 증인신문의 방식 및 장소에 관하여 결정을 할 수 있다.[전문개정 2011.4.12]

제33조(피해자의 진술권 등) ① 법원은 피해자가 신청하는 경우에는 그 피해자를 증인으로 신문하여야 한다.
④ 제1항부터 제3항까지의 경우 피해자는 변호사, 법정대리인, 배우자, 직계친족, 형제자매, 상담소등의 상담원 또는 그 기관장으로 하여금 대리하여 의견을 진술하게 할 수 있다.
⑤ 제1항에 따른 신청인이 소환을 받고도 정당한 이유 없이 출석하지 아니한 경우에는 그 신청을 철회한 것으로 본다.[전문개정 2011.4.12]

제34조(증인신문·감정·통역·번역) ① 법원은 증인을 신문하고 감정(鑑定)을 명하며 통역 또는 번역을 하게 할 수 있다.
② 제1항의 경우에는 가정보호사건의 성질에 위배되지 아니하는 범위에서 「형사소송법」 중 법원의 증인신문과 감정, 통역 및 번역에 관한 규정을 준용한다.
③ 증인, 감정인, 통역인, 번역인에게 지급하는 비용, 숙박료, 그 밖의 비용에 대하여는 「형사소송법」 중 비용에 관한 규정 및 「형사소송비용 등에 관한 법률」을 준용한다.[전문개정 2011.4.12]

제35조(검증, 압수 및 수색) ① 법원은 검증, 압수 및 수색을 할 수 있다.
② 제1항의 경우에는 가정보호사건의 성질에 위배되지 아니하는 범위에서 「형사소송법」 중 법원의 검증, 압수 및 수색에 관한 규정을 준용한다.[전문개정 2011.4.12]

제36조(협조와 원조) ① 법원은 가정보호사건의 조사심리에 필요한 경우 관계 행정기관, 상담소등 또는 의료기관, 그 밖의 단체에 협조와 원조를 요청할 수 있다.
② 제1항의 요청을 받은 관계 행정기관, 상담소등 또는 의료기관, 그 밖의 단체가 그 요청을 거부할 때에는 정당한 이유를 제시하여야 한다.[전문개정 2011.4.12]

제37조(처분을 하지 아니한다는 결정) ① 판사는 가정보호사건을 심리한 결과 다음 각 호의 어느 하나에 해당하는 경우에는 처분을 하지 아니한다는 결정을 하여야 한다.
1. 보호처분을 할 수 없거나 할 필요가 없다고 인정하는 경우
2. 사건의 성질·동기 및 결과, 가정폭력행위자의 성행, 습벽(習癖) 등에 비추어 가정보호사건으로 처리하는 것이 적당하지 아니하다고 인정하는 경우
② 법원은 제1항제2호의 사유로 처분을 하지 아니한다는 결정을 한 경우에는 다음 각 호의 구분에 따라 처리하여야 한다.
③ 제1항에 따른 결정을 한 경우에는 이를 가정폭력행위자, 피해자 및 검사에게 통지하여야 한다.[전문개정 2011.4.12]

제38조(처분의 기간 등) 가정보호사건은 다른 쟁송보다 우선하여 신속히 처리하여야 한다. 이 경우 처분의 결정은 특별한 사유가 없으면 송치받은 날부터 3개월 이내에, 이송받은 경우에는 이송받은 날부터 3개월 이내에 하여야 한다.[전문개정 2011.4.12]

제39조(위임규정) 가정보호사건의 조사·심리에 필요한 사항은 대법원규칙으로 정한다.[전문개정 2011.4.12]

제3절 보호처분 〈개정 2011.4.12〉

제40조(보호처분의 결정 등) ① 판사는 심리의 결과 보호처분이 필요하다고 인정하는 경우에는 결정으로 다음 각 호의 어느 하나에 해당하는 처분을 할 수 있다.
② 제1항 각 호의 처분은 병과(倂科)할 수 있다.
③ 제1항제3호의 처분을 하는 경우에는 피해자를 다른 친권자나 친족 또는 적당한 시설로 인도할 수 있다.
④ 법원은 보호처분의 결정을 한 경우에는 지체 없이 그 사실을 검사, 가정폭력행위자, 피해자, 보호관찰관 및 보호처분을 위탁받아 하는 보호시설, 의료기관 또는 상담소등(이하 "수탁기관"이라 한다)의 장에게 통지하여야 한다. 다만, 수탁기관이 민간에 의하여 운영되는 기관인 경우에는 그 기관의 장으로부터 수탁에 대한 동의를 받아야 한다.
⑤ 제1항제4호부터 제8호까지의 처분을 한 경우에는 가정폭력행위자의 교정에 필요한 참고자료를 보호관찰관 또는 수탁기관의 장에게 보내야 한다.
⑥ 제1항제6호의 감호위탁기관은 가정폭력행위자에 대하여 그 성행을 교정하기 위한 교육을 하여야 한다.[전문개정 2011.4.12]

제41조(보호처분의 기간) 제40조제1항제1호부터 제3호까지 및 제5호부터 제8호까지의 보호처분의 기간은 6개월을 초과할 수 없으며, 같은 항 제4호의 사회봉사·수강명령의 시간은 200시간을 각각 초과할 수 없다.[전문개정 2011.4.12]

제42조(몰수) 판사는 보호처분을 하는 경우에 결정으로 가정폭력범죄에 제공하거나 제공하려고 한 물건으로서 가정폭력행위자 외의 자의 소유에 속

하지 아니하는 물건을 몰수할 수 있다.[전문개정 2011.4.12]

제43조(보호처분 결정의 집행) ① 법원은 가정보호사건조사관, 법원공무원, 사법경찰관리, 보호관찰관 또는 수탁기관 소속 직원으로 하여금 보호처분의 결정을 집행하게 할 수 있다.

② 보호처분의 집행에 관하여 이 법에서 정하지 아니한 사항에 대하여는 가정보호사건의 성질에 위배되지 아니하는 범위에서 「형사소송법」, 「보호관찰 등에 관한 법률」 및 「정신보건법」을 준용한다.[전문개정 2011.4.12]

제44조(보고와 의견 제출 등) 법원은 제40조제1항제4호부터 제8호까지의 보호처분을 결정한 경우에는 보호관찰관 또는 수탁기관의 장에게 가정폭력행위자에 관한 보고서 또는 의견서 제출을 요구할 수 있고, 그 집행에 대하여 필요한 지시를 할 수 있다.[전문개정 2011.4.12]

제45조(보호처분의 변경) ① 법원은 보호처분이 진행되는 동안 필요하다고 인정하는 경우에는 직권으로 또는 검사, 보호관찰관 또는 수탁기관의 장의 청구에 의하여 결정으로 한 차례만 보호처분의 종류와 기간을 변경할 수 있다.

② 제1항에 따라 보호처분의 종류와 기간을 변경하는 경우 종전의 처분기간을 합산하여 제40조제1항제1호부터 제3호까지 및 제5호부터 제8호까지의 보호처분의 기간은 1년을, 같은 항 제4호의 사회봉사수강명령의 시간은 400시간을 각각 초과할 수 없다.

③ 제1항의 처분변경 결정을 한 경우에는 지체 없이 그 사실을 검사, 가정폭력행위자, 법정대리인, 보조인, 피해자, 보호관찰관 및 수탁기관에 통지하여야 한다.[전문개정 2011.4.12]

제46조(보호처분의 취소) 법원은 보호처분을 받은 가정폭력행위자가 제40조제1항제4호부터 제8호까지의 보호처분 결정을 이행하지 아니하거나 그 집행에 따르지 아니하면 직권으로 또는 검사, 피해자, 보호관찰관 또는 수탁기관의 장의 청구에 의하여 결정으로 그 보호처분을 취소하고 다음 각 호의 구분에 따라 처리하여야 한다.

제47조(보호처분의 종료) 법원은 가정폭력행위자의 성행이 교정되어 정상적

인 가정생활이 유지될 수 있다고 판단되거나 그 밖에 보호처분을 계속할 필요가 없다고 인정하는 경우에는 직권으로 또는 검사, 피해자, 보호관찰관 또는 수탁기관의 장의 청구에 의하여 결정으로 보호처분의 전부 또는 일부를 종료할 수 있다.[전문개정 2011.4.12]

 제48조(비용의 부담) ① 제29조제1항제4호의 위탁 결정 또는 제40조제1항제7호 및 제8호의 보호처분을 받은 가정폭력행위자는 위탁 또는 보호처분에 필요한 비용을 부담한다. 다만, 가정폭력행위자가 지급할 능력이 없는 경우에는 국가가 부담할 수 있다.
② 판사는 가정폭력행위자에게 제1항 본문에 따른 비용의 예납(豫納)을 명할 수 있다.
③ 제1항에 따라 가정폭력행위자가 부담할 비용의 계산, 청구 및 지급 절차, 그 밖에 필요한 사항은 대법원규칙으로 정한다.[전문개정 2011.4.12]

제4절 항고와 재항고 〈개정 2011.4.12〉

 제49조(항고) ① 제8조 또는 제29조에 따른 임시조치(연장 또는 변경의 결정을 포함한다. 이하 같다), 제40조의 보호처분, 제45조의 보호처분의 변경 및 제46조의 보호처분의 취소에 있어서 그 결정에 영향을 미칠 법령 위반이 있거나 중대한 사실 오인(오인)이 있는 경우 또는 그 결정이 현저히 부당한 경우에는 검사, 가정폭력행위자, 법정대리인 또는 보조인은 가정법원 본원 합의부에 항고할 수 있다. 다만, 가정법원이 설치되지 아니한 지역에서는 지방법원 본원합의부에 하여야 한다.
② 법원이 제37조에 따라 처분을 하지 아니한다는 결정을 한 경우 그 결정이 현저히 부당할 때에는 검사, 피해자 또는 그 법정대리인은 항고할 수 있다. 이 경우 항고법원에 관하여는 제1항을 준용한다.
③ 항고는 그 결정을 고지받은 날부터 7일 이내에 하여야 한다.[전문개정 2011.4.12]

 제50조(항고장의 제출) ① 항고를 할 때에는 항고장을 원심 법원에 제출하여야 한다.
② 항고장을 받은 법원은 3일 이내에 의견서를 첨부하여 기록을 항고법원에

보내야 한다.[전문개정 2011.4.12]

제51조(항고의 재판) ① 항고법원은 항고의 절차가 법률에 위반되거나 항고가 이유 없다고 인정하는 경우에는 결정으로 항고를 기각(棄却)하여야 한다.
② 항고법원은 항고가 이유 있다고 인정하는 경우에는 원결정(原決定)을 취소하고 사건을 원심법원에 환송하거나 다른 관할 법원에 이송하여야 한다. 이 경우 환송 또는 이송하기에 급박하거나 그 밖에 필요하다고 인정할 때에는 원결정을 파기하고 스스로 적절한 임시조치, 처분을 하지 아니한다는 결정 또는 보호처분의 결정을 할 수 있다.[전문개정 2011.4.12]

제52조(재항고) ① 항고의 기각 결정에 대하여는 그 결정이 법령에 위반된 경우에만 대법원에 재항고를 할 수 있다.
② 제1항의 재항고에 관하여는 제49조제3항을 준용한다.[전문개정 2011.4.12]

제53조(집행의 부정지) 항고와 재항고는 결정의 집행을 정지하는 효력이 없다.[전문개정 2011.4.12]

제54조(종결된 사건 기록 등의 송부) 법원은 가정보호사건이 종결된 경우에는 지체 없이 사건기록과 결정서를 대응하는 검찰청 검사에게 보내야 한다.[전문개정 2011.4.12]

제3장 피해자보호명령 〈신설 2011.7.25〉

제55조(피해자보호명령사건의 관할) ① 피해자보호명령사건의 관할은 가정폭력행위자의 행위지·거주지 또는 현재지 및 피해자의 거주지 또는 현재지를 관할하는 가정법원으로 한다. 다만, 가정법원이 설치되지 아니하는 지역에 있어서는 해당 지역의 지방법원으로 한다.
② 피해자보호명령사건의 심리와 결정은 판사가 한다.[본조신설 2011.7.25]

제55조의2(피해자보호명령) ① 판사는 피해자의 보호를 위하여 필요하다고 인정하는 때에는 피해자 또는 그 법정대리인의 청구에 따라 결정으로 가정폭력행위자에게 다음 각 호의 어느 하나에 해당하는 피해자보호명령을 할 수 있다.
1. 피해자 또는 가정구성원의 주거 또는 점유하는 방실로부터의 퇴거 등 격리

2. 피해자 또는 가정구성원의 주거, 직장 등에서 100미터 이내의 접근금지
3. 피해자 또는 가정구성원에 대한 「전기통신사업법」 제2조제1호의 전기통신을 이용한 접근금지
4. 친권자인 가정폭력행위자의 피해자에 대한 친권행사의 제한
② 제1항 각 호의 피해자보호명령은 이를 병과할 수 있다.
③ 피해자 또는 그 법정대리인은 제1항에 따른 피해자보호명령의 취소 또는 그 종류의 변경을 신청할 수 있다.
④ 판사는 직권 또는 제3항에 따른 신청에 상당한 이유가 있다고 인정하는 때에는 결정으로 해당 피해자보호명령을 취소하거나 그 종류를 변경할 수 있다.[본조신설 2011.7.25]

　　제55조의3(피해자보호명령의 기간) ① 제55조의2제1항 각 호의 피해자보호명령의 기간은 6개월을 초과할 수 없다. 다만, 피해자의 보호를 위하여 그 기간의 연장이 필요하다고 인정하는 경우에는 직권이나 피해자 또는 그 법정대리인의 청구에 따른 결정으로 2개월 단위로 연장할 수 있다.
② 제1항 및 제55조의2제3항에 따라 피해자보호명령의 기간을 연장하거나 그 종류를 변경하는 경우 종전의 처분기간을 합산하여 2년을 초과할 수 없다.[본조신설 2011.7.25]

　　제55조의4(임시보호명령) ① 판사는 제55조의2제1항에 따른 피해자보호명령의 청구가 있는 경우에 피해자의 보호를 위하여 필요하다고 인정하는 경우에는 결정으로 제55조의2제1항 각 호의 어느 하나에 해당하는 임시보호명령을 할 수 있다.
② 임시보호명령의 기간은 피해자보호명령의 결정 시까지로 한다. 다만, 판사는 필요하다고 인정하는 경우에 그 기간을 제한할 수 있다.
③ 임시보호명령의 취소 또는 그 종류의 변경에 대하여는 제55조의2제3항 및 제4항을 준용한다. 이 경우 "피해자보호명령"은 "임시보호명령"으로 본다.[본조신설 2011.7.25]

　　제55조의5(이행실태의 조사) ① 법원은 가정보호사건조사관, 법원공무원, 사법경찰관리 또는 보호관찰관 등으로 하여금 임시보호명령 및 피해자보호명

령의 이행실태에 대하여 수시로 조사하게 하고, 지체 없이 그 결과를 보고하도록 할 수 있다.
② 법원은 임시보호명령 또는 피해자보호명령을 받은 가정폭력행위자가 그 결정을 이행하지 아니하거나 집행에 따르지 아니하는 때에는 그 사실을 관할법원에 대응하는 검찰청 검사에게 통보할 수 있다.[본조신설 2011.7.25]

제55조의6(병합심리) 법원은 다음 각 호의 어느 하나에 해당하는 경우에는 피해자보호명령사건과 가정보호사건을 병합하여 심리할 수 있다.

제55조의7(준용) 피해자보호명령의 조사·심리에 관하여는 제19조부터 제22조까지, 제30조부터 제32조까지, 제34조부터 제36조까지의 규정을 준용한다.[본조신설 2011.7.25]

제55조의8(항고와 재항고) ① 제55조의2에 따른 피해자보호명령(제55조의3에 따른 연장의 결정을 포함한다) 및 그 취소 또는 종류의 변경, 제55조의4에 따른 임시보호명령 및 그 취소 또는 종류의 변경에 있어서 그 결정에 영향을 미칠 법령위반이 있거나 중대한 사실오인이 있는 때 또는 그 결정이 현저히 부당한 때에는 피해자, 가정폭력행위자, 법정대리인 또는 보조인은 가정법원본원합의부에 항고할 수 있다. 다만, 가정법원이 설치되지 아니한 지역에서는 지방법원본원합의부에 하여야 한다.
② 판사가 피해자보호명령을 기각한 경우 피해자 또는 그 법정대리인은 항고할 수 있다. 이 경우 항고법원에 관하여는 제1항을 준용한다.
③ 피해자보호명령 등의 항고 및 재항고에 관하여는 제49조제3항, 제50조부터 제54조까지의 규정을 준용한다.[본조신설 2011.7.25]

제55조의9(위임규정) 피해자보호명령사건의 조사·심리에 필요한 사항은 대법원규칙으로 정한다.[본조신설 2011.7.25]

제4장 민사처리에 관한 특례 〈개정 2011.4.12, 2011.7.25〉

제56조(배상신청) ① 피해자는 가정보호사건이 계속(繫屬)된 제1심 법원에 제57조의 배상명령을 신청할 수 있다. 이 경우 인지를 붙이지 아니한다.
② 제1항의 경우 「소송촉진 등에 관한 특례법」 제26조제2항부터 제8항까지

의 규정을 준용한다.[전문개정 2011.4.12]

제57조(배상명령) ① 법원은 제1심의 가정보호사건 심리 절차에서 보호처분을 선고할 경우 직권으로 또는 피해자의 신청에 의하여 다음 각 호의 금전 지급이나 배상(이하 "배상"이라 한다)을 명할 수 있다.
② 법원은 가정보호사건에서 가정폭력행위자와 피해자 사이에 합의된 배상액에 관하여도 제1항에 따라 배상을 명할 수 있다.
③ 제1항의 경우에는「소송촉진 등에 관한 특례법」제25조제3항(제2호의 경우는 제외한다)을 준용한다.[전문개정 2011.4.12]

제58조(배상명령의 선고) ① 배상명령은 보호처분의 결정과 동시에 하여야 한다.
② 배상명령은 일정액의 금전지급을 명함으로써 하고 배상의 대상과 금액을 보호처분 결정서의 주문(主文)에 표시하여야 한다. 이 경우 배상명령의 이유는 특히 필요하다고 인정되는 경우가 아니면 적지 아니할 수 있다.
③ 배상명령은 가집행할 수 있음을 선고할 수 있다.
④ 제3항의 경우에는「민사소송법」제213조제3항, 제215조, 제500조 및 제501조를 준용한다.
⑤ 배상명령을 한 경우에는 보호처분 결정서의 정본(正本)을 가정폭력행위자와 피해자에게 지체 없이 송달하여야 한다.[전문개정 2011.4.12]

제5장 삭제〈개정 2011.4.12, 2011.7.25〉

제63조(보호처분 등의 불이행죄) ① 다음 각 호의 어느 하나에 해당하는 가정폭력행위자는 2년 이하의 징역 또는 2천만원 이하의 벌금 또는 구류(拘留)에 처한다.
1. 제40조제1항제1호부터 제3호까지의 어느 하나에 해당하는 보호처분이 확정된 후에 이를 이행하지 아니한 가정폭력행위자
2. 제55조의2에 따른 피해자보호명령 또는 제55조의4에 따른 임시보호명령을 받고 이를 이행하지 아니한 가정폭력행위자
② 상습적으로 제1항의 죄를 범한 가정폭력행위자는 3년 이하의 징역이나 3

천만원 이하의 벌금에 처한다.<신설 2012.1.17>[전문개정 2011.7.25]

제64조(비밀엄수 등 의무의 위반죄) ① 제18조제1항에 따른 비밀엄수 의무를 위반한 보조인(변호사는 제외한다), 상담소등의 상담원 또는 그 기관장(그 직에 있었던 사람을 포함한다)은 1년 이하의 징역이나 2년 이하의 자격정지 또는 1천만원 이하의 벌금에 처한다.
② 제18조제2항의 보도 금지 의무를 위반한 신문의 편집인·발행인 또는 그 종사자, 방송사의 편집책임자, 그 기관장 또는 종사자, 그 밖의 출판물의 저작자와 발행인은 500만원 이하의 벌금에 처한다.[전문개정 2011.4.12]

제65조(과태료) 다음 각 호의 어느 하나에 해당하는 사람에게는 500만원 이하의 과태료를 부과한다.<개정 2011.7.25>
1. 정당한 사유 없이 제24조제1항에 따른 소환에 응하지 아니한 사람
2. 정당한 사유 없이 제44조에 따른 보고서 또는 의견서 제출 요구에 따르지 아니한 사람
3. 정당한 사유 없이 검사나 법원이 가정보호사건으로 송치한 제9조 또는 제12조에 따른 가정보호사건으로서 제40조제1항제4호부터 제8호까지의 보호처분이 확정된 후 이를 이행하지 아니하거나 집행에 따르지 아니한 사람
4. 정당한 사유 없이 제29조제1항제1호부터 제3호까지의 어느 하나에 해당하는 임시조치를 이행하지 아니한 사람[전문개정 2011.4.12]

제66조(과태료) 정당한 사유 없이 제4조제2항 각 호의 어느 하나에 해당하는 사람으로서 그 직무를 수행하면서 가정폭력범죄를 알게 된 경우에도 신고를 하지 아니한 사람에게는 300만원 이하의 과태료를 부과한다.[본조신설 2012.1.17]

■ 노 순 규(魯淳圭)　　경영학박사

<약 력>
고려대(석사) 및 동국대(박사)
서울대학교 행정대학원 박사과정 수료
배성여상·상서여상 등 6년간 교원역임
새마을본부 연수원 5년간 교수역임
한국기업경영연구원 원장(23년간 재임 중)
한서대학교경영대학원 강사역임
대한상공회의소, 한국경총, 한국생산성본부
한국능률협회, 한국표준협회, 현대중공업
현대자동차, 한국전력, 롯데제과, LG산전 강사
건설기술교육원, 건설산업교육원,
영남건설기술교육원, 건설경영연수원
전문건설공제조합 기술교육원
건설기술호남교육원 외래교수
경기중소기업청 공무원 경영혁신 강사
한국기술교육대학교 노동행정연수원 강사
경기도교육청(갈등관리와 교원의 역할) 강사
대구시교육연수원(리더십과 갈등관리) 강사
충남교육연수원(공무원노조의 이해) 강사
서울시교육연수원(교육관련 노동법) 강사
경남공무원교육원(단체교섭 및 단체협약 체결사례) 강사
속초시청(공무원 노사관계) 강사
부산시교육연수원(교원노조와 노사관계) 강사
울산시교육연수원(공무원노조의 이해) 강사
전남교육연수원(갈등관리의 이해와 협상기법) 강사
제주도탐라교육원갈등 및 조직활성화 전략) 강사
경북교육청(학교의 갈등사례와 해결방법) 강사
제주도공무원교육원(조직갈등의 원인과 유형) 강사
경북교육연수원(인간관계와 갈등해결) 강사
전북공무원교육원(공무원노조법) 강사
충남공무원교육원(사회양극화 해결방안) 강사
대구시공무원교육원(복지행정) 강사
부산시공무원교육원(조직갈등의 해결방안) 강사
광주시공무원교육원(투자활성화의 기업유치 전략) 강사
대전시공무원연수원(갈등의 원인과 해결) 강사
충북단재교육연수원(교원단체의 이해) 강사
경남교육청(학생생활지도와 인권교육) 강사
강원도교육청(직장인의 스트레스와 자기계발) 강사
전북교육연수원(커뮤니케이션의 기법) 강사
경북교육청(학교경영평가의 배경과 대응전략) 강사
강원대학교 교육대학원(학교의 갈등관리) 강사
경북, 인천시, 광주시, 강원도 교육연수원 강사

강의문의 : 011-760-8160, 737-8160
E-mail : we011@hanmail.net

<주요 저서>
• 건설업의 회계실무와 세무관계
• 건설업의 타당성분석과 사업계획서
• 건설업의 원가계산과 원가절감
• 건설업의 노사관계와 노무관리
• 한미EU FTA와 경제전략
• 경영전략과 인재관리
• 건설업의 VE(가치공학)와 품질경영
• 부동산투자와 개발실무
• CM(건설경영)과 시공참여폐지의 노무관리
• 산재·고용·연금·건강의 사회보험 통합실무
• 토지투자와 부동산경매
• 21세기 리더십과 노무관리
• 협력적 노사관계의 이론과 실천기법
• 신입사원의 건전한 직업관
• 종업원의 동기부여와 실천방법
• 공무원노조와 노사관계
• 교원노조(전교조)와 노사관계
• 교원평가제와 학교개혁
• 학교운영의 리더십과 갈등관리
• 교사의 올바른 역할과 개혁
• 프로젝트 파이낸싱(PF)과 건설금융
• 비정규직의 고용문제와 해법
• 한·EU FTA와 경제전략
• 학교의 갈등사례와 해결방법
• 공무원의 갈등관리와 리더십 및 BSC
• 녹색성장과 친환경 경영
• 교수와 대학의 개혁
• 리더의 자기관리와 성공법칙
• 노동조합의 개혁과 역할
• 사교육 없애기 공교육 정상화
• 조직갈등의 원인과 해결방법
• 학교장 경영평가와 CEO 리더십
• 학생지도방법과 인권보호
• 건설업의 클레임과 민원해결
• 지역갈등·주민갈등·사회갈등
• 칭찬의 감동효과와 조직관리
• 건설공사관리와 건축경영
• 사회양극화 해결과 복지행정
• 미래사회의 변화와 성공방법
• 학교와 교원의 개혁방법
• 사업계획과 사업타당성 분석
• 커뮤니케이션 기법(skill)과 효과
• 리스크관리(Risk Management)
• 공정한 사회의 실천방법
• 지방자치단체의 기업유치 전략
• 학생체벌의 사례와 금지효과
• 건설업의 원가관리(Cost Management)
• M&A(인수·합병)의 사례와 방법
• 학교장의 역할과 혁신의 리더십
• 기업가치평가의 방법과 실무
• 직장인의 스트레스와 자기계발
• 창의력 개발과 인성교육
• 청렴교육·국민권익·옴부즈만
• 복수노조·타임오프제·노총
• 친절교육·고객만족·고객감동
• 학교폭력의 원인과 해결방법
• 퇴직후의 인생설계·재무설계
• 진보교육감과 전교조 분석
• 가정폭력의 원인과 해결방법 외 123권 저서

가정폭력의 원인과 해결방법　　　　정가 30,000원

2012년 5월 25일 초판인쇄
2012년 5월 30일 초판발행

판권본원소유

　저　자　노　순　규
　발행인　노　순　규
　발행처　한국기업경영연구원
　　　　　서울특별시 양천구 목동 505-11 목동빌딩 1층
　등　록　제2006-47호
　전　화　(02) 737-8160

<제본이 잘못된 것은 교환하여 드립니다>

ISBN 978-89-93451-44-3